Alfons Zaunhuber

Kanusport mit Luftbooten

Ausrüstung · Technik · 30 Touren

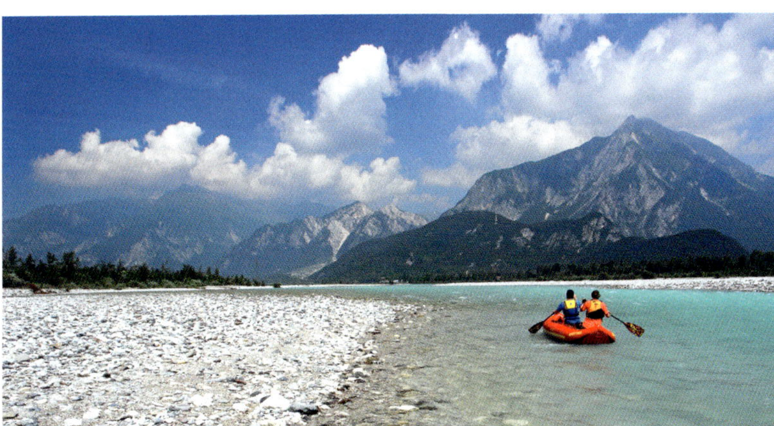

Impressum:

Postfach 10 03 15
D-47003 Duisburg
Tel.: +49 (203) 99759-0
Fax: +49 (203) 99759-61
info@dkvgmbh.de
www.dkvgmbh.de

1. Auflage Juli 2015

Karten: © Jübermann Verlag
Fotos: Alfons Zaunhuber
Gestaltung: www.publicdesign.de
Druck: D+L Printpartner, Bocholt
Lektorat: Antje Weber

Aktuelle Infos:
Der Deutsche-Kanu-Verband aber auch die Kanuzeitschriften bieten aktuelle Informationen über ihre jeweilige Homepage. Anregungen zu diesem Buch werden in der nächsten Auflage berücksichtigt. Der Autor ist für alle Hinweise dankbar und erreichbar unter:
alfons.zaunhuber@t-online.de

Sonstige Adressen und diverse Infos:
Deutscher Kanu-Verband e.V.
Bertaallee 8, 47055 Duisburg
Tel. 0203/99759-0, Fax -60
Internet: *www.kanu.de*

Kontaktadresse für Änderungswünsche an den Autor:
alfons.zaunhuber@t-online.de

ISBN: 978-3-937743-43-1

Alfons Zaunhuber

Kanusport mit Luftbooten

Ausrüstung · Technik · 30 Touren

Deutscher Kanu-Verband

DKV Wirtschafts- und Verlags-GmbH
Postfach 100315 - 47003 Duisburg

Einleitung

Ausrüstung

Technik

Sonderthemen

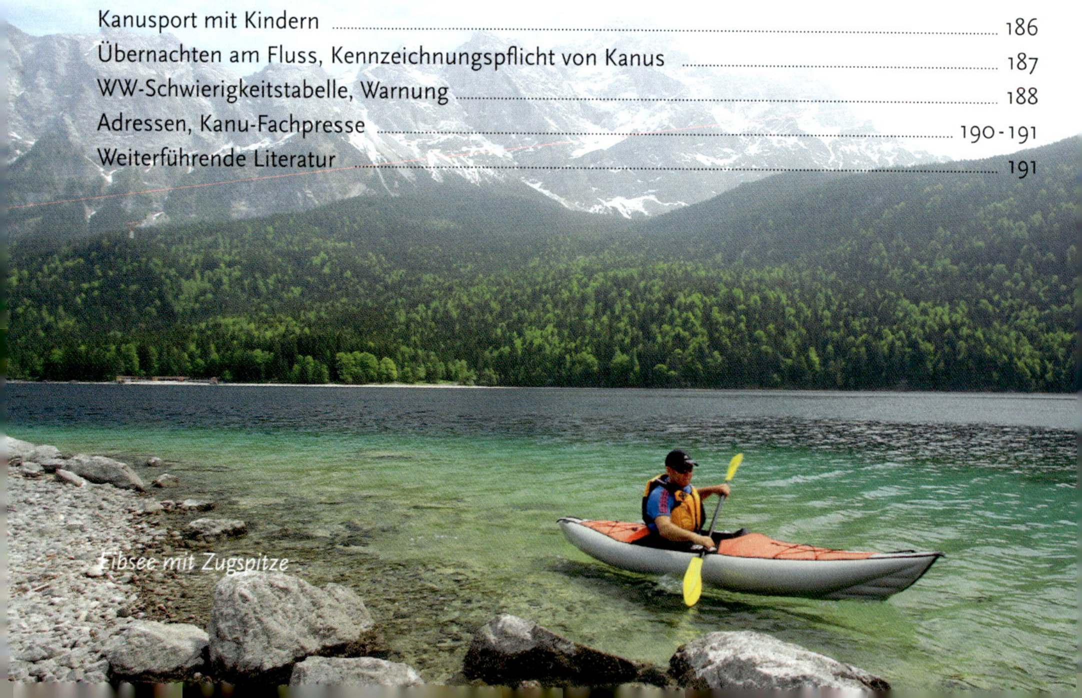

Eibsee mit Zugspitze

30 Touren

Einleitung

Kanus und Rafting-Schlauchboote sind die legitimen Nachkommen der ältesten Verkehrsmittel der Menschheit und haben eine lange Tradition. Heute werden Flüsse, Küsten und Seen mit Kanus in unterschiedlichen Bauarten befahren.
Moderne Luftboote sind platzsparend zu lagern und leicht im Kofferraum oder mit öffentlichen Verkehrsmitteln zu transportieren. Vor Ort sind die „Gummiboote" meist in wenigen Minuten startklar und fast kinderleicht zu steuern.

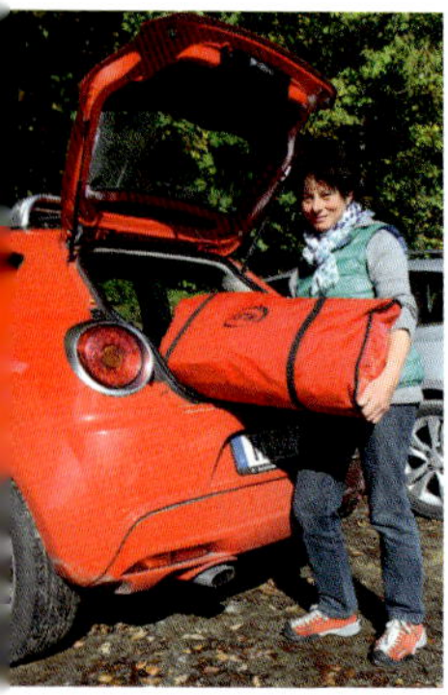

Die hochwertigen Modelle sind nahezu unkaputtbar und durch ihre Zuladung ermöglichen sie mehrtägige Touren in großartiger Natur. Unkomplizierter geht es kaum.

Wie alles begann...

Das erste aufblasbare Boot wurde 1913 von dem Berliner Hermann Meyer entwickelt und zum Patent angemeldet. Bald benutzte selbst die kaiserliche Marine Luftboote mit Holzböden und Rückschlagventilen. Später experimentierten die US-Firma Goodyear und der französische Reifenhersteller Dunlop mit der Herstellung von Booten aus Kautschuk und Gummi.
Durch den Untergang der Titanic im Jahre 1912, bei dem bekanntermaßen die meisten Passagiere ertranken, weil nicht ausreichend Rettungsboote vorhanden waren, entstand plötzlich eine große Nachfrage nach Rettungsbooten aus Gummi. Seit 1930 werden Schlauchboote als Standardausrüstung in der zivilen Schifffahrt verwendet, später sogar in der Luftfahrt.
1952 überquerte der Franzose Alain Bombard mit einem Festrumpf-Schlauchboot den Atlantik. Als die alten Patente rund um das Thema Gummiboote abgelaufen waren, kamen bald weitere Hersteller dazu. Die britische Firma Avon machte sich mit Schlauchbooten mit einem festen Rumpf und einer tiefen V-Kielung einen Namen. Mit dem Wirtschaftswunder in den 1950er Jahren wurde auch der Wunsch nach Freizeitbooten immer grösser.

1952 gründete Bus Hatch das erste Raftingunternehmen in den USA. In den 1970ern waren die gelben Boote der Firma Metzeler auf fast allen Gewässern anzutreffen. Der bekannte Kanufilmer Hans Memminger verwendete diese robusten Luftboote auf einigen seiner großen Expeditionen.
1989 kam das Grabner Outside auf den Markt, und dieses selbstlenzende Schlauchkanu begeisterte auf Anhieb.
Zu den Käufern von solchen Schlauchkanus zählen Kanuanfänger mit Platzproblemen, Wildwasserfahrer, die mit diesem Bootstyp die weniger sportliche Familie mit ins Boot holen können, oder Fernreisende, die entlegene Gewässer erreichen wollen. Ich erinnere mich, 1990 ein Outside sogar per Mountain Bike zu einem alpinen Eissee in Norwegen gekarrt zu haben, um hautnah im Umfeld der Gletscher zu paddeln. Ein Spreu Mamba war meine erste Wahl für eine geplante Tour durch den Grand Canyon. Mit diesem Boot befuhren wir zahlreiche Wildwasserschluchten in den Alpen.
Zwischenzeitlich haben sich Luftboote für verschiedene Einsatzzwecke im Kanusport etabliert, vom kleinsten Rucksackboot bis zum Großfamilienboot oder Raft.
Immer lautet die Devise: Aufpumpen und los geht's!

Verhalten in der Natur

1. Vermeiden Sie das Parken in der freien Landschaft und suchen Sie öffentliche Parkplätze auf.
2. Nehmen Sie Rücksicht auf alle Erholungssuchenden, auch auf Angler, kein unnötiger Lärm.
3. Vermeiden Sie jede Beschädigung der Wasser- und Ufervegetation.
4. Wählen Sie möglichst trittsichere Ein- und Ausbootstellen sowie unempfindliche Rastplätze.
5. Verzichten Sie auf die Befahrung ungeeigneter oder erkennbar übernutzter Gewässer. Informieren Sie sich vor Fahrtantritt über den geeigneten Wasserstand.
6. Beachten Sie die besonderen Bestimmungen in Natur- und Landschaftsschutzgebieten.
7. Benutzen Sie öffentliche Campingplätze oder Zeltwiesen. Wildes Campieren in der freien Landschaft ist bei uns nur ausnahmsweise erlaubt, in Schutzgebieten meist verboten.
8. Privatgrundstücke und fremdes Eigentum sind zu respektieren, keine Beschädigungen von Büschen oder Zäunen beim Umtragen oder Einsetzen.
9. Keine Störungen der Vogelwelt, Abstand zu Tierwelt und Nestern halten.
10. Abfall wieder mit nach Hause nehmen und umweltgerecht entsorgen.

Tipps für eine Tour

- Überprüfen der Ausrüstung, Flickzeug und Blasebalg mitnehmen
- Gepäck wasserdicht verstauen und sichern
- Boot nicht überladen, auf optimale Gewichtsverteilung achten
- Kinder auf jeden Fall nur mit Schwimmweste mitnehmen, bei starker Strömung, an Küstengewässern auch für Erwachsene erforderlich
- Zweckmäßige Kleidung und Schuhe auswählen (bei starker Strömung und niedriger Wassertemperatur Neoprenbekleidung, im verblockten Wildwasser Helm tragen
- Keine Nichtschwimmer mitnehmen
- Tour dem Können und der Kondition anpassen
- Rückfahrt organisieren
- Erfahrene Begleiter suchen, nicht alleine paddeln
- Nicht bei Hochwasser ein Fließgewässer paddeln
- Keine Touren bei Gewitterneigung (Windböen, Blitzschlag)
- Größte Vorsicht an Wehren und künstlchen Einbauten

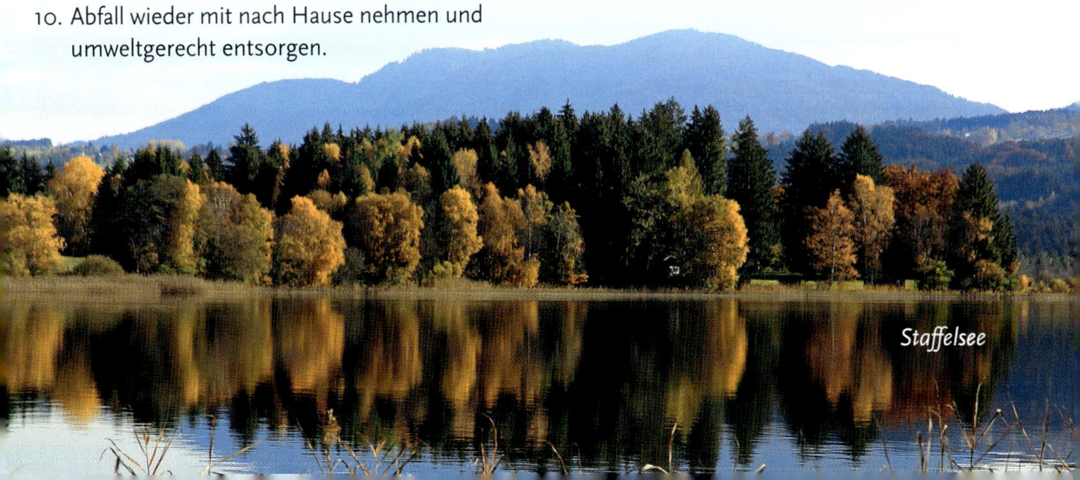

Staffelsee

Warnung und Haftungsausschluss

Einflüsse der Natur wie Hochwasser durch Schneeschmelze oder heftige Niederschläge sorgen für ständige Veränderungen.
Dazu kommen bauliche Maßnahmen der Wasserwirtschaftsämter an Brücken, Uferbefestigungen, und Wehren. Misstrauen Sie allen flusstechnischen Angaben, auch in diesem Führer, und seien Sie immer auf der Hut. Für sämtliche kanusportlichen Angaben kann keine Haftung übernommen werden.
Rechtsansprüche sind ausgeschlossen.
Der Autor ist dankbar für Hinweise über Veränderungen. Diese werden in der nächsten Auflage berücksichtigt. Grundsätzlich ist größte Vorsicht geboten, wenn ein Fluss Hochwasser führt. Kennzeichen dafür sind schlammiges Wasser, überschwemmte Ufervegetation oder mitschwimmende Äste. In diesem Fall sollte man prinzipiell auf die Tour verzichten.

Bei Küstengewässern mit Steilküsten sind die Wind- und Wetterverhältnis unbedingt zu beachten, auch Ebbe und Flut sind ein wichtiges Thema. Vertrauen Sie sich erfahrenen Mitpaddlern an, kontaktieren sie eine qualifizierte Kanuschule oder einen Kanuclub.

Materialkunde und Ausstattung

PVC oder Gummi mit Gewebe?

Für jene Boote, die eher auf einem Badesee und ruhigen Fließgewässern zum Einsatz kommen, wird häufig einfaches PVC für die Außenhaut verwendet. Auf stärker fließenden und verblockten Gewässern erreichen derartige Boote jedoch schnell die Grenzen ihrer Belastbarkeit und sind bereits nach der ersten Beschädigung Sondermüll. Aus diesem Grund verwenden die meisten Hersteller PVC in Verbindung mit anderen Materialien, die die Reiß- und Stoßfestigkeit der Außenhaut erheblich erhöhen und so für mehr Sicherheit und eine höhere Lebensdauer sorgen. Zusätzlich ist die Belastbarkeit der Außenmaterialien maßgeblich für die Frage, mit wieviel Druck ein Boot betrieben werden kann. Generell gilt: Je höher der Druck, um so steifer das Boot und desto besser die Fahreigenschaften.

Grundsätzlich sind zwei verschiedene Verfahren zur Herstellung des Außenmaterials von Luftbooten zu unterscheiden: In beiden Fällen wird ein Trägergewebe aus Kunstfasern verwendet, das im weiteren Verarbeitungsprozess mit anderen Materialien beschichtet oder beklebt wird. Dann wird entweder auf der einen Seite Neopren und auf der anderen Seite Hypalon aufgeklebt, oder es wird auf beiden Seiten PVC in verschiedenen Schichten aufgetragen. Hypalon bietet den Vorteil, dass es sonnenbeständig und strapazierfähig ist. Allerdings birgt das Verkleben von Materialien immer das Risiko, dass sich der besagte Kleber löst und so irreparable Schäden entstehen. PVC hingegen wird fest verschweißt. Der Nachteil von PVC liegt bei den Weichmachern, durch die das Material erst seine Flexibilität erlangt und ohne

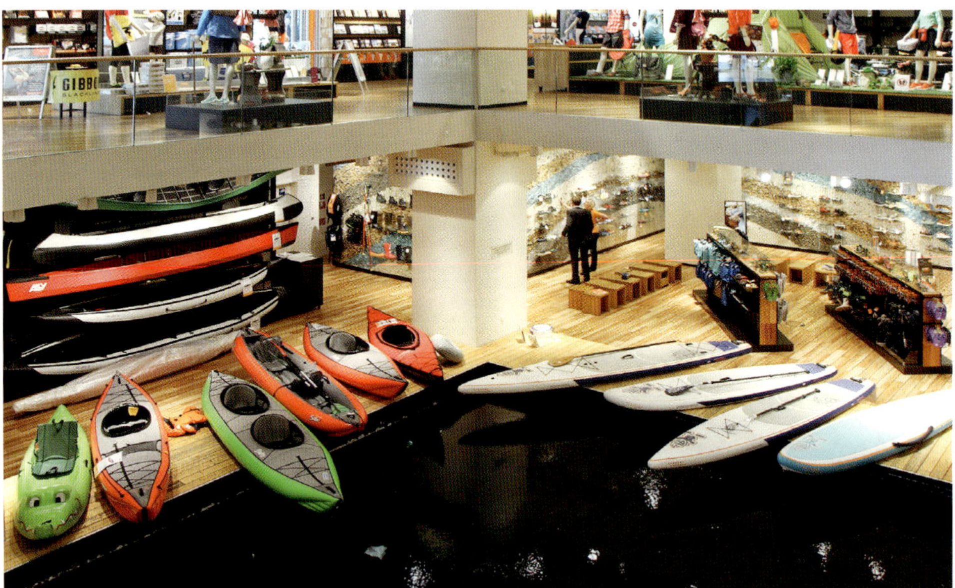

Im gut sortierten Kanu-Fachhandel erhält man eine kompetente Auswahl und Beratung und manchmal auch Testmöglichkeiten wie hier bei Globetrotter in München.

die es steinhart wäre. Diese Weichmacher sind empfindlich gegen Sonneneinstrahlung und verflüchtigen sich mit der Zeit. Sind sie einmal weg, entstehen schnell Materialermüdungen. Fast alle Top-Hersteller verwenden heute als Mittellage ein hochfestes Polyestergewebe und als Beschichtung eine säure- und abriebfeste Beschichtung aus Naturkautschuk bzw. Hypalon. Solche Boote können im Notfall problemlos auch unterwegs kaltverschweißt werden und haben eine lange Lebensdauer.

Wichtig sind auch die **Ventile**, meist mit einem Bajonettverschluss, damit die Luft nicht sofort entweicht, wenn der Pumpenschlauch abrutscht. Vor dem **Aufpumpen** des Bootes (am besten auf einer ebenen Fläche) wird das Sicherheitsventil entriegelt, sonst ist die Luft schneller wieder draussen als einem lieb ist. Unangenehm ist es, wenn ein Boot mit verschiedenen Ventilarten ausgestattet ist.

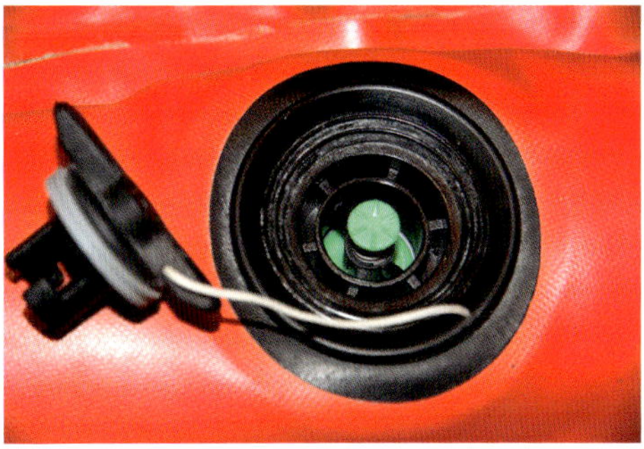

Ventil mit Bajonettverschluss (Grabner)

Da Paddeln ein sitzender Sport ist, sollte man vor dem Kauf unbedingt eine **Sitzprobe** machen. Hat man genügend Platz für die Füße? Sitzt man auch bequem (Schaumstoffauflage/ Rückenlehne)? Im Wildwasser benötigt man im Schlauchkanu verstellbare **Schenkelgurte,** die festen Halt geben, aber ein Verlassen des Bootes nicht behindern (Panikauslösung). Auch die Sicherungen der Sitzbretter, die Befestigung der Rückenlehnen sind ein Punkt, der Ärger bereiten kann, weil man sie schwer fixieren kann oder Kleinteile leicht verloren gehen. Testen Sie auch die **Griffschlaufen** am Boot und den **Packsack**. Ist das verpackte Boot auch als Rucksack gut zu tragen?

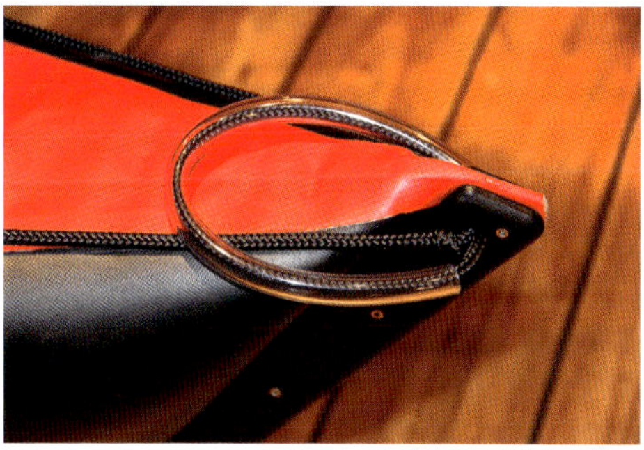

Griffschlaufe (Grabner)

Ein ganz wichtiger Punkt ist die **Selbstlenzung** des Bootes. Schließlich vergeht einem bald der Spaß, wenn man nach kurzer Fahrt im Wasser sitzt. Die Selbstlenzung sollte ins Boot spritzendes Wasser schnellstens wieder hinaus befördern, das ist besonders im Wildwasser nötig. Eine unlösbare Aufgabe? Je nach Bootstyp gibt es verschiedene Technologien. Boote für den kombinierten Einsatz haben meist verschließbare **Lenzöffnungen**, reine Wildwasserboote oft nicht, dafür ist die Lenzwirkung

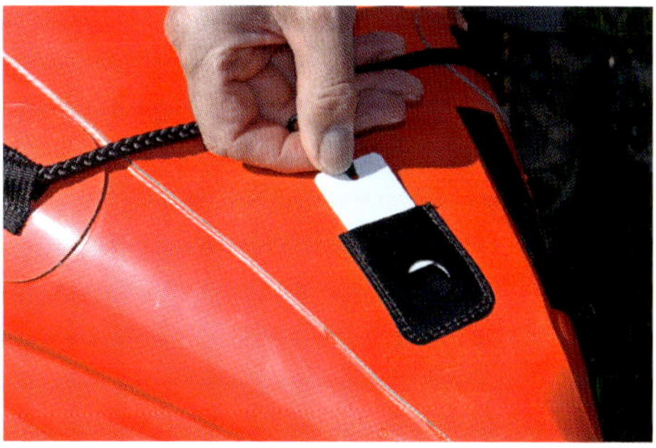

Eine Lenzöffnung erleichtert das Entleeren des Bootes (Gumotex Seawave)

größer. Kompromisse muss man eingehen. Am schlechtesten ist es, wenn ein Boot keine Selbstlenzung hat, da hilft dann nur ein Schwamm oder ständiges Ausleeren!

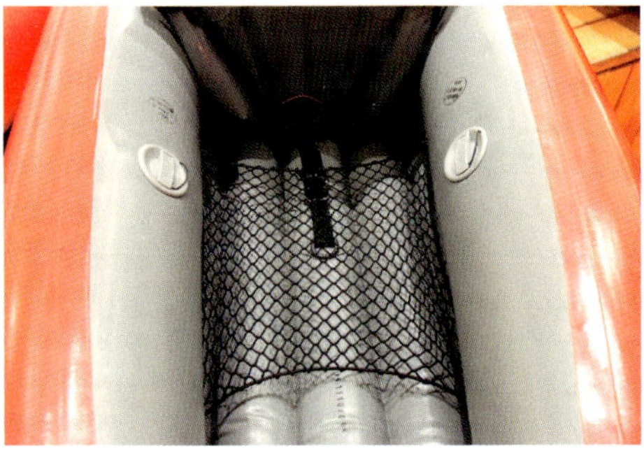

Gepäcknetze sichern die Ladung (Gumotex)

Kajak oder Kanadier?

Vor dem Kauf sollte man gründlich überlegen, welche Gewässer man vorrangig befahren möchte: Kleinfluss oder Binnensee, Wildwasser oder Küstengewässer? Wer noch keine rechte Vorstellung hat, bucht zunächst einen Kanukurs und besucht dann einen Bootstest. Gerade am Saisonanfang bieten zahlreiche Kanushops, Bootshersteller oder Kanu-Vereine Veranstaltungen mit der Möglichkeit einer Probefahrt. Aktuelle Termine finden sich auf den Webseiten der Kanuzeitschriften und Hersteller. Die in der Übersicht genannten Modelle sollen eine grobe Orientierungshilfe bieten, die keinen Anspruch auf Vollständigkeit erhebt. Weitere Modelle entnehmen Sie bitte den Webseiten der jeweiligen Hersteller.

Einerkajaks

Schnelle Boote mit ausreichend Stauraum für lange Wanderfahrten bietet **Grabner** mit den hochwertigen Modellen Explorer 1 und Mega oder die **Gumotex** Preis-Leistungsknüller Framura und Seawave. Dazu kommt noch das Hybridboot **Nortik** Scubi 2. Mega.

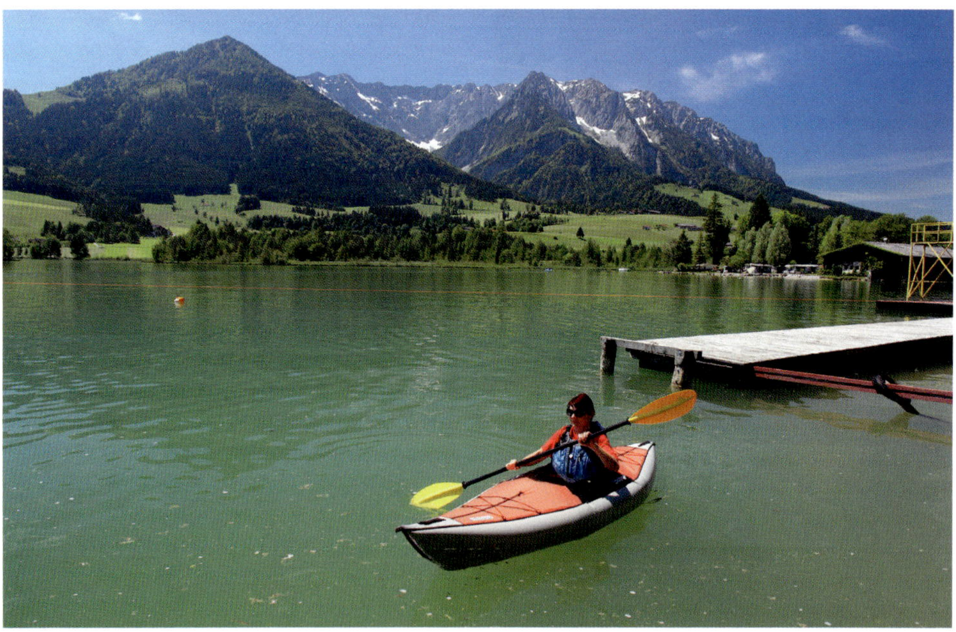

Einerkajaks sind schnell einsetzbar (Walchsee/Tirol)

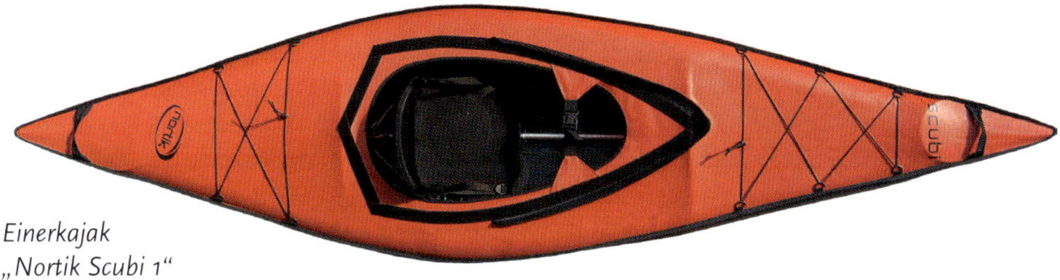

Einerkajak „Nortik Scubi 1"

Seawave und Scubi 2 sind Modelle, die man durch den Umbau der Sitze variabel einsetzen kann. Mit dem Explorer, Swing und Framura lassen sich auch leichte Wildflüsse befahren, Mega, Seawave und Scubi 2 haben ihren bevorzugten Einsatzbereich auf Großflüssen, Seen und bei Küstenfahrten. Das Aironaut der kanadischen Edelfaltbootschmiede **Feathercraft** im oberen Preisbereich rundet diese kleine Auswahl ab.

Zwei preiswerte, extrem leichte und vielseitige Allround-Einer sind die Boote **Nortik** Scubi 1 (ein Hybrid aus Falt- und Luftboottechnik – das Immer-dabei-Boot) mit einer genialen Spritzdeckenlösung samt Klettverschluss und das **Gumotex** Swing 1, das durch seine schnelle Aufbauzeit punktet. Beide Modelle lassen sich auch noch auf WW I und II-Gewässern verwenden. Nur für Zahmwasser eignet sich das **Sevylor** Pointer, ein formschönes und bequemes Boot zum absoluten Einstiegspreis. Extrem leicht und für die Größe sehr schnell ist das Falt/Luftboot Puffin Saco von **Pakboats.** Wildwassereignung bis etwa WW III besitzen das äußerst robuste **Spreu** Guppy, die bewährten Modelle **Gumotex** K 1 und Safari sowie das selten anzutreffende Modell Aire Force. Nautiraid bietet mit dem Voyage I ein weiteres interessantes Boot mit einem sehr guten Preis-Leistungsverhältnis an. Alle diese Boote sind aus Sicherheitsgründen Sit-on-Top-Modelle, selbstlenzend und mit Schenkelgurten ausgestattet. Im Augsburger Kanu Magazin wurde ein Boot dieser Bauart als „wild gewordene Luftmatratze" bezeichnet.

Zweierkajaks

Die Auswahl an Zweier-Kajaks ist vergleichsweise riesig. Je nach Preisvorstellung und Einsatzbereich gibt es vom einfachen Kaufhausboot aus PVC bis zum hochwertigen Gummi-Gewebeboot eine große Bandbreite. Zweierboote sind vor allem für Seen, zahme Flüsse und bedingt für Küstenfahrten geeignet. Problematisch wird es allerdings, wenn der Partner einmal ausfällt. Nur wenige Modelle sind mit variablen Sitzen ausgestattet. **Grabner** bietet für zahme Gewässer die langjährigen Bestseller Tramper und Holiday 2, anspruchsvoller sind Explorer 2 und Riverstar. Die Pallette von **Gumotex** reicht vom unkomplizierten Swing 2 und Helios 2

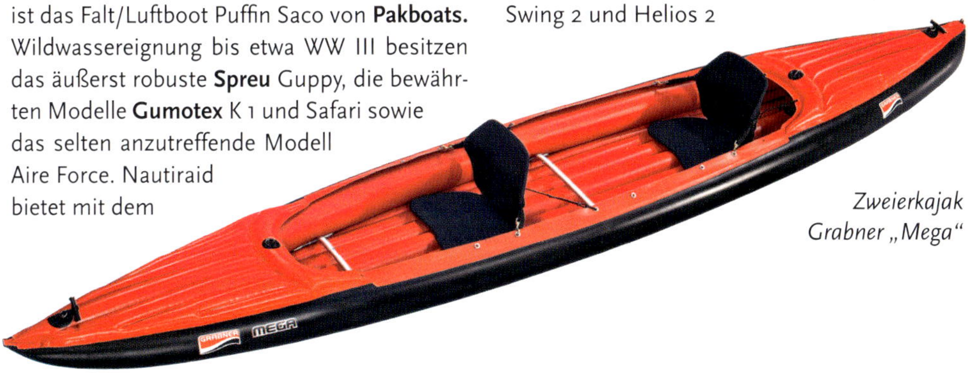

Zweierkajak Grabner „Mega"

bis zum Solar und dem Wildwasserboot K 2. Ebenfalls sehr wildwassertauglich ist das **Spreu** Ducky. **Nortik** Scubi 2 und **Pakboats** Puffin Saranac sind die Bestseller von Out-Trade in Ulm. Von den weniger bekannten Marken sind folgende Modelle einen genaueren Blick wert: Wet Elements Samoa von **Waterworld** (mit Klarsichtfenster im Boden), **Aqua Design** Seawaver, **Advanced Elements** AE 1007, Aire Lynx II und Big Nomad HP 3 **(Bicshop).**

Dreierkajaks

Manches Dreierboot ist auch als Einer oder Zweier zu verwenden (z.B. **Gumotex** Seawave und Solar, **Grabner** Mega (2 Erwachsene, 1 Kleinkind) und **Nortik** Scubi 3 (max 2 Erwachsene und bis zu 2 kleine Kinder). Das **Grabner** Riverstar XXL ist ebenfalls für 2 Erwachsene und 1-2 Kinder, aber auch von 2 Erwachsenen mit besonders langen Beinen und großem Gepäckbedarf zu verwenden.

Schlauchkanadier

Die Gruppe der Schlauchkanadier ist äußerst vielfältig. **Grabners** Modelle (wie das Outside, XR-Trekking, Indio und Adventure) gehören nicht zu Unrecht zu den Bestzählern und glänzen durch ihre hohe Qualität und die langjährige Modellpflege. Dabei sind Outside und XR-Trekking ganz besonders für den WW-Einsatz konstruiert.

Gumotex bietet mit Modellen wie Baraka, Scout und Palava ebenfalls sehr ausgereifte und bewährte Produkte zum attraktiven Preis.

Baraka ist der Favorit, Palava ein Allround-Klassiker (aber ohne Selbstlenzung). Weitere Modelle wie Ontario und Colorado bieten Platz für bis zu 6 Personen. Die Firma **Spreu** hat sich mit den Modellen Otter 430 und 460 einen hervorragenden Namen gemacht. Beide glänzen mit hoher Zuladung und gutmütigen Fahreigenschaften selbst im Wuchtwasser. Die Mamba ist so etwas wie der „Porsche" unter den Schlauchkanadiern, da es über eine extrem schnelle Selbstlenzung und perfekte Trimm-Möglickeiten verfügt, beides ist sehr wichtig im anspruchsvollen Wildwasser. Dem kalifornischen Modell **Soar** 14 bescheinigte das Kanu Magazin: „ein guter Kompromiss zwischen Touring und WW". Die Amerikaner verfügen aber noch über weitere interessante Modelle in einer ganzen Produktreihe, alle in dreilagigem Hypalon mit Neopren und Nylongewebe, wie z.B. das Einmannboot Soar 10 Squirt.

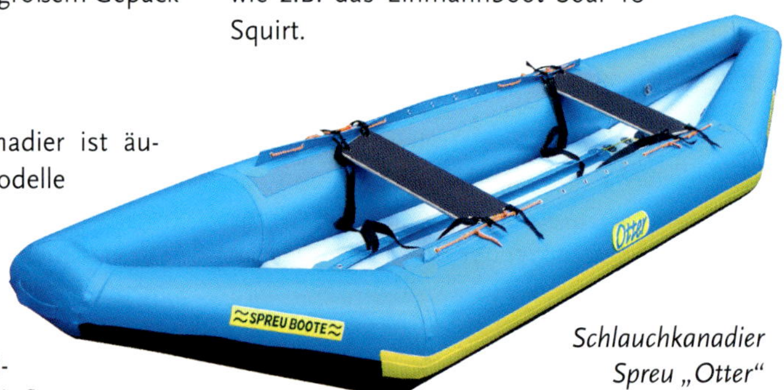

Schlauchkanadier Spreu „Otter"

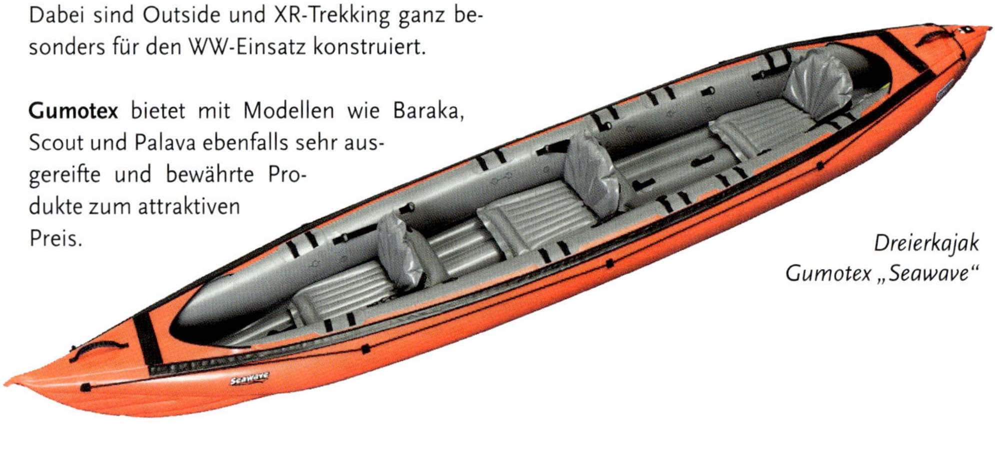

Dreierkajak Gumotex „Seawave"

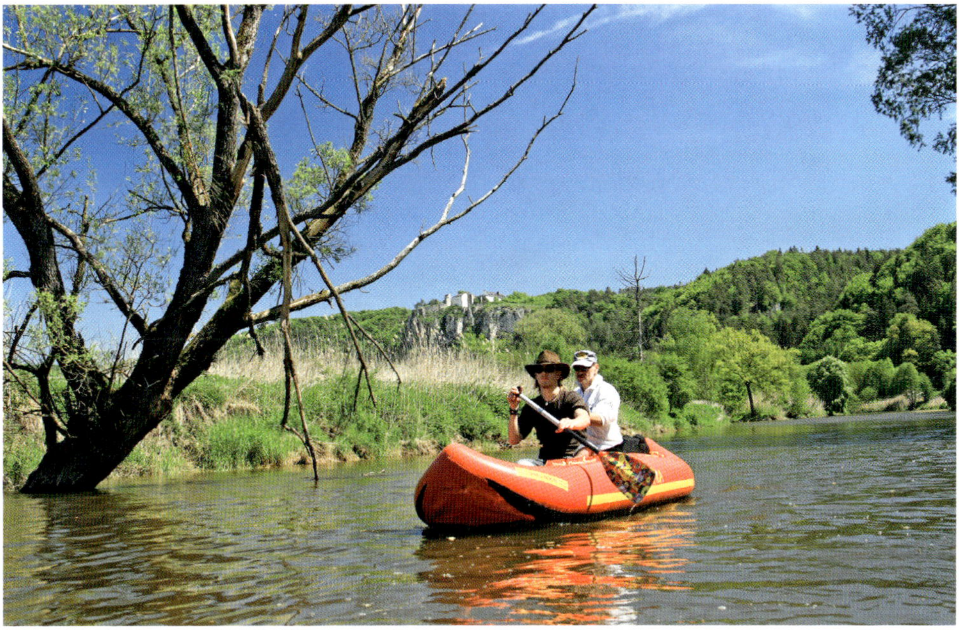

Schlauchkanus sind gutmütig und schnell zu beladen (Altmühl)

Expeditionserprobt sind auch die beiden Modelle Voyager und Trek Pro von **Aqua Design,** die aus Hypalon 1100 DTEX gefertigt werden.

Groß-Kanadier

Das **Grabner** Adventure Team fasst bis zu 10 Erwachsene, ein Boot für Vereine und Gruppenfahrten in bewährter Qualität.

Rafts

Grabners Raftingflotte Invader S/M/L werden nur auf Bestellung gefertigt. Modelle wie Family und Hobby können sowohl als Motorboot, Ruderboot oder Segelboot als auch für Family-Rafting genutzt werden. Für diese Modelle gibt es eine reiche Auswahl an Ausstattungsmöglichkeiten. **Gumotex** kleinstes Boot ist Pulsar 340 für maximal 5 Personen; das größte Raft einer ganzen Modellreihe, Pulsar 450, nimmt bis zu 9 Personen auf. **Spreu** hat auf allen Rafting-Gewässern einen hervorragenden Ruf; entsprechend sind die Boote der Serien Hippo und Hippo Extreme auf vielen Gewässern anzutreffen.

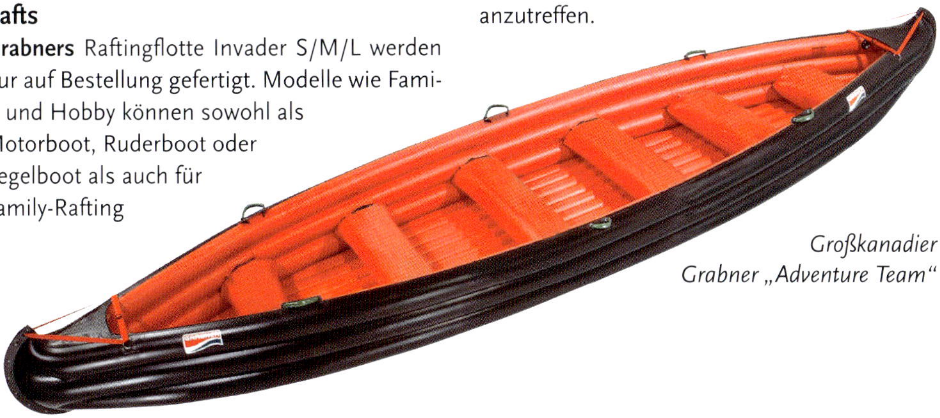

Großkanadier Grabner „Adventure Team“

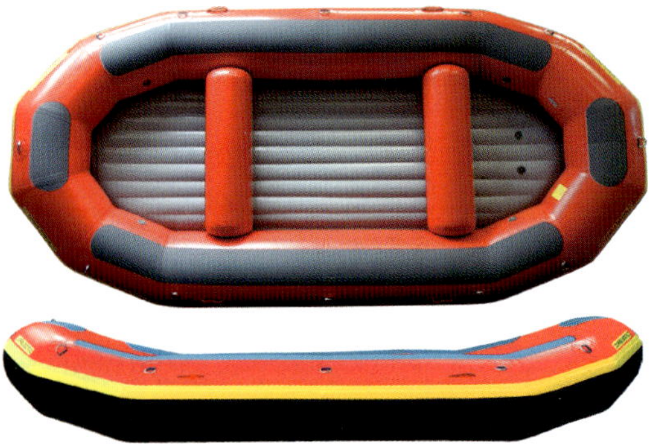

Raftingboot Spreu „Hippo“

Diese Modelle sind selbstlenzend, extrem langlebig und fassen zwischen 3 und 12 Personen Besatzung.

Aqua Design bietet robuste und preiswerte Rafts mit der Avanti-Serie in schwerer PVC-Qualität für Gruppen und Vereine. Sowohl Grabner wie auch Spreu bieten Katamaran-Schläuche für vielseitige Einsatzzwecke.

Minirafts

Dieser Bootstyp eignet sich für Gewässer mit geringer Wasserführung. Oft werden diese Modelle auch im Verleih angeboten. Sie eignen sich aber auch für Kleingruppen und sportliche Paare oder Expeditionen. Das nur 290 cm lange Spreu Hippo 3SB aus 4-lagigem Hypalon ist ideal für Power Rafting auf verblocktem Wildwasser mit 2-3 Personen Besatzung.
Aqua Design fertigt ein 290 cm langes Modell

Miniraft „ROB“

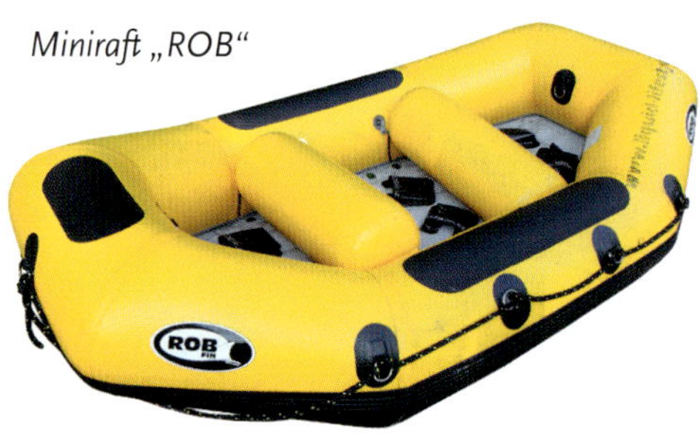

als kleinstes Boot seiner Avanti-Serie in schwerer PVC-Qualität an. Weitere Boote finden Sie u.a. bei der Fa. NRS (Outlaw 130 und 140).

Rucksackboote (Packraft/Treckraft)

Wie so oft kam diese Idee aus Deutschland, wurde aber in den USA in den letzten Jahren wieder aufgegriffen. „Pack your raft and raft your pack“ ist das Motto für diese ultraleichten Minimalisten-Boote, die von **Alpacka Raft** (USA) und **Nortik** (Deutschland) entwickelt wurden. Diese Boote haben ein Gewicht von unter 3 kg und passen in den Rucksack. Um den Blasebalg einzusparen, werden sie mit einem Pumpsack aufgeblasen. Es gibt Einer- und Zweierboote, mit und ohne Spritzdecke.

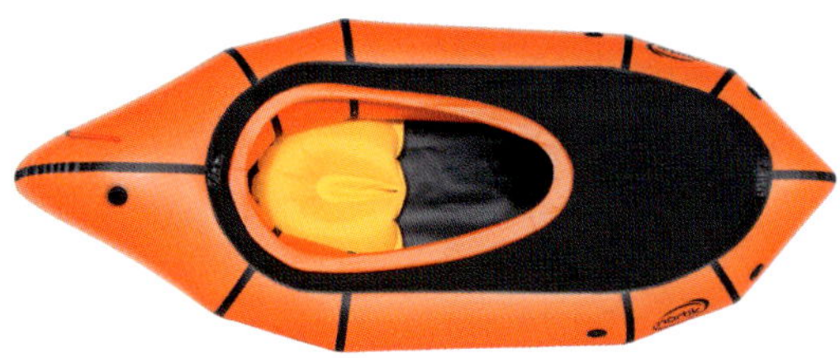

Rucksackboot „Trekraft“

Als wichtigstes Zubehör verwendet man sinnvollerweise ein vierteiliges Carbonpaddel. Mit dieser Ausrüstung kommt man zu entlegenen Einstiegen auf völlig abgelegenen Flüssen oder Bergseen. Man kann das Boot im Flugzeug, Fahrrad, Cabriolet oder Motorrad mitnehmen oder mit öffentlichen Verkehrsmitteln zum Einsatzort gelangen. Für längere Paddelstrecken auf strömungslosen Gewässern sind sie definitiv nicht geeignet, da der Geradeauslauf wenig Grund zur Freude bietet. Auf fließendem Wasser mit mäßiger Verblockung machen die „Taschenboote“ allerdings richtig Spaß. Ebenso auf Expeditionen oder kombinierten Durchquerungen von Schluchten mit langen Gehstrecken, auch extremen Canyoningtouren mit langen Schwimmstrecken. Die Bootshaut be-

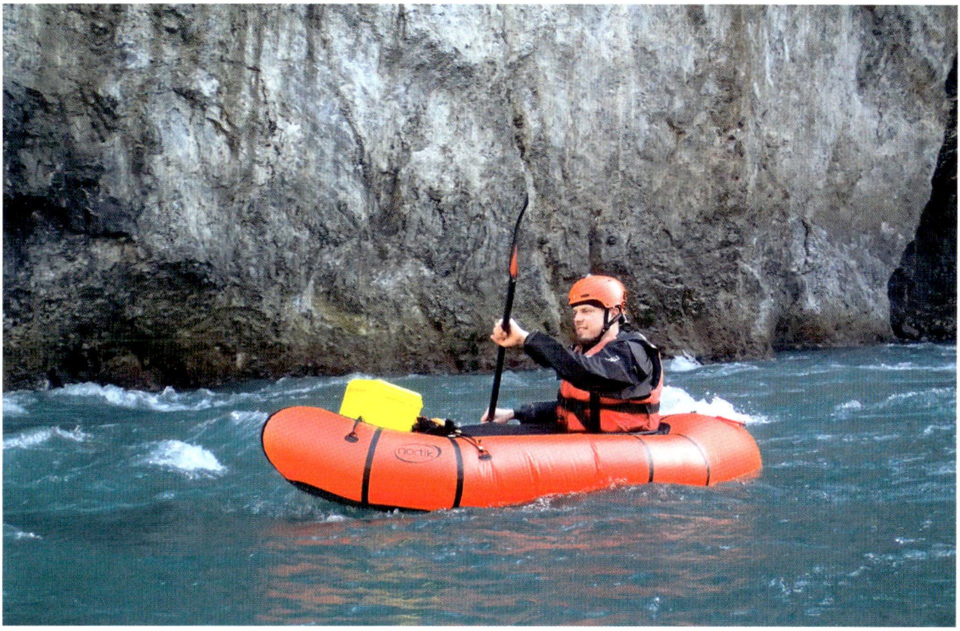

Rucksackboot in der Flimser Schlucht (zurück geht es per Bahn)

steht aus Hochleistungsmaterialien, die Felsberührungen im leichten Wildwasser klaglos überstehen. Die Wildwasserversionen lassen sich im Falle einer Kenterung per Eskimorolle wieder aufrichten, man kann Kehrwasser fahren und in kleinen Wellen surfen. Dabei sind die kleinen Boote auch erstaunlich kippstabil. Dennoch sollte man seine Fähigkeiten im Miniraft nicht überschätzen.

Mit Hilfe von Befestigungsösen kann man während der Fahrt sein Gepäck sicher verzurren. Viele Einsatzmöglichkeiten sind noch gar nicht ausgelotet, Packrafts oder Trekrafts sind aber eine echte Bereicherung und für manchen Outdoorfan, der nur begrenzte Lager- oder Transportmöglichkeiten hat, die einzige Option. Beide Hersteller bieten die Möglichkeit, ihre Boote im Rahmen von Testveranstaltungen auszuprobieren; der Packraftingstore versendet auch Leihboote.

Infos:

Fa. Outtrade in 89079 Ulm, Nicolaus-Otto Str. 34, Tel. 0731/4007675, *www.faltboot.de* (Nortik)

Packrafting Store in 01156 Dresden, Elbstr. 1, Tel. 0351/32131775, *www.packrafting.de* (Alpacka)

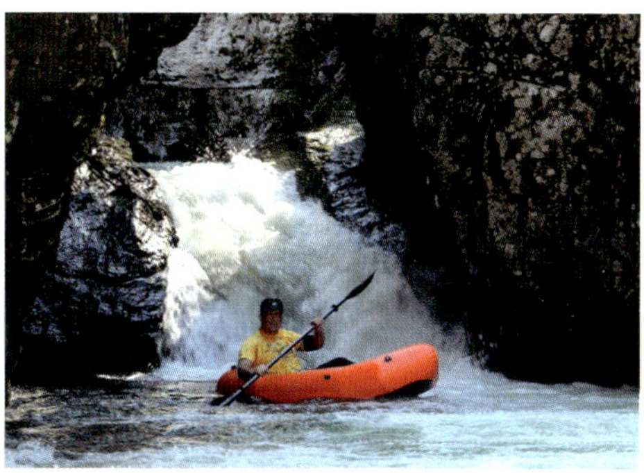

Am Mündungswasserfall der Walchenklamm (Sylvensteinsee)

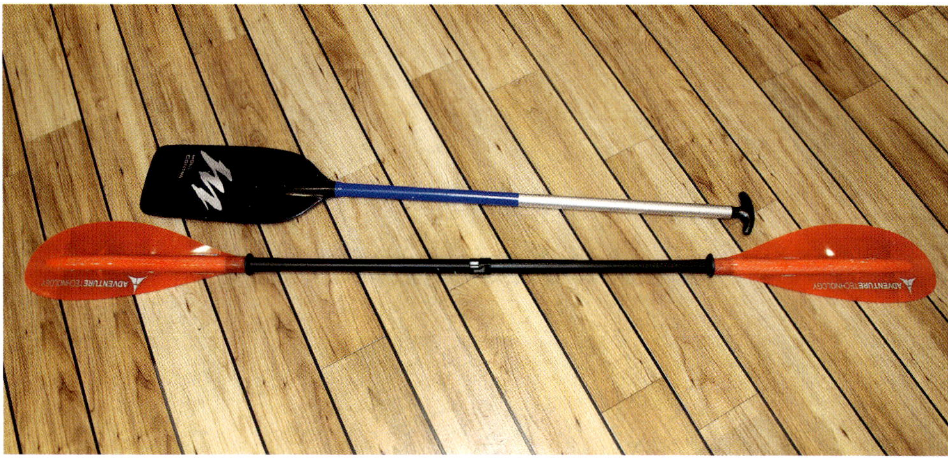

Stechpaddel (oben) und Doppelpaddel (unten)

Paddelzubehör

Paddel

Generell werden **Doppelpaddel** für Kajaks verwendet und Stechpaddel für Kanadier oder Rafts (es gibt aber auch in bestimmten Fällen Ausnahmen). Paddel gibt es in Holz oder Kunststoff (PE, Fiberglas, Carbon). Zum Kanuwandern werden von Erwachsenen Längen von ca. 220-240 cm verwendet, im Wildwasser meist zwischen 190-210 cm. Kinderpaddel sind entsprechend kürzer. Prinzipiell gilt die Regel: Je länger das Boot, umso länger muss auch das Paddel sein. **Stechpaddel** gibt es in Längen zwischen 135 und 170 cm. Bei Rafts oder Schlauchkanadiern sind aufgrund der breiten Seitenwülste etwa 10-15 cm längere Paddel erforderlich als bei festen Kanadiern. Raft-Bootsführer verwenden gar bis zu 180 cm lange Stechpaddel mit einem besonders großen Blatt.

Die hochwertigen Carbonpaddel sind schon am geringen Gewicht erkennbar. Holzpaddel sind besonders angenehm, armschonend und bei kalten Temperaturen auch wärmer, leider aber auch etwas empfindlicher. Anfänger sollten sich zunächst einmal für ein robustes PE-Modell entscheiden.

Bei Doppelpaddeln gibt es rechts- und linksgedrehte Paddel. Auch bei den Blattformen sind die Unterscheide groß. Prinzipiell werden im Wildwasser größere Blätter bevorzugt, in windreichen Küstenregionen eher kleinere und schmalere Blätter. Stechpaddel für Rafts oder große Schlauchkanadier sollten besonders große Blätter haben, vor allem bei Wildwassern mit hoher Wasserwucht. Paddel mit kleinerem Blatt sind dafür ermüdungsfreier. Wichtig ist es auch, ein teilbares **Ersatzpaddel** mitzufüh-

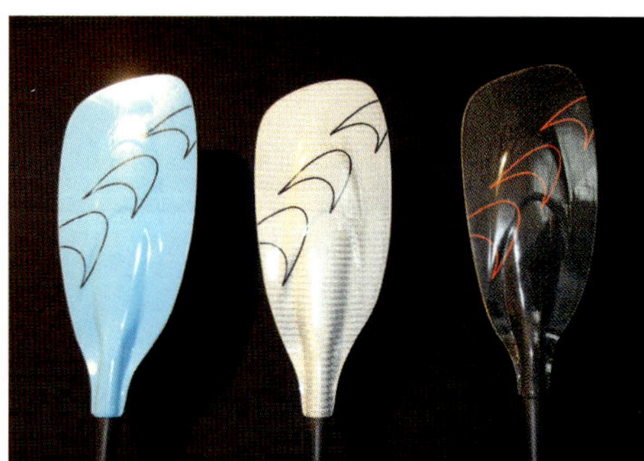

Paddeldesign von Prijon

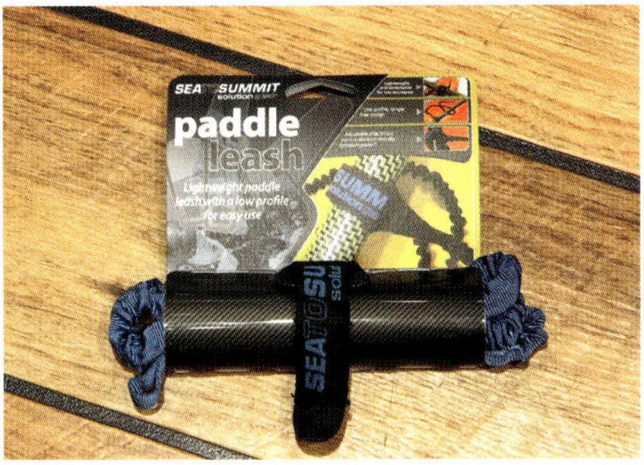

Ein nützliches Zubehör ist der Paddelfangriemen

ren, da man jederzeit ein Paddel verlieren oder zerstören kann. Wer verschiedene Boote einsetzt, greift am besten auf ein teilbares Paddel zurück, das sowohl als Doppelpaddel als auch als zwei Stechpaddel verwendet werden kann und sich wie alle teilbaren Paddel für Rechts- oder Linkshänder eignen.

Zubehör: Ein Paddel-Leash schützt das Paddel vor Verlust, speziell auf Großgewässern. Ein Paddle-Float erleichtert das Einsteigen auf einem Großgewässer.

Zubehör

Ohne Zubehör geht es nicht. Und das Luftboot kommt erst mit einer entsprechenden **Luftpumpe** oder einem Bla**sebalg** in Form. Dabei ist auf einen passenden Adapter zu achten.

Wichtig ist es, den Blasebalg auf die Tour mitzunehmen, um auch unterwegs Luft nachpumpen zu können. Elektroluftpumpen mit 12 Volt bieten eine bequeme Art des Aufpumpens. Um den Luftdruck zu kontrollieren, empfiehlt sich ein **Manometer.** Ein zerlegbarer **Bootswagen** leistet gute Dienste auf dem Weg zum Einsatzort und bei langen Wehrumtragungen oder sonstigen Portagen. **Rollsäcke, wasserdichte Tonnen** oder diverse **Bootstaschen** und was-

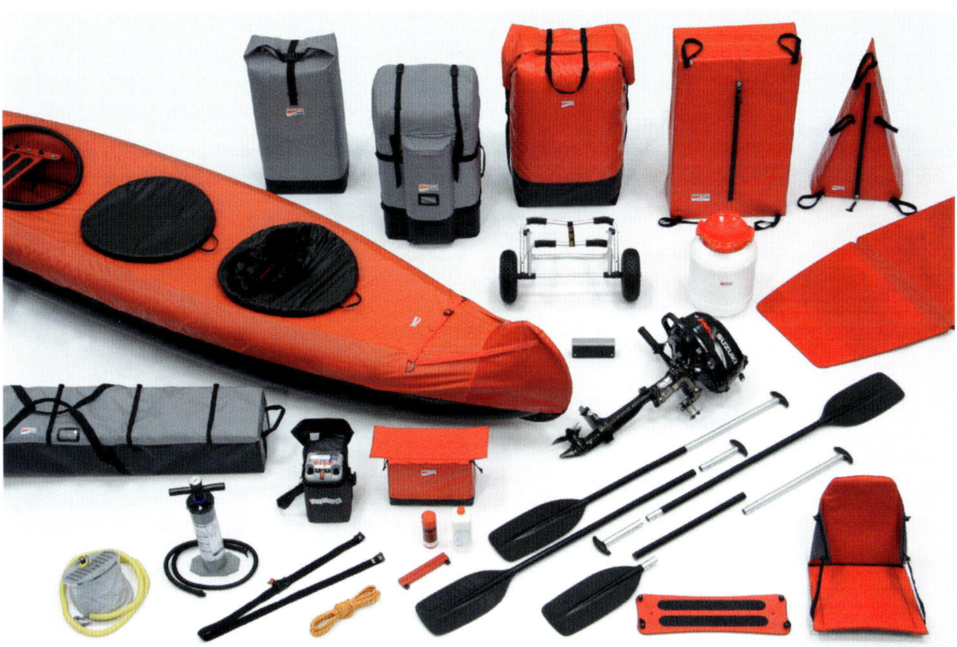

Die Fa. Grabner hat ein umfangreiches Paddelzubehör im ihrem Programm

serdichte **Drybags** für Kamera, Smartphone oder Geld/Dokumente schützen im Falle einer Kenterung oder bei Regen. Für manche Bootstypen gibt es eine **Fußsteuerung,** um besser auf Kurs zu bleiben. Eine **Spritzdecke** hält die Bootsinsassen und das Gepäck trocken und ist auch ein gewisser Kälteschutz. Für manche Boote gibt es auch eine **Besegelung** oder eine Motorhalterung. Sehr praktisch ist ein **Schwamm** zum Säubern und Entwässern des Bootes, vor allem bei Kanus ohne Selbstlenzung. Damit er nicht verloren geht befestigt man ihn am besten mit Hilfe einer dünnen Reepschnur. Mit **Leinen** oder **Schnallgurten** lassen sich Säcke oder Tonnen besser vor Verlust schützen. Eine **Treidelleine** erleichtert das Umschiffen von Hindernissen und dient der Sicherung des Bootes, damit es sich nicht selbstständig macht.

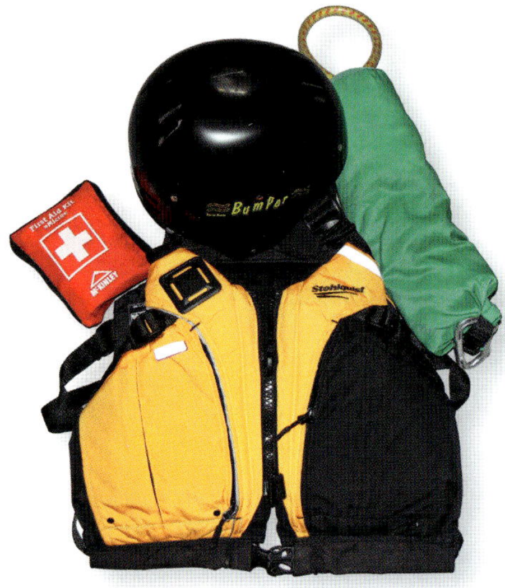

Das wichtigste Sicherheits-Equipment eines Paddlers

Sicherheit

Das Zubehör Nummer 1 ist eine geeignete **Schwimmweste.** So schützt man sich und seine Mitpaddler am besten vor Schwimmunfällen. Im Wildwasser und bei Küstenfahrten ist das Tragen der Weste absolut empfehlenswert, ebenso auf windreichen Seen. Auf einigen Gewässern ist die Verwendung der Schwimmweste sogar Pflicht, z.B. am Gardasee! Kleinere Kinder sollten generell nur mit einer Rettungsweste mit Kragen ins Boot steigen. Und wer mit einem vierbeinigen Freund Gewässer befährt, kann auch über den Kauf einer Hundeschwimmweste nachdenken. Rettungswesten mit Kragen sind ohnmachtssicher, Schwimmwesten ohne Kragen bieten dafür optimale Bewegungsfreiheit, z.B. beim Schwimmen im Wildwasser.

Die CE-Prüfnummer garantiert, dass das Produkt den Sicherheitsanforderungen entspricht. Kleinere Personen sollten beim Kauf der Weste auf einen kurzen Schnitt achten, damit diese nicht vom Süllrand nach oben geschoben wird. Ein weiter Armausschnitt hilft, Reibung zu verhindern, vor allem, wenn man unter der Weste keine weitere Bekleidung trägt. Im Wildwasser haben sich Bergesysteme bewährt, die über ein Bungee-Cowtail mit der Schwimmweste verbunden sind. So kann man ein Kajak oder in Not geratene Paddelkameraden effizient bergen.

Im Wildwasser ist es üblich, einen **Rettungswurfsack** griffbereit im Boot mitzuführen, damit man im Notfall blitzschnell Hilfe leisten kann. Am besten sichert man diesen mit einen **Karabiner.** Dabei sollte der richtige Gebrauch des Wurfsackes immer wieder einmal mit allen Beteiligten geübt werden. Sinnvoll ist auch ein wasserdicht verpacktes **Erste Hilfe Set** mit einer Alu-Rettungsdecke.

Und ab WW II (II-III) ist ein WW-Helm Pflicht!
Er muss bequem aber auch stabil sitzen, um nicht schon in der ersten Welle nach hinten zu rutschen, und sollte gut belüftet sein.

Wassersport Bekleidung

Bei kühlen Lufttemperaturen oder bei niedrigen Wassertemperaturen und generell im Wildwasser ist das Tragen von Kälteschutzbekleidung sinnvoll und notwendig. Wer längere Zeit im eiskalten Wasser schwimmt, hat sonst nur eine kurze Überlebenschance. Dies sollte man sich vor Augen halten, wenn man Wasserport betreibt. Nur funktionelle Kälteschutzbekleidung hilft. Das kann ein **Neoprenanzug** oder ein **Trockenanzu**g sein. Meist werden Neopren-Trägerhosen getragen und ergänzend eine **Kajakjacke,** ggf. eine Trockenjacke. Darunter trägt man **Funktionsbekleidung** oder einen Fleece-Pullover. Je nach Gewässer sind Neoprenschuhe oder sonstige **Kajakschuhe** erforderlich. Flipflops sind völlig ungeeignet. Bei Minusgraden kommen auch wärmende **Paddelhandschuhe** zum Einsatz, die keinesfalls eng sein dürfen und – obwohl es uncool aussieht – eine **Neopren-Kopfhaube.** Bei warmen Temperaturen ist vor allem ein Sonnenhut wichtig. Bei extremer Sonne reicht ein Sportkäppi nicht mehr aus, dann hilft nur noch ein breitkrempiger **Sonnenhut** mit Nackenschutz und eine **Sonnenbrille** mit einem Brillenband, dazu **Shorts, T-Shirts, Trekkingsandalen** und vorbeugend auch entsprechende **Regenschutzbekleidung.**

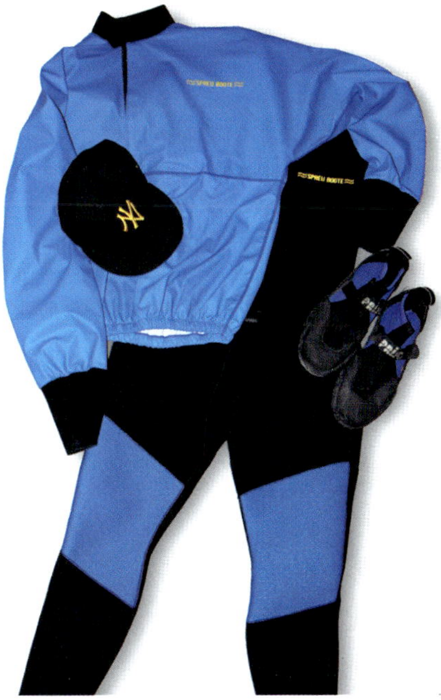

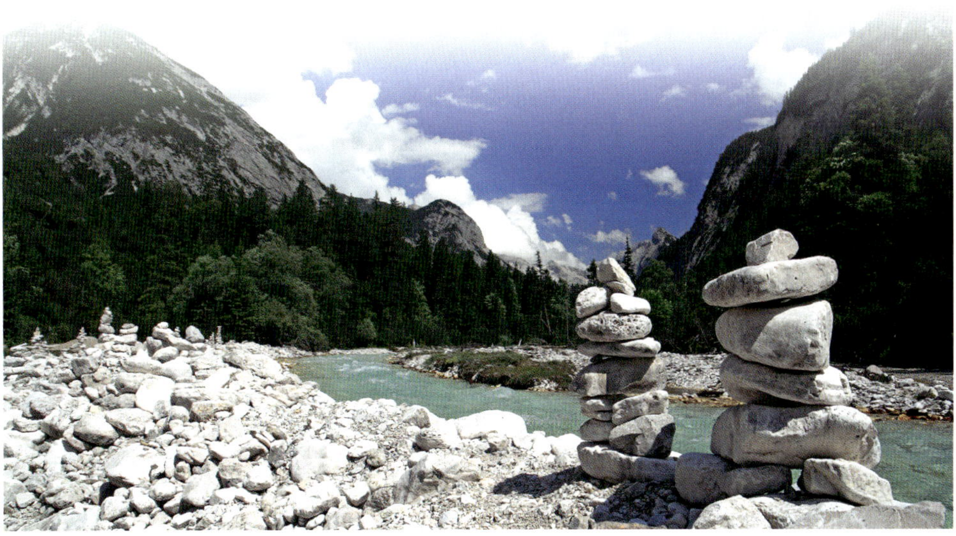

Pflegetipps für Schlauchboote

- Beim Aufbau die Anleitung des Herstellers beachten.
- Bootshaut beim Auf- und Abbau auf einen sauberen Untergrund und nicht auf spitze Steine legen.
- Blasen Sie die Luftkammern in der richtigen Reihenfolge auf (das beeinflusst die Fahreigenschaft des Bootes ganz erheblich) und halten Sie den vorgeschriebenen Luftdruck ein. Die meisten Hersteller bieten dazu einen Prüfmanometer an. Achtung: Sonneneinstrahlung und Wassertemperatur verändern den Druck!

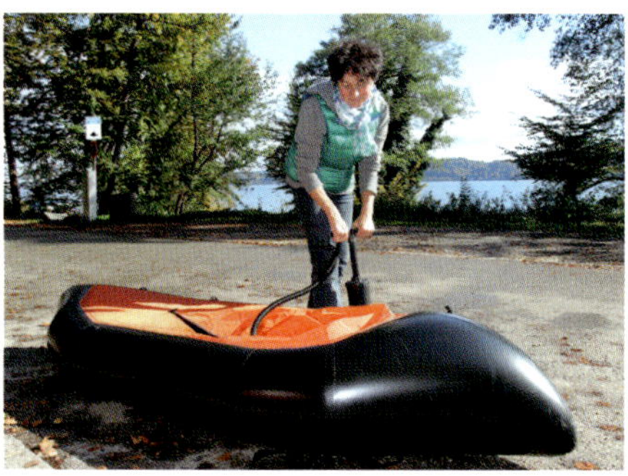

- Vor dem Ablassen der Luft sollte das Boot sauber, trocken und frei von scharfen oder spitzen Gegenständen sein (kleine Steinchen oder Sand). Nun werden alle Ventile geöffnet, die Restluft wird mit dem Blasebalg abgesaugt. Mit einem zusätzlichen Schnallgurt bekommt man das Boot auch wieder in einen engen Packsack hinein. Bei sehr knapp bemessenen Packsäcken sollte man diesen besser gegen ein etwas größeres Modell austauschen. Auf diese Weise erspart man sich regelmäßige Wutausbrüche!
- Ist das Boot noch nicht ausgetrocknet, sollte man dies zu Hause umgehend erledigen und es keinesfalls feucht einlagern. Sonst drohen Stockflecken oder Schimmelbildung. Nach Gebrauch im Salzwasser unbedingt die Haut mit Süßwasser reinigen. Um das Alugestänge von Hybridbooten wie dem Scubi vor schädlichem Salzwasser zu schützen, bietet Out-Trade ein Schutzmittel namens CorroFilm an.
- Bei längeren Lagerzeiten sollte das Boot wenn möglich locker und nicht gequetscht aufbewahrt werden (trockener Lagerort).
- Beim Transport ist das Boot unbedingt in einer Tasche oder Hülle vor Beschädigungen zu schützen.
- In regelmäßigen Abständen empfiehlt sich die Verwendung von Pflegemitteln, um die Bootshaut zu schützen und eine lange Lebensdauer zu erreichen. Im Grabner-Katalog findet man ein Hochglanzpflegemittel auf Silikonbasis als Schutz gegen das Auslaugen der Bootshaut und Gummilack zur Ausbesserung von Scheuerstellen. Vorbildlich: Grabner bietet auch eine Anleitung im Internet für einfache, aber auch komplizierte Reparaturen an: *www.grabner-sports.at*
- Bootsreparaturen wie PE-Schweissen, Leckbekämpfung (Falt-, Schlauch- und Festboote) sind ein Fall für die Kayakklinik: Norbert Erdmann, Tel. 0170/1722197,
  E-Mail: norboot.erdmann@freenet.de
- Unbedingt beachten: Bei älteren Booten sollten die Kleber im Reparaturset regelmäßig erneuert werden, da diese mit der Zeit austrocknen und im Bedarfsfall dann auch nicht mehr verwendbar sind.
- Man sollte das Luftboot immer ein wenig anders einfalten, bzw. einrollen, um Knickstellen an den immer gleichen Stellen zu vermeiden.
- Boot im Winterlager vor Frost und im Sommer vor dauerhafter Sonnenbestrahlung beim Lagern schützen.

Firmenportraits

Grabner

1975 wurde die Firma Grabner in Stadt Haag/Oberösterreich gegründet. 1980 zählte sie bereits 100 Mitarbeiter und war der erfolgreichste Schwimmwesten-Hersteller der Welt. Damals boomte gerade der Surfbereich, der allerdings Mitte der 80er Jahre einbrach. 1986 wurde die österreichische Semperit-Schlauchbootfabrik in Kirchberg/Oberösterreich übernommen; wenig später stellte der größte deutsche Hersteller, Metzeler in Bad Mergentheim, die Produktion ein.
So wurde die hochwertige und fast neue Produktionsanlage von Metzeler gekauft und Grabner war nun in der Lage, umweltfreundliche und hochwertige Boote aus Kautschuk herzustellen.
Mit dem Schlauchkanadier „Outside“ begann 1989 eine neuer Ära, dazu kamen dann weitere neue Rafting- und Sportschlauchboote. 1998 wurde auch das Bootsprogramm des deutschen Mitbewerbers Big Pack (XR-Trekking, River Rider) übernommen, somit war Grabner nun in diesem Segment der Qualitäts-Luftboote absoluter Marktführer. Die Bootshaut dieser Produkte wird bei Continental in Deutschland produziert, ist also „made in Germany“, und von Grabner in Kirchberg/Donau endverarbeitet. Hierbei wird auf ein Trägergewebe aus Polyester chlorfreies Kautschuk aufgetragen, innen sorgt eine Butyl-Naturkautschuk-Mischung für Luftdichtigkeit und Flexibität.

Die umfangreiche Modellpalette der Oberösterreicher reicht vom Freizeit- bis zum Expeditionsboot. Es gibt Spezialmodelle wie einen Kanadier für die 10köpfige Gruppe, Motorboote, Rafts und sportliche Reisekatamare mit aufblasbaren Rümpfen. Alles in höchster Fertigungsqualität, mit langer Lebensdauer und hohem Wiederverkaufwert. Die Boote halten einem Betriebsdruck von 0,3 Bar stand (manches PVC-Boot nur 0.06 bis 0.1 Bar). Das umweltfreundliche Gummimaterial kann problemlos entsorgt werden.

Infos: *www.grabner-sports.at*

Gumotex

Die tschechische Firma Gumotex ist ein Luftboot-Hersteller mit langer Tradition und Marktführer im Mittelpreissegment. Bereits in den 1950er Jahren wurden in unserem kanuverrückten Nachbarland Boote aus Baumwollgewebe mit Gummibeschichtung hergestellt. Heute bestehen die Modelle aus Polyestergewebe mit hochwertigen Materialien wie Hypalon, Nitrilon oder Mirasol. Die Bauweise hat sich auf zahlreichen Expeditionen bewährt (wie z.B. dem Forschungsprojekt des „Czech Antarctic

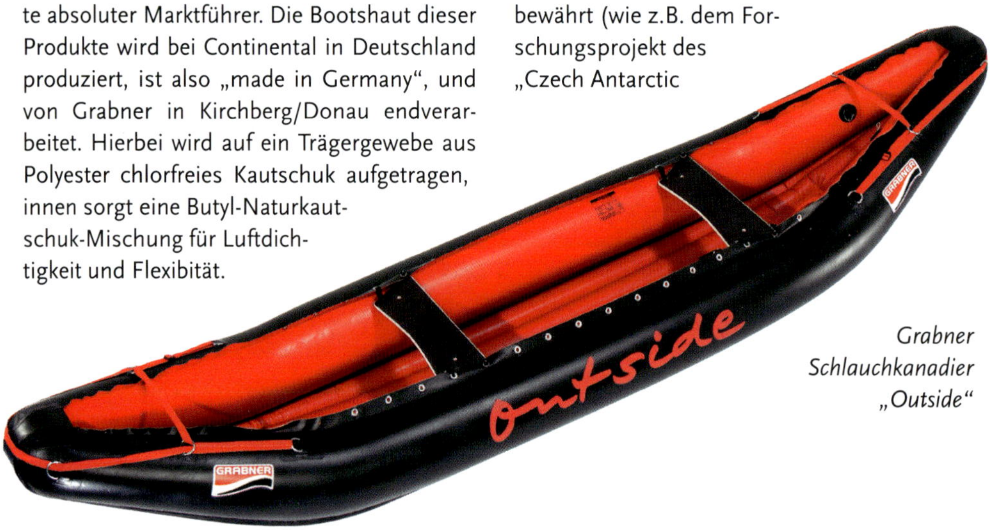

Grabner Schlauchkanadier „Outside“

Programm“). Rafts von Gumotex werden als offizielle Rennboote bei großen Rafting-Rennen verwendet, und mit dem ultraleichten Katamar Sector wurde bereits der Atlantische Ozean (3600 Seemeilen) in 33 Tagen überquert.
Dieser Hersteller bietet eine umfangreiche Modellpalette mit ausgereiften und detailreichen Booten in allen Kategorien an, die überzeugende Fahreigenschaften haben, unkompliziert und langlebig sind und ein tolles Preis-Leistungsverhältnis aufweisen.
Je nach Modell werden verschiedene Materialien eingesetzt: Hevealon ist ein kalandriertes PES-Gewebe, außen mit einer Teflon-Beschichtung, innen mit einer Naturkautschuk-Mischung. Nitrilon ist eine aus Naturkautschuk hergestellte Gummimischung, die auf hochfestes PESh-Gewebe geklebt oder vulkanisiert wird.
Die meisten Boote sind mit einem Betriebsdruck von 0,2 oder 0.25 Bar aufblasbar. In letzter Zeit wurden einige besonders attraktive neue Modelle wie das Framura und Seawave auf dem Markt gebracht, Boote die sehr schnell und besonders bequem sind.
Der bewährte Klassiker Palava wurde neu überarbeitet (hat aber keine Selbstlenzung). Auch frischere Farben sorgen für eine abwechslungsreiche und zeitgemäßere Optik.

Infos: *www.gumotexboote.de*

Out-Trade (Nortik, Pakboats)

Die leidenschaftlichen Paddler Tobias Kamm und Steffen Sator lernten sich während des Studiums an der TU kennen und gründeten 2002 die Firma Out-Trade mit Schwerpunkt Falt- und Reiseboote. Im Faltbootzentrum werden neue und innovative Boote entwickelt und es gibt eine Ausstellung der Modellpalette. Die Ulmer arbeiten schon seit Jahren sehr erfolgreich mit Triton, dem weltweit größten Faltboothersteller, zusammen.
Die Eigenmarken „Nortik“ und „Triton advanced“ sind in ganz Europa erhältlich. Weitere strategische Partnerschaften mit Firmen wie Pakboats (USA), Folbot (USA) und Fujita (Japan) sowie Sortimentserweiterungen durch Aufnahme von Klepper (D), Pouch (D) und Feathercraft (Kanada) machten die junge innovative Firma bald zum Marktführer in Europa bei Faltbooten.
Die selbst entwickelten Boote Scubi 1/2/3 sind Hybridboote leichtester Bauart. Das Scubi 1 war in einem KANU MAGAZIN-Test der Preis-Tipp und im KAJAK-MAGAZIN waren sie allesamt Kauf-Tipps. Das ultraleichte Hochleistungs-Raft „TrekRaft“, ein Rucksackboot in Eigenentwicklung im Stile der amerikanisch-kanadischen Packrafts, fand bereits im Vorfeld große Beachtung und erschließt völlig neue Einsatzbereiche.

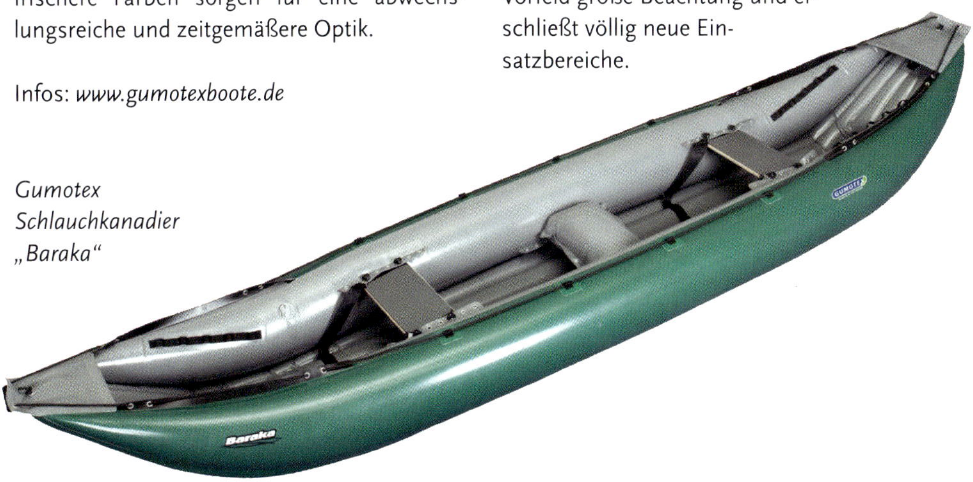

Gumotex Schlauchkanadier „Baraka“

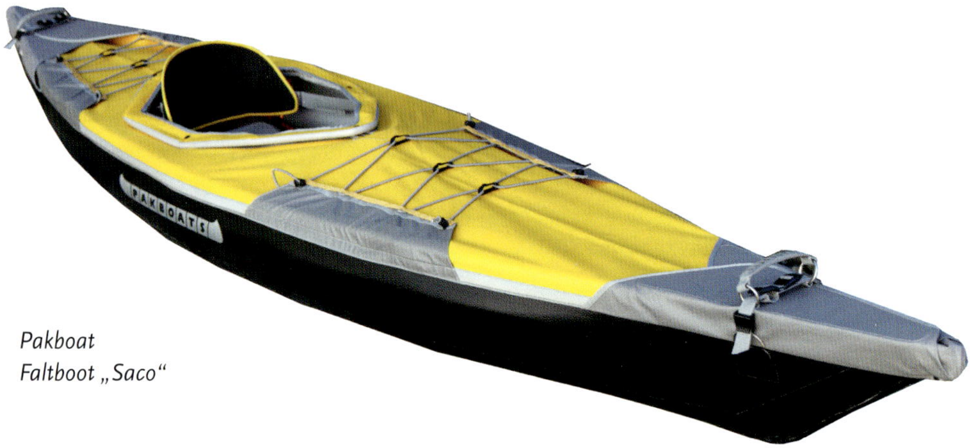

Pakboat
Faltboot „Saco“

Die Faltboote Puffin Saco und Puffin Saranac des amerikanischen Herstellers Pakboats sind schnittige und ultraleichte Faltboote mit aufblasbaren Seitenwänden und Fußstützen. Mit ihrer umfangreichen Modellpalette, die vom Rucksackboot bis zu ultraschnellen Faltbooten reicht, beliefern die Ulmer rund 80 Händler in Europa und sind auf den wichtigsten Bootsmessen und Testveranstaltungen großer Anbieter präsent.

Info: *www.faltboot.de*

Spreu

Die Wuppertaler Luftbootschmiede fertigt seit 1990 Sportschlauchbboote und Rafts der absoluten Extraklasse. Firmengründer Alfred Spreu und seine amerikanische Lebensgefährtin Dawn Ellis sind Vollblutpaddler, und gemeinsam sind die beiden mit einem Spreu Otter bereits den Grand Canyon des Colorado gepaddelt.

Alle Boote der überschaubaren Modellpalette werden in Wuppertal entwickelt und in Fernost gefertigt. Sie werden aus 4-lagigen CSM (Hypalon) hergestellt, einem säure- und abriebfesten Kunstkautschuk von höchster Qualität. Als Mittellage wird hochfestes Polyestergewebe verwendet, das innen mit Neopren beschichtet ist. Das Material ist gegen UV-Strahlung, Ozon, Öle, Fette und Seewasser beständig, enthält keine Weichmacher und alle Modelle zeichnen sich durch extreme Haltbarkeit aus. Die Bootskörper sind an den Verschleißteilen gedoppelt und entsprechen den neuesten CE-Sicherheitsnormen.

Schwerpunkt der Produktpalette sind Rafts für den harten Wildwassereinsatz, die Boote aus der Hippo-Serie werden auf den wildesten Gewässern in Europa von vielen Profi-Veranstaltern eingesetzt. Bei den Schlauchkanadiern sind die Boote Otter 430 und Otter 460 als bewährte Lastenesel für den Familieneinsatz ebenso geeignet wie für Expeditionen.

Die rote Mamba ist der „Porsche“ in seinem Segment, mit der schnellsten Selbstlenzung auf dem Markt und besten Trimmmöglichkeiten, somit für verblockte technische Wildbäche ebenso geeignet wie für große Wasserwucht oder den heimischen Kleinfluss hinterm Haus.

Das Einmann-Kajak Guppy ist eines der wenigen ernsthaften WW-Kajaks am Markt mit Selbstlenzung und Schenkelgurten als Extra-Ausstattung. Somit lässt sich das Kajak auch problemlos eskimotieren und ist durch sein kleines Packmaß ein perfekter Reisebegleiter

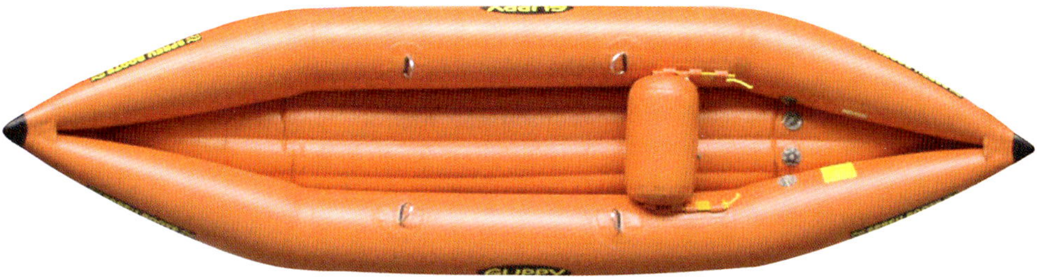

in höchster Qualität. Boote von Spreu können, wie auch die von Grabner und Soar, mit maximal 0,3 Bar Betriebsdruck aufgepumpt werden.

Spreu Einmann-Kajak „Guppy"

Infos: *www.spreu-boote.de*

Weitere Hersteller:

Advanced Elements: *www.advancedelements.de*
Alpacka Raft: *www.packrafting-store.de*
Aire: *www.aire.com*
Aqua Design: *www.kanu-outdoor.com*
Aquaglide: *www.aquaglide.net*
Bic Kajaks: *www.bicshop.com*
Feathercraft: *www.feathercraft.com* bzw. *www.outtrade.de*
NRS: *www.nrs.com*
Nautiraid: *www.nautiraid.de*
Sevylor: *www.sevylor-europe.com*
Soar: *www.soar-boote.de*
Wet Elements: *www.waterworld24.com*
ZPRO: *www.zpro.eu.com*

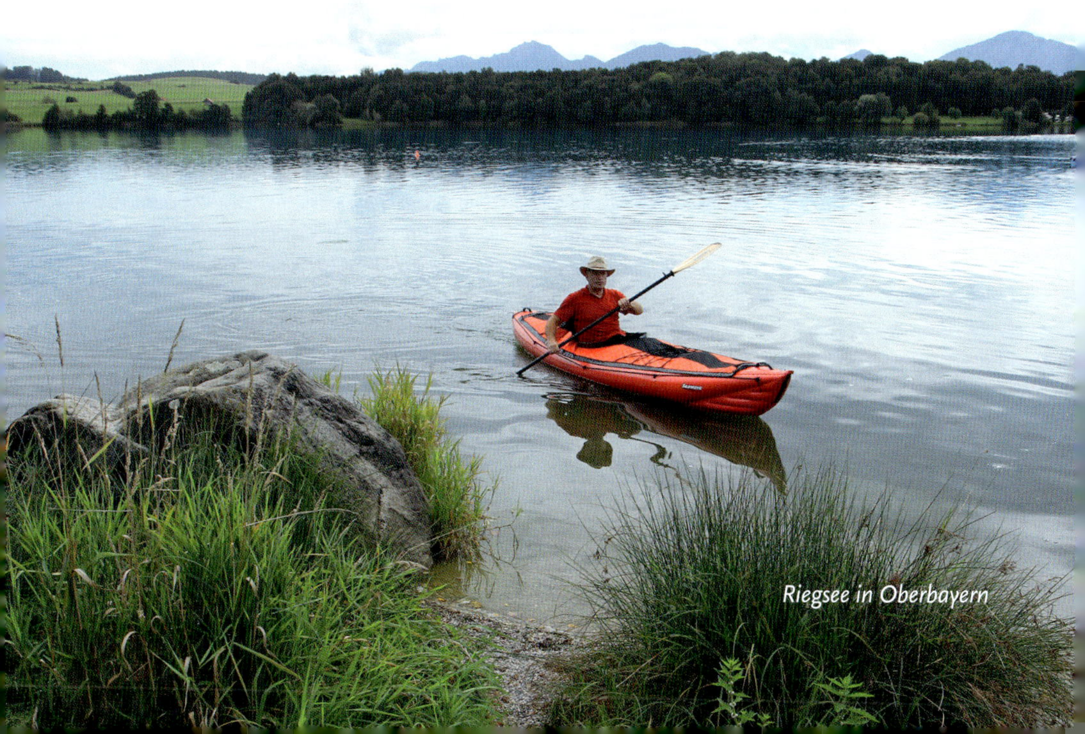

Riegsee in Oberbayern

Paddeltechnik

Wie lerne ich Kanufahren?

Paddeln ist genau so schnell zu erlernen wie Fahrradfahren. Dennoch sollten die Gefahren nicht unterschätzt werden (vor allem im fließenden Wasser oder am Meer). Geschicklichkeit, Kraft und Verständnis für die Abläufe im Wasser erlernt man am Besten im Rahmen einer qualifizierten Ausbildung. Sowohl die Vereine im DKV als auch Kanuschulen bieten sich hierfür an. Anschriften vermitteln der DKV und der BV Kanu (siehe Adressen).

Kajaktechniken (Doppelpaddel)

Einsteigen mit Paddelbrücke

Das Einsteigen ins Boot ist eine Geschicklichkeitsübung, bei der man sich konzentrieren sollte, um nicht gleich bei dieser Aktion baden zu gehen. Sicherheitshalber könnte man die „Paddelbrücke" erst einmal im Trockenen üben. Das Boot am Einstieg parallel zum Ufer in strömungsloses Wasser legen. Mit den Füßen in die Luke steigen, vorher das Paddel flach am Ufer auflegen und quer hinter den Süllrand legen. Das Boot stabilisiert man, indem man mit einer Hand Süllrand und Paddelschaft hält (Daumen nach hinten Finger nach vorne), dann langsam und mit dem bootsseitigen Fuß voraus in den Sitz hineinrutschen. Das Aussteigen erfolgt in umgekehrter Reihenfolge.

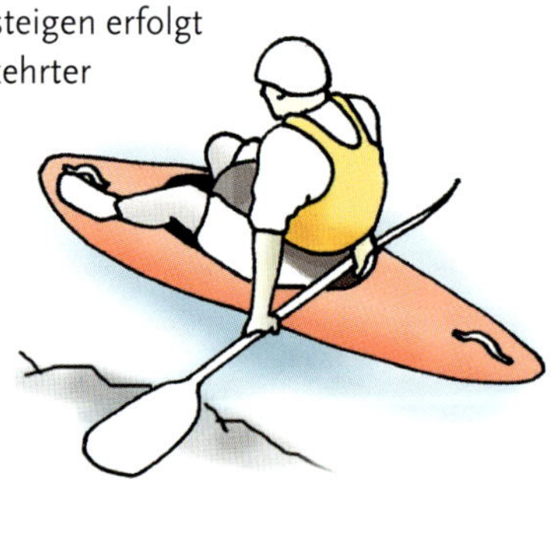

Sitzen im Boot, Einstellung der Fußstütze

Um effizient paddeln zu können, benötigt man eine bequeme Sitzposition sowie eine gute Kraftübertragung. Zunächst stellt man die Fußstütze auf seine Beinlänge ein, wobei die Knie seitliche eingespreizt werden um das Boot richtig führen zu können. Generell gilt: Prallplatte, Schenkelstützen und Sitz inklusive Rückenlehne sorgen dafür, dass man das Boot perfekt beherrscht.

Paddel halten

Moderne Doppelpaddel sind verschränkt, das heißt zwischen 30 und 60 Grad verdreht (ideal 45 Grad), um beim Paddeln einen optimalen Druck auf das Blatt zu bekommen. Selbstverständlich muss die hohle Seite des Blattes im Wasser nach hinten zeigen, außerdem wird das Paddel zwischen dem wechselnden Eintauchen auf der rechten und linken Seite verdreht. Es gibt links- und rechtsgedrehte Paddel, wobei linksgedrehte Paddel die Ausnahme sind. Teilbare Paddel kann man in beiden Positionen fixieren. Wenn es keinen zwingenden Grund gibt sich anders zu entscheiden, sollte man die rechtsgedrehte Variante wählen (Vorteil wenn man z.B. nach einem Paddelverlust auf ein fremdes Paddel zurückgreifen muss). Nun sucht man nach der richtigen Griffweite, dazu hält man das Paddel über den Kopf. Die optimale Paddelhaltung ist erreicht, wenn der Winkel zwischen Ober- und Unterarm bei knapp 90 Grad ist.

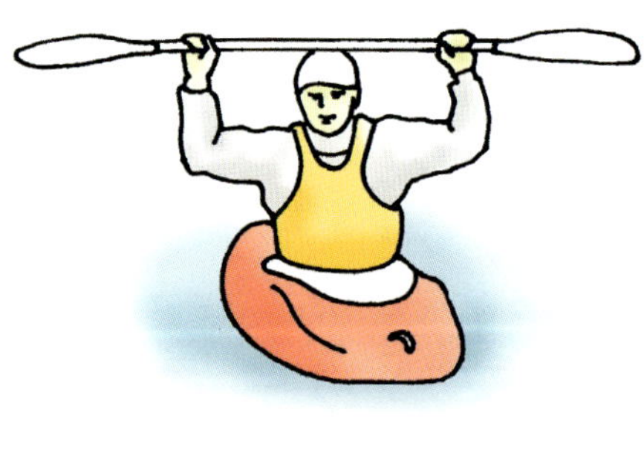

Der Grundschlag

Man sitzt aufrecht und mit leichter Vorlage im Boot, nicht mit nach hinten hängendem Rücken, und tauchen das Paddelblatt weit vorne und nahe am Bootskörper ein. Dann zieht man mit gleichmäßigem Druck das Paddel parallel am Boot entlang. Der Druck kommt nicht allein aus den Unter-, sondern auch aus den Oberarmen. Ungefähr auf Hüfthöhe endet der Zug und die andere Seite taucht vorne fast geräuschlos und ohne zu spritzen ins Wasser und führt die gleiche Bewegung des Doppelpaddels fort. Während des Seitenwechsels wird der Schaft gedreht, damit das Blatt in die richtige Eintauchstellung gelangt. Man soll zwar kraftvoll paddeln, damit man vorwärts kommt, aber auch einigermaßen kräfteschonend, damit man auch längere Strecken problemlos bewältigen kann.

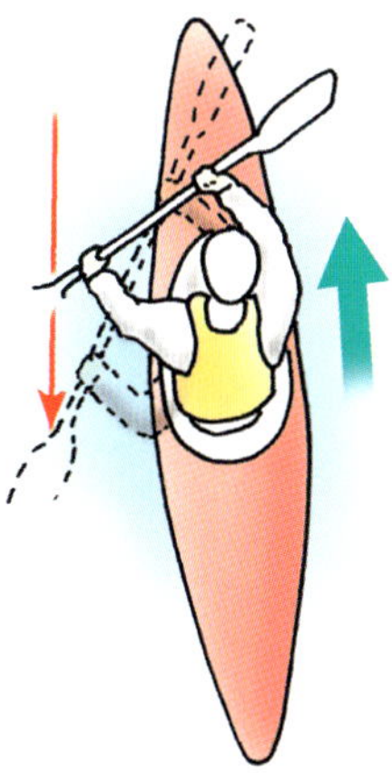

Der Bogenschlag

Anfänger haben immer Probleme mit dem Geradeausfahren. Der Bogenschlag nützt, um ein aus der Spur laufendes Boot wieder auf Kurs zu bringen. Dabei wird das Paddel weit vorne eingesetzt und mit gestrecktem Arm flach um den Rumpf geführt. So wird aus dem Grundschlag ein Bogenschlag und damit eine Drehung zur Gegenseite eingeleitet. Der Bogenschlag kann auch rückwärts ausgeführt werden, z.B. um das Kajak abzubremsen.

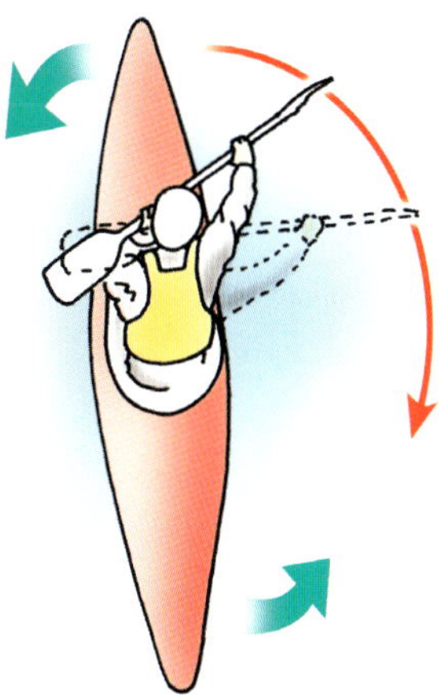

Der Ziehschlag

Ziehschläge ermöglichen schnelle Richtungsänderungen bei voller Fahrt und haben ihren Ursprung im Slalomsport. Dabei wird das Paddelblatt leicht nach vorne geöffnet (die gekehlte Blattfläche zur Fahrtrichtung. Körper und Kajak schwingen dann regelrecht ums Paddel herum. So kommt man vehement um die Kurve, ohne viel Geschwindigkeit zu verlieren. Das Erlernen erfordert schon etwas Gefühl und Sicherheit. Das ist die hohe Kunst des Paddelns.

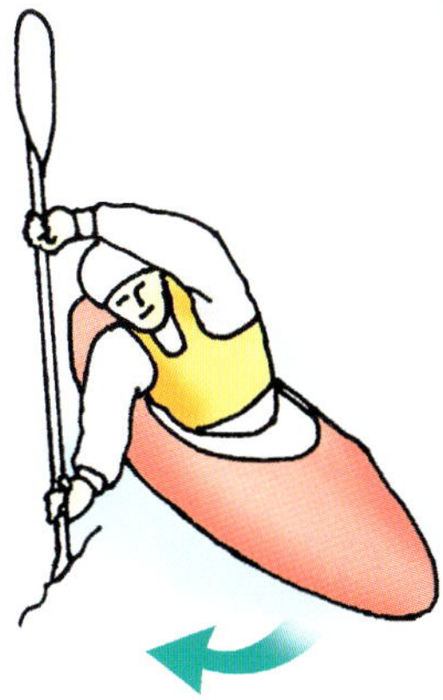

Die Eskimorolle

Um nach einer Kenterung eine möglicherweise gefährliche Schwimmaktion zu vermeiden, sollte man die Eskimorolle erlernen. Allerdings ist dies nur mit Booten möglich, in denen man mit perfekt eingespreizten Knien sitzt und die mit einer Spritzdecke ausgerüstet sind (ausgenommen Sit-on-Top-Boote).

Grundsätzlich wird das Boot durch einen flachen Bogenschlag in Verbindung mit einem ausgeprägten Hüftschwung wieder aufgerichtet. Die Eskimorolle gehört zum Standardrepertoire eines jeden Wildwasserpaddlers, sollte aber auch von Küstenpaddlern beherrscht werden. Spezielle Kurse bieten die meisten Kanuschulen und Kanu-Vereine an.

Kanutechnik für Kanadier bzw. Schlauchkanus (Stechpaddel)

Bevor es los geht

Das muss bereits vorher klar sein: Der erfahrenere Paddler sitzt hinten. Er gibt die Kommandos und steuert das Boot. Der Bugmann paddelt in erster Linie vorwärts. Ein Kanute paddelt auf der linken Seite, der andere rechts. Nur bei wenigen Manövern (z.B. beim seitlichen Versetzen des Bootes) werden die Paddel auf der gleichen Seite eingesetzt. Ansonsten wechselt man alle 5-15 Minuten auf die andere Seite, damit die Muskeln nicht verspannen.

Einsteigen

Stellen Sie Ihr Boot parallel zum Ufer mit dem Bug gegen die Strömung ins Wasser. Der Vordermann hält das Boot fest, der Hintermann stabilisiert das Boot, indem er das Paddel vor sich über den Süllrand legt und das Blatt am Ufer auflegt, steigt ins Boot und nimmt seine Sitzpostition ein. Nun folgt der Bugpaddler nach, nimmt die optimale Sitzposition ein und auf Kommando geht's los! Die Reihenfolge: 1. Heckpaddler, 2. Bugpaddler ist wichtig, so kann der hinten sitzende Steuermann ein Boot, das abgetrieben wird, ehe der Vordermann die Sitzposition eingenommen hat, besser zurück ans Ufer steuern.

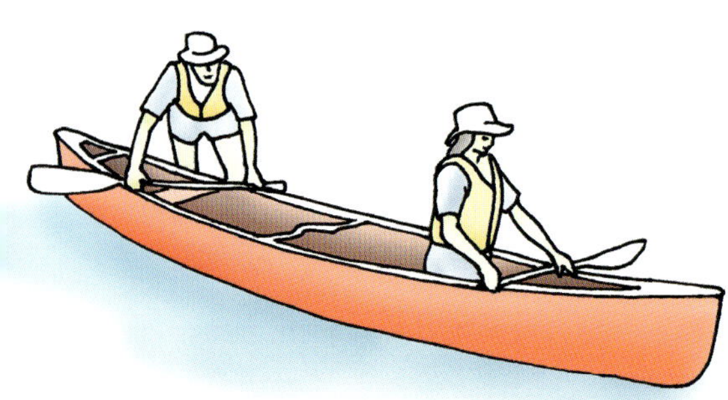

Der Kniesitz

Erfahrene Schlauchkanuten sitzen mit gespreizten Knien im Boot und stützen sich lediglich mit dem Hintern am Sitzbrett ab. Mit dieser Dreipunktauflage hat man einen perfekten Kraftschluss und wird nicht von der ersten Seitenströmung aus dem Boot geschleudert. Außerdem wird durch diese Position die Wirbelsäule entlastet und so kann man lange ermüdungsfrei paddeln (am besten mit schräg gestelltem Sitzbrett). Im Wildwasser verwendet man die üblichen und serienmäßigen Schenkelgurte mit Panikauslösung, damit man nicht aus dem Boot geschleudert wird. Auf ruhigem Zahmwasser kann man natürlich auch ganz normal auf den Sitzbrettern sitzen und sich bei Bedarf mit den Unterschenkeln an der Bootsaußenwand Halt verschaffen. Damit man nicht verkrampft, sollte man seine Stellung häufiger variieren.

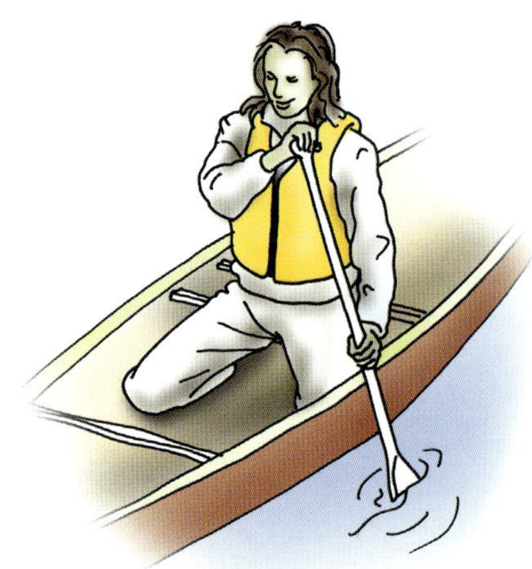

Paddelhaltung

Stechpaddel über den Kopf halten. Die Griffhand umfasst den Knauf, die Schafthand logischerweise den Schaft. Dabei sollen Ober- und Unterarm einen rechten Winkel bilden.

Los geht's *(das gilt auch für Kajaks)*
Im Kehrwasser mit kräftigen Paddelschlägen stromaufwärts Geschwindigkeit aufnehmen und im spitzen Winkel hinaus in die Strömung fahren. Dann schlingt man mit nach außen aufgekantetem Boot in die Strömung ein, um kein Oberwasser zu bekommen. Mit dem Paddel stützt man sicherheitshalber flussabwärts bzw paddelt nach dem Einschwenken vehement weiter, um das Boot zu stabilisieren.

Der Grundschlag

Der Grundschlag ist notwendig um ein Boot vorwärts zu bewegen. Das Stechpaddel weit vorne einsetzen und mit der Führungshand parallel zum Schlauchkanu mit etwas Druck aus dem Oberkörper nach hinten durchs Wasser ziehen. Beim Einsetzen des Paddels ist darauf zu achten, das man das Paddel weich einsetzt und den Mitpaddler möglichst nicht anspritzt! Der Oberkörper arbeitet an der Paddelbewegung mit und rotiert leicht. Rückwärts angewandt verlangsamt man das Boot.

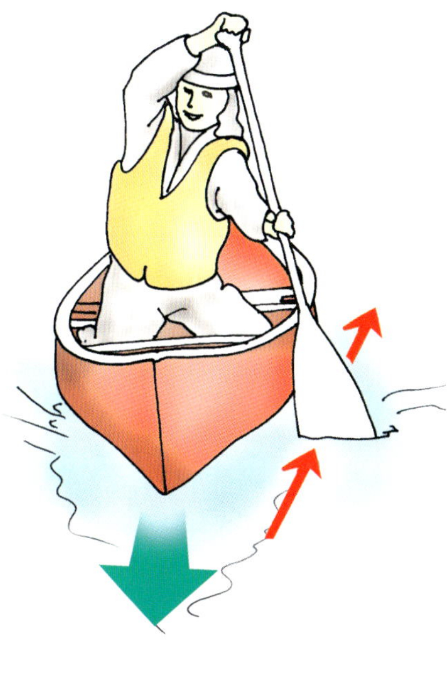

Der Bogenschlag

Mit dem Bogenschlag (Rundschlag) kann man die Fahrtrichtung schnell und effektiv ändern. Beide Paddler beugen sich weit vor und führen das Paddel mit flacher Blattstellung vom Bug weg in einem Viertel-Halbkreis nach hinten. Üben Sie diese Schläge im ruhigen Wasser und auf beiden Seiten.

Der Konterschlag oder Bogenschlag rückwärts
Konterschläge sind die umgekehrte Ausführung des Bogenschlages. Der Vordermann „kontert" und der Heckpaddler unterstützt die Aktion mit einem Rundschlag. Vorsicht, damit das Heck nicht an das Hindernis gedrückt wird! Besser ist ein korrekter Ziehschlag.

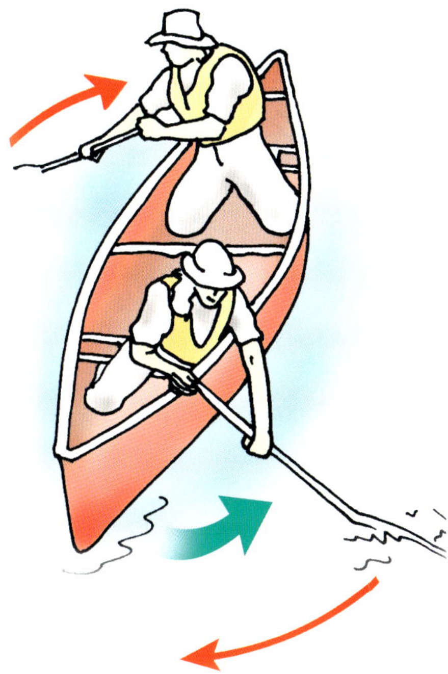

Alle Paddeltechnikbilder wurden freundlicherweise vom KANU MAGAZIN zu Verfügung gestellt.

Der Ziehschlag

Mit dem Ziehschlag wird der Schlauchkanadier während der Fahrt seitlich versetzt, um einem Hindernis auszuweichen. Das Stechpaddelblatt wird parallel zur Fahrtrichtung zum Boot herangezogen. Eine steilere Blattstellung verstärkt die Zugwirkung. Flach ausgeführt erhält man ein sehr gute Stützwirkung zur Stabilisierung des Bootes, um eine Kenterung zu vermeiden. Achten Sie aber darauf, dass das Paddelblatt nicht unter das Boot gerät, sonst droht Kentergefahr.

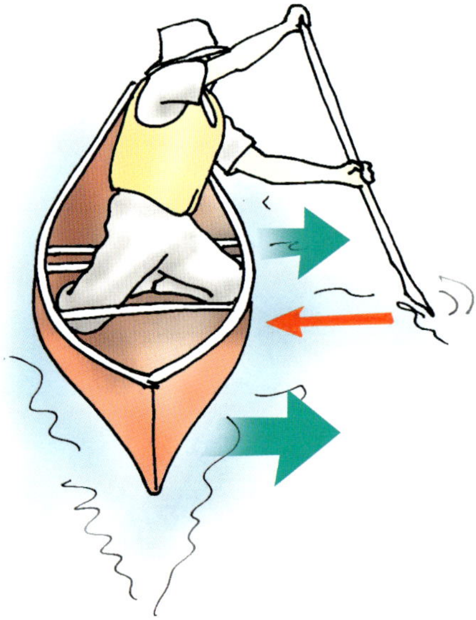

Der Steuerschlag

Mit diesem Schlag unterstützt der Heckpaddler die schwachen Grundschläge des Bugpaddlers. Auch bei Solofahrten im Canadier ist der Steuerschlag ein normales Arbeitsmittel. In der letzten Phase des Grundschlages korrigiert man die Fahrtrichtung durch Drücken oder Ziehen des Blattes und gleicht so den Zickzack-Kurs des Bootes aus. Der Vordermann führt weiterhin den Grundschlag aus oder er verstärkt die Drehbewegung mit einem Bogenschlag.

Der J-Schlag

Er wird entweder vom Hintermann oder solo ausgeführt und sorgt am Ende des Grundschlags für eine Kurskorrektur. Von oben betrachtet sieht das wie ein J aus – daher der Name). Der Schlag kommt aus dem Rennsport und ist beim Solopaddeln wichtig, da er das „aus dem Ruder laufen“ in der Geradeausfahrt verhindert.

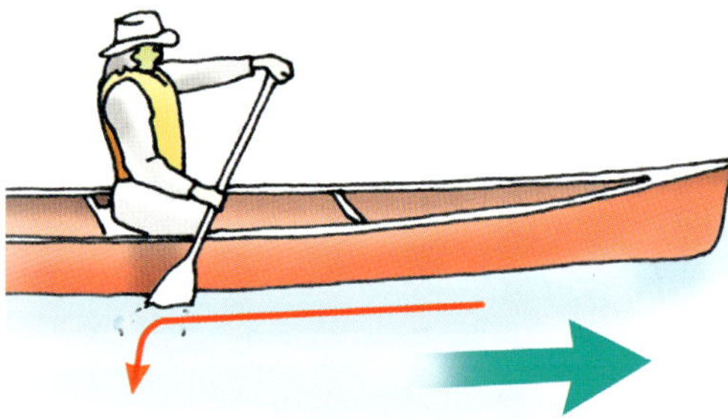

Wriggen

Bei dieser Technik des „Wriggens“ wird das Stechpaddel auf einem Art „Achterbogen“ durch das Wasser gerührt, so versetzt man das Schlauchkanu zur Seite. Das sieht elegant aus und hat etwas von einem Kanuballet.

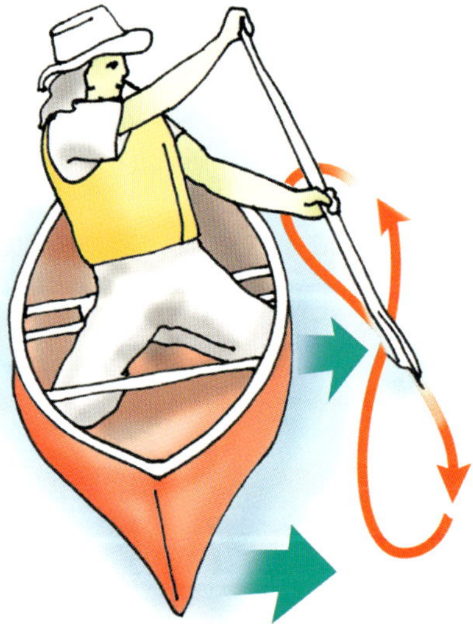

Paddelstütze

Paddel auf der Seite, zu der das Boot zu kippen droht, möglichst flach auf das Wasser drücken. So stabilisiert man das Kanu wie mit einem Ausleger.

Aufrechtstehen

Um einen bessern Überblick über eine unübersichtliche Fahrsituation zu bekommen, könnte man im Boot aufstehen. Mit gespreizten Beinen sich gegen das Sitzbrett oder die Seitenschläuche abstützend, hat man die beste Balance. Am besten übt man das vorher mal im ruhigen Wasser.

Der Capistrano-Flip

Einen gekenterten Schlauchkanadier wieder aufzurichten, gehört zum Grundrepertoire eines Paddlers. Um es im fließenden Gewässer oder gar im Wildwasser zu beherrschen, sollte man vorher am Badesee üben. Beide Paddler tauchen unter das Boot und heben es an, nur eine koordinierte Aktion wird Erfolg haben. Damit das Boot nach dem Wiederaufrichten nicht abtreibt, sichert man es mit einer Endleine oder per Cowtail über die Schwimmweste. Wenn das Boot mit der Luke nach oben liegt, klettern beide Akteure gleichzeitig an den gegenüberliegenden Seiten ins Boot zurück. Im verblockten WW ist das allerdings in der Regel nicht möglich oder birgt Verletzungsgefahr. Besser in diesem Fall das Boot an Land ziehen, ausleeren und dann wieder einsetzen.

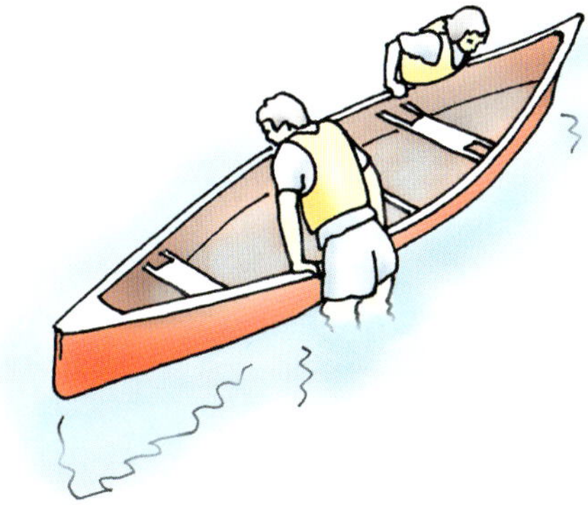

Eskimorolle

Auch die Kanadierrolle lebt wie die Rolle im Kajak vom Hüftschwung. Allerdings erfordert das Stechpaddel eine Art lange Rolle, das heißt mit einem langen Aktionsarm. In der englischsprachigen Kanuliteratur wird diese Kanadierrolle als Steyr Roll oder Solo Roll bezeichnet und kann nur im Solokanadier durchgeführt werden, wenn eine optimale Verspreizung möglich ist.

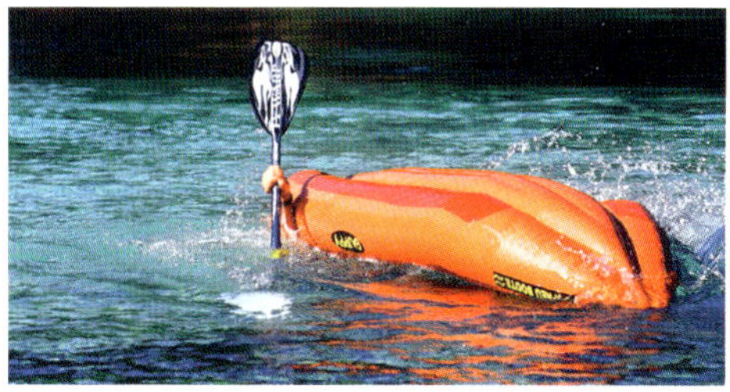

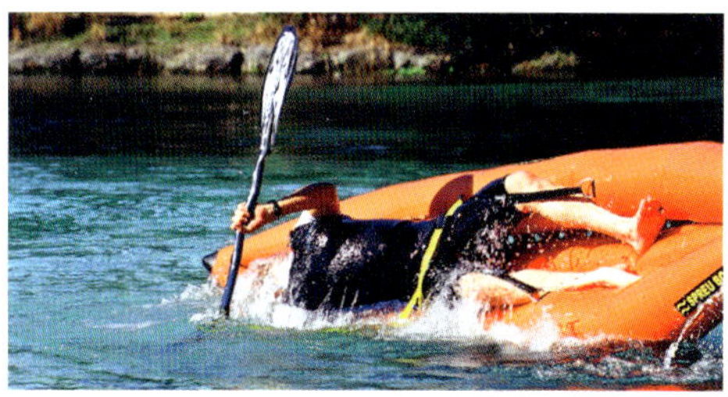

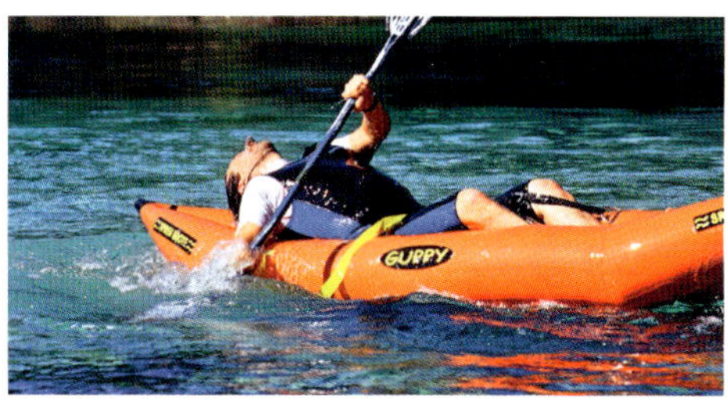

Kehrwasserfahren

Hinter Felsen im Flussbett, in Innenkurven, nach vielen Hindernissen fließt der Fluss aufwärts, also entgegengesetzt der Hauptströmung. Diese Kehrwasser sauber anzufahren und mit dem Boot darin „einzuparken", aber auch Kehrwasser sicher zu verlassen, ohne zu kentern, ist eine Grundtechnik, die jeder Wildwasserfahrer (aber auch jeder Wanderpaddler, der strömende Gewässer befährt) können muss! Diese Technik erlernt man, wie auch die Grundschläge, am sinnvollsten im Rahmen eines Kanukurses. Wer bereits länger paddelt weiß, das muss man immer wieder üben, üben, üben! Nur so kann man jederzeit kontrolliert die Fahrt unterbrechen, die Strömung vor einem Wehr oder einem Hindernis verlassen. Und das schafft Sicherheit!

Trimm eines Schlauchkanus

Im sportlichen Wildwasser sollte das Boot anders getrimmt werden als auf Wanderbächen. Eine wichtige Rolle spielen auch das Körpergewicht und Fahrkönnen der beiden Kanuten. Prinzipiell sitzt der Könner hinten, der Anfänger vorne (die Kommandos kommen von hinten). Die Sitze nahe zur Mitte hin fixiert verbessern die Drehfreudigkeit des Schlauchkanus ganz erheblich, und nur so erreicht man auch kleinste Kehrwasser. Die meisten am Markt befindlichen Boote bieten diese Möglichkeit. Sind die Sitze in Längsrichtung weiter auseinander, lässt sich das Boot besser geradeaus fahren. Ein weiterer Punkt ist ein tiefer Schwerpunkt. Sitzt man auf den Sitzbänken relativ hoch, kommt man im Kniesitz tiefer nach unten, das Boot ist dann nicht mehr so kippelig.
Perfekt sind Sitze wie der Sattelsitz der Firma Spreu, ein besonders bequemer, aufblasbarer Sitz, der ein Verklemmen der Fersen ausschließt und durch unterschiedlichen Luftdruck individuellen Bedürfnissen anzupassen ist. Beim Einfahren in „scharfe Kehrwasser" oder beim Durchfahren von Walzen sollten sich beide Paddler so klein wie möglich machen, um die Gefahr des Kenterns zu reduzieren. Auch mit Veränderung des Luftdrucks in den Bootskörpern lässt sich ein besserer Trimm des Boote erreichen. Prinzipiell sind jedoch die Luftdruckempfehlungen der einzelnen Hersteller einzuhalten.

Vorab

Unbedingt das Öffnen der Schenkelgurte (Panikverschluss) vorab am Badesee in Ufernähe üben! Hier sollten man auch die ersten Paddelerfahrungen mit einem neuen Boot sammeln, bevor es in fließende Gewässer oder gar aufs Wildwasser geht. Zunächst übt man das geradeaus Vorwärtsfahren. Das ist schwerer, als man denkt, und sorgt oft für Unstimmigkeiten mit dem Partner.

Sicherheit geht vor

Da das Fahrverhalten der Luftboote im Vergleich zum Festrumpfboot schwammiger ist und Paddelschläge verzögert wirken, sollte entsprechend vorausschauend navigiert werden. Auch Steinkontakte gilt es, trotz der Robustheit moderner Bootsmaterialien zu vermeiden, denn mancher vermeintlich glatte Fels ist rauher und scharfkantiger als gedacht. Abschließend noch zwei Worte zum Thema Sicherheit: Das narrensichere Fahrverhalten der Luftboote mag dazu verleiten, schwereres Wildwasser als gewohnt zu fahren. Das sollte man jedoch unterlassen, denn bei einem Schwimmer gelten wieder die „Regeln" des entsprechenden Schwierigkeitsgrads. Besser man tastet sich langsam vor. Gefahr geht auch vom Kniesitz im Falle eines Klemmers vor Hindernissen oder Brückenpfeilern aus. Es hat schon tödliche Unfälle gegeben, bei denen die Sitzbank den Unterschenkel des Paddlers unverrückbar festgeklemmt hat, nachdem sich das Boot um das Hindernis gewickelt hat. Derartige Gefahrenstellen bitte im Zweifelsfall rechtzeitig umtragen.

Wasserstand

Fließgewässer ändern ihren Charakter bei Hochwasser ganz erheblich. Sehr schnell wird aus dem sanften Bach ein reißendes Monster mit Geschwindigkeiten, die ein rechtzeitiges

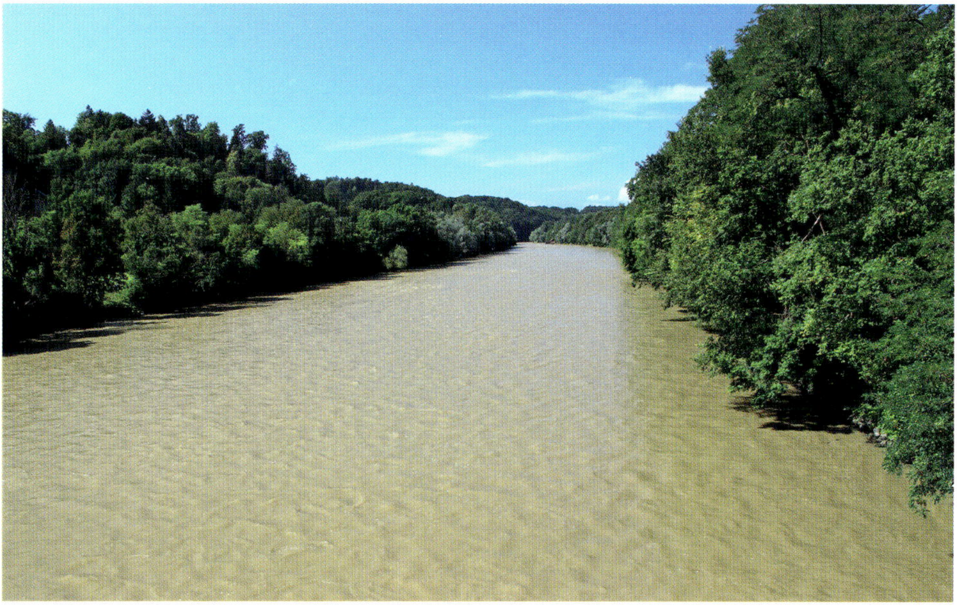

Braunes Wasser signalisiert immer Gefahr!

Verlassen des Flusses vor einem Hindernis unmöglich machen. Bei braunem Wasser, starken Niederschlägen, im Wasser schwimmenden Bäumen oder Ästen sollten alle Alarmglocken läuten. Große Gefahr droht auch auf kraftwerksregulierten Fließgewässern, wenn Wasser abgelassen wird, ebenso bei Schneeschmelze oder an Gletscherbächen, wenn durch die Tageserwärmung naturgemäß die Wasserführung steigt!

Sturm und Gewitter (Blitzschlag)

Auf offenen Gewässern zählen Sommergewitter und Blitzschlag sowie starke Windböen bei heranziehenden Gewittern zu den Hauptgefahren im Kanusport. Alpenseen mit hohen Bergen haben diesbezüglich besonders kurze Vorwarnzeiten. Besteht Unwettergefahr, sollte man die Tour entsprechend planen, um jederzeit abbrechen zu können. Keine Fahrten bei riskantem Wetter, wenn die Ufer ein Anlanden unmöglich machen, z.B. an Steilküsten. Blitzschlag auf dem Wasser ist eine Horrorvorstellung, also kein Risiko eingehen und die Fahrt frühzeitig abbrechen!

Befahrungen von Wehren und Wasserfällen

Wehre und Wasserfälle gehören zu den größten Risiken beim Kanusport. Misstrauen Sie allen Angaben in Flussführern, vor allem über leicht befahrbare Wehre! Rechtzeitiges Anlanden und Besichtigen ist die sicherste Vorgehensweise. Nicht zu nahe an die Gefahrenstelle heranfahren und das Boot bei der Besichtigung aus dem Wasser ziehen oder gut sichern. Luftboote sind an Wehren mit scharfkantigen Wehrkronen oder Einbauten schneller beschädigt als ein festes Boot. Im Zweifelsfall lieber umtragen. Steht die optimale Fahrtroute fest, sollte man nicht zu knapp vor dem Wehr oder dem Hindernis queren und in Betracht ziehen, dass die richtige Route vom Boot aus schwerer einzuschätzen ist. Derartige Gefah-

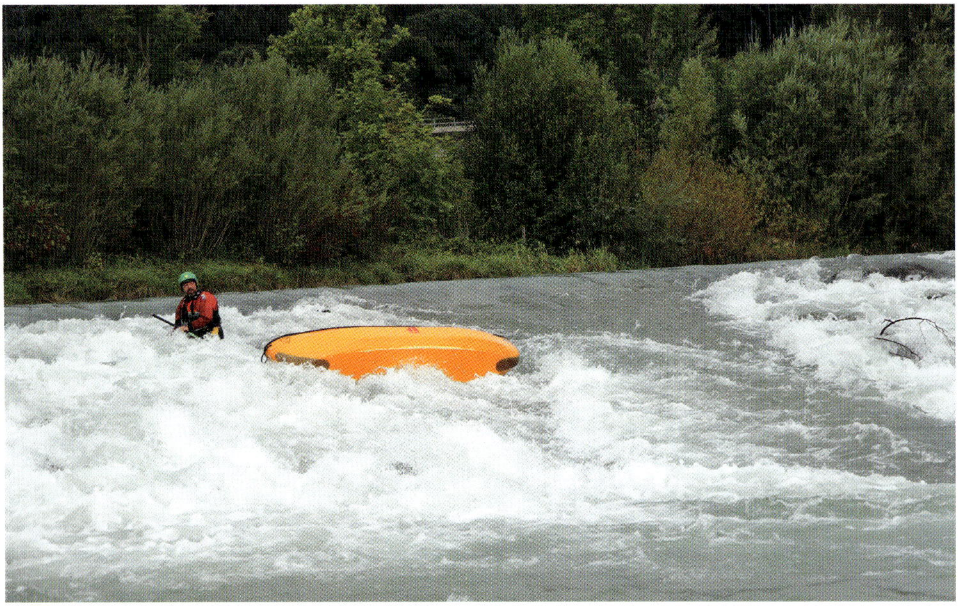

Kenterung in einer Gefällestufe auf der Loisach

renstellen besser weiträumig umfahren. Problemstellen sollte man außerdem immer durch eine Rettungsperson absichern, die mit einem Wurfsack ausgerüstet ist und Erfahrung in Rettungstechniken besitzt.

Bäume – ein unterschätztes Hindernis

Querliegende Bäume oder Äste, bzw. Treibholz-Ansammlungen, Relikte vergangener Hochwasser, sind nicht nur Dekoration an einem Wildflusses, sondern vor allem ein gefährliches Hindernis. Unsichtbar unter Wasser können Baumleichen ein Schlauchboot aufschlitzen und es schneller, als man denkt, versenken. Mindestens so gefährlich sind Holz- und Baumhindernisse zum Beispiel in Außenkurven, vor Brückenpfeilern oder anderen Hindernissen. Halten Sie gebührend Abstand. Wer im Falle eine Kenterung unter Wasser an einem Holzhindernis verhakt, ist in höchster Lebensgefahr!

Blockstrecken im Wildwasser

Da das Fahrverhalten der Luftboote im Vergleich zum Festrumpfboot schwammiger ist und Paddelschläge verzögert wirken, sollte entsprechend weitsichtig navigiert werden. Das ist besonders zu beachten, wenn man im Schlauchkanu-Zweier mit einem weniger erfahrenen Mitpaddler auf dem Vordersitz unterwegs ist. Auch Steinkontakte gilt es, trotz aller Robustheit zu vermeiden, um Schäden am Boot zu verhindern.

Schwimmen im Wildwasser

Üben Sie das Schwimmen im Wildwasser mit Neoprenanzug, Helm und Schwimmweste. Tauchen Sie mit offenen Augen, schwimmen Sie mit den Füßen voraus auf ein Hindernis zu, um sich ggf. von einem Felsblock abstoßen zu können. Achten Sie hier auch auf geeignetes Schuhwerk (keine Bergschuhe oder Gummistiefel, sondern Neoprenschuhe mit fester Sohle).

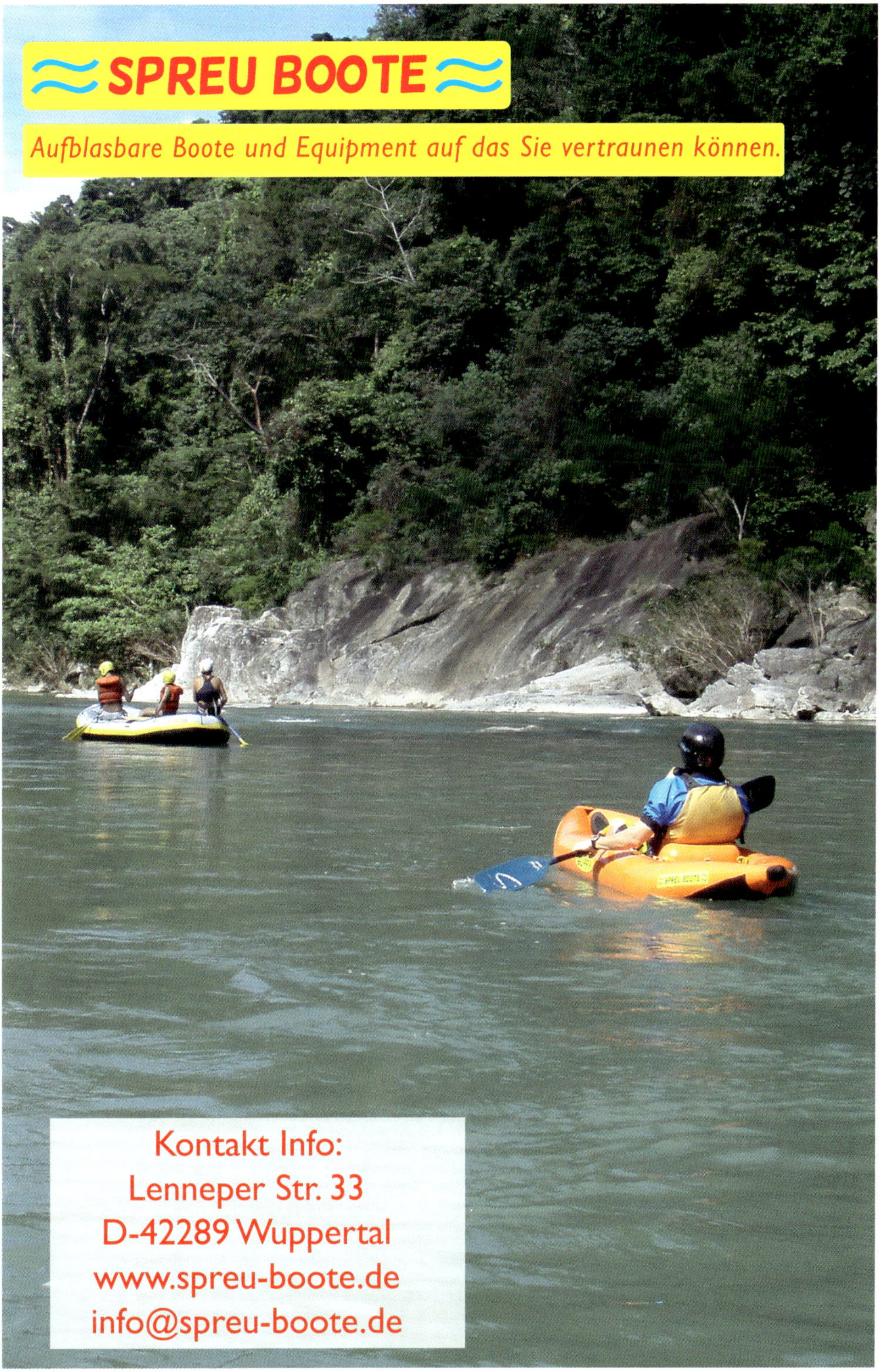
SPREU BOOTE
Aufblasbare Boote und Equipment auf das Sie vertraunen können.
Kontakt Info:
Lenneper Str. 33
D-42289 Wuppertal
www.spreu-boote.de
info@spreu-boote.de

Rafting

Rafting, so steht es im Katalog eines großen österreichischen Herstellers, ist das vorletzte Abenteuer unserer Zeit. In einem riesigen Gummiboot durch die hohen Wellen der Imster Schlucht oder des Grand Canyon zu reiten, ist tatsächlich Spaß pur, verbunden mit einem Landschaftserlebnis, das für viele Nichtpaddler ansonsten unerreichbar wäre.
Eine Schluchtenlandschaft, die alle Gefühle massiv herausfordert: Angst und Lust, unbändige Lebensfreude und Gruppenerlebnis. Nichts mit Langeweile, man spürt die Kraft des Wassers, ist überwältigt und stolz auf die Teamleistung in den wilden Fluten. Ein buchbares Abenteuer auf Zeit, ein Ritt durch die schäumenden Wellen, ohne Spuren zu hinterlassen, mit großartigen Erinnerungen und Nachwirkungen auf künftigen Erlebnishunger.

Die schönsten Gewässer in Europa

Deutschland

Berchtesgadener Ache
Der smaragdgrüne Wildfluss zu Füßen des Watzmanns entwässert den bezaubernden Königssee. Zwischen Berchtesgaden und Marktschellenberg durchfließt die Ache mit Stomschnellen um WW II ein schmales Tal auf dem Weg zur Salzach. Idealer Wasserstand meist im Mai und Juni.
Info: *www.treffaktiv.de*

Isar
Eine familienfreundliche Strecke um WW I-II bietet die grüne Isar zwischen der Staumauer des Sylvensteinsees und der ehemaligen Flößerstadt Bad Tölz. Auch der weitere Verlauf bis nach München führt durch eine Naturlandschaft von besonderer Schönheit.

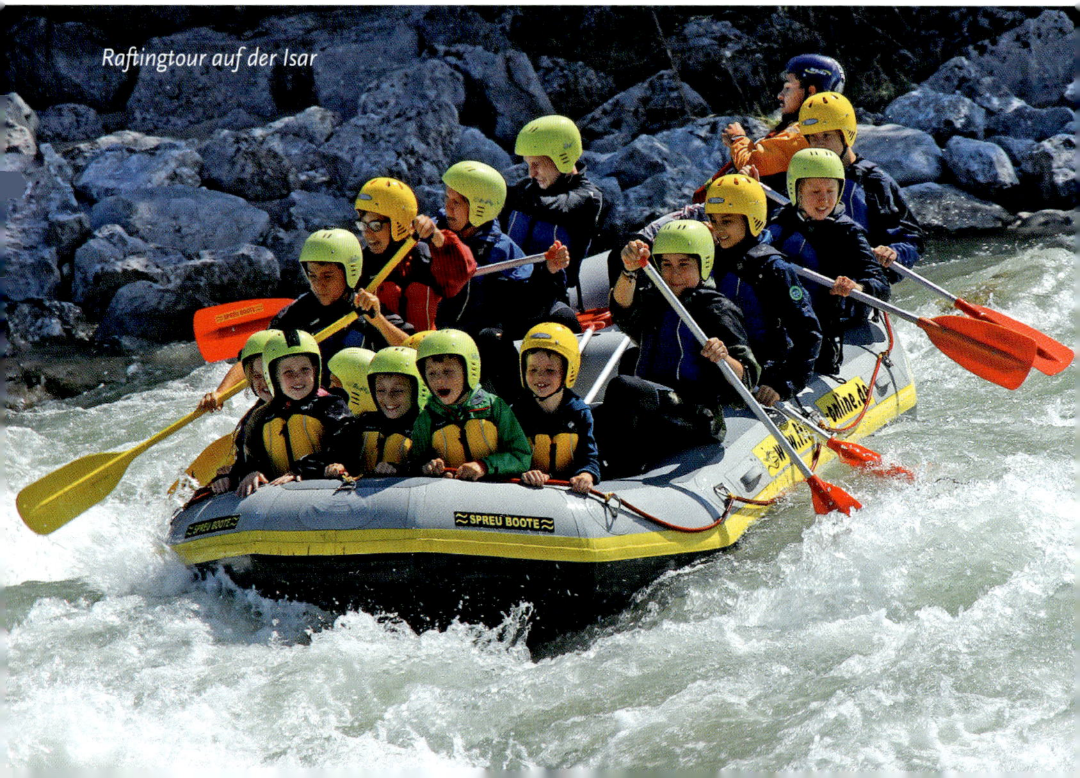

Raftingtour auf der Isar

Info:
www.bavariaraft.de | *www.montevia.de*
www.action-funtours.de | *www.sport-piraten.de*
www.snowandraft.de

Loisach

Zwischen dem Flößerort Farchant im Schatten der Zugspitze und dem Kochelsee lockt eine sanfte, aber abwechslungsreiche und familiengerechte Flussstrecke.
Info:
www.bavariaraft.de | *www.montevia.de*
www.myrafting.de

Tiroler Ache

Die von engen Felswänden begrenzte Entenlochklamm zwischen Kössen (Tirol) und Schleching bietet ein kurzes, aber spritziges Raftvergnügen (WW II).
Info: *www.schleching.de* | *www.koessen.at*

Österreich

Enns

Unterhalb des Nationalparks Gesäuse legt sich die grüne Enns mächtig ins Zeug. Besonders auf der Gstatterbodenstrecke und der Kummerbrückenstrecke geht es bei entsprechender Wasserabgabe kräftig ab.
Info: *www.gesaeuse.at*

Inn/Ötztaler Ache/Sanna

Die Imster Schlucht mit ihren Big Waves um WW III ist das Mekka der Rafter, aber auch die Tösener Strecke, die Ötztaler Ache und die Sanna sind nicht weit, und somit ist das Angebot an Tourenmöglichkeiten hier in Tirol vielfältiger als in vielen anderen Raftzentren:
www.imst.at
www.www.rafting-oetztal.at
www.rafting-faszinatour.de

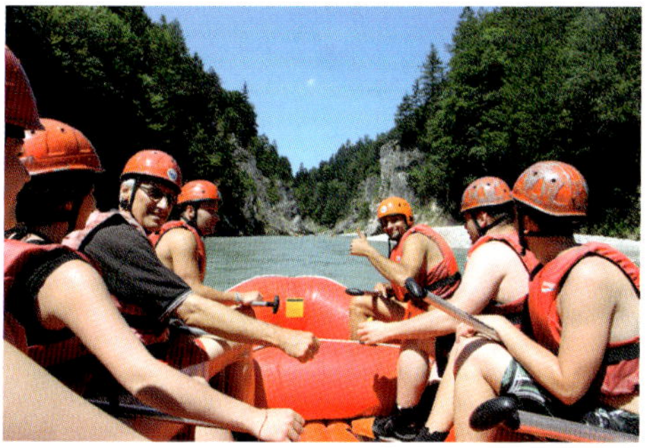

Auf der Tiroler Ache (Entenlochklamm)

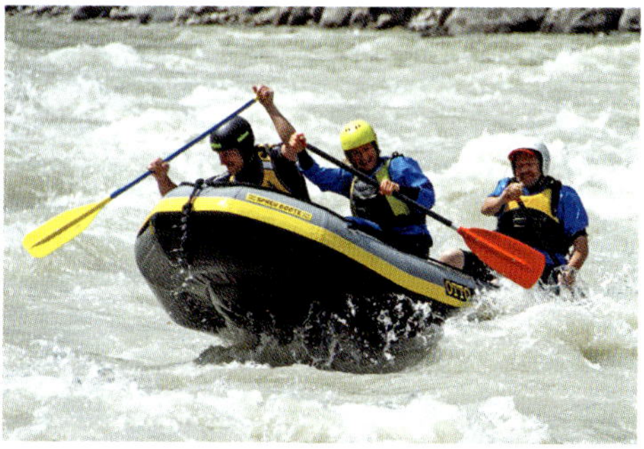

Power-Rafting in der Imster Schlucht (Inn)

Iller

Family-Rafting bis maximal WW I-II ist auf der sanften Iller bei Sonthofen im Allgäu angesagt. Da staunen selbst die Milchkühe. Besonders reizvoll ist die Fahrt mit dem geliehenen Schlauchkanu in der bezaubernden Illerschleife vor Martinszell.
Info: *www.allgaeuerseenland.de*

Isel

Nördlich von Lienz in Osttirol und nahe dem Großglockner mit dem Nationalpark Hohe Tauern lockt die Isel mit ihrem schnellen Gletscherwasser zu einem wilden Ritt im schäumenden Nass (meist WW III-IV).
Info: *www.osttirol-adventures.at*

Lech
Das Tiroler Lechtal ist ein sanftes Raftrevier um WW II mit einer besonders ursprünglicher Flusslandschaft, die inzwischen Naturparkregion wurde und von einer beeindruckenden Bergwelt flankiert wird.
Info: *www.lechtal.at* | *www.fun-rafting.at*

Möll
Kärntens Aktion-Arena mit Raftstrecken in verschiedenen Schwierigkeitsgraden liegt an der Möll und nahe dem Nationalpark Hohe Tauern.
Info: *www.cam.at* | *www.sporterlebnis.at*

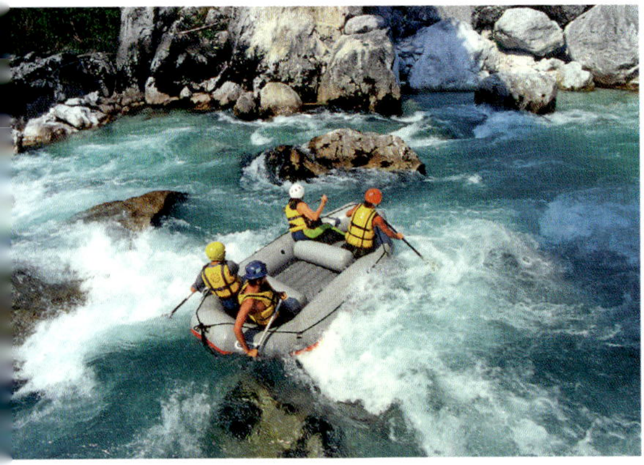

Saalach
Lofer ist ein wichtiges Raftzentrum im Salzburger Land, die Saalach bietet reizvolle Flussstrecken von sanft bis wild.
Info: *www.motion.co.at*
www.salzburger-saalachtal.com

Salza
Die steirische Salza gilt zu Recht als der schönste Fluss der Ostalpen. Das grüne Wasser hat reinste Trinkwasserqualität. Der Höhepunkt der abwechslungsreichen Strecke unterhalb Wildalpen ist die romantische Palfauer Schlucht (WW III).
Info: *www.wildalpen.at*

Salzach
Die Salzach im Oberlauf bei Flachau bietet neben regulierten Abschnitten auch kurzes attraktives Wildwasser an. Mit WW III-IV ist die 10 km lange Strecke zwischen Eschenau und Schwarzbach der sportliche Höhepunkt.
Info: *www.acs-alpincenter.at* | *www.acf.co.at*

Schweiz

Inn
Der Inn in Graubünden ist wie fast alle Raftgewässer der Alpen kraftwerksabhängig, Giarsun-Schlucht, Schulser- und Martina-Strecke bieten Schwierigkeiten zwischen WW II und IV in eindrucksvollen Schluchten und sind umgeben von der reizvollen Berglandschaft des Oberengadin.
Info: *www.scuol.ch*
www.engadin.ch

Lütschine
Verschiedene Strecken der Weißen und Schwarzen Lütschine zu Füßen der Eisriesen des Berner Oberlandes bieten schäumendes Wildwasserabenteuer um WW III.
Info: *www.alpinraft.ch*

Vorderrhein
Die weiße Arena Laax/Flims begeistert in der Flimser Schlucht mit weißem Kalkgestein einer ehemaligen Bergsturzzone, die zu Recht als „Swiss Grand Canyon“ bezeichnet wird. Zum Einstieg in Ilanz kann man auch mit der Rhätischen Bahn anreisen. Je nach Wasserstand bis WW III/IV.
Info: *www.swissraft.ch*
www.kanuschule.ch

Frankreich

Durance/Ubaye

Zwei Gletscherflüsse mit zuverlässiger Wasserführung. die nahe der Stadt Embrun zusammenfließen, locken Kanusportler und Raftingfans zu außergewöhnlichen Wildflussabenteuern. Meist WW II-III (IV).

Info: *www.sport-decouverte.com*

Isere

Stark kraftwerksregulierter Gletscherfluss, auf dem schon Kanu-Weltmeisterschaften ausgetragen wurden. Schwierigkeiten um WW IV.

Infos: *www.www.franceraft.com*

Roya

Ein anspruchsvoller Wildfluss (WW III-IV), der von den Seealpen auf kurzem Weg zum Mittelmeer strebt, ist zusammen mit seinen faszinierenden Seitencanyons ein wassertechnischer Leckerbissen im Süden Frankreichs.

Infos: *www.royaevasion.com*

Verdon

Die Wildwasserstrecken und Klammen im Umfeld des Grand Canyon du Verdon in der Haute Provence bieten vielfältige und atemberaubende Outdoor-Aktivitäten.

Info: *www.rafting-verdon.com*
www.grand-canyon-du-verdon.de

Spanien

Noguera Pallaresa

Der kraftwerksregulierte Fluss in den spanischen Pyrenäen fließt durch großartige Schluchten und ist das beliebteste Raftinggewässer der Iberischen Halbinsel. Strecken im Oberlauf sind teilweise je nach Wasserablauf sehr wuchtig, die schönste Strecke „El Collegats“ ist nur mäßig schwierg.

Info:
www.paddleinspain.com/whole-day-intrepid-rafting-descend-in-noguera-pallaresa-river-act-2.php

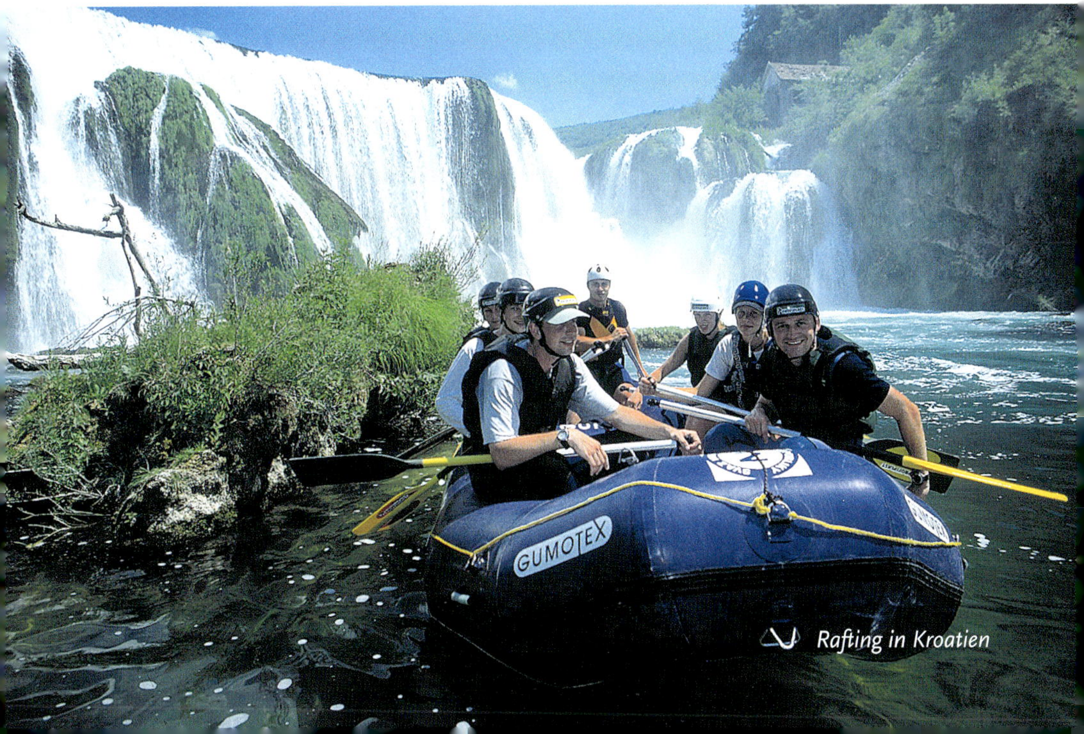

Rafting in Kroatien

Italien

Eissack/Rienz/Etsch/Passer

Der Eissack begleitet die Autobahn zwischen Sterzing und Franzensfeste und schäumt dabei mächtig (WW II-III+). Aber auch die Nachbarflüsse bieten abwechslungsreiches Wildwasser an.

Info: *www.raftingsterzing.it*

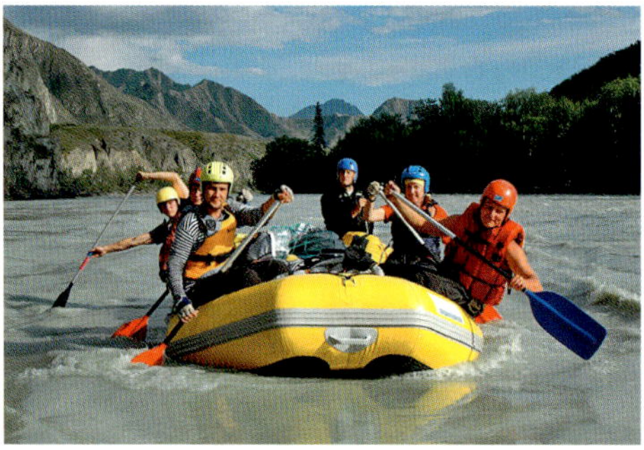

Rafting ist auch Teamsport

Stura di Demonte

Die Stura di Demonte nahe Cuneo ist vor allem bei italienischen Wassersportlern bekannt und ist vor allem im Frühjahr und Frühsommer ein mäßig schweres Gewässer um WW III in den Piemonteser Seealpen.

Info: *www.rafting-canoa.it*

Noce

Der Torrente Noce entspringt im Ortlergebiet und fließt durch das Trentiner Val de Sole der Etsch entgegen. Die Strecken unterhalb der Stauseen bieten wuchtiges und verblocktes Wildwasser bis IV.

Info: *www.valdisole.net*

Lao

Mancher zählt den Lao in Kalabrien zu den eindrucksvollsten Schluchtenflüssen in Europa. Die Klamm ist bis zu 400 Meter tief und teilweise nur 2 Meter breit, meist II-III (IV). Aber auch die offenen Strecken lohnen einen Befahrung. Lohnend vor allem im Frühjahr.

Info: *www.raftinglao.it*

Kroatien

Una/Zrmanja

Der Grenzfluss zwischen Kroatien und Bosnien ist auf 92 km Länge befahrbar und ab dem 20 Meter hohen Wasserfall Strbacki buk ein mäßig schweres Wildwasser um WW II-III. Zusammen mit der Zrmanja-Canyon erinnert die Wasserfall-Landschaft an die Winnetou-Filme der 60er Jahre. Nur im Frühjahr lohnend.

Info: *www.raftrek.com*

Slowenien

Soca

Sloweniens Raftingparadies am Rande des Triglav-Nationalparks begeistert mit abwechslungsreichem Wildwasser von I-IV und schmackhafte Socaforellen. Die smaragdfarbene Soca besitzt Abschnitte mit sehr unterschiedlichen Schwierigkeitsgraden und faszinierenden Seitenklammen für Canyoning.

Info: *www.bovec.si*

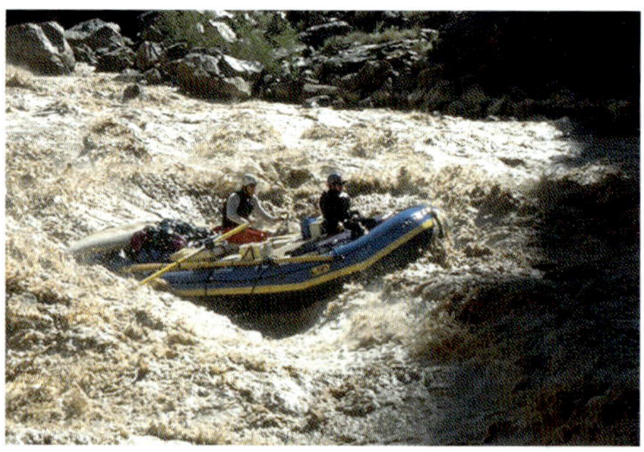

Rafting auf dem Colorado River

Montenegro

Tara

Die 63 km lange „Große Schlucht" der Tara ist die gewaltigste Schlucht auf dem Balkan (WW III). Da sie in einem Nationalpark verläuft, ist eine Befahrung nur mit einem Permit erlaubt. Sie wird in drei Tagen befahren. Besonders eindrucksvoll ist die Fahrt im Frühsommer, wenn zahlreiche Wasserfälle in die Schlucht stürzen.
Info: *www.raftingtara.com*

Norwegen

Driva

Die Driva entspringt im Dovrefjell und bietet auf ca. 120 km Länge hochkarätiges Wildwasser. Höhepunkt ist die 250 Meter tiefe und 13 km lange Graura-Schlucht. Zum Rafting eignen sich vor allem die mittelschweren Abschnitte.
Info: *www.opplevoppdal.no*

Sjoa

Wuchtiger Wildfluss nahe dem Rondane Nationalpark. Unterhalb des berühmten „Riddersprangets" befinden sich zahlreiche Strecken, die sich für Wildwasserabenteuer und Rafting eignen. Hier findet man auch im Hochsommer gute Wasserstände für einen sportlichen Trip der Extraklasse.
Info: *www.sjoarafting.no*

Schweden

Klarälven

Obwohl von nahen Straßen begleitet, strahlt dieser moderate Wildfluss (WW I) in Värmland/Südschweden einen besonderen nordischen Charme aus. Er kann mit Kajaks oder Schlauchkanus befahren werden. Besonders reizvoll ist eine Tour im selbstgebauten Holzfloß, auf dem man auch übernachten kann. Die Gesamtstrecke beträgt 100 km. Der Veranstalter stellt das Baumaterial und besorgt den Rücktransport.
Info: *www.sverigeflotten.com*

Island

Verschiedene Gewässer

Island ist ein ganz besonderes Raftingziel im hohen Norden Europas. Die wilde Gletscherlandschaft sorgt für ein Naturerlebnis der Superlative. Stadtnahe Familytouren und harte Wildnisflüsse werden hier angeboten.
Info: *www.arcticrafting.com*
www.vikingrafting.is

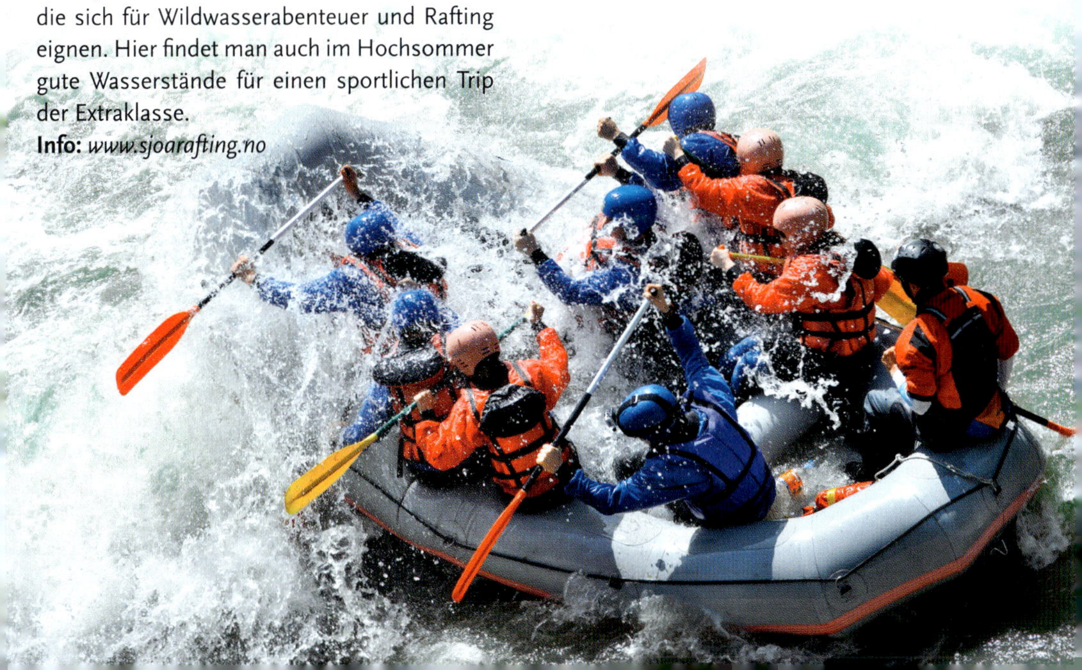

Tour 1: Durch den Grand Canyon von Ostbayern

Das NSG „Weltenburger Enge“ mit seinen bizarren Felsformationen wird nicht ganz zu Unrecht als Grand Canyon von Ostbayern bezeichnet und ist ein großartiges Kanuziel. Dazu kommt das herrlich gelegene Kloster Weltenburg mit seiner berühmten Asamkirche und die traditionelle Klosterschenke, die mit regionalen Köstlichkeiten und dem berühmte Klosterbier eine Einkehr fast unumgänglich macht. Der Bayerische Jura bietet außerdem viele Berührungspunkte mit der Urzeit: Unterirdische Hallendome und oberirdische Versteinerungen im weißen Kalk. Die Region bietet bestechende landschaftliche Reize und zählt außerdem zu den ältesten Siedlungsplätzen Europas. In der Vorzeit lebten bereits Neandertaler am Zusammenfluss von Donau und Altmühl. Für die Römer war die mächtige Donau natürliche Grenze nach Norden und Teil des Limes. Interessant: Die Urdonau strömte früher überhaupt nicht durch den Donaudurchbruch, sondern weiter nördlich durch das Altmühltal.

Die Donau gilt als die „Königin unter Europas Flüssen“. Schon Kelten und Römer siedelten an ihren Ufern. Für Paddler ist diese wichtige Lebensader ein besonders interessantes Ziel. Im oberbayerischen Städtchen Vohburg setzen wir unsere Boote ein. Die Donau ist hier noch ein schmaler Fluss, die Fahrt geht durch eine einsame Talaue mit von Pappeln und Weiden bestandenen Ufern, unterbrochen von einem Nato-Wasserübungsplatz. Nach der B 299 Brücke von Neustadt bietet sich nach 10 km Fahrt rechter Hand ein Rastplatz mit Übernachtungsmöglichkeit auf einer flachen Kiesbank an. Wer will, kann hier sogar offiziell ein Lagerfeuer entfachen. Allerdings ist man auf diesem Platz selten allein, zumindest die Gesellschaft von zahlreichen Stechmücken scheint im Sommer garantiert.

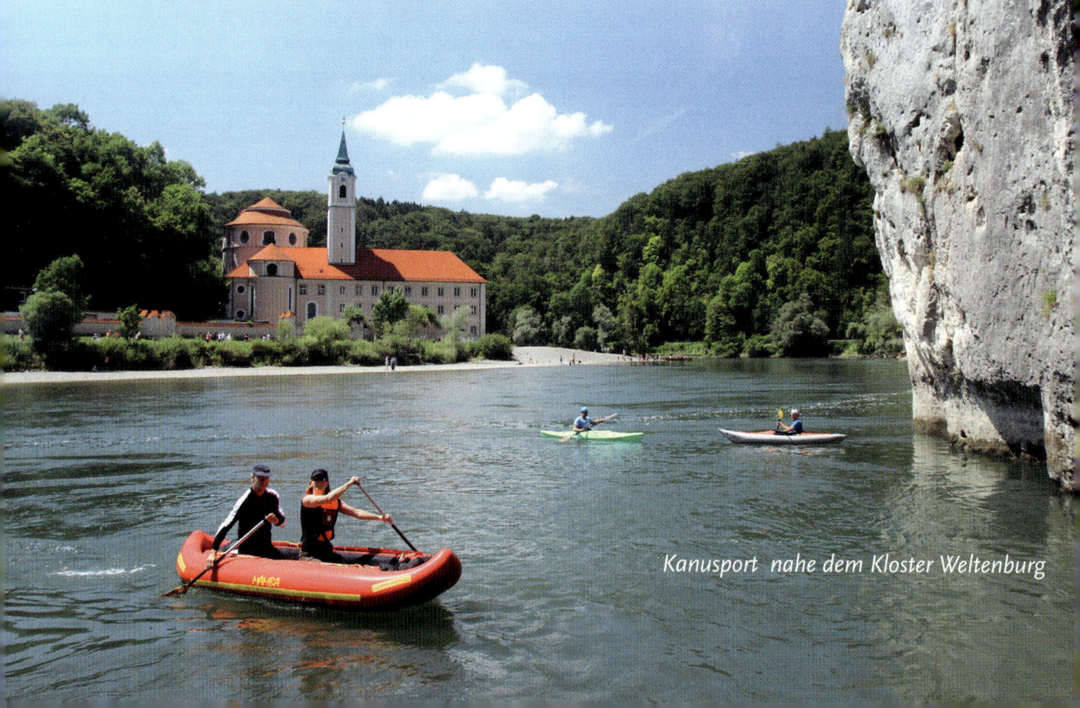

Kanusport nahe dem Kloster Weltenburg

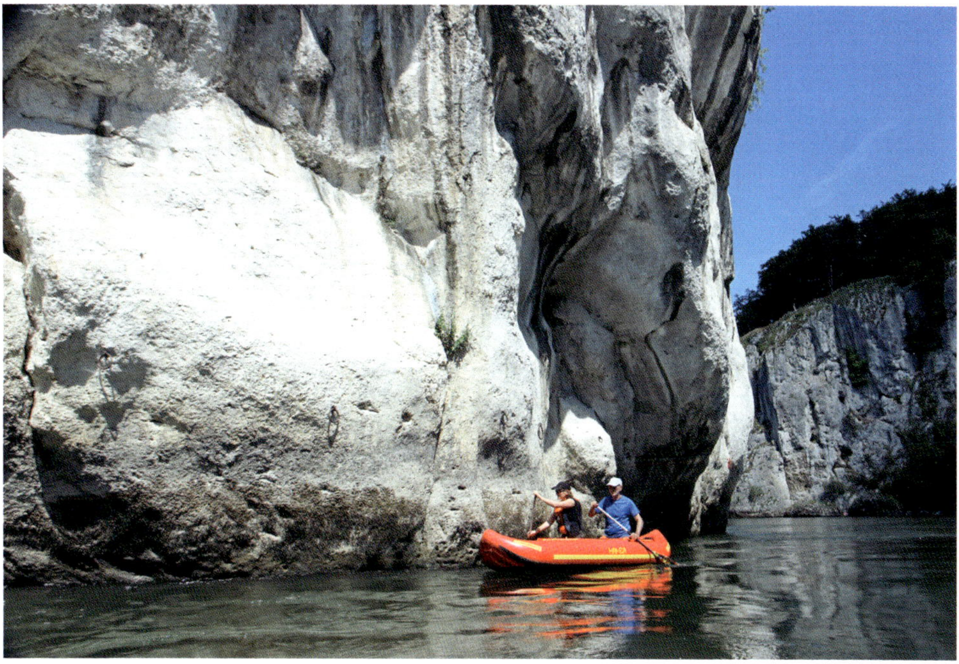

Im engsten Abschnitt des Donaudurchbruchs

Fünf Kilometer später erreichen wir rechtsufrig die Mündung der Abens, einem idyllischen Kleinfluss, und 100 Meter danach die Anlegestelle der Seilfähre Eining-Hienheim. Hier befindet sich ein weiterer Zustieg für Paddler mit Parkplatz und Einkehrmöglichkeit. Auf der rechten Anhöhe könnte man das Römerkastell „Abusina" besichtigen, das Kaiser Titus zur Bewachung des Limes um 80 n.Chr. erbauen ließ. Wenig später drängt der Jura an den Fluss heran, und schon rückt das malerisch gelegene Kloster Weltenburg, Bayerns ältestes Kloster, in das Blickfeld.

In der Rechtskurve befindet sich eine große Kiesbank, die zum Anlanden einlädt. Hier bringt eine Fähre Biker und Wanderer auf die gegenüberliegende Flussseite. Die Klosterkirche der Benediktinerabtei aus dem 7.Jh. birgt das erste gemeinsame Werk der Gebrüder Asam. Ein barockes Gesamtkunstwerk erster Güte. Idyllisch ist der Biergarten im Innenhof des Klosters. Das süffige dunkle Klosterbier wurde vielfach ausgezeichnet und auch die schmackhaften bayerischen Gerichte locken zahlreiche Gäste an. Auf dem Rückweg zum Boot sollte man noch die Hochwassermarkierungen am nördlichen Ende des Klostergebäudes besichtigen.

Die nun folgenden sechs Kilometer auf dem Fluss werden dem Titel „Grand Canyon von Ostbayern" voll gerecht: Bizarre Felsformationen wie „Drei feindliche Brüder" oder „Versteinerte Jungfrau" bieten ein besonderes Naturschauspiel. Bis zu 80 Meter hoch sind die Felswände, die Donau wird auf 70 m Breite zusammengedrängt. Kaum zu glauben: In den fünfziger Jahren gab es Pläne für eine Staustufe inmitten der Weltenburger Enge! Heute ist der Donaudurchbruch ein Naturdenkmal. Camping ist im Schluchtbereich verboten.

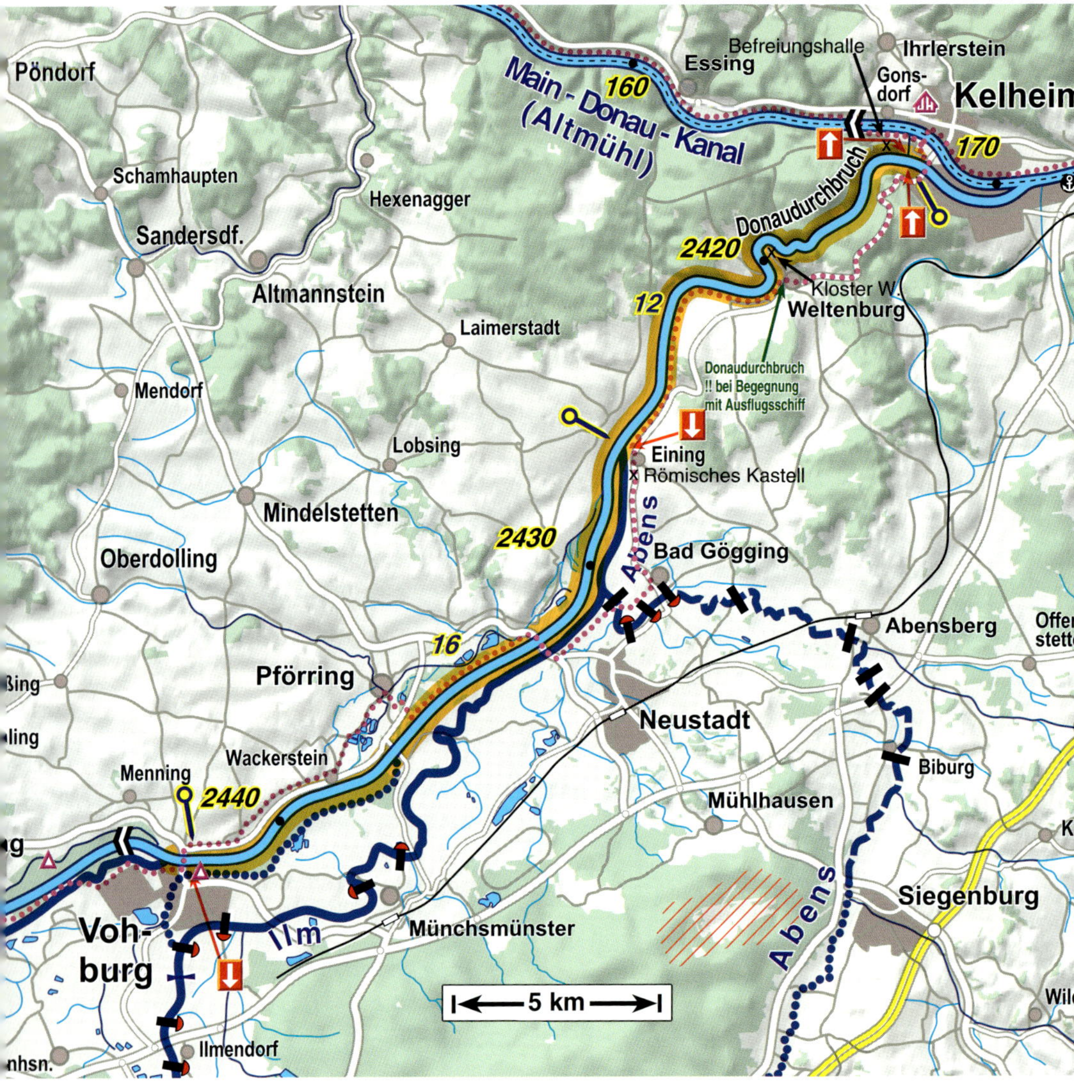

Dafür bieten sich einige Felsbuchten und Kiesbänke im Sommer zu einer Schwimmeinlage an. Meist sind hier einige Paddler auf dem Fluss unterwegs, und an den bizarren Felsen beobachten wir Kletterer. Ein voll besetztes Ausflugsschiff biegt um die Ecke und wirft große Wellen. Hier heißt es für Kanuanfänger frühzeitig ausweichen!

Grandios die herrlichen Mischwälder im Herbst - Indian-Summer an der Donau. Vorbei am Gasthaus Klösterl, einer ehemaligen Einsiedelei, erreicht man viel zu schnell die Stadt Kelheim am Ende der Durchbruchstrecke. Als weitere Sehenswürdigkeit lockt noch die Befreiungshalle auf dem Michelsberg, in den Jahren 1842-63 von König Ludwig I. als Mahn-

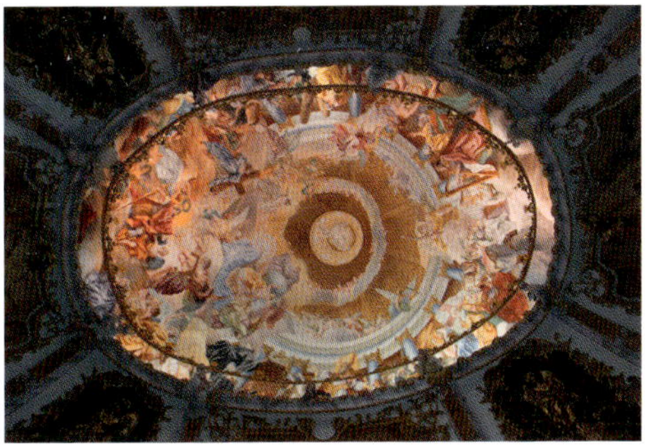

Deckenfresko in Weltenburg

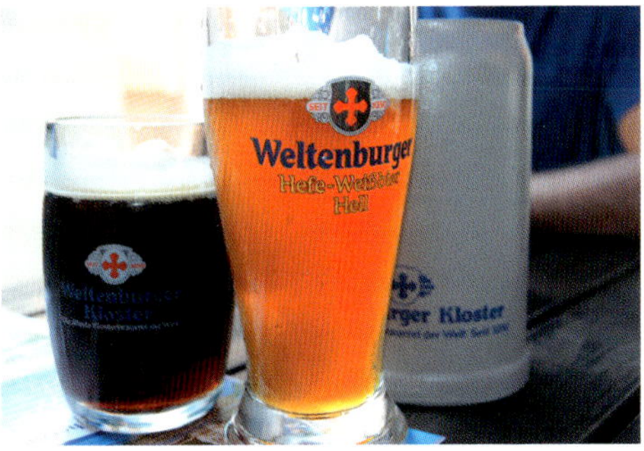

Klosterbier für jeden Geschmack

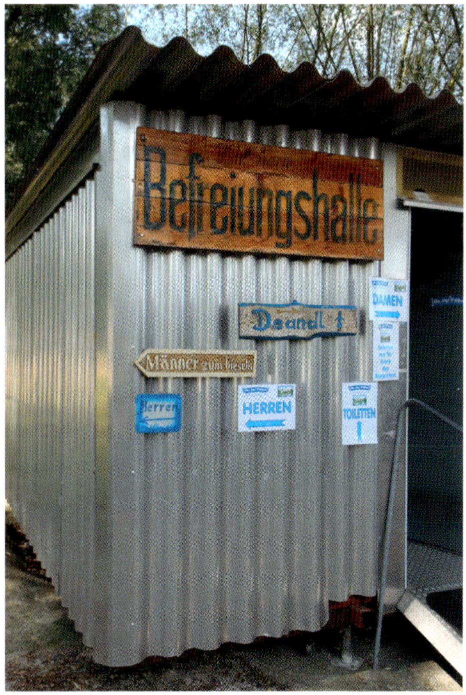

WC in Eining

mal an die Napoleonischen Befreiungskriege errichtet. Zum Rückholen des Fahrzeugs bietet sich der begleitende Donau-Radweg an.

⊕ Charakter der Tour

Anfänger- und familientaugliche Wanderstrecke bei normalen Wasserstand mit guter Strömung.

Ausrüstung: Boote aller Art (Kinder und Einsteiger mit Schwimmweste).

Beste Zeit: Mai bis Oktober.

Einstieg 1: In Vohburg nahe der Agnes-Bernauer-Brücke bei km 2432 (Zelt- und Rastplatz, Parkmöglichkeit).

Einstieg 2: In Eining, km 2426,9 (gebührenfreie Parkmöglichkeit beim Fährhaus, WC, Imbiss). Von hier beträgt die Fahrstrecke bis Kelheim noch 12 km.

Ausstieg: In Kelheim an der Mündung des Rhein-Main-Donau-Kanals bei km 2415 links nach der Brücke (gebührenfreier Parkplatz und Wohnmobil-Stellplatz).

Fahrstrecke: 28 (12) km.

Naturschutz: Der Donaudurchbruch ist Landschaftsschutzgebiet. Grillen, offenes Feuer und Camping ist verboten.

Gefahren: Spannseile und kurzfristige Sperren am Nato-Übungsplatz unterhalb Vohburg, Gefahr von Wellenbildung durch Ausflugsdampfer im Donau-Durchbruch!

Pegel: *www.www.kanu-bayern.de*

Bahnverbindung: Bahnhöfe in Vohburg und Saal (flussabwärts von Kelheim).

Kanugewässer der näheren Umgebung: Altmühl, Main-Donau-Kanal, Abens, Regen, Naab, Vils, Donau ab Kelheim: Kennzeichnungspflicht beachten!

Bootsverleih: Nautilus in Niedertraubling, Tel. 09401/51295 www.kanu-outdoor.de Erlebnismax in Laaber, Tel. 09498/902460 *www.erlebnismax.de*

Auskunft: Verkehrsbüro Kelheim, Ludwigsplatz 14, 93309 Kelheim, Tel. 09441/701234. *www.deutsche-donau.de* und *www.bayerischerjura.de*

Übernachten: Campingplatz in Bad Gögging, Tel. 09445/20090, kostenloser Wohnmobilstellplatz in Kelheim am Ausstieg. Stimmungsvoller ist eine Flussübernachtung bei km 2432 unterhalb von Neustadt rechts auf einer Kiesbank.

Gastronomie: Klosterschenke Weltenburg mit seinem berühmten Bier, Klösterl, Brauerei-Gaststätte Weißes Brauhaus der Schneider Brauerei in Kelheim (historisches Gasthaus).

Sehenswertes: Eining (Römerkastell Abusina), Weltenburg (barocke Klosterkirche), Kelheim (Befreiungshalle, Archäologisches Museum, Tropfsteinhöhle Schulerloch), Bad Gögging (Römermuseum).

Alternativen: Radtouren an Donau und Altmühl, Erlebnisbad „Keldorado" in Kelheim, Wellness (Thermen in Bad Gögging und Bad Abbach), Tropfsteinhöhle Schulerloch bei Essing, Archäologischer Wanderweg von Kelheim nach Weltenburg, Erlebnispfad Juralandschaft bei Essing an der Altmühl, Kletterfelsen im Donaudurchbruch und am Main-Donau-Kanal.

Buchtipps/Karten:

- Die 50 schönsten Kanutouren in Bayern (Alfons Zaunhuber) DKV-Verlag 2013
- DKV-Kanu Wanderführer für Bayern 11. Auflage 2013
- Reiseführer „Altmühltal und Fränkisches Seenland" (Johann Schrenk) Michael Müller Verlag 2013
- Kompass Karte Nr. 161 „Donau, von Donauwörth bis Regensburg" 1:50.000

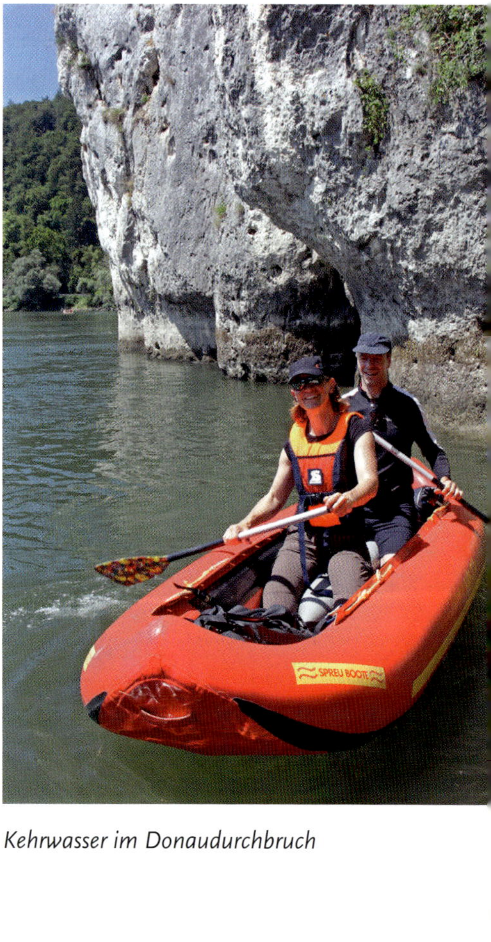

Kehrwasser im Donaudurchbruch

Tour 2: Auf dem langsamsten Fluss Bayerns

Die Altmühl ist der zweitlängste Fluss Bayerns und eines der schönsten und beliebtesten Kanu-Wandergewässer. Sie fließt durch den größten Naturpark Deutschlands. Das geringe Gefälle ermöglicht auch völlig ungeübten Kanuten eine genussreiche Befahrung. Ohne Hetze windet sich der insgesamt zweihundert Kilometer lange Fluss in vielen Schleifen durch ein blühendes Tal, eingerahmt von bizarren Jurafelsen. Romantische Städte, mittelalterliche Brücken, Klöster und Burgen flankieren den Fluss. Greifvögel, Schwäne und Flusskrebse gehören zu den ständigen Anwohnern. Die Altmühl ist als Kanu-Wanderweg ausgewiesen: Markierte Einstiege mit Parkplätzen, Hinweisschildern an den Wehren, Zeltwiesen und Campingplätze, aber auch Bootsverleiher mit Shuttleservice sorgen für eine perfekte Infrastruktur. Die ganze Strecke wird vom Altmühl-Radweg begleitet, ideal zur umweltfreundlichen Rückholung des Fahrzeugs. Es darf aber auch nicht verschwiegen werden, dass die Grenze der Belastbarkeit an Ferienwochenenden mitunter erreicht wird. Doch an den meisten Tagen im Jahr bietet die Altmühl alle Attribute für eine eindrucksvolle Flussreise.

Unser Gewässer entspringt am Hornauer Weiher bei Rothenburg ob der Tauber. Auf ihrem Oberlauf schlängelt sich die Altmühl gemächlich durch ein breites Talbecken. Manchmal wird eine Kanufahrt bereits in Gunzenhausen begonnen. Gunzenhausen entstand bereits um das Jahr 800 und ist Zentrum des Fränkischen Seenlandes. Auf der windungsreichen 27,5 km langen Strecke bis nach Treuchtlingen

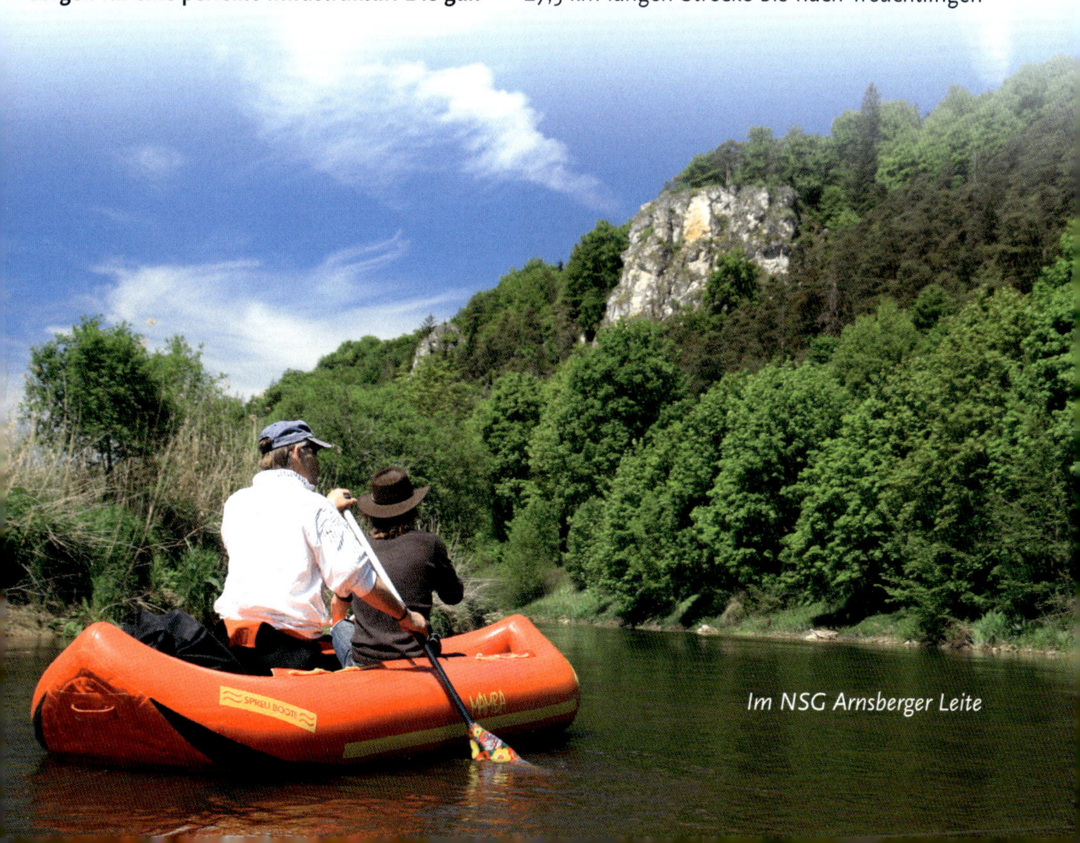

Im NSG Arnsberger Leite

ist man oft fast allein unterwegs. Erst im reizvollen Treuchtlingen erreicht man das Fränkische Juratal. Hinter Dietfurt beginnt die eigentliche Durchbruchstrecke. Das historische Pappenheim, mit Burgruine, St.Galluskirche, Schloss und Augustinerkloster ist ein echter Höhepunkt und wird nach 8 km Fahrt erreicht.

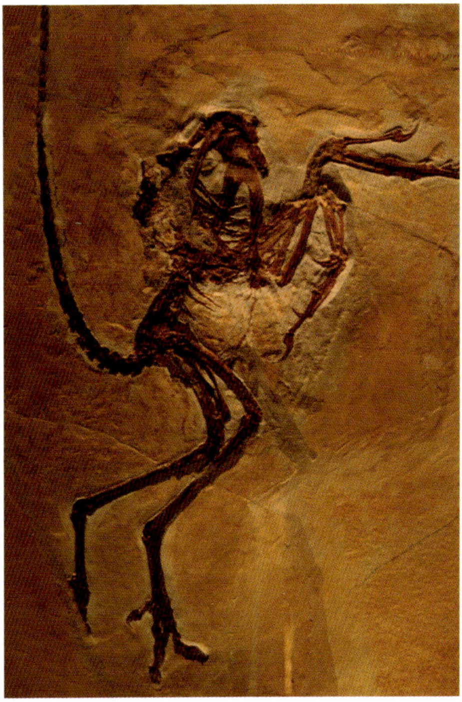

Archaeopteryx im Museum Solnhofen

Über das Juradorf Zimmern geht es weiter nach Solnhofen. Dieser Ort ist Fundstelle des Urvogels (Archaeopteryx). Im örtlichen Museum findet man eine reiche Auswahl versteinerter Pflanzen und Tiere. Nach Umtragung des Wehres am Ortsausgang erblickt der Paddler bald die Felsszenerie der „Zwölf Apostel“, eine markante Gruppe aus Schwamm-Algen-Kalken.

Auch der Weiterweg steckt voller Höhepunkte, obgleich die stündlich vorbei rasenden ICE-Züge immer wieder kurz die Idylle stören. Besonders schöne Sumpfschwertlilien, Seerosenfelder und emsige Blauflügel-Libellen sind mir von dieser Strecke in Erinnerung geblieben. An der Hammermühle liegt einer der schönsten Zeltplätze mit Toiletten und Feuerstellen. Das Wehr ist mit einer spritzigen Bootsgasse ausgestattet und wird von manchen Kanuten voller Begeisterung gleich mehrfach befahren. Genau so viel Spaß erwartet die Paddler am Hagenacker Wehr. Ängstliche Naturen können jeweils links umtragen.

Dollnstein kündigt sich mit seiner mittelalterlichen Befestigungsmauer an und der Gasthof Post vor der Brücke lockt zur Einkehr. Weiter geht es über Breitenfeld (schöner Campingplatz mit Schwimmbad). Danach windet sich der Fluss in großen Schlingen durch eine malerische Gegend, die uns durch überhängende Felsufer und weitere Seerosenfelder begeistert. Linksufrig sprudelt glasklares Wasser aus mehreren Karstquellen in die Altmühl. In Wasserzell lockt ein Biergarten zur Einkehr. Nach dem Rebdorfer Wehr (Bootstreppe) wird die Altmühl von der mächtigen Willibaldsburg überragt. Am Ortseingang müssen wir wieder ein Wehr umtragen, danach passieren wir das Schwimmbad. Romantisch präsentieren sich Eichstätts Hinterhöfe vom Boot aus, besonders wenn in den späten Nachmittagsstunden die flach stehende Sonne für eine zauberhafte

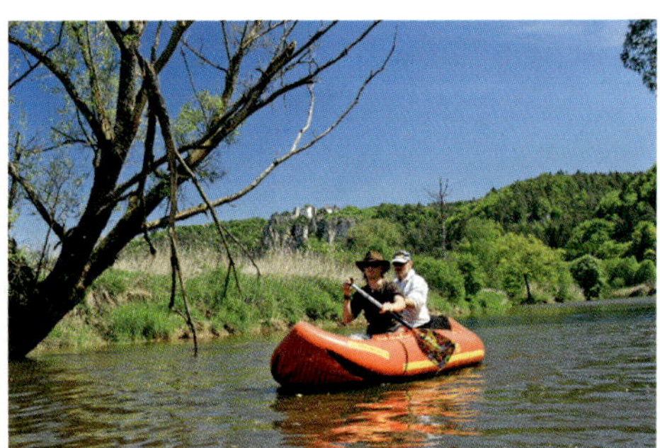

Zwischen Walting und Kipfenberg

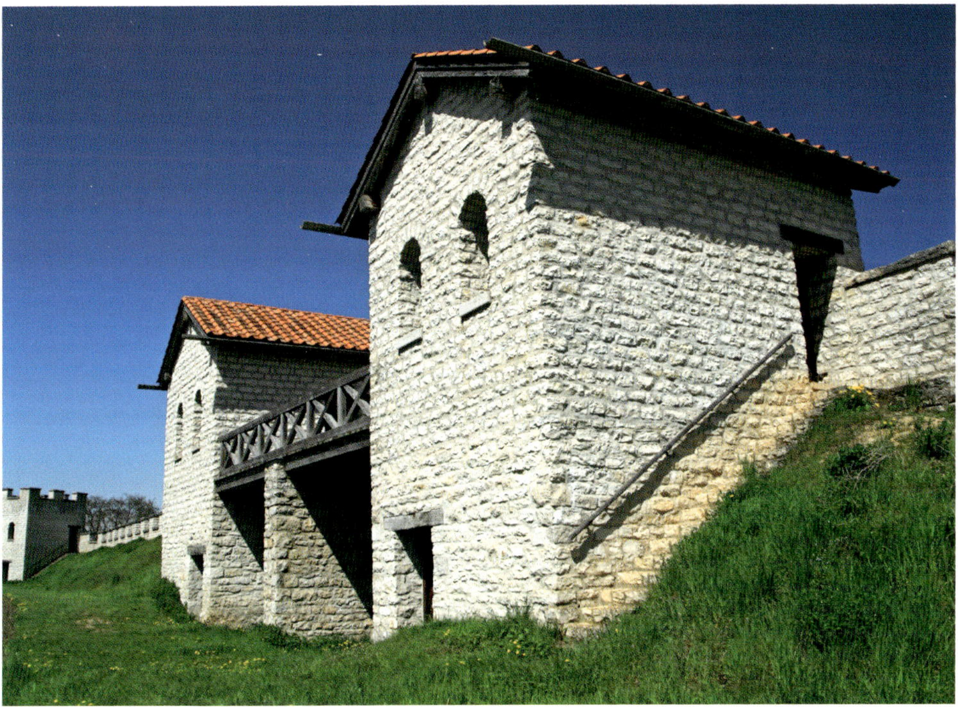

Das Römerkastell Vetoniana aus dem Jahr 90 n.Chr.

Stimmung sorgt. 700 m nach dem Wehr Aumühle, erreichen wir links die Ausstiegsstelle am Volksfestplatz (Parkplatz und Zeltwiese.) Für die Besichtigung von Eichstätt sollte man sich viel Zeit gönnen. Die alte Bischofsstadt besitzt eine Universität und zahlreiche Sehenswürdigkeiten. Ein Besuch des Info-Zentrum Naturpark Altmühltal samt Ausstellung ist sehr zu empfehlen. Ab Eichstätt sind weniger Paddler unterwegs, auch die Eisenbahn ist nun weg. Die Altmühl schlängelt sich durch eine stille und idyllische Landschaft und bald erreicht man die alte Römerbrücke von Pfünz (Rastplatz). Über dem Ort thront das Römerkastell Vetoniana aus dem Jahr 90 n.Chr. Hinter Pfünz erreicht man die Straßenbrücke von Inching. Links von der Brücke erstreckt sich der kleine Ort mit seiner mittelalterlichen Kirche und einem Barockschlösschen. Beim Fischer-

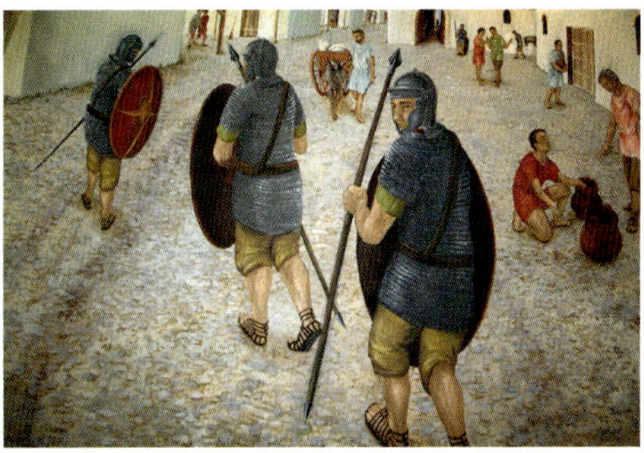

Bajuwarenmuseum Kipfenberg

wirt kehren wir auf eine Vesper ein. Die Strecke zwischen Walting und Kipfenberg führt entlang der Gungoldinger Wacholderheide und schönen Jurafelsen im Bereich des NSG Arnsberger Leite. Wer Zeit hat wandert hinauf auf die Anhöhe. In der Faschingshochburg Kipfenberg gibt es einen Campingplatz und das sehenswerte Römer- und Bajuwarenmuseum. Kurz vor Kinding kreuzt man die Autobahn A 9 und die Bahnlinie München-Nürnberg. In Kinding selbst befindet sich ein Bootsrastplatz und die interessante Kirchenburg mit einer Ringmauer lohnt einen Besuch. Bald kommt man am Weiler Unteremmendorf vorbei und kurz darauf erreicht man den Kratzmühlsee (Campingplatz, Technikmuseum, Badegelegenheit). Anderntags steuert man weiter ostwärts, das mächtige Schloss Hirschberg ist schon lange im Voraus zu erkennen. Beilngries mit seiner mittelalterlichen Stadtmauer lohnt eine ausgiebige Besichtigung (Campingplatz). Auf der Weiterfahrt ist

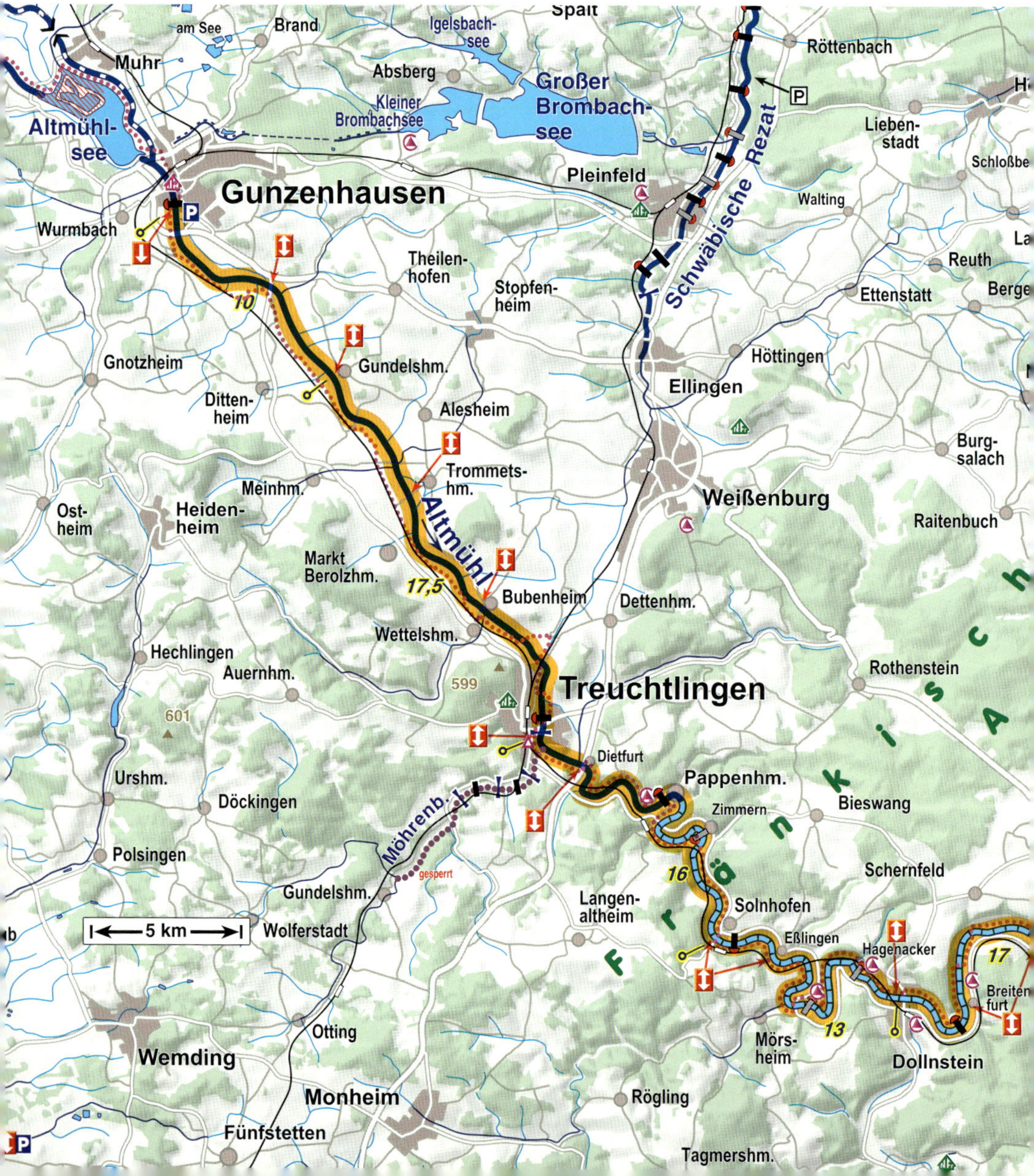

vor allem die Wehrkirche in Kottingwörth mit ganz besonders interessanten Fresken in der Nebenkapelle zu erwähnen. Nach einigen weiteren Kilometern kündigt der gelbe Kirchturm von Töging das Ende der Tour an. Unbedingt lohnend ist noch der Besuch von Dietfurt, bekannt durch seinen Chinesenfasching. Aber auch außerhalb dieser Zeit hat Dietfurt einiges zu bieten, z.B. den historischen Marktplatz mit dem Chinesenbrunnen, das Mühlenmuseum und den historischen Gasthof Stirzer (mein persönlicher Gastrotipp). Auf dem Main-Donau-Kanal kann man noch weitere 30 km bis zur Donaumündung nach Kelheim paddeln.

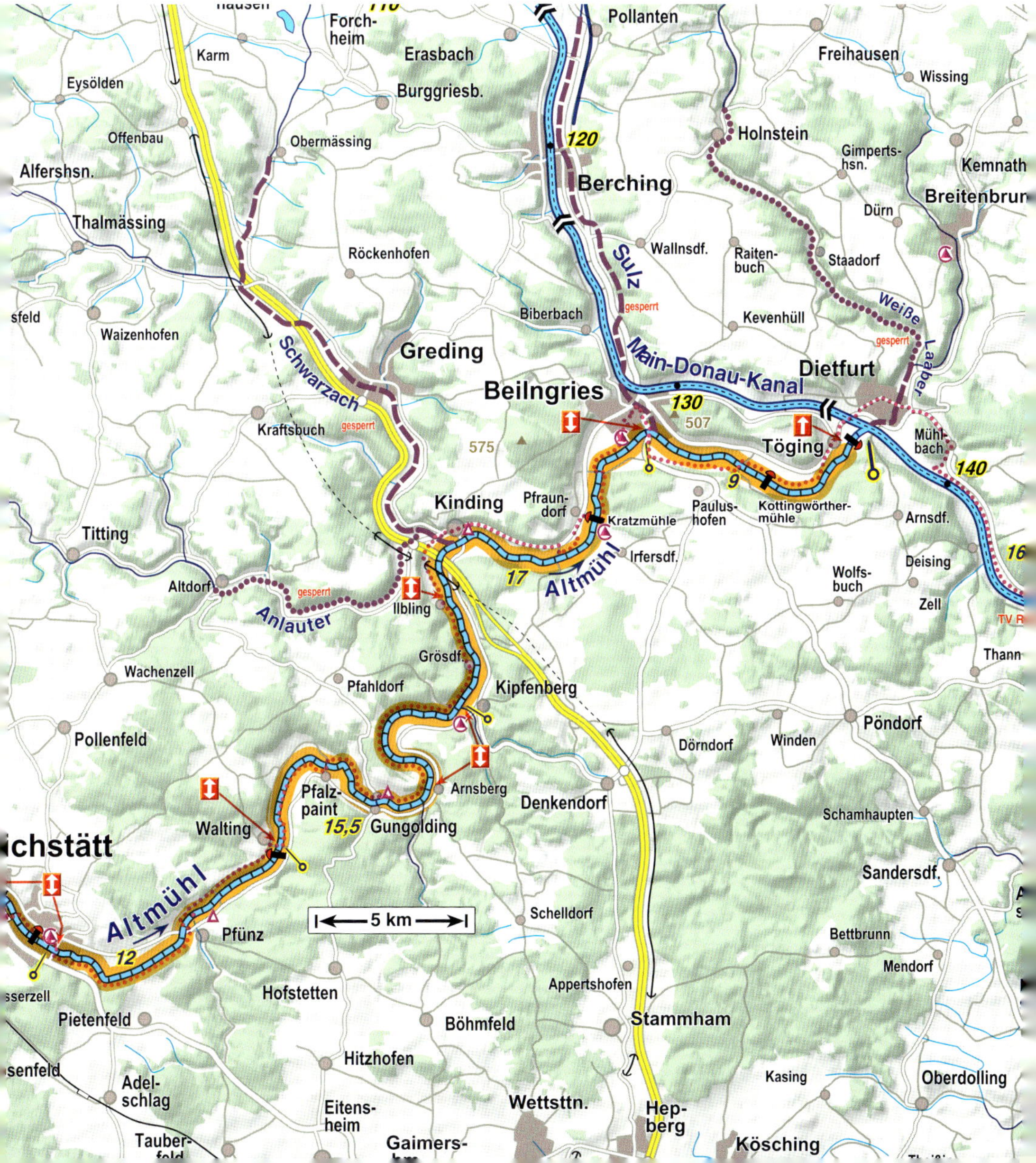

⊕ Charakter der Tour

Ideales Wandergewässer, auch für Neulinge und Familien.

Ausrüstung: Alle Bootstypen geeignet.

Beste Zeit: Mai bis Juli, prinzipiell jedoch ganzjährig möglich!

Einstieg: Gunzenhausen (Bootstreppe an der Stadthalle).

Ausstieg: Töging (Holzbrücke).

Fahrstrecke: 124 km.

Naturschutz / Gefahren: Zustiege beachten, kein wildes Camping! NSG! Die zahlreichen Wehre sind alle gut beschildert und mit Treppen versehen.

Bootsverleih: Zahlreiche Anbieter (Broschüre Bootswandern beim Verkehrsamt). Die meisten Verleiher bieten auch einen Rückholservice an.

Bahnverbindungen: Bahnhöfe unter anderem in Gunzenhausen, Treuchtlingen, Dollnstein, Eichstätt und Kinding. Ab Töging verkehrt ein Bus.

Kanugewässer der näheren Umgebung: Donau, Wörnitz, Main-Donau-Kanal.

Übernachten: Zeltmöglichkeit am Volksfestplatz Treuchtlingen, Naturcamping in Pappenheim (Tel. 09143/1275), Camping Solnhofen (Tel. 09145/836818), Camping in Breitenfurt (Tel. 08422/567), Zeltwiese in Eichstätt (Volksfestplatz), Camping in Kipfenberg (Tel. 08465/905167), Camping Kratzmühle bei Kinding (Tel. 08461/64170), Camping Beilngries (Tel. 08461/8406), dazu weitere Zeltwiesen und Rastplätze (teilweise mit Feuerstellen).

Gastronomie: Paddlergerecht speist man in vielen Gasthäusern und Biergärten entlang der Kanustrecke, u.a. „Zum Brunnen"in Mörnsheim, Gut Moierhof in Walting, Stirzer in Dietfurt.

Auskunft: Verkehrsamt Naturpark Altmühltal, Notre-Dame 1, 85072 Eichstätt, Tel. 08421/98760. *www.altmuehltal.de* oder *www.naturpark-altmuehltal.de*

Sehenswertes: Treuchtlingen (Heimatmuseum, St. Lambertus Kirche), Pappenheim(historischer Ortskern), Solnhofen (Fossilienmuseum), Eichstätt (Dom und Residenz, Juramuseum, Willibaldsburg, Informationszentrum Naturpark Altmühltal), Pfünz (Römerbrücke und Kastell Vetoniana), Burg Arnberg, Kipfenberg (Römer- und Bajuwaren Museum), Kinding (Kirchenburg), Beilngries (Schloss Hirschberg, Altstadt), Dietfurt (Marktplatz mit Chinesenbrunnen, Mühlenmuseum).

Alternativen: Radtour auf dem begleitenden Altmühl-Radweg, Schwimmen (Frei- und Hallenbäder in fast allen größeren Orten), Wassersport/Schwimmen auf den Altmühlseen oder am Kratzsee bei Kinding, Klettern bei Dollnstein, Wandern auf dem Altmühltal-Panoramaweg, Fossiliensuche in einem der Besuchersteinbrüche bei Solnhofen oder Eichstätt, Wanderung im NSG Gungoldinger Wachholderheide.

Buchtipps/Karten:

- Kanu- und Radführer „Die Altmühl" (Alfons Zaunhuber) Pollner Verlag 2010
- Kanu Kompakt „Altmühl" (Michael Hennemann) Thomas Kettler Verlag 2013
- Reiseführer: Altmühltal (Johann Schrenk) Michael Müller Verlag 2013
- Bildband „Die Altmühl" (Johann Schrenk) Hans Carl Verlag 2005
- Radwanderkarte „Altmühl-Fränkisches Seenland" 1:100.000, Verlag Publicpress

Tour 3: Familytrip in der stillen Oberpfalz

Bis dato haben hier nur das Naabtalduo, die Maxhütte und die Protestbewegung gegen die Kernkraft-Wiederaufbereitungsanlage Wackersdorf Schlagzeilen gemacht. Aber wer die malerische und preiswerte Region genauer erforscht, entdeckt nicht nur Paddel- und Faltbootnostalgie wie in den 1960er Jahren, sondern auch kleine verträumte Ortschaften wie Nabburg, Burglengenfeld und Kallmünz. Auf nahezu 100 km Länge zieht sich die Naab durch ein beschauliches Flusstal, in dem Störche, Reiher und Schwäne heimisch sind. Nur vereinzelt stört die Autobahn ein wenig, doch verläuft der Fluss überwiegend abseits größerer Verkehrswege. Insgesamt betrachtet ist die Naab ein sehr empfehlenswertes und gemütliches Wandergewässer, das auch für Anfänger und Familientouren bestens geeignet ist. Auch ein besonders schöner und wenig frequentierter Radweg begleitet den Fluss. Am Ende der Kanutour lohnt es sich, der mittelalterlichen Universitätsstadt Regensburg einen ausgiebigen Besuch abzustatten. Eine Bahnlinie verbindet Ein- und Ausstieg. Wie praktisch!

Der Startpunkt in Oberwildenau liegt am Ortsrand, unweit des Bahnhofs. Eine große Wiese bietet sich zum Bootsaufbau für die fünftägige Fahrt an. Naturtrübes Wasser mit leichter Strömung trägt das Boot vorwärts. Einzelne Seerosenfelder erfreuen das Auge. Im malerischen Ort Luhe wird das erste Wehr umhoben. Alternativ bietet sich hier wie an folgenden Wehren eine Umlaufrinne zur Befahrung an. Nach 10 km Fahrt erreicht man den Doppelort Wernberg-Köblitz mit einer Burg aus dem

Wehrumtragung bei Pielenhofen

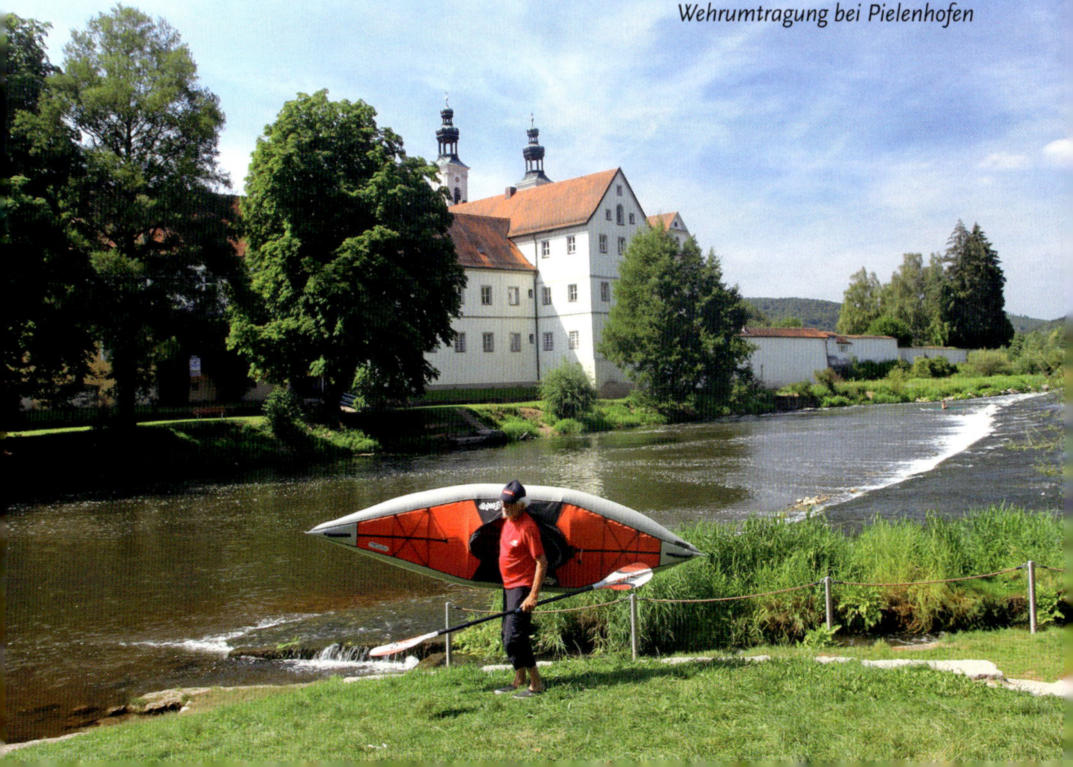

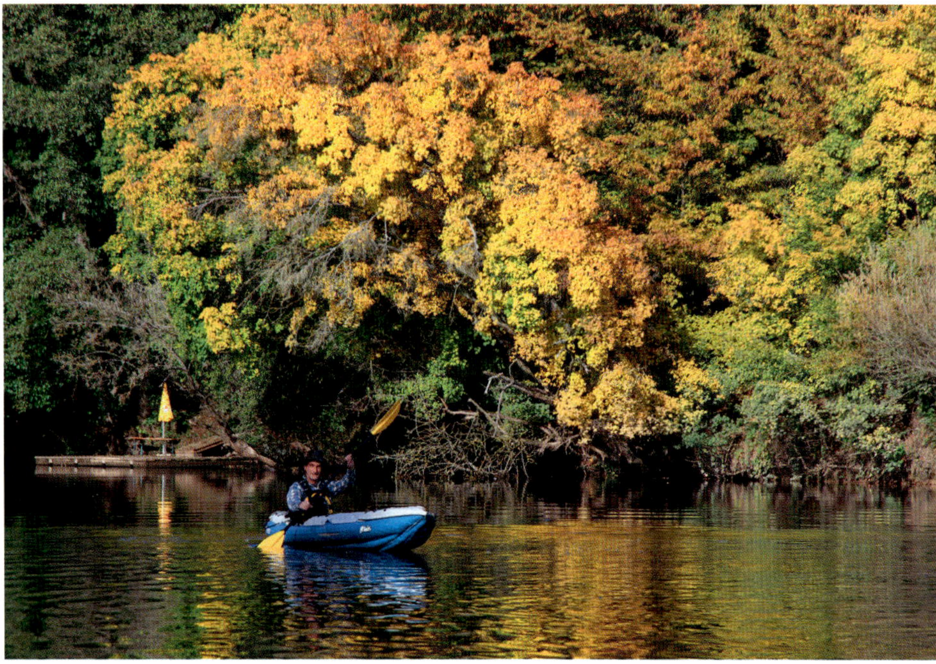

Spätherbst auf der Naab unterhalb Penk

Jahre 1280. Der paddlerfreundliche Gasthof Sperl kurz vor dem nächsten Wehr ist ein Paddlertreffpunkt mit preiswerter Reginalküche und Übernachtungsmöglichkeit. Nach ca 16 km erreicht man den historischen Ort Pfreimd und umträgt das Wehr von Untersteinbach. Die Wallfahrtskirche Perschen mit alten romanischen Fresken ist schon vom Fluss aus zu sehen. Hier gibt es auch einen nahe gelegenen Campingplatz und ein Bauernmuseum. Wenig später erreicht man den Ortsanfang der mittelalterlichen Stadt Nabburg. Das Wehr an der Wiesmühle ist über eine Umlaufrinne gut zu umfahren (Höhenkontrolle beachten!). Nabburg sollte unbedingt besichtigt werden. Neben dem Einstieg für Tagesfahrer nach der Brücke befindet sich ein Zeltplatz (Feuerstellen, Tipis) und der Bahnhof. Die abwechslungsreiche Folgestrecke nach Schwandorf führt vorbei an der Mündung der zauberhaften Schwarzach. In Schwarzenfeld und Frohnberg sowie am Ortseingang von Schwandorf müssen weitere Wehre umtragen werden. Im Ort gibt es eine Zeltmöglichkeit beim Kanuclub, und die Altstadt am historischen Marktplatz lohnt einen Besuch.Im südlichen Vorort Ettmansdorf begeistern im Herbst idyllische Altarme, deren Uferbewuchs in den schönsten Rot- und Brauntönen leuchtet. Das Wehr wird rechts umhoben.

Dann geht es auf die nächste Etappe, die vorbei am Industriekomplex des ehemaligen Dampfkraftwerkes Dachelhofen führt. Die weite Schwandorfer Senke wird rechts von einem Höhenzug begleitet. Höhepunkte sind Naabeck, der rechts am Hang gelegene Ort Wiefelsdorf mit der sehenswerten Kirche St.Peter und Paul und später das verfallene Schloss Münchshofen. Hier wartet auch die

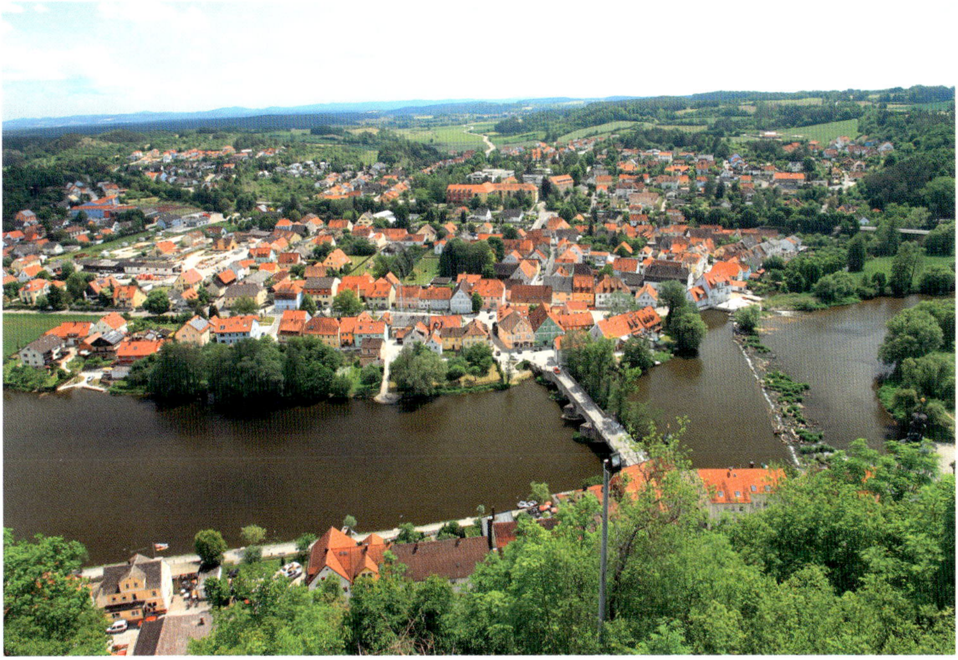

Kallmünz, Blick von der Burgruine

nächste Wehrumtragung. Zur Übernachtung bieten sich der Zeltplatz des Kanuclubs Städtedreieck Burglengenfeld am Saltendorfer Weiher oder die Zeltwiese im Freizeitgelände Naabauen am Rand der denkmalgeschützten Altstadt von Burglengenfeld an. Beide Plätze locken zu einem Zwischenaufenthalt mit Radtouren oder Wanderungen. Bei NW wird das Wehr kurz über die Wehrkrone umhoben (ansonsten rechts 300 m umtragen), dann folgt ein wunderschönes Flusstal am Beginn eines Jurarückens und das Wehr in Schirndorf (rechts umtragen). Dahinter erstrecken sich die unbewaldeten Hänge des NSG Hutberg und das NSG Eichenberg. Auch der familienfreundliche Campingplatz Zaar kurz vor Kallmünz lockt zu einem längeren Aufenthalt.

Der idyllische Malerort Kallmünz an der Mündung der Vils ist ein Höhepunkt der Fahrt. Den

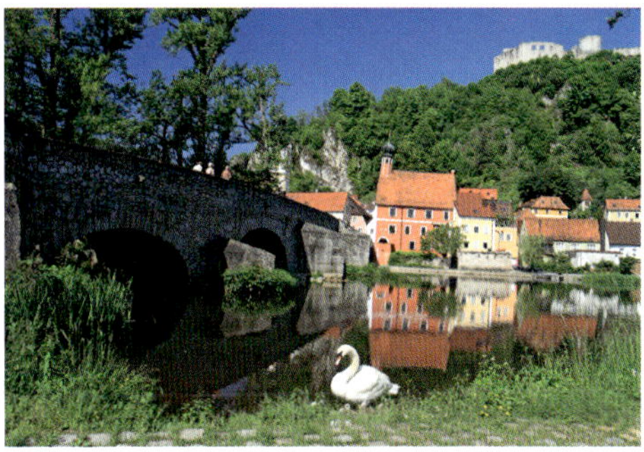

Kallmünz, historische Steinbrücke

schönsten Ausblick hat man vom Burgberg. Das Wehr unterhalb der historischen Steinbrücke wird rechts umhoben. Kurz unterhalb von Kallmünz, im Ortsteil Krachenhausen, lockt der hochgelobte Landgasthof Birnthaler auf der linken Seite zur Einkehr. Das Wehr in Heitzenhofen kündigt sich durch fehlende Strömung an und wird auf 50 m umtragen. Das Schloss

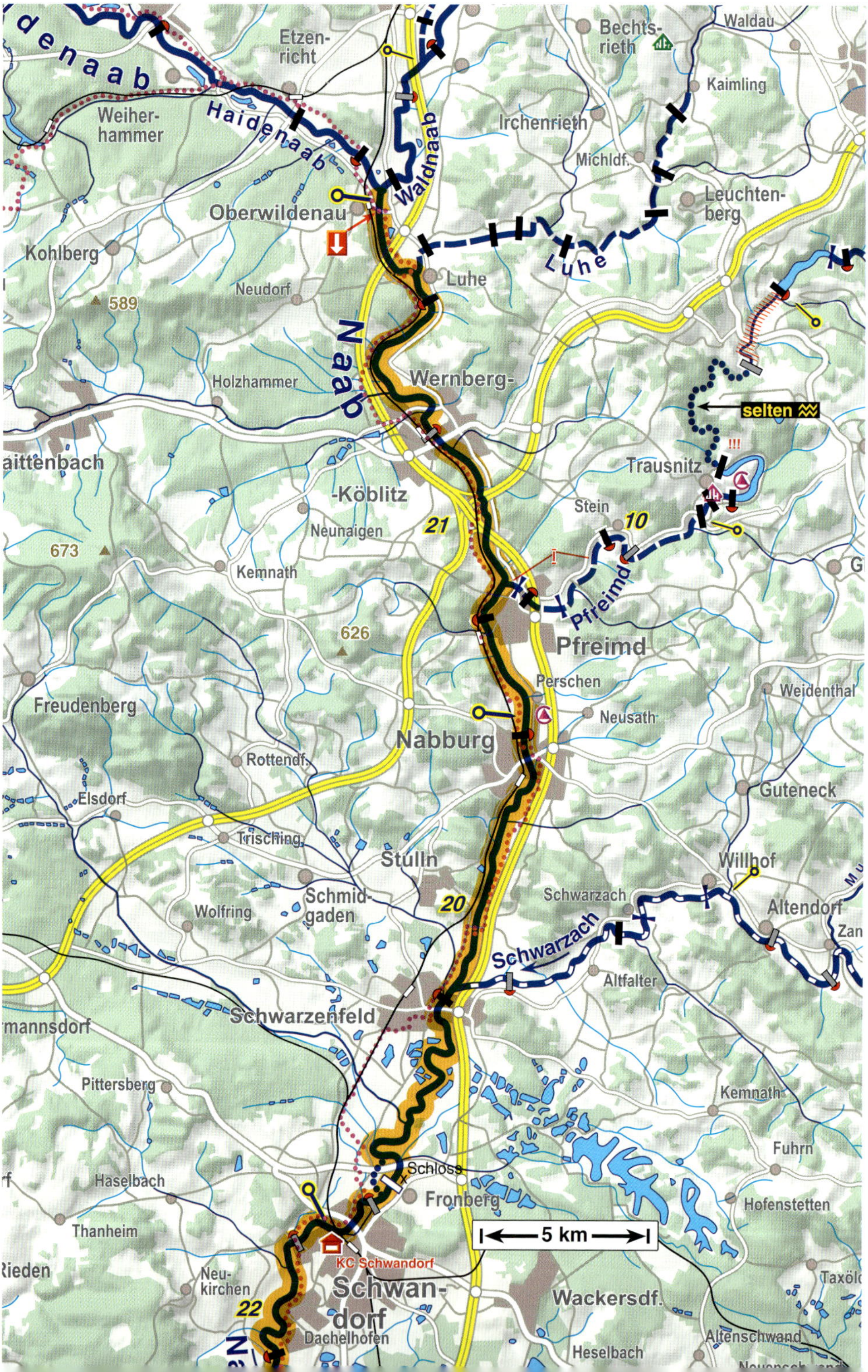
Haidenaab
Etzen-richt
Bechts-rieth
Waldau
Kaimling
Weiher-hammer
Waldnaab
Irchenrieth
Michldf.
Leuchten-berg
Oberwildenau
Kohlberg
Luhe
589
Neudorf
Naab
Holzhammer
Wernberg-
selten
!!!
Trausnitz
-Köblitz
Stein
10
21
Neunaigen
673
Kemnath
Pfreimd
626
Pfreimd
Perschen
Weidenthal
Freudenberg
Neusath
Nabburg
Rottendf.
Guteneck
Elsdorf
Trisching
Willhof
Stulln
Schwarzach
Altendorf
Schmid-gaden
Wolfring
20
Schwarzach
Altfalter
Schwarzenfeld
Pittersberg
Kemnath
Fuhrn
Schloss
Haselbach
Fronberg
Hofenstetten
Thanheim
5 km
KC Schwandorf
Neu-kirchen
Schwan-dorf
Wackersdf.
22
Dachelhofen
Heselbach
Altenschwand

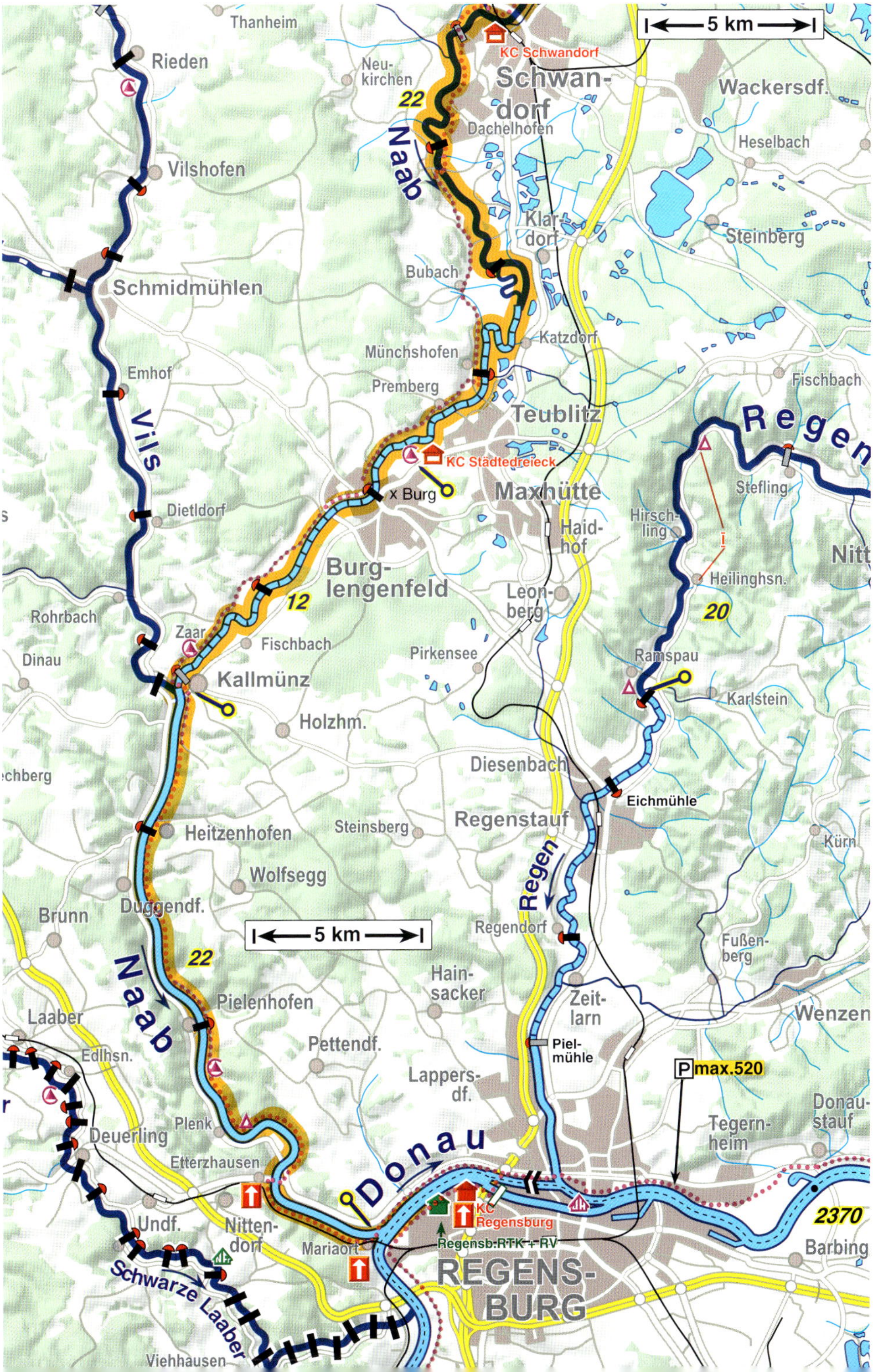

5 km
Thanheim
Rieden
Neu-kirchen
KC Schwandorf
Schwan-dorf
Wackersdf.
22
Naab
Dachelhofen
Heselbach
Vilshofen
Klar-dorf
Steinberg
Schmidmühlen
Bubach
Katzdorf
Münchshofen
Emhof
Premberg
Fischbach
Vils
Teublitz
Regen
KC Städtedreieck
x Burg
Maxhütte
Stefling
Dietldorf
Hirsch-ling
Haid-hof
Burg-lengenfeld
Nitt
Heilinghsn.
Leon-berg
12
20
Rohrbach
Zaar
Fischbach
Dinau
Pirkensee
Ramspau
Kallmünz
Karlstein
Holzhm.
Diesenbach
Eichmühle
Heitzenhofen
Steinsberg
Regenstauf
Kürn
Wolfsegg
Regen
Brunn
Duggendf.
Regendorf
5 km
Fußen-berg
22
Hain-sacker
Naab
Zeit-larn
Laaber
Pielenhofen
Wenzen
Edlhsn.
Pettendf.
Piel-mühle
P max.520
Lappers-df.
Donau-stauf
Plenk
Tegern-heim
Deuerling
Donau
Etterzhausen
2370
KC Regensburg
Undf.
Nitten-dorf
Mariaort
Regensb.RTK + RV
Barbing
REGENS-BURG
Schwarze Laaber
Viehhausen

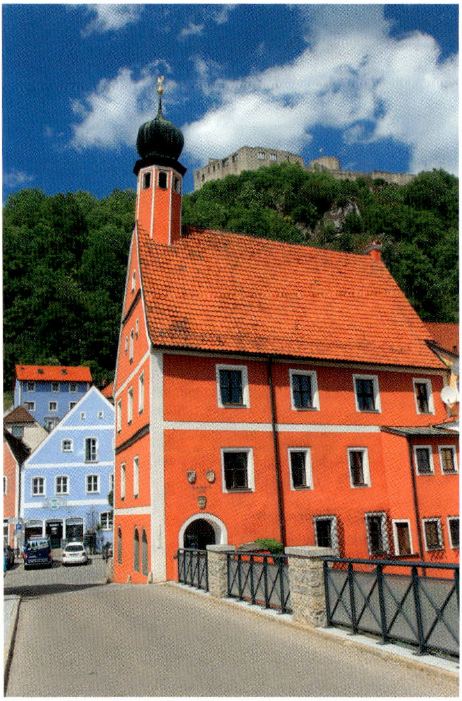

Altes Rathaus in Kallmünz

zeugt vom früheren Reichtum der Hammerherren. Duggendorf und Kloster Pielenhofen liegen auf dem Weiterweg. Bevor man nach der 20-Meter Wehrumtragung weiter paddelt, sollte man das Kloster besichtigen. Die historische Klosterwirtschaft mit ihrer Naabterrasse und netten Zimmern lockt zum Bleiben. Weiter geht die Fahrt an einem NSG und dem Campingplatz Naabtal-Pielenhofen vorbei. Im kleinen Ort Penk mit seinem romanischen Kirchlein befindet sich der einzige Bootsverleiher direkt am Fluss. Die bewaldeten Ufer mit einzelnen Felspartien und der bekannten Räuberhöhle sowie die Seerosenfelder bei Ebenwies zeigen das Naabtal in aller Schönheit. Vorbei an Etterzhausen geht es weiter nach Mariaort mit seiner barocken Wallfahrtskirche direkt an der Donaumündung. Im Gasthof Krieger kann man sich noch für die vier Kilometer lange Reststrecke bis nach Regensburg stärken. Bei km 2383,0 erreicht man das Bootshaus des Regensburger Rudervereins und den Azur Campingplatz Regensburg bzw. den Zeltplatz des KC Regensburg. Die Stadt mit ihren zahlreichen Sehenswürdigkeiten ist Weltkulturerbe und lohnt mindestens einen Zusatztag.

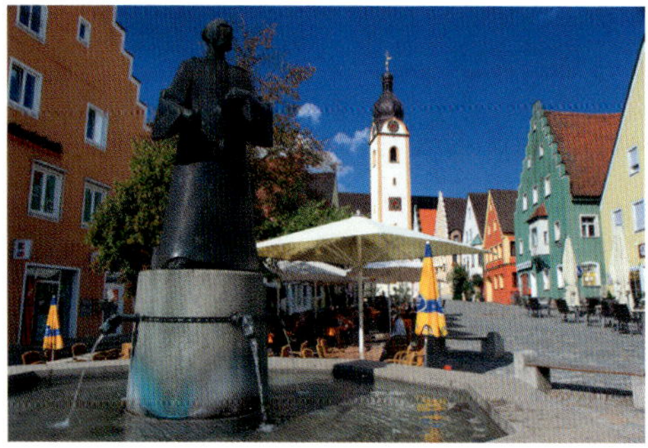

Marktplatz Schwandorf

➔ Charakter der Tour

Strömungsarmer Wanderfluss mit vielen leicht umtragbaren Wehren.

Ausrüstung: Wanderboote aller Art, Bootswagen erforderlich.

Beste Zeit: Mai bis Oktober, nach langen Trockenperioden teilweise einige seichte Stellen.

Einstieg: Oberwildenau (beschilderter Einstieg, Parkmöglichkeit, Bahnhof).

Ausstieg: Regensburg, Bootshaus des Regensburger Rudervereins und Campingplatz.

Fahrstrecke: 101,5 km

Naturschutz: Betretungsverbot einiger Flussinseln!

Gefahren: Umgehungsrinnen der Wehre immer vorab besichtigen!

Bootsverleih: Frieser in Weiden, Tel. 0961/25003, *www.kanusport-frieser.de*
Kanuschorsch in Traidendorf/Kallmünz, Tel. 09473/8628, *www.kanuschorsch.de*
Penk, Tel. 09404/309041, *www.bootsverleih-penk.de*
Nautilus in Niedertraubling, Tel. 09401/51295, *www.kau-outddor.de*
Erlebnismax in Hinterzhof/Laaber, Tel. 09498/90240, *www.erlebnismax.de*

Kanugewässer der näheren Umgebung:
Heidenaab, Waldnaab, Schwarzach, Vils, Lauterach.

Bahnverbindung: Bahnhöfe u.a. in Luhe-Wildenau, Nabburg, Schwandorf und Regensburg.

Übernachten:
Zeltplatz Nabburg, Tel. 09642/3573,
Zeltplatz KC Schwandorf, Tel. 09431/41619,
Camping Saltendorf/Teublitz, Tel. 09471/21453,
Zeltplatz Burglengenfeld, Tel. 09471/701820,
Camping Zaar bei Kallmünz, Tel. 09473/1466,
Camping Pielenhofen, Tel. 09409/373,
Camping Regensburg, Tel. 0941/270025 und 26203

Gastronomie: Gasthof Sperl in Wernberg,
„Zum Stern“ in Nabburg,
Gasthaus Plank in Wiefelsdorf,
„Zum Burgblick“ in Burglengenfeld,
Gasthof Birnthaler in Krachenhausen,
Klosterwirtschaft Pielenhofen,
Gasthaus Krieger in Mariaort (teilweise auch mit Übernachtungsmöglichkeit).

Sehenswürdigkeiten:
Wallfahrtskirche Perschen (Fresken im Karner),
Altstadt Nabburg, Altstadt Burglengenfeld,
Malerort Kallmünz,
UNESCO-Weltkulturerbe Regensburg.

Alternativen: Naab-Radweg, zahlreiche Wanderwege, Schwimmen (Oberpfälzer Seenland bei Schwandorf).

Auskunft:
Touristik-Information Regensburg, Rathausplatz 1, Tel. 09841/507-4410 und 4411 *www.regensburg.de*

Literatur:

- „Kanu Kompakt „Naab & Vils“ (Alfons Zaunhuber) Thomas Kettler Verlag 2014
- „Die 50 schönsten Kanutouren in Bayern“ u.a. mit den Naab-Nebenflüssen Heidenaab, Vils, Schwarzach (Alfons Zaunhuber) DKV-Verlag 2013
- DKV-Gewässerführer für Bayern (Otto Schneider) DKV-Verlag 2011
- „Oberpfalz – Reisen und Wandern, Kunst und Kultur“ (Gernot Messarius) Verlag F. Pustet 2011
- Radwanderkarte „Naab-Radwege“ 1:50.000, Verlag Publicpress 2013

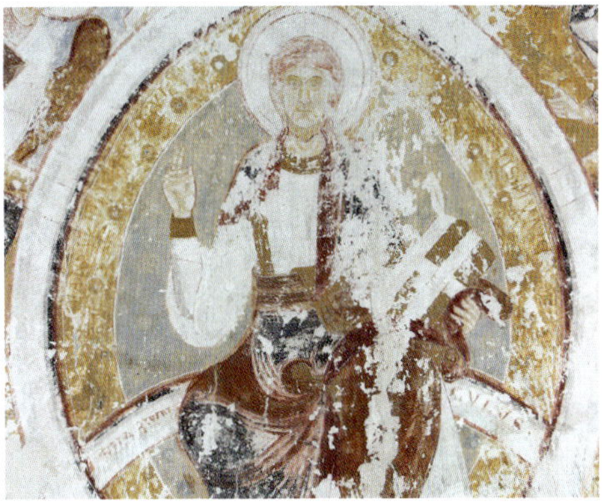

Fresken in Perschen

Tour 4: Durch das Naturschutzgebiet Amperauen

Die Amper entspringt in ihrem Oberlauf als Ammer etwas oberhalb von Schloss Linderhof, verlässt als Amper den Ammersee und mündet nach einem Lauf von 175 km bei Moosburg in die Isar. Während die Ammer zu den schönsten Wildwasserstrecken Deutschlands zählt, ist die Amper ein heimlicher Favorit der Liebhaber sanfter Gewässer im Münchner Nahbereich. Der Ammersee garantiert auch im Sommer und Herbst eine zuverlässige Wasserführung. Aus Naturschutzgründen sind die Strecken vom Ammersee bis Grafrath und von Schöngeising bis Fürstenfeldbruck während der Brutzeit vom 1.3.-15.7. gesperrt. Bis Grafrath ist der erste Abschnitt mit Schlauchbooten wegen geringer Strömung etwas mühsam, aber ein Kleinod für Naturliebhaber. Von Grafrath bis Fürstenfeldbruck zieht die Amper dann mit sanfter Strömung vorbei an Wiesen, Wäldern und kleinen Dörfern, zuletzt durch das Landschaftsschutzgebiet Amperauen, bis wir am Ortseingang von Fürstenfeldbruck die abwechslungsreiche Fahrt beenden.

Das Quellgebiet der Ammer befindet sich südlich des Passionsspielortes Oberammergau. Zwischen Saulgrub und der Böbinger Brücke begeistert eine einsame Konglomeratschlucht mit spritzigen Wildwasserpassagen und das Naturdenkmal Schleierfälle. Diese Strecke ist seit Jahren ein Zankapfel zwischen Naturschützern und Paddlern. Unterhalb der Böbinger Brücke bleibt die Ammer noch bis Weilheim kanusportlich interessant, allerdings behindern Wehre und Sohlschwellen die Fahrt. Das Mündungsgebiet in den Ammersee ist wieder NSG und für den Kanusport gesperrt. Der 15 km lange Ammersee lockt im Sommer zahlreiche Badegäste an und bietet sich auch für Luftbootkapitäne für eine Seeumrundung an. Der Ort Herrsching liegt nah am „heiligen Berg" von Kloster Andechs, einem Zentrum der Bierseligkeit, und ist per S-Bahn erreichbar. Direkt am Seeausfluss in Stegen beginnt die Fahrt auf der Amper, nah an der B 12 Brücke. Zum Einstieg gelangen wir auf einem schmalen Weg hinter dem Minigolfplatz. Nach einer

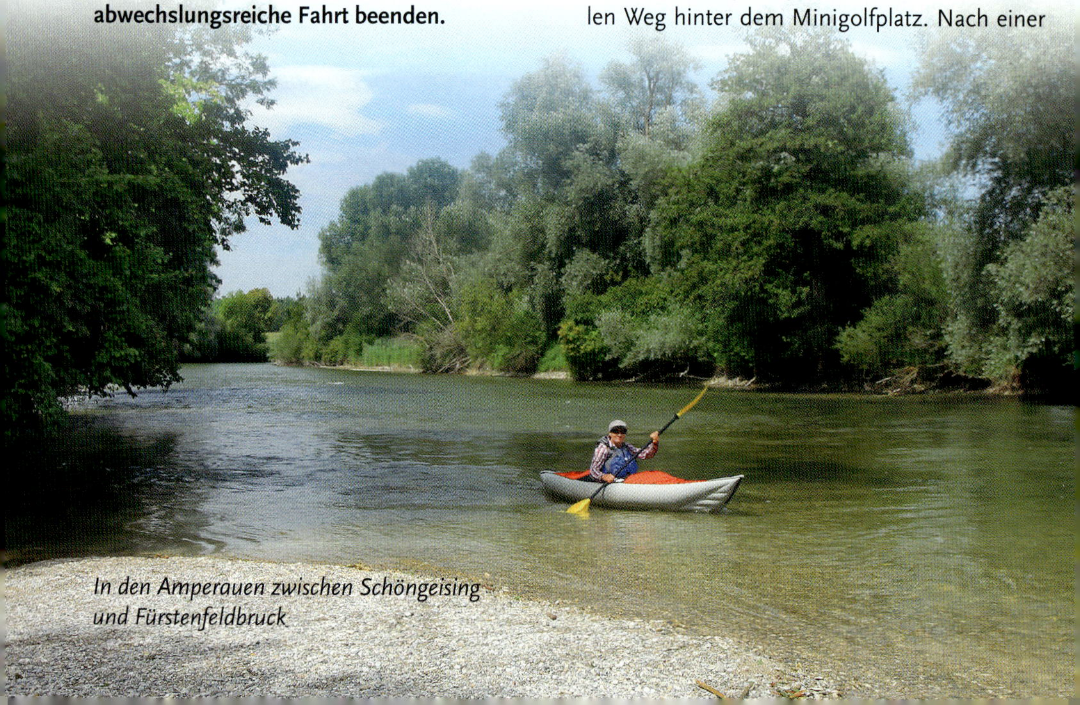

In den Amperauen zwischen Schöngeising und Fürstenfeldbruck

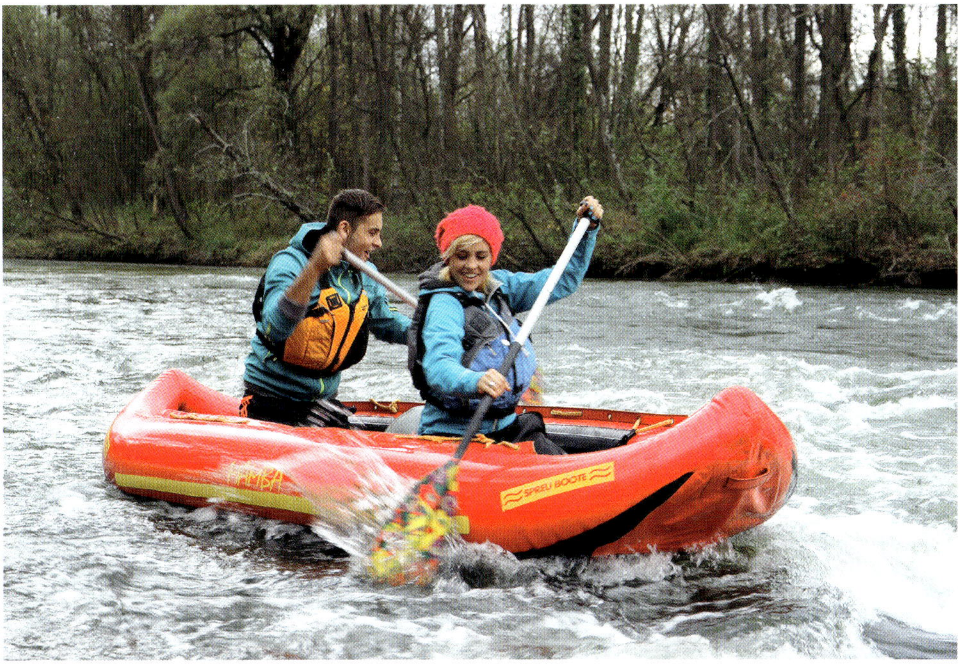

Spritzige Sohlschwelle am Einstieg in Grafrath

kleinen Gefällestufe zieht unser Flüsschen durch ein ausgedehntes Schilf- und Moorgebiet bis Grafrath. Da hier in der Brutzeit zahlreiche Vögel nisten, ist diese Strecke zeitlich befristet gesperrt (ebenso die Strecke ab Schöngeising). Grafrath ist bekannt durch seine barocke Wallfahrtskirche St.Rasso. Wer hier die Fahrt beginnt, setzt sein Boot wenige Meter von der Kirche ins Wasser (Parkplatz 50 m oberhalb der Brücke). Wer Lust hat, trägt sein Boot ein paar Meter flussaufwärts, um die verblockte Sohlschwelle noch mit in die Fahrt einzubeziehen. Wenig später passieren wir die kurze Amperschlucht bei Wildenroth. Hinter der Straßenbrücke springen uns einige zutrauliche Enten fast ins Boot.

In Schöngeising weist uns ein Hinweisschild zur Umtragestelle in den Werkkanal. Nach 50 m erreichen wir wieder den Fluss. Nach dieser Aktion könnte man links beim „Untern Wirt“

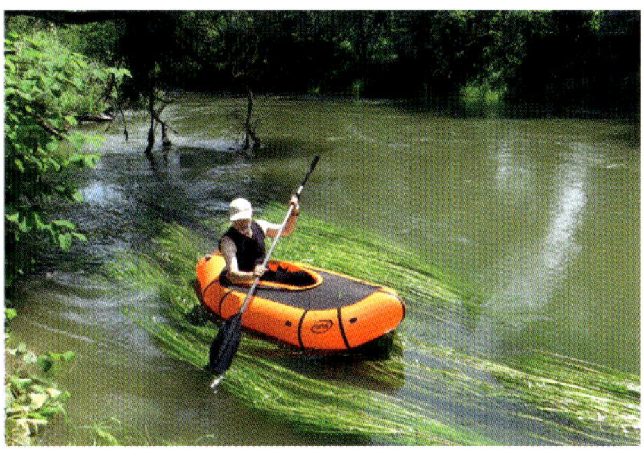

Amper im Rucksackboot

eine Brotzeitpause einlegen. Wenig später sorgt ein Hinweisschild „lebensgefährliches Wehr“ für Aufregung, doch die Sohlrampe entpuppt sich nach Ansehen meist als einfache Schwallstrecke, deren spritzige Befahrung für Spaß sorgt.

Sehr einsam präsentiert sich die Folgestrecke durch das NSG Amperauen. Seltene Pflanzen sind hier heimisch, und mit etwas Glück begegnet man Ringelnattern, Bibern, Eisvögeln oder dem seltenen Schwarzstorch. Kurz vor Fürstenfeldbruck endet unsere Fahrt an einem kleinen Parkplatz. Wenig später macht sich der Rückstau des nachfolgenden Wehres bemerkbar.

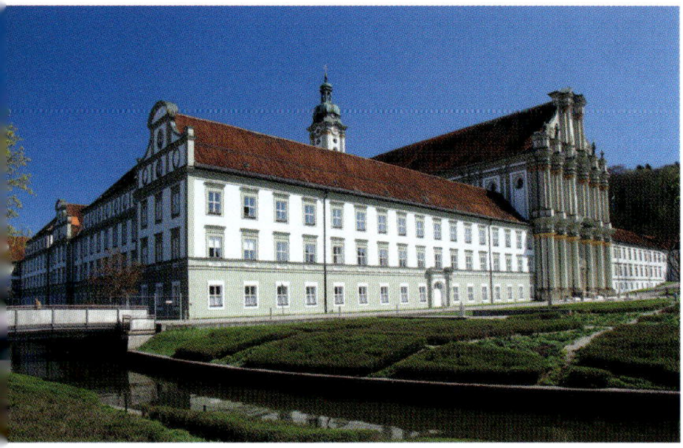

Klosterkirche Fürstenfeld

Zum Abschluss bietet sich noch ein Besuch der Klosterkirche Fürstenfeld an. Hier haben Künstler wie Giovanni Viscardi und die Asambrüder ein Meisterwerk des Barock geschaffen, und direkt gegenüber locken zwei empfehlenswerte Klosterwirtschaften zur Einkehr. Alljährlich am 13.12. lassen Kinder vor der St. Leonhard-Kirche selbstgebastelte Papierhäuschen, in denen Kerzen brennen, die Amper hinunter treiben. Ein wunderschöner alter Brauch als Dank dafür, dass die Stadt Fürstenfeldbruck im 18.Jahrhundert von einem Hochwasser verschont blieb.

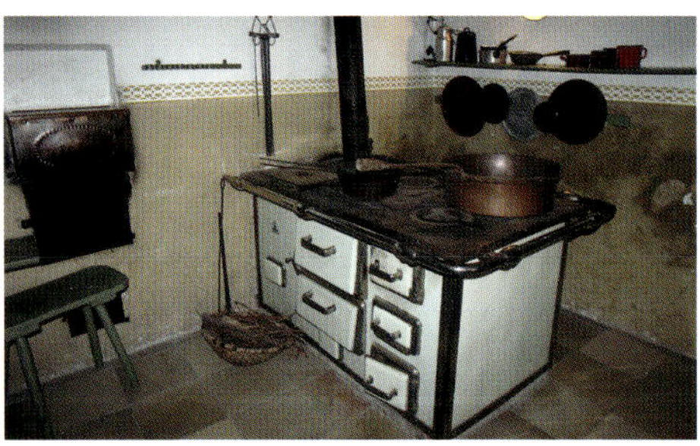

Bauernhofmuseum Jexhof

➲ Charakter der Tour

Wanderfluss mit zwei Sohlstufen und einem Wehr.

Ausrüstung: Eignung für alle Bootstypen.

Beste Zeit: 15.7. bis Ende Oktober.

Einstieg 1: Stegen (Parkplatz).

Einstieg 2: Grafrath (Parkplatz).

Ausstieg: kleiner Parkplatz linksufrig am Ortseingang von Fürstenfeldbruck in der Schöngeisinger Straße (Grillplatz).

Fahrstrecke: 18 km, ab Grafrath 12 km.

Hinweis: Sperrzeit der Strecken von Stegen nach Grafrath und Schöngeising bis Fürstenfeldbruck vom 1.3.-15.7.

Pegel: Stegen ab 100 cm Minimum.

Gefahren: Die Sohlschwellen bei Stegen und nach Schöngeising sind nach Ansehen befahrbar, das Wehr in Schöngeising wird auf 50 m umtragen und ist wie fast alle Gefahrenstellen gut beschildert.

Bahnverbindung: S-Bahn-Stationen in Grafrath und Fürstenfeldbruck (S 8).

Bootsverleih/Touren/Shop:
Action + Funteam, Tel. 089/8505904,
Alpina-Rafting, Tel. 089/7259995,
Wild Mountain, Tel. 080/71049262,
Die Waldmeister (alle in München),
www.diewaldmeister-muenchen.de
Kanu-Trekking in Kaufering bei Landsberg,
Tel. 08191/65288, *www.kanu-trekking.de*

Weitere Etappen: Fürstenfeldbruck bis Günding 16 km, (Wehre und Sohlschwellen), Dachau bis Fahrenzhausen 15 km (Wehre).

Kanugewässer der näheren Umgebung: Ammersee, Starnberger See, Isar, Würm, Maisach.

Camping: Camping Ampersee in Olching, Tel. 08142/12786,
Camping Buch in Inning, Tel. 0175/9640735,
Wohnmobilstellplatz am Pucher Meer,
Tel. 08141/354735.

Gastronomie: Restaurant Fischer in Stegen, Wirtshaus Dampfschiff in Grafrath, Wirtshaus „Zum untern Wirt" in Schöngeising, Klosterstüberl in Fürstenfeldbruck.

Auskunft: Fremdenverkehrsamt, Hauptstr. 31, 82256 Fürstenfeldbruck, Tel. 08141/281-3334, Internet: www.fuerstenfeldbruck.de
Tourismusverband Ammersee-Lech e.V., Hauptplatz 152, 86899 Landsberg am Lech, Tel. 08191/128247, www.ammerseelech.de

Sehenswertes: Wallfahrtskirche St.Rasso in Grafrath mit Werken von Erasmus Grasser und Ignaz Günther, kinderfreundliches Bauernhofmuseum Jexhof nahe Schöngeising mit wechselnden Ausstellungen, Barocke Klosterkirche Fürstenfeld (Baumeister Antonio Viscardi, Fresken von Georg Asam), Kaltenberger Ritterspiele im Juli.

Alternativen: Radfahren auf dem 200 km langen Ammer-Amper-Radweg, Wanderung durch die Amperauen zwischen Schöngeising und Fürstenfeldbruck, Hochseilpark Kletterinsel am Kloster, Schwimmen (Ammersee, Hallenbad/Freibad „AmperOase" in Fürstenfeldbruck, Badesee Pucher Meer) Dampfschiffahrt am Ammersee.

Buchtipps/Karten:

- „Die 50 schönsten Kanutouren in Bayern" (A. Zaunhuber) DKV-Verlag 2013
- „Ammer-Amper-Radweg",
  Galli Verlag 2002
- Kompass Kartenset Nr. 184 „München und Umgebung" 1:50.000.

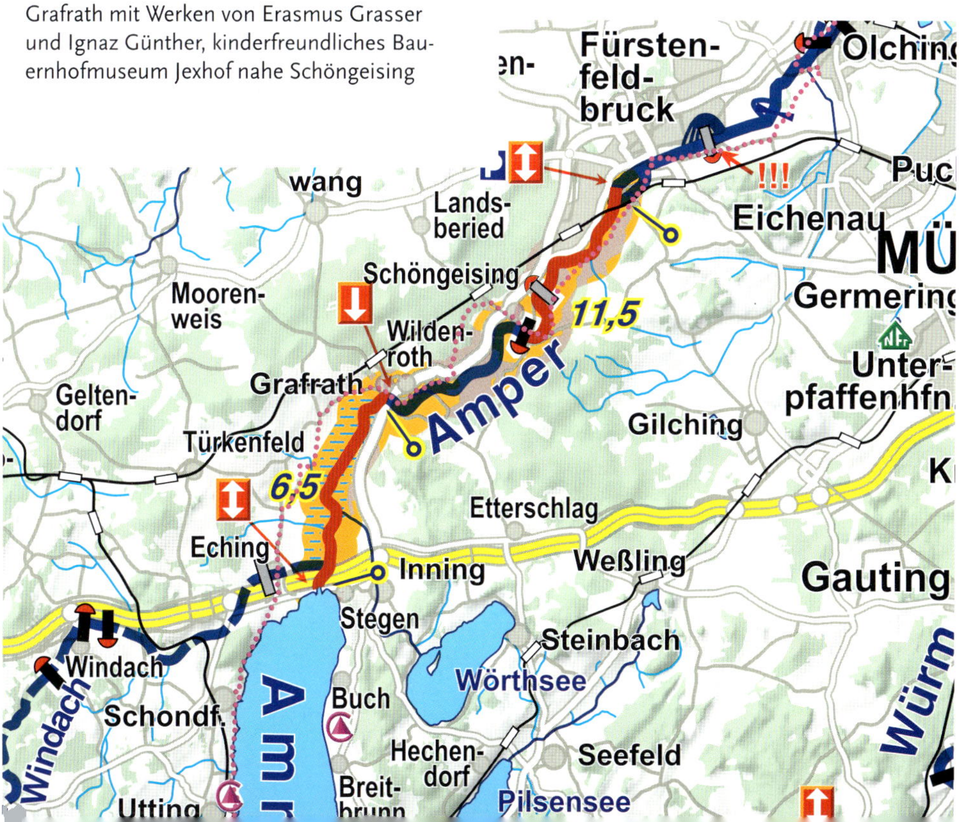

Tour 5: Superkulisse im Schatten der Zugspitze

Der idyllisch unterhalb der Zugspitze gelegene Bergsee ist zwar ein sehr kleines Kanugewässer, bietet aber eine hochalpine Kulisse. Der malerische Eibsee liegt auf 973 m Höhe über dem Meeresspiegel und begeistert mit smaragdgrünem Wasser und 8 kleinen Inselchen. Durch seine Lage am Fuße der Zugspitze, dem höchsten Berg Deutschlands, ist er neben dem Königssee der eindrucksvollste See in den bayerischen Alpen. Er entstand vor ca. 3700 Jahren durch einen gewaltigen Bergsturz. Der Name stammt von der Eibe, einer Baumsorte, die heute nur noch ganz vereinzelt in der Region vorkommt. Angler fischen hier Hechte, Bachforellen, Renken, Karpfen und Schleien. Diese Spezialitäten landen dann meist fangfrisch auch auf den Speisekarten der umliegenden Hotels.

Von München aus ist Garmisch-Partenkirchen per Bahn oder PKW problemlos zu erreichen. Paddler sollten vor den großen Touristenscharen am gebührenpflichtigen Parkplatz sein. Diese sind allerdings meist auf dem Weg zur Zugspitz-Seilbahn.

Mit einem Bootswagen transportieren wir unsere „Schifferl" zum See und finden links vom Bootsverleih eine günstige Stelle zum Einsetzen. Der Zugspitzgipfel ist noch etwas hinter den Wolken versteckt, aber laut Wetterprognose soll sich das bald ändern. Tatsächlich ist uns der Wettergott gnädig und, wie in den Bergen so üblich, ziehen die Wolken ständig weiter und ab und zu scheint auch kurz die Sonne. Erst für den späten Nachmittag sind Unwetter vorhergesagt. So paddeln wir mit wenigen Paddelschlägen hinaus auf den unglaublich grü-

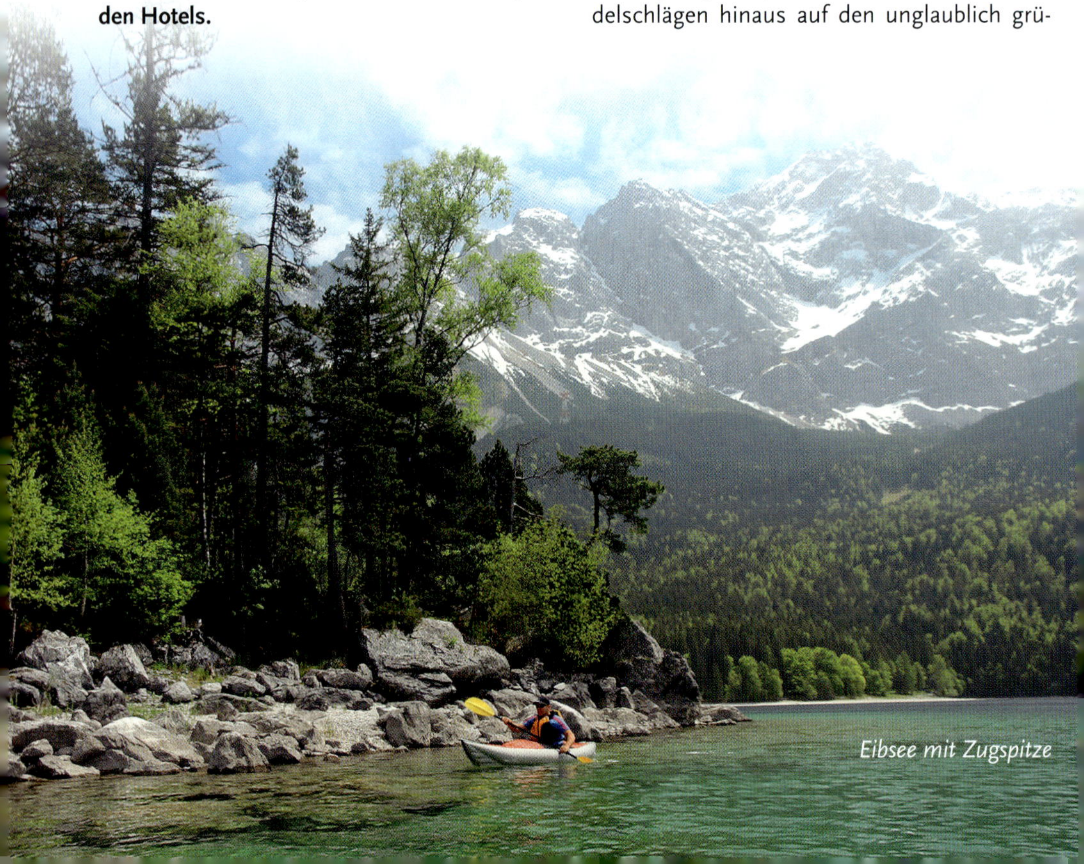

Eibsee mit Zugspitze

nen See, in dem es sogar Edelkrebse gibt. Die Zugspitze mit ihrer mächtigen Felswand grüßt uns linker Hand. Schöne Mischwälder umrahmen den Eibsee, der sich seit dem Jahre 1884 im Privatbesitz befindet. Früher fanden auf dem zugefrorenen See sogar Autorennen statt, in der heutigen Zeit ist das kaum noch denkbar! Gut für die Umwelt! Heute geht es trotz der vielen Touristen ganz friedlich und still zu. Einige Wandergruppen sind unterwegs, um den See auf einem Uferweg zu umrunden.

Wir sind hier die einzigen Paddler, und nur einige Tretboote und Ruderboote sind vom Bootsverleih aus in See gestochen. Die acht Inseln befinden sich alle im Bereich des Nordufers. Auf einer dieser Inseln landen wir an, um eine kleine Badepause einzulegen. Das erfrischende Wasser belebt die Sinne und die Sonne hat genügend Kraft, uns schnell wieder zu erwärmen. Unsere Brotzeit haben wir diesmal mitgebracht, und wir genießen sie in herrlicher Einsamkeit im Angesicht der großartigen Bergwelt. Der Weiterweg führt uns bis zum westlichen Seeende.

Entlang dem Südufer gelangen wir noch zu einem Nadelöhr, über das eine Fußgängerbrücke führt. Durch diese Engstelle paddeln wir noch zum kleinen, 4,8 ha großen Untersee im Nordosten des Eibsees. Das kristallklare und nährstoffarme Wasser gibt den Blick auf versunkene Baumleichen frei, zwischen denen sich die Fische tummeln.

Zum Abschluss der Tour gibt es noch einen Imbiss auf der Terrasse des Hotels Eibsee, und wie lassen die reichen Eindrücke im Schatten der Zugspitze noch einmal auf uns wirken.

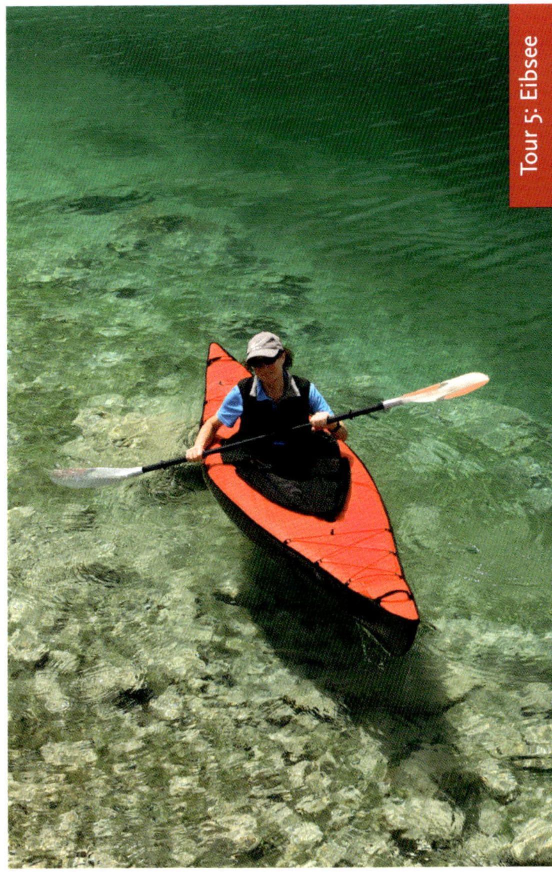

Glasklares Gebirgswasser auf dem Eibsee

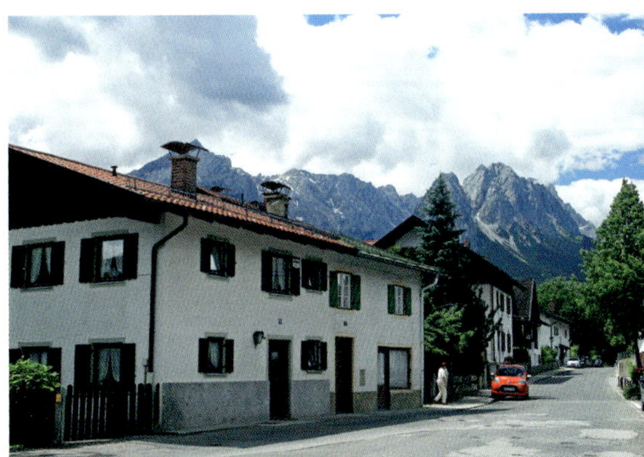

Garmisch mit Wettersteinkamm

⊙ Charakter der Tour

Alpensee in spektakulärer Kulissse!

Ausrüstung: Boote aller Art, Schwimmweste!

Einstieg/Ausstieg: Beim Bootsverleih am Eibsee Hotel (gebührenpflicht. Parkplätze).

Fahrstrecke: Seeumrundung 7 km.

Beste Zeit: Mai bis Ende Oktober.

Gefahren: Sommergewitter, im Fall einer Kenterung eiskaltes Wasser!

Bahnverbindung: DB bis Garmisch-Partenkirchen, Zugspitzbahn bis Station Eibsee.

Kanugewässer der näheren Umgebung: Loisach, Staffelsee, Kochelsee, Plansee, Walchsee.

Bootsverleih: WW-Schule GAP, Tel. 08821/1496, Oberland in Murnau, Tel. 0172/4696726.

Auskunft: Touristinfo, Parkweg 8, 82491 Grainau, Tel. 08821/981850, *www.grainau.de* Garmisch-Partenkirchen Tourismus, Richard-Strauss-Platz 1a, 82467 Garmisch-Partenkirchen, Tel. 08821/180404, *www.gapa.de*

Übernachten: Campingplatz Grainau, Tel. 08821/9669392, Hotel Eibsee, Tel. 08821/98810.

Gastronomie: Eibsee-Hotel, Eibsee-Pavillon und Biergarten.

Sehenswertes: Marienplatz in Garmisch mit schmucken Häusern, Rokoko-Pfarrkirche St. Martin mit sehenswerten Deckenfresken, Olympiastadion und Skisprungstadion, Werdenfels Museum, barocke Wallfahrtskirche St. Anton.

Alternativen: mit der Seilbahn auf die Zugspitze, Naturhochseilgarten am Eibsee, Uferwanderweg um den See (2 Std), Wanderung über das Höllental zum Kreuzeck, Wanderung durch die Partnachklamm zum Eckbauern, Klettersteige auf Alpspitze und Zugspitze, Radtour vom Garmisch entlang der Loisach durch das Pfrühlmoos nach Murnau.

Literatur/Karten:

- Die 50 schönsten Kanutouren in Bayern (Alfons Zaunhuber) DKV-Verlag 2013
- Reiseführer "Oberbayerische Seen" (Thomas Schröder) M. Müller Verlag 2012
- Bildband "Rund um die Zugspitze" (Florian Werner/Robert Hauke) Verlag Alpenblick Seenland
- Kompass Wanderkarte Nr. 7 „Werdenfelser Land" 1:50.000

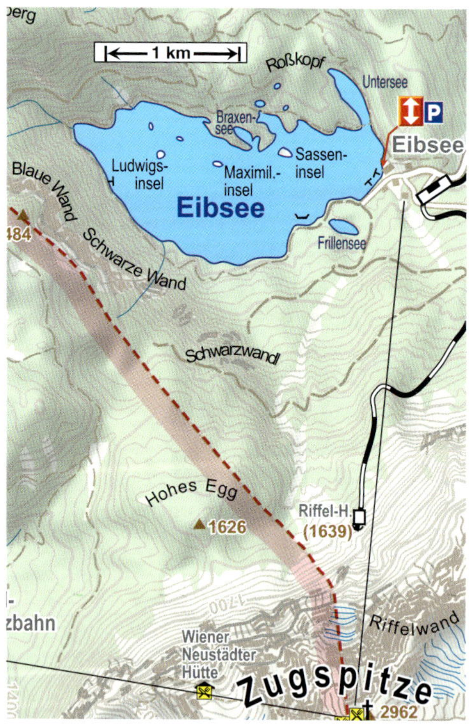

Tour 6: Vom Wettersteingebirge bis zur Flößerstadt Wolfratshausen

Das Loisachtales ist von starken Gegensätzen geprägt. Zunächst dominieren die Felsengipfel der Bayerischen Kalkalpen. Dann geht die Landschaft allmählich in ein geologisch bedeutendes Hügelland über, durchzogen von Voralpenseen und flachen Moorgebieten wie dem Murnauer- und dem Kochelseemoos. Im ersten Teilstück bei Eschenlohe ist das idyllische Pfrühlmoos fast ein Geheimtipp für Naturfreunde. Malerische und stille Orte liegen auf dem Weg dieses Flusses: Farchant, Murnau, Kochel, Benediktbeuern und schließlich die Flößerstadt Wolfratshausen. Trotz ihrer Reize sind auf der Loisach meist nur wenige Paddler unterwegs.

Die Loisach entspringt in Tirol nahe Biberwier. Zwischen Ehrwald und Garmisch-Partenkirchen fließt das spritzige Gewässer durch die Griesenschlucht, eine verblockte Wildwasserstrecke, an die sich nur ausgebuffte Luftbootkapitäne heranwagen sollten. Der Olympiaort Garmisch-Partenkirchen bietet die faszinierendste Bergkulisse des Wettersteinmassivs mit Alpspitze und Zugspitze. Unser Einbootpunkt befindet sich in Farchant, nahe der Straßenbrücke und dem Bahnhof. Paddler mit Luftbooten können hierher auch mit der Bahn anreisen. Weitere Bahnhöfe gibt es unter anderem in Kochel und Wolfratshausen. Eine Verlängerung der Fahrt auf der Isar bis nach München bietet sich an. Bei guter Wasserführung im Frühjahr sorgen die schneebedeckten Felsmassive für ein Aha-Erlebnis. Später, bei geringerer Wasserführung, bilden sich Kiesbänke, und die Loisach schlängelt sich entspannt nach Norden. Rechts passieren wir die Berge des rund 2000 m hohen Estergebirges,

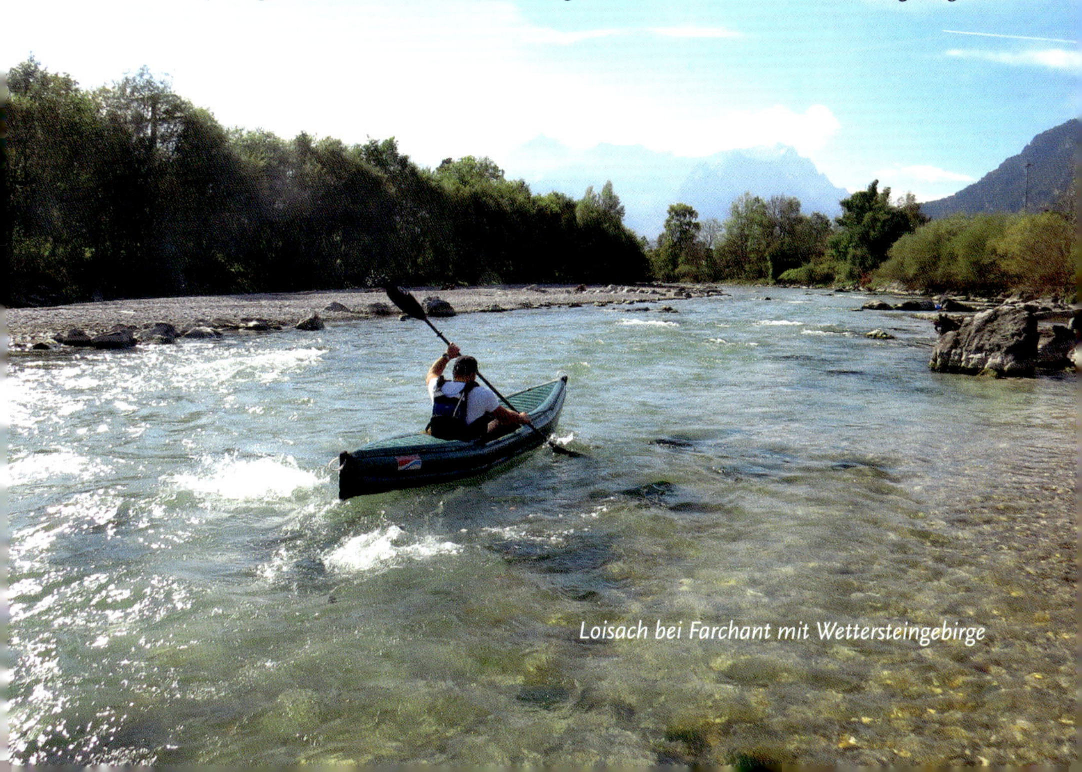

Loisach bei Farchant mit Wettersteingebirge

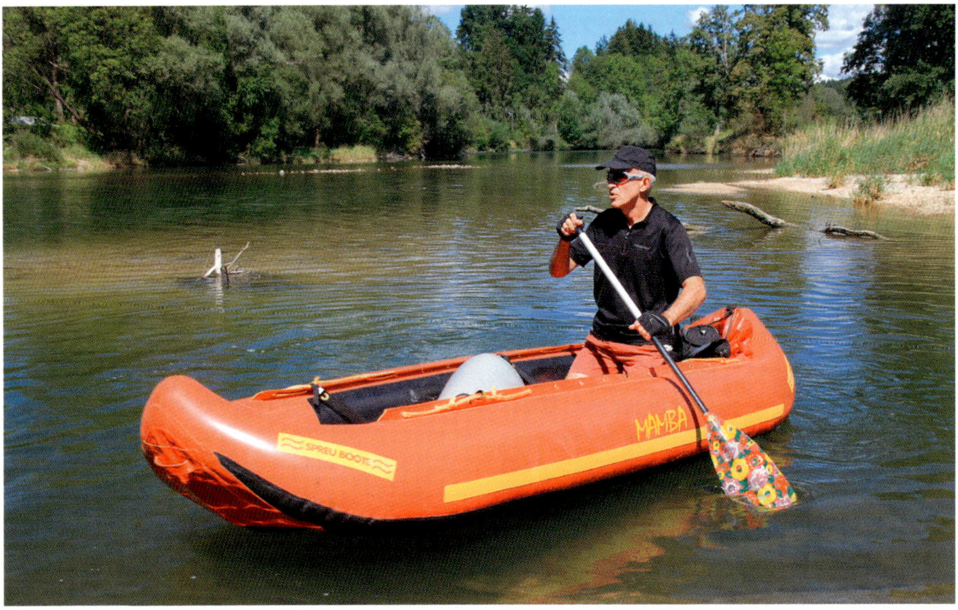

Die Loisach bei Beuerberg

linker Hand erkennen wir einige Gipfel der Ammergauer Berge, darunter das markante Ettaler Mandl. Nach 10 km Fahrt erreicht man Eschenlohe (Brücke, Einkehrmöglichkeit und weiterer Zustieg rechts vor der Brücke). Eschenlohe wurde vom Pfingsthochwasser 2003 heftig in Mitleidenschaft gezogen, davon zeugen heute noch die hohen Schutzdämme. Von hier aus sollte man unbedingt eine Wanderung ins malerische Pfrühlmoos zu den Sieben Quellen unternehmen. In diesem NSG gedeihen Pflanzen wie die hellgelbe Trollblume, Schwertlilien und Wollgras. Unsere Boote treiben auf dem Weiterweg an Ohlstadt vorbei, linker Hand breitet sich das Murnauer Moos aus.

Nicht ohne Grund hat die Malergruppe der „Blauen Reiter" mit Ikonen des Expressionismus wie Wassily Kandinsky, Franz Marc und Gabriele Münter großartige Werke geschaffen. Zwischen Mühlhagen und Kleinweil begrenzen waldige Steilufer den Fluss, und umgestürzte Bäume sorgen für Unruhe bei Kanuanfängern. Gleich nach der hohen Autobahnbrücke knickt die Loisach wieder nach Südosten ab, und wir erreichen eine vier Meter hohe Sohlrampe in Kleinweil. Das Hindernis kann von erfahrenen Paddlern über die Bootsgasse in der Mitte befahren werden, linksufrig kann man auch umtragen. Vorbei an der Straßenbrücke haben wir nun den Herzogstand und Heimgarten im Blickfeld. Rechts oben am Hang befindet sich das sehenswerte **Freiluftmuseum Glentleiten** mit alten Höfen.

Es folgen drei Sohlrampen (unbedingt besichtigen, wegen scharfkantiger Steine besser umtragen). Fünf Kilometer nach Kleinweil erreichen wir den zauberhaften Kochelsee bei Schlehdorf. Ein guter Ausstieg befindet sich nahe dem Parklatz beim traditionsreichen Gasthof Hotel Klosterbräu in Schlehdorf. Man kann aber auch über den Kochelsee zu einem der schön gelegenen Campingplätze am Südostufer weiterpaddeln. Mehrtagesfahrern empfiehlt sich ein Kurzaufenthalt am Kochel-

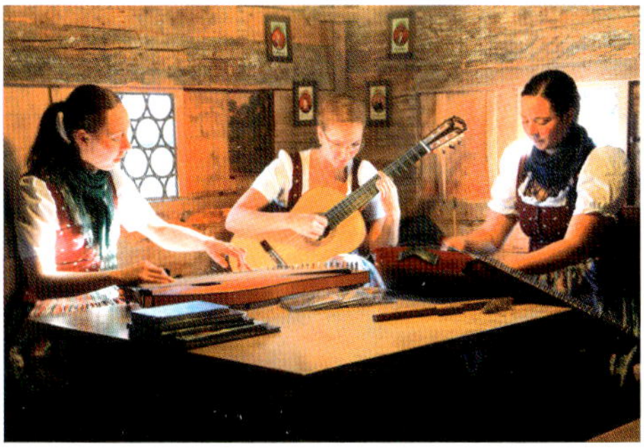

„Stubenmusi" im Freiluftmuseum Glentleiten

see **(Franz Marc-Museum, Freizeitbad Trimini etc.)**. Die Weiterfahrt auf der Loisach bis Wolfratshausen ist weniger spektakulär, bietet aber noch einige reizvolle Abschnitte. Auf dem ersten Teilstück nach dem Seeausfluss mit zwei flachen Sohlrampen passiert man das reizvolle Loisach- Kochelseemoor mit artenreicher Flora und Fauna auf der linken Seite. Aus Naturschutzgründen darf bis km 38 das linke Ufer nicht betreten werden, Aussteigen am rechten Ufer nur an vorhandenen Wegen. Nach 4,5 km Fahrt begleitet ein Moosrundweg den hier völlig abseits von Verkehrswegen fließenden Fluss.

Es lohnt sich, hier direkt nach einer Sohlstufe (!) und der Mündung des Lainbachs anzulanden, die Boote zu deponieren und zum attraktiven Kloster Benediktbeuern zu wandern. Das älteste Kloster Oberbayerns ist eine barocke Anlage mit einer Kirche, an deren Bau die berühmtesten Künstler ihrer Zeit beteiligt waren (I.Günther, J.B.Zimmermann, G.Asam). Das Bräustüberl lockt mit deftiger Regionalküche zur Einkehr. Zurück auf dem Rundwanderweg Nr. 1 erreichen wir wieder die Boote. Es geht weiter nach Norden. Drei Kilometer später passiert man die Straßenbrücke Sindelsdorf-Bichl und bei km 34,5 eine Eisenbahnbrücke. 400 Meter danach erreichen wir die Schönmühler Schleife. Das Wehr wird rechts umtragen.

Der urige und denkmalgeschützte Gasthof Schönmühle mit Biergarten ist möglicherweise der beste Einkehrtipp an der Loisach (nur Do-So geöffnet). Hier wurde die „Hölleisengretl" mit Hubert von Goisern in der Hauptrolle verfilmt. Am Ende der Schönmühler Schleife befindet sich ein 300 Meter langer Abschnitt mit mehreren Sohlrampen bis WW III. Es empfiehlt sich, auf 300 Meter rechtsufrig zu umtragen (Bootswagen). Langsam rücken die Berge in den Hintergrund. Die Loisach ist nun meist begradigt. An der Straßenbrücke von Nantesbuch bei km 24,2 besteht die Möglichkeit zum Ausstieg für Tagesfahrer. Wir fahren aber weiter und erreichen bei km 18 die Straßenbrücke vor Beuerberg. Im ruhig gelegenen Ort bietet sich nach der Wehrumtragung der Gasthof Mühle zur Einkehr an. Links begleiten Höhenzüge das Flusstal. Vorsicht ist geboten am Wehr Eurasburg, das wegen starkem Rücklauf rechts umtragen wird. Im Ort (km 13,1) bietet sich wieder

Das Flößerdenkmal in Wolfratshausen

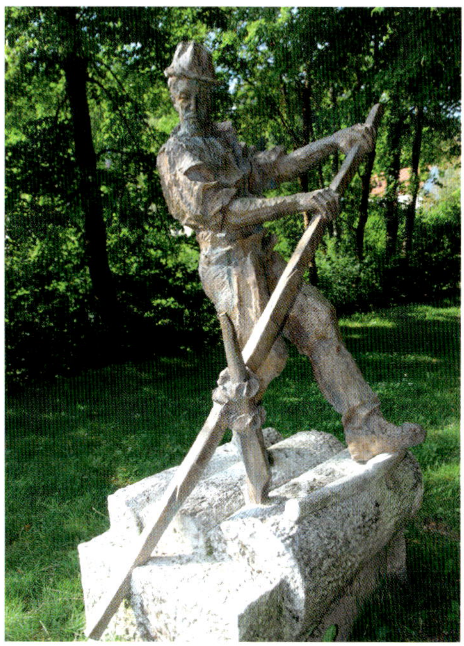

die Möglichkeit einer kleinen Wanderung zur Sprengenöder Alm (Drehort des Kultfilms „Das Ei ist eine geschissene Gottesgabe"). Ambitionierte, aber preiswerte Regionalküche und ein toller Panoramablick bis zur Benediktenwand lohnen den Weg. Kurz hinter Eurasburg folgt eine verblockte Sohlstufe (rechts umtragen, nur mit WW-Booten befahrbar).

Wenig später gabelt sich der Fluss. Wir fahren den idyllischen linken Arm und passieren Achmühle und Gelting. Bald erreichen wir den Ortsanfang von Wolfratshausen. An einer Fußgängerbrücke bei km 3,9 kann man aussetzen und mit dem Bootswagen zum empfehlenswerten Campingplatz karren. Alternativ passieren wir die Straßenbrücke bei km 3,1 und beenden rechtsufrig nach einer hölzernen Fußgängerbrücke an einer Treppe die Fahrt. Gleich oberhalb befindet sich der Parkplatz an der Loisachhalle und das Wirtshaus Flößerei. Über den Sebastiansteg ist man nach wenigen Metern in der Altstadt.

Die S-Bahn-Station Wolfratshausen erreicht man nach ca. 250 Metern Fußweg in östlicher Richtung. Bei einer Weiterfahrt nach München (siehe Tour Isar) ist vor der Mündung noch ein Wehr zu umtragen. Dann folgt das NSG Pupplinger Au und eine sehr beliebte Tagesetappe bis München-Thalkirchen.

⊕ Charakter der Tour

Schnell fließender Voralpenfluss um WW I, ab Ohlstadt zunehmend Zahmwasser.

Ausrüstung: Schlauchkanus, sportliche Luftboote aller Art (jedoch keine Badeboote), Schwimmweste empfehlenswert!

Einstieg: Farchant (Parkplatz an der Loisachbrücke).

Ausstieg: Wolfratshausen (Parkplatz Loisachhalle).

Fahrstrecke: 80 km.

Beste Zeit: Mai bis Mitte Oktober.

Naturschutz: Zwischen dem Kochelsee und Bichl linkes Ufer nicht betreten (Wiesenbrüter), rechts nur im Bereich von vorhandenen Wegen!

Bahnverbindung: Bahnhöfe in Farchant, Oberau, Eschenlohe, Kochel und Wolfratshausen.

Weitere Etappen: Auf der Isar bis nach München (Thalkirchner Brücke), Fahrstrecke 26 km, hier U-Bahn-Anschluss.

Bootsverleih: Oberland Kanu in Murnau, Tel. 0172/4696726, Montevia in Kochel, 08851/61463-0, Kajakhütte in Peißenberg, Tel. 08803/4670, Bavaria Raft in Ohlstadt, Tel. 08841/6769870 (nur Rafts).

Auskunft: Fremdenverkehrsamt Kochel, Kalmbachstr. 11, 82431 Kochel, Tel. 08851/338, *www.loisachtal.de* *www.kochelsee.de*
Stadt Wolfratshausen, Marienplatz 1, 82515 Wolfratshausen, Tel. 08171/214-0, *www.wolfratshausen.de*

Übernachten: Hotel-Gasthof „Alter Wirt" in Farchant, Tel. 08821/9670070, Gasthof zur Brücke in Eschenlohe, Tel. 08824/210, Hotel Klosterbräu in Schlehdorf, Tel. 08852/286, Camping Renken am Kochelsee, Tel. 08851/5776, Gasthaus „Zur Mühle" in Beuerberg, Tel. 08179/997390, Campingplatz Wolfratshausen, Tel. 08171/78795.

Gastronomie: Gasthof Metzgerei „Zur Brücke" in Eschenlohe, Klosterbräu Fischerwirt in Schlehdorf, Grauer Bär in Kochel mit Seeterrasse, Klosterbräu in Benediktbeuern, Schönmühl bei Penzberg (denkmalgeschützte Gaststube), Gasthaus „Zur Mühle in Beuerberg, Sprengenöder Alm in Eurasburg, Wirtshaus Flößerei in Wolfratshausen.

Sehenswertes: Münterhaus und Schlossmuseum in Murnau, Freiluftmuseum Glentleiten, Kloster Schlehdorf, Franz Marc Museum in Kochel, Kloster Benediktbeuern. Altstadt und Heimatmuseum in Wolfratshausen.

Alternativen: Wanderung zu den 270 Meter hohen Kuhflucht-Wasserfällen bei Farchant, Radlwege entlang der Loisach in das Pfrühlmoos, Freizeitbad Trimini am Kochelsee mit tollen Wasserrutschen, Bergwanderungen, z.B. Herzogstand-Heimgarten.

Buchtipps/Karten:

- "Die 50 schönsten Kanutouren in Bayern" (A. Zaunhuber) DKV Verlag 2013
- Kanu Kompakt „Isar&Loisach" (Alfons Zaunhuber) Thomas Kettler Verlag 2016
- "DKV-Gewässerführer für Bayern" (Otto Schneider) DKV-Verlag 2012
- "Entlang der Loisach-auf den Spuren der Flößer" (G. Rüth) Allitera Verlag 2013
- Bikeline Radkarte „Oberbayerisches Alpenvorland" 1:70.000 Verlag Esterbauer

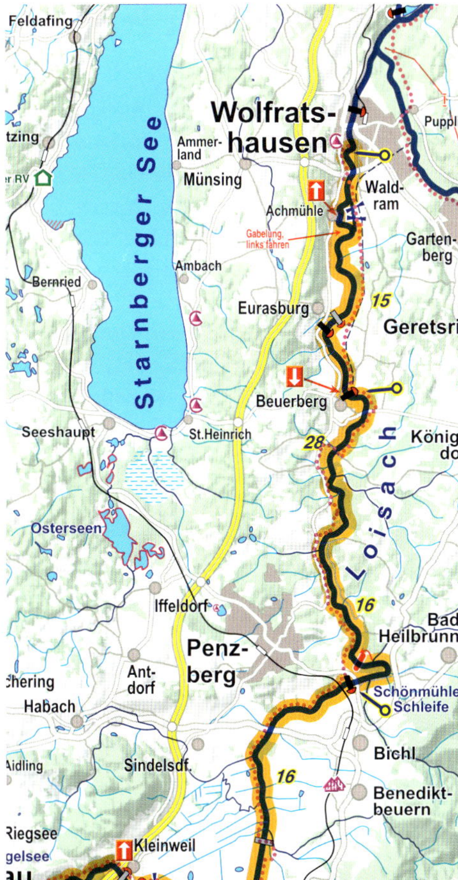

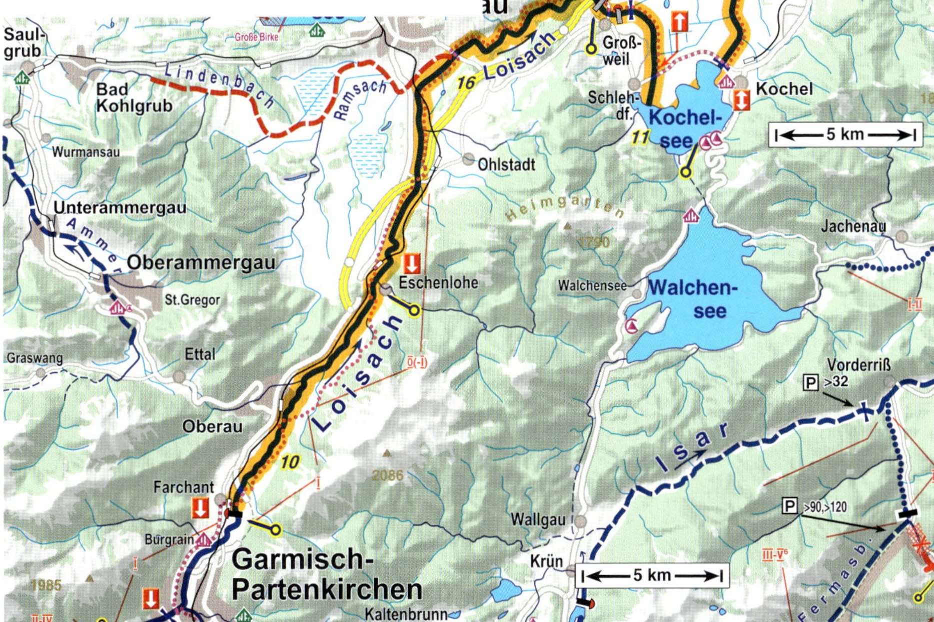

Tour 7: Paddlers Paradies im Blauen Land

Der Staffelsee im Malerparadis „Blaues Land“ ist eine gute Wahl für Kanuten, die das Schöne lieben. „Blaues Land“ ist heute eine Bezeichnung für das oberbayerische Alpenvorland zwischen Staffelsee und Zugspitze. Nicht nur die vielen Seen und Gewässer geben der Region ihren Namen, oft bilden auch die nahen Gipfel der bayerischen Alpen am Horizont ein bläuliches Panorama im dunstigen Licht. Einst war die Gegend Zentrum der Künstlergruppe „Blaue Reiter“, die Anfang des 20.Jahrhunderts dort gelebt und unvergessliche Werke geschaffen hat. „Blau ist die einzige Farbe, bei der ich mich wohl fühle“ sagte der Maler Franz Marc. Paddler, die sich hier auf die Suche nach der Farbe Blau begeben, werden sie in allen Schattierungen vorfinden und vielleicht am ehesten verstehen, was Franz Marc, Wassily Kandinsky, Gabriele Münter, August Macke und Kollegen zu zahlreichen Meisterwerken inspirierte.

Der Staffelsee bietet keine großen sportlichen Anreize, sondern mehr ein meditatives Erlebnis. Wenn der See wie ein Spiegel vor den herbstlich verfärbten Bergen des Estergebirges und der Ammergauer Alpen liegt und dahinter die schneebedeckten Gipfel des Wettersteingebirges hervorlugen, ist der Alltag vergessen. Der Nebel hat sich gelichtet. Wie im Theater wird der Vorhang weggezogen und gibt den Blick frei auf ein Panorama vom Feinsten. Wir starten in Seehausen, einem bayerischen Bilderbuchdorf nahe Murnau, das auf eine alte Fischersiedlung zurückgeht. Fronleichnam findet hier eine Bootsprozession auf dem See statt, ein festliches Ereignis mit vielen Besuchern. Meist aber ist es still am Staffelsee, so auch jetzt. Unsere Boote gleiten an den stimmungsvollen alten Bootshäusern vorbei hinaus auf dem See.

Die Insel Wörth passieren wir auf der Südseite. Hier begeistern im Frühsommer einige Seerosenfelder, jetzt leuchten die Mischwälder in den buntesten Farben. Wörth ist die größte der insgesamt sieben Inseln, war schon in der Vor-

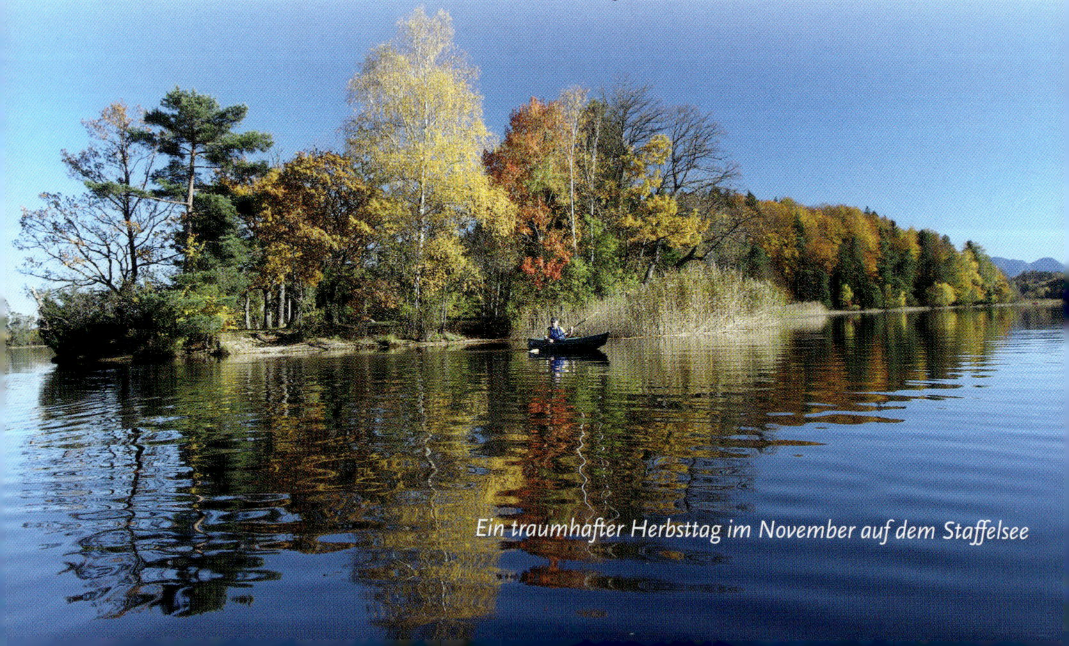

Ein traumhafter Herbsttag im November auf dem Staffelsee

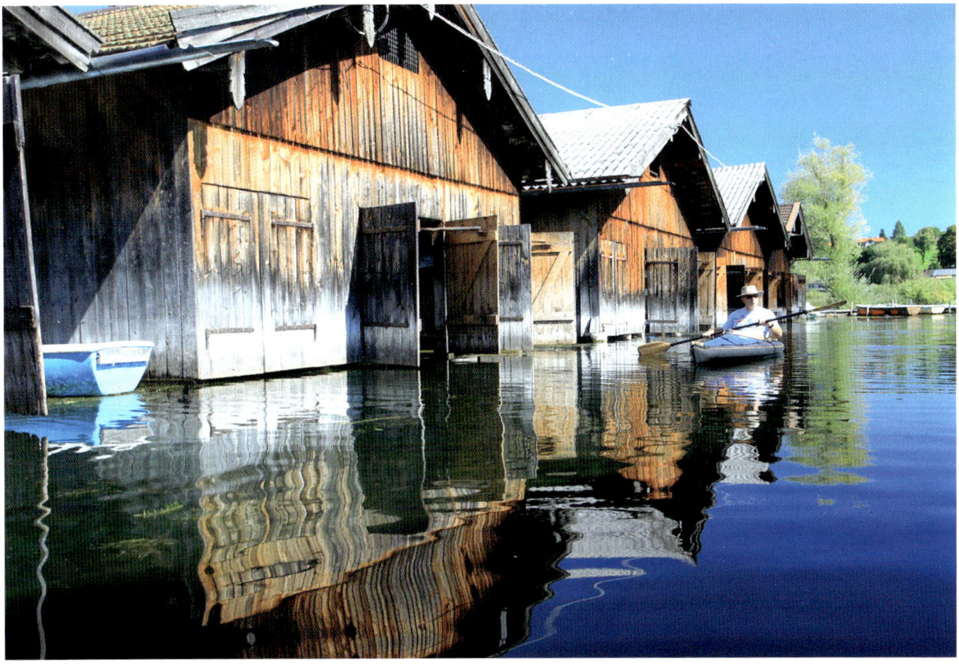

Bootshäuser in Seehausen

geschichte besiedelt und ehemals Standort eines der ersten Klöster Bayerns. Am westlichen Ende biegen wir in eine große Bucht ein. Fast überall locken stimmungsvolle **Plätze zum Anlanden und Baden** ein. Nun sind wir auf dem westlichen Teil des Sees angelangt und haben das markante Kohlgruber Hörnle (1550m) vor Augen, ein oft begangenes Skitouren- und Wanderziel. Im Schilfgebiet hinter der Insel Große Birke mündet fast versteckt die Ach ein, der Zufluss des Staffelsees. Für diese Schilfzone gibt es ein Befahrungsverbot. Auf der Insel Große Birke besteht ein **BKV-Campingplatz.**

Weitere Plätze befinden sich auf der Insel Buchau, auf der Halbinsel Burg (Seehausen) und auf der Halbinsel bei Uffing. Alles empfehlenswerte Plätze für einen erholsamen Kanu-Urlaub. Unsere Runde geht entlang des nordwestlichen Seeufers. Hier gibt es keine Straßen am Ufer, und selbst der 21 km lange See-Rundweg verläuft etwas nach hinten versetzt. Nur einige Stichwege führen zu einsamen Badestränden. Wir umrunden die Halbinsel bei Uffing und passieren den schön gelegenen **Campingplatz Aichalehof.**

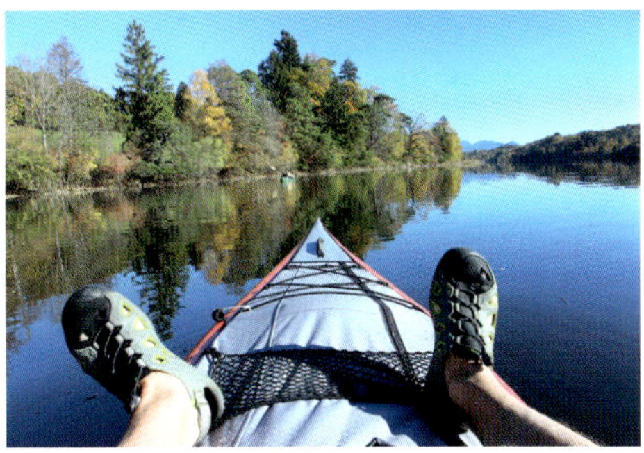

Zeit die Seele baumeln zu lassen

Wenig später, hinter dem Gelände eines Segelclubs, erreichen wir den Abfluss des Sees, die Uffinger Ache. Außerhalb der Sperrzeit bietet

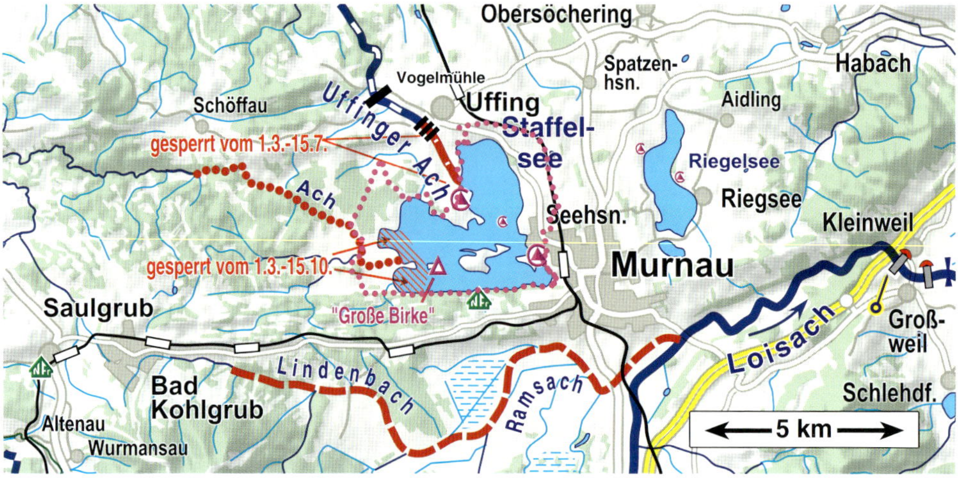

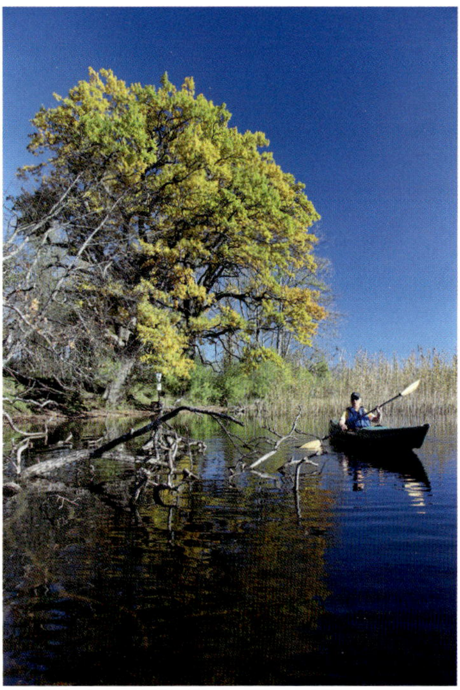
Herbsttour zur Insel Wörth

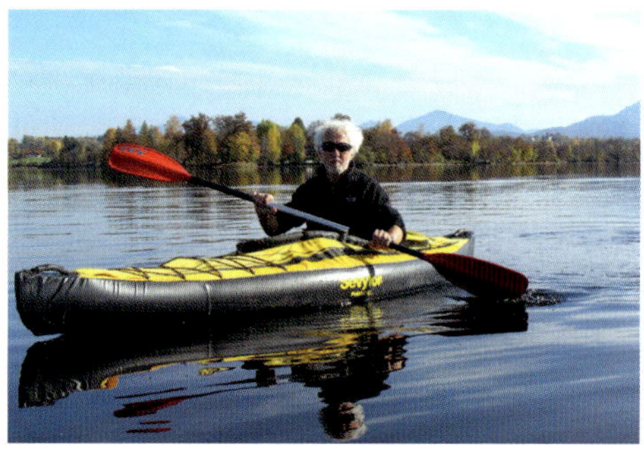
Staffelsee bei Uffing

sich hier die Möglichkeit, einige hundert Meter durch das Schilfgebiet bis zum ersten Wehr am südlichen Ortsrand von Uffing zu paddeln. Vor allem der Rückblick auf die Alpenkette ist ein besonderer Höhepunkt dieses an Eindrücken reichen Abstechers.

Vorbei am Gemeindebad mit Kiosk erreicht man am Nordufer den in der Hochsaison stark frequentierten Gasthof Alpenblick (Strandbad). Von der Terrasse genießt man eine fantastische Aussicht, und die internationale Küche lockt zu einer verdienten Einkehr. Auf dem Weiterweg in südlicher Richtung haben wir weiterhin die Alpenkette im Blick. Auch hier sind die Ufer überwiegend unverbaut. Die Insel Buchau und das Miniinselchen Gradeneiland sind weitere Stationen auf dem Rückweg nach Seehausen. Als Anschlussprogramm empfiehlt sich ein Besuch der Altstadt von Murnau mit dem Schlossmuseum, dem Münterhaus und dem Hotel und Restaurant Griesbräu, in dem sich schon Gabriele Münter und Wassily Kandinsky wohl fühlten.

➔ Charakter der Tour

Zahmwasser, die größte Gefahr sind schnell aufziehende Sommergewitter!

Ausrüstung: Alle Bootstypen sind geeignet. Schwimmweste!

Beste Zeit: Mitte April bis Anfang November.

Naturschutz: Befahrungsverbot der südwestlichen Buchten, Uffinger Ache bis Uffing vom 1.3.- 15.7. gesperrt. Brut- und Nistplätze meiden!

Einstieg/Ausstieg: Seehausen, Uffing oder von einem der genannten Campingplätze. Fahrstrecke: Seeumrundung ca. 25 km. Bahnverbindung: Bahnhöfe in Murnau und Uffing.

Bootsverleih/Kurs/Shop:
Oberland Kanu in Murnau,
Tel. 0172/4696726, *www.oberland-kanu.de*
Kajakhütte Peissenberg, Tel. 08803/4670
www.kajak-huette.de

Kanugewässer der näheren Umgebung: Riegsee, Kochelsee, Walchensee, Eibsee, Loisach, Uffinger Ache.

Bahnverbindung: Bahnhöfe in Murnau und Uffing.

Auskunft: Touristikinfo Murnau, Kohlgruberstr. 1, Tel. 08841/61410, *www.dasblaueland.de*

Übernachten:
Camping Aichalehof, Tel. 08846/211, Camping Halbinsel Burg, Tel. 08841/9870, Insel Camping Buchau, Tel. 08841/4881701, BKV-Zeltplatz Insel Große Birke (nur mit Voranmeldung), Tel. 07331/41103, Naturfreundehaus bei Murnau, Tel. 08841/5320.

Gastronomie: Kargs Bräustüberl und Griesbräu in Murnau, Zum Stern und Fischerstüberl in Seehausen, Alpenblick bei Uffing.

Sehenswürdigkeiten: Murnauer Schlossmuseum, Münterhaus, Altstadt Murnau (Ober- und Untermarkt), Bootsprozession in Seehausen an Fronleichnam, Seefest mit Fischerstechen am 15.8.

Alternativen: Wandern im Murnauer Moos (12 km langer Rundweg), Kunstspaziergang in Murnau, Bergwandern im Ammergebirge (Ettaler Mandl, Kohlgruber Hörnle, Radtouren auf den Spuren des Blauen Reiters (Karte im im Verkehrsamt), Baden im See, Reiten im Gestüt Schwaiganger.

Literatur:

- „Die 50 schönsten Kanutouren in Bayern“ (A. Zaunhuber) DKV-Verlag 2013
- „Oberbayerische Seen“ (Thomas Schröder) Michael Müller Verlag 2012
- „Kulturwandern Blaues Land“ (Christian Burghart) Rother Verlag 2010
- Bikeline Radkarte „Oberbayerisches Alpenvorland“ 1:75.000, Verlag Esterbauer
- DVD „Auf den Spuren des Blauen Reiters“ Touristikinfo Murnau.

Tour 8: Im Mekka der bayerischen Windsurfer

Mit einer Uferlänge von 27 km ist der Walchensee der größte bayerische Gebirgssee. Wegen seiner thermischen Winde übt er magische Anziehungskräfte auf Windsurfer aus, die nirgendwo sonst in Bayern optimalere Bedingungen für ihren Sport finden. Wanderer schätzen die umliegenden Berge wie Jochberg, Herzogstand, Heimgarten und Simetsberg. Der Walchensee war auch Drehort des Filmes „Wickie und die starken Männer", das Wikingerdorf „Flake" sowie das Wikingerschiff am Ostufer zwischen Niedernach und Sachenbach erinnern daran. Kanuten sind am Walchensee die Ausnahme, dabei hat der herrlich gelegene Alpensee schon Maler wie Lovis Corinth begeistert, dessen Hauptwerke hier entstanden sind.

Wegen der üblichen Wochenendstaus sind wir über Bad Tölz und die gebührenpflichtige Mautstraße über die Jachenau zum Badeplatz in Niedernach gefahren. Hier finden wir einen problemlosen Seezugang direkt neben einem kleinen Kraftwerk, an dem das Wasser des Rißbaches aus dem Karwendel in den Walchensee übergeleitet wird. Während das Voralpenland von einer Nebelschicht bedeckt wird, zeigt hier der Föhn seine positive Wirkung. Der späte Oktobertag begeistert mit klarer Luft und intensiver Herbstfärbung. Die Badesaison ist vorbei und so haben wir die Liegewiese direkt neben dem Parkplatz ganz für uns alleine, um die Boote startklar zu machen. Dann stechen wir in See, um entlang dem Ostufer vorbei an der Insel Sassau nach Urfeld zu paddeln. Diese Stecke bietet ein völlig unverbautes Ufer, keine Strasse führt hier entlang, nur ein Wander- und Radweg. Vorbei an einer Bootshütte paddeln wir nordwärts. Vor uns präsentiert sich ein besonderes Schauspiel: Die vom Kochelsee über den Kesselberg heraufziehenden Wolken ergießen sich wie ein Wasserfall am nördlichsten Punkt in den See. Und davor tobt die Wasseroberfäche, durch einfallende thermische Winde bilden sich weiße Schaumkronen. Zahlreiche Windsurfer gleiten mit höchster Geschwindigkeit über das Wasser. Wir sind gewarnt! Kurz vor Sachenbach treten wir den Rückzug an. Die starken Wellen und böigen Winde werfen uns

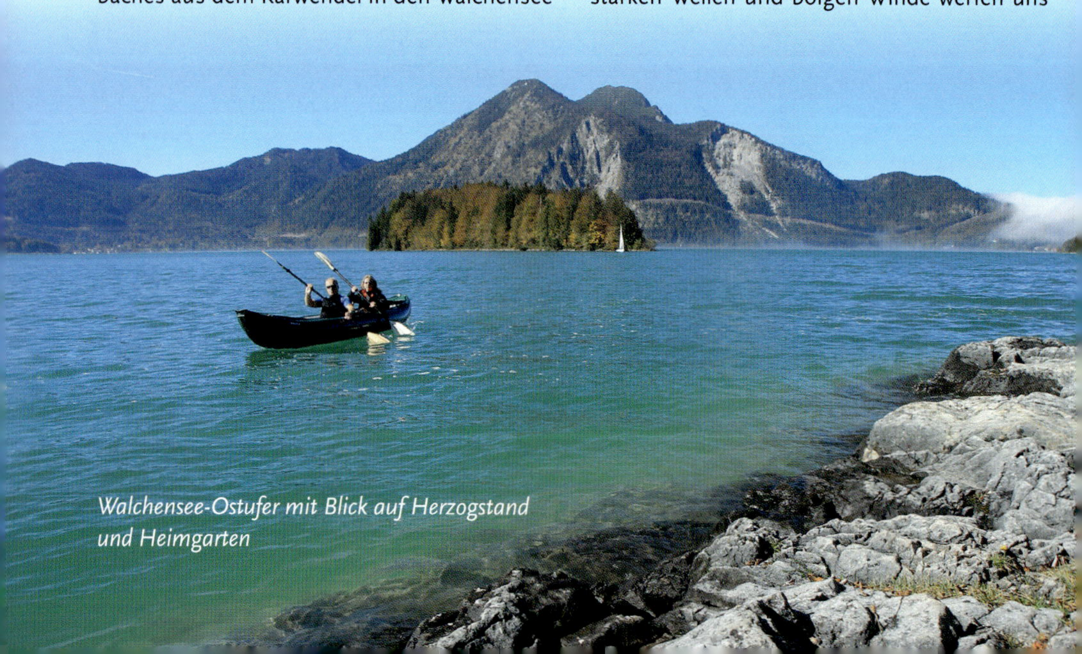

Walchensee-Ostufer mit Blick auf Herzogstand und Heimgarten

fast um, hier ist Paddeln nicht ungefährlich. Wir umrunden die Insel Sassau, ein dem Ufer vorgelagertes Inselchen, das aus Gründen des Naturschutzes nicht betreten werden darf. Die Insel ist das Rückzugsgebiet zahlreicher Vögel wie Blesshühner, Stockenten, Gänsesäger und Eistaucher, dies gilt es zu respektieren.
Stattdessen sehen wir uns das **Wikingerschiff** etwas genauer an, das wenige hundert Meter weiter südöstlich am Ufer liegt. 2008 wurde hier gedreht und Filmkulissen wie das Wikingerdorf Flake in Walchensee begeistern Kinder und Erwachsene.
Wieder im Boot ‚drehen wir noch eine große Schleife hinüber zum Ort Walchensee und vorbei an der Halbinsel Zwergern und dem Südufer wieder zurück. Hinter den Bergen des Estergebirges spitzt das schneebedeckte Wettersteingebirge mit Zugspitze und Alpspitze heraus. Obwohl wir den See somit nicht komplett umrundet haben, hat sich der Paddeltag allein schon wegen der majestätischen Bergsichten gelohnt. Nun haben wir noch genügend Zeit, um auf der Terrasse des Gasthof Waldschänke die wärmende Nachmittagssonne und die berühmte Eierlikörtorte zu genießen. Und für den Folgetag ist eine Bergwanderung auf Herzogstand und Heimgarten eine großartige Ergänzung, um dieser beliebten Region voll gerecht zu werden. Immerhin hat schon Bayernkönig Max II. gesagt „Hier ist der schönste Platz in meinem Bayernland."

Der malerische Ort Walchensee

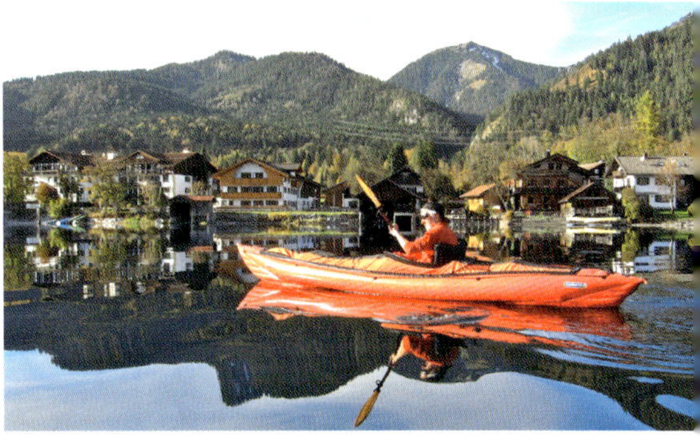

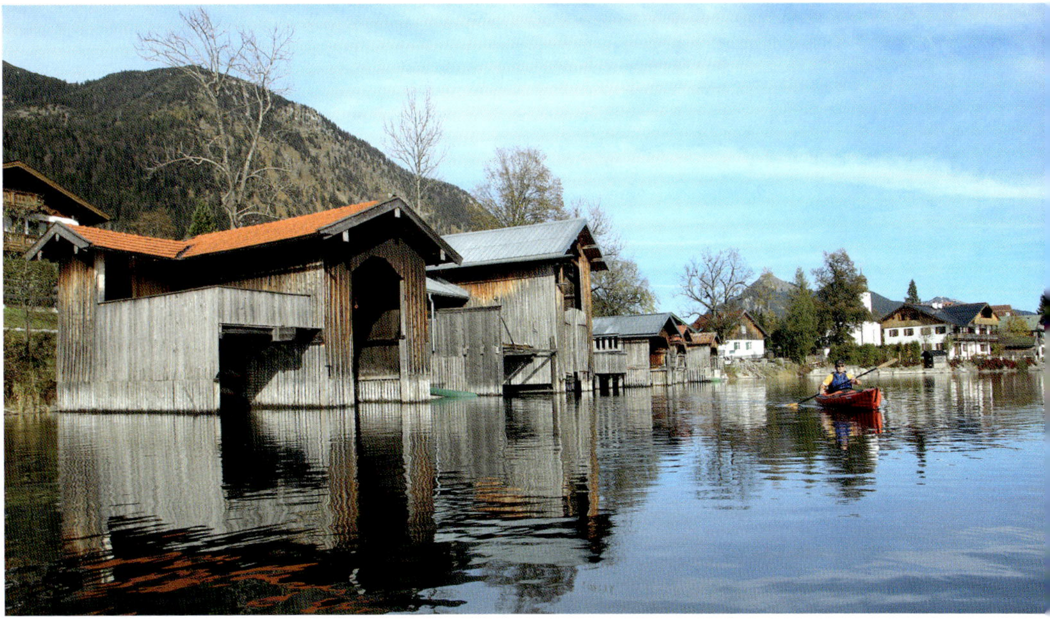

Vorbei an alten Bootshütten in Walchensee

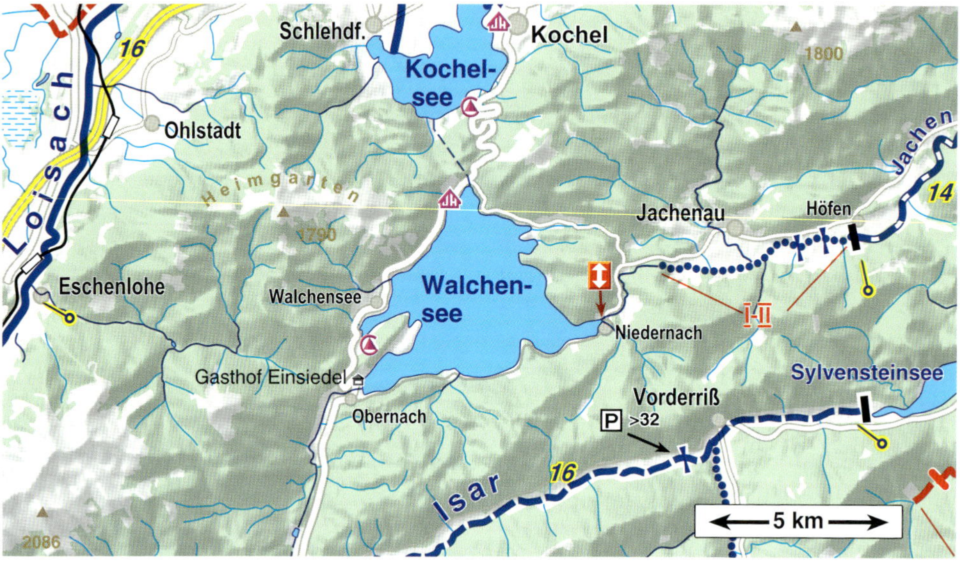

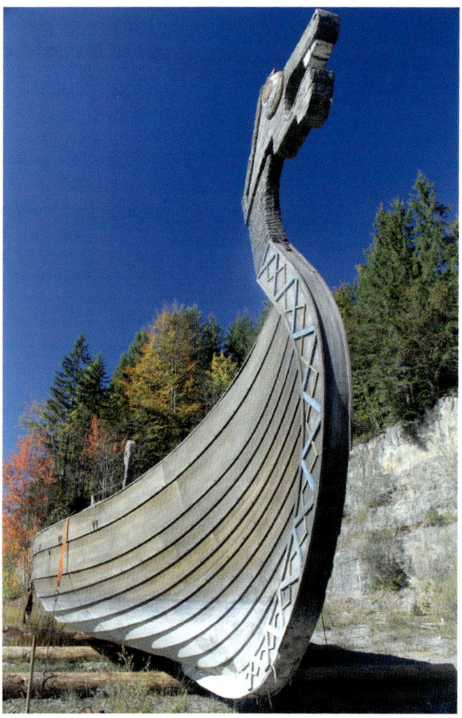

Filmrequisit aus „Wickie und die starken Männer"

Charakter der Tour

Herrlich gelegener und wenig ver bauter Bergsee, Kanutouren wegen der thermischen Winde am besten am Vormittag!

Ausrüstung: Einer oder Zweierkajaks mit Spritzdecke, Schwimmweste ist Pflicht!

Beste Zeit: April bis Ende Oktober.

Einstieg/Ausstieg: Parkplatz/Badeplatz in Niedernach oder Parkplatz Gasthof Einsiedl.

Fahrstrecke: Seeumrundung 27 km.

Naturschutz: Der Walchensee ist mit seinen Uferzonen Landschaftsschutzgebiet (Grillen, offenes Feuer und wildes Camping verboten). Die Insel Sassau ist NSG (Betretungsverbot).

Gefahren: Böige Fallwinde und heftige Sommergewitter (meist am Nachmittag).

Bahnverbindung: nächste Bahnhöfe in Ko-

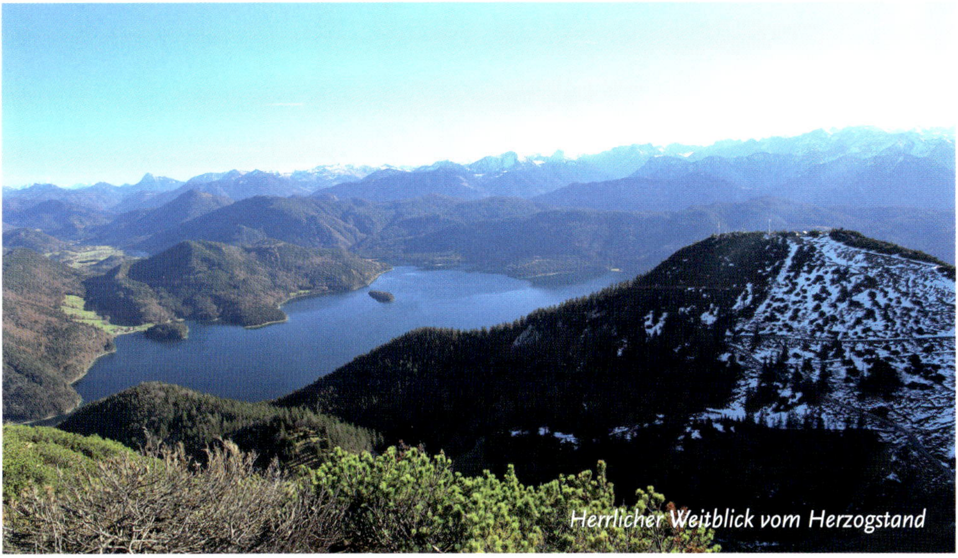
Herrlicher Weitblick vom Herzogstand

chel oder Mittenwald (weiter mit dem Bus).

Bootsverleih: Seehotel und Gasthof Einsiedl, Tel. 08858/9010, *www.hotelamwalchensee.de*

Kanugewässer der näheren Umgebung: Kochelsee, Loisach, Isar, Sylvensteinsee, Eibsee.

Übernachten: Camping Walchensee, Tel. 08858/929168, Gasthof Einsiedl, Wohnmobilstellplatz bei Einsiedl (nahe der Mautstelle).

Gastronomie: Gasthof Waldschänke in Niedernach, Gasthof Einsiedl (schöner Biergarten), Kiosk mit Sonenterrasse in Sachenbach.

Auskunft: Verkehrsamt Walchensee, Ringstr. 1, 82432 Walchensee, Tel. 08858/275 *www.walchensee.de*

Sehenswertes: Walchensee-Museum in Urfeld (Lovis Corinth), Wikingerdorf „Flake" in Walchensee, Franz Marc-Museum und Walchenseekraftwerk in Kochel.

Alternativen: Bergwandern (Jochberg, Herzogstand/Heimgarten, Simetsberg), Wanderung von Niedernach über Sachenbach nach Urfeld (Badeplätze, Wikingerschiff), Biketouren (MTB-Tour nach Eschenlohe, Seeumrundung), Windsurfen (Windsurfschule im Ort Walchensee), Tauchen.

Buchtipps/Karten:
- „Die 50 schönsten Kanutouren in Bayern" (A. Zaunhuber) DKV Verlag 2013
- „Oberbayerische Seen" (Thomas Schröder) Michael Müller Verlag 2012
- Wanderführer „Isarwinkel" (Eugen E.Hüsler) Rother Verlag
- Kompasskarte 06 „Walchensee, Kochelsee, Sylvenstein-Stausee", 1:25.000
- DVD: Wickie und die starken Männer (Wikinger-Kinderfilm gedreht am Walchensee).

Tour 9: Kanada-Idylle im Karwendel

In den Jahren 1954-1959 wurde der Sylvensteinspeicher gebaut, ein fjordartiger See, der die Isar auf einer Länge von sieben Kilometern aufstaut. Das früher sehr umstrittene Bauwerk dient heute der Energiegewinnung und dem Hochwasserschutz. Stauseen sind jedem Naturschützer grundsätzlich ein Dorn im Auge. Dennoch präsentiert sich hier ein malerischer Bergsee vor der alpinen Kulisse der Karwendelgipfel. Bizarre Canyons finden sich in seinem Umfeld, und in den Sommermonaten kann man hier trotz der für einen Stausee typischen Uferzonen auch herrlich im erfrischenden Wasser schwimmen. Weder der Ort Fall noch das nahe gelegene Lenggries sind übermäßig vom Tourismus geprägt, und so ist diese Ferienregion fast ein Geheimtipp. Selbst bei Paddlern führt der Sylvensteinsee nur ein Schattendasein. Dabei gibt es hier auch kanusportlich Einiges zu entdecken, und die verschiedenen Abschnitte der Isar sowie die zauberhafte Bergwelt sind ein höchst attraktives Anschlussprogramm.

Zu unserer Fahrt starten wir am Parkplatz im neuen Ort Fall. Das alte Dorf versank in den 50er-Jahren im Stausee. Bei extremem Niedrigwasser soll man angeblich noch den Kirchturm des alten Ortes sehen! Unsere Boote bewegen sich fast vorsichtig in dem grünen Wasser von feinster Trinkwasserqualität. Zunächst paddeln wir auf den See hinaus, um vor allem den schönen Blick nach Westen voll zu genießen. Die Gipfel von Schafreuter und Soiernspitze sind markante Orientierungspunkte. Dann wenden wir uns nach Osten unserem eigentlichen Ziel zu, der Mündung des vom Achensee kommenden Walchen.

Oft bin ich schon die Wildwasser um den Sylvensteinsee gepaddelt: Walchen, Dürrach und Krottenbach. Auch die canyoningmäßigen Begehungen von Schronbach, Staffelgraben und Gerstenrieder Graben sind mir in bester Erinnerung. Doch auch der Sylvensteinsee selbst ist ein Ziel der Extraklasse. Außer uns ist nur noch ein Ruderboot auf dem See zu sehen, und für Badefreuden scheint es heute den meisten

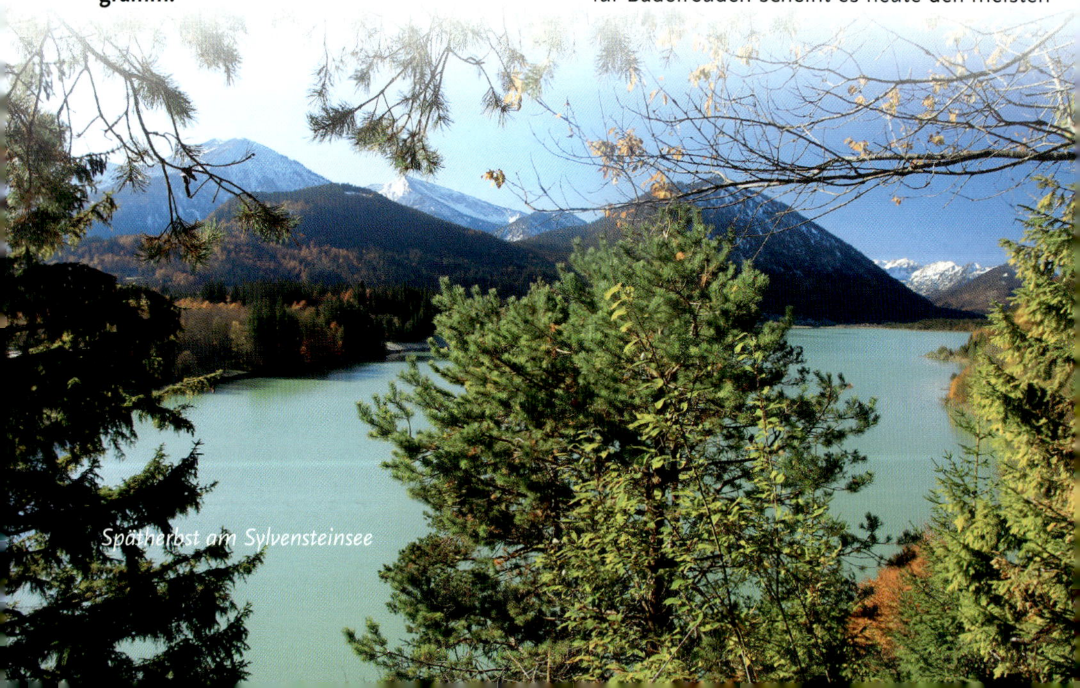

Spätherbst am Sylvensteinsee

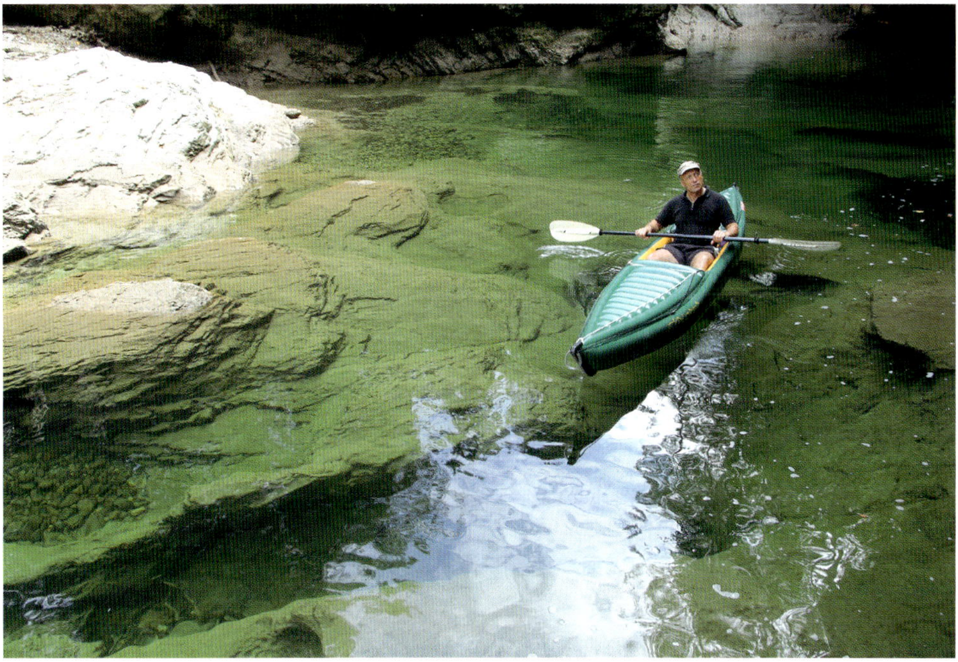

Im Mündungsbereich des Walchen

nicht warm genug zu sein. Nach ca. vier Kilometern Fahrt verengt sich der östliche Teil des Sylvensteinsees immer mehr. Den Uferzonen sieht man den sommerlichen Wasserstand an. Am Seeende rücken die Ufer zusammen und der schmale Zulauf des Walchen wird erkennbar. Steile Felsen begrenzen nun den Wasserlauf dieses Wildbachs. Die Natur wird immer spektakulärer.

Ich bin zwar den Walchen mit seinen Wasserfällen schon mit dem WW-Boot gepaddelt, aber an die landschaftliche Schönheit der Mündungsklamm hatte ich keine große Erinnerung mehr. Vermutlich standen da die Wasserfälle zu sehr im Fokus. Dies ist heute anders. Eine mystische Zauberlandschaft tut sich vor uns auf. Es gluckst und gurgelt in den Gumpen und kleine Wasserfälle ergießen sich in das ruhige Wasser der Klamm. Langsam tasten wir uns vorwärts. Von einer Fußgängerbrücke wirft ein Kind mehrfach Steine nach unten. Wir machen uns bemerkbar, wollen bitteschön hier nicht gesteinigt werden. Der Walchen verengt sich schließlich auf weniger als zwei Meter Breite, und erst an einer unüberwindbaren Stufe endet unsere Exkursion. Hier befinden wir uns am letzten Wasserfall der Walchenklamm. Bei extrem niedrigen Wasserstand des

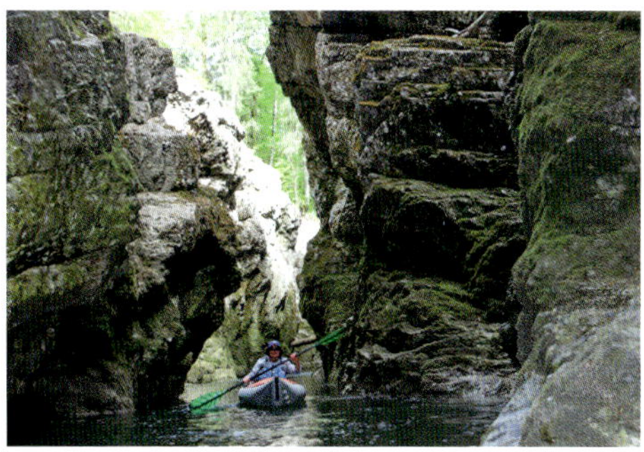

Walchenklamm

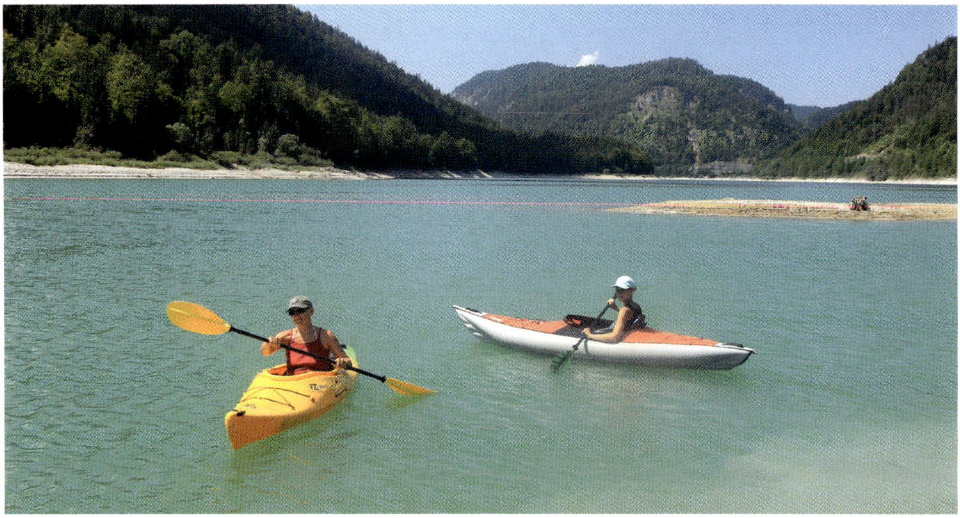

Sylvensteinsee bei sommerlichem Niedrigwasser

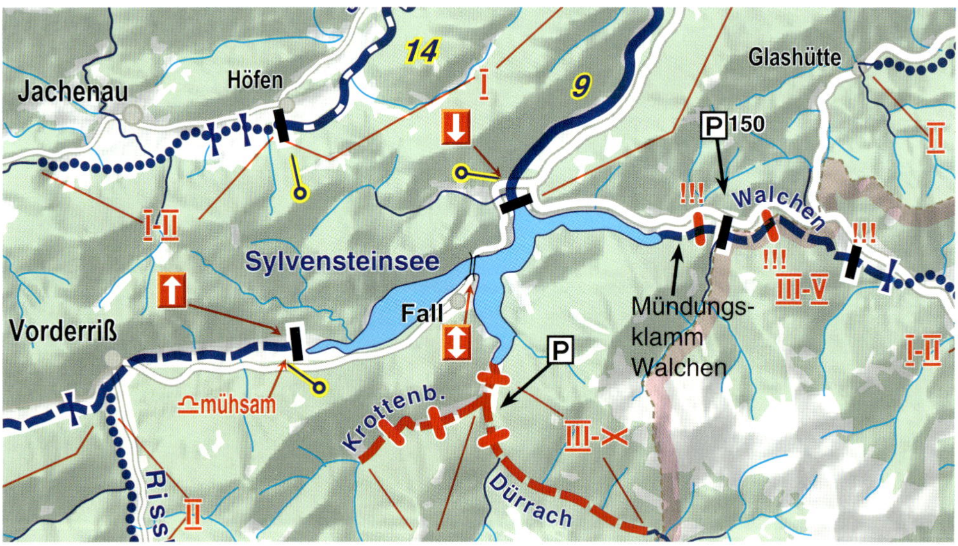

Sees kommt man allerdings nicht bis hierher. Wenn es jedoch passt, ist dieser Platz von ganz besonderem Reiz.

Etwas unterhalb klettere ich auf einen Felsen hoch, um die faszinierende Szenerie von oben im Bild festzuhalten. Später paddeln wir noch zur Mündung der Dürrach. Hier bietet sich die Möglichkeit, ein Stück zu Fuß in diese Klamm hinein zu laufen. Wesentlich später als geplant sind wir wieder am Ausgangspunkt in Fall zurück. Eine deftige bayerische Brotzeit im freundlichen Biergarten ist nun überfällig.

Charakter der Tour

Bergsee in großartiger Kulisse.

Ausrüstung: Boote aller Art, Schwimmweste!

Beste Zeit: Mai bis Ende Oktober. Bei niedrigem Seespiegel ist der Ausgang der Walchenklamm nicht befahrbar!3,

Einstieg/Ausstieg: Parkplatz in Fall. Alternative Parkplätze an der Durchgangsstraße.

Fahrstrecke: Seeumrundung 15 km.

Gefahren: Sommergewitter, Steinschlag in den Klammen!

Bahnverbindung: bis Lenggries mit der Oberlandbahn, dann per Bus nach Fall.

Bootsverleih/Touren:
Akademie aktiv, Tel. 08045/130 oder 9204 in Fall, *www.akademie-aktiv.de*
Snow and Raft in Lenggries, Tel. 08042/9620923, *www.snowandraft.de*
Action + Funtours in Bad Tölz, Tel. 08041/796096, *www.action-funtours.de*

Kanugewässer der näheren Umgebung:
Isar, Walchensee, Achensee.

Übernachten: Hotel Jäger von Fall und Wohnmobil-Stellplatz in Fall, nächste Campingplätze in Arzbach bei Lengries, Tel. 08042/8408 und Bad Tölz am Stallauer Weiher, Tel. 08041/8121 (oder am Walchensee, bzw. Achensee).

Gastronomie: Faller Hof, Gasthaus Vorderriß, Gasthof Gassler in Winkl/Lenggries (auch Zimmer), Alpengasthof/Hotel Lenggrieser Hof in Lenggries.

Auskunft: Gästeinformation Lenggries, Rathausplatz 2, 83661 Lenggries, Tel. 08042/5018-0, *www.lenggries.de* und *www.isargeschichten.de* (das virtuelle Isarmuseum).

Sehenswertes: Engalm, größtes Almdorf Europas in der nahe gelegenen Eng (Maut), Kalkofen und Heimatmuseum in Lenggries, Altstadt Bad Tölz mit Heimatmuseum.

Alternativen: Bergwanderungen auf die Hochalm, zum Schafreuter oder vom Brauneck zur Benediktenwand, Radtouren auf dem Isar-Radweg, MTB-Tour rund um den Rauchenberg, Erlebnisbad Isarwelle in Lenggries, Erlebnisbad Alpamare und Kletterhalle in Bad Tölz, Rafting auf der Isar, Canyonig nahe dem Sylvensteinsee, Hochseilgarten Isarwinkel in Lenggries.

Buchtipps/Karten:

- „Die 50 schönsten Kanutouren in Bayern“ (A. Zaunhuber) DKV-Verlag 2013
- Kanu Kompakt „Isar & Loisach“ (A. Zaunhuber) Th. Kettler Verlag 2015
- „Oberbayerische Seen“ (Thomas Schröder) Michael Müller Verlag 2012
- Wanderführer „Isarwinkel“ (Eugen E.Hüsler) Rother Verlag 2015
- Wasserfeste Radwanderkarte „Isarradweg“, 1:50.000 Verlag Publicpress.

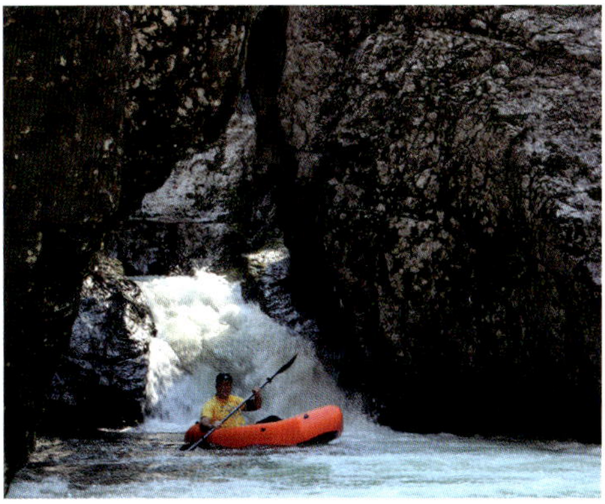

Im Trekraft am Mündungswasserfall des Walchen

Tour 10: Natur am grünen Fluss

Die Isar zählt zu den beliebtesten Kanugewässern Bayerns. Zwischen dem Sylvenstein-Stausee und München bietet der grüne Fluss eine wilde Naturlandschaft, in der die energiewirtschaftliche Nutzung kaum ins Auge fällt. Vordergründig ist sie hier ein Alpengewässer, das mit jugendlichem Ungestüm von den Bergen hinaus ins Voralpenland stürmt, zwischen Kiesbänken und Auwäldern mäandert und zu den artenreichsten Lebensräumen in Bayern zählt. Bis Bad Tölz fließt die Isar in einem breiten Talbecken zwischen über 1500 Meter hohen Bergen. Unterhalb Bad Tölz ist die Isar ein Naturfluss, der zwischen bewaldeten Hängen mit schönen Auwäldern der bayerischen Hauptstadt München zustrebt und hier kaum größere Ortschaften berührt. Nur aus der Luft kann man erkennen, wieviel Platz dem Fluss zugestanden wird. Die Isar ist immer noch ein Wildfluss, der bei stärkerer Wasserführung sofort die Zähne zeigt. Gefährdet sind vor allem Paddler, die wenig Erfahrung mit einem schnellen Fließgewässer haben. Gefahrenpunkte sind Baumhindernisse in Flusskurven, vor allem bei hohem Wasserstand oder kurz nach einem Hochwasser.

Sylvenstein-Stausee bis Lenggries

Direkt unterhalb der Staumauer des Sylvenstein-Stausees beginnt die Fahrt an einem kleinen Parkplatz an der Straßenbrücke (weitere Plätze auf der gegenüberliegenden Straßenseite). Für die Etappen bis nach Bad Tölz sind die Pegelstände zu beachten (siehe Pegelinfo). Wenige Meter nach dem Einstieg sorgen drei Sohlrampen für sportliches Vergnügen. Alle Durchfahrten sind durch Felsblöcke einfach zu erkennen. Die dritte Passage ist etwas steiler, hier schlagen die Wellen hoch. Das macht richtig Spaß!

Vorbei am ehemaligen „Wandl", früher eine gefürchtete Prallwand (heute zugekiest), geht es durch ein herrliches Tal mit Kiesbänken und Kurvenschwällen. Linker Hand erstreckt

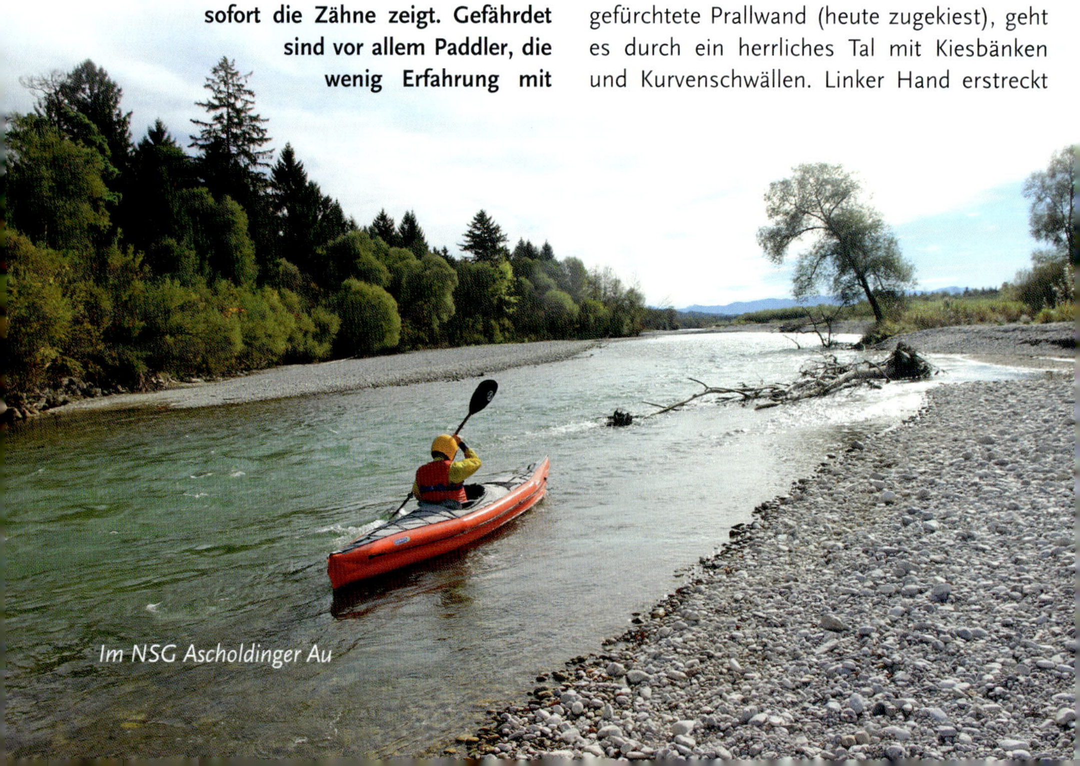

Im NSG Ascholdinger Au

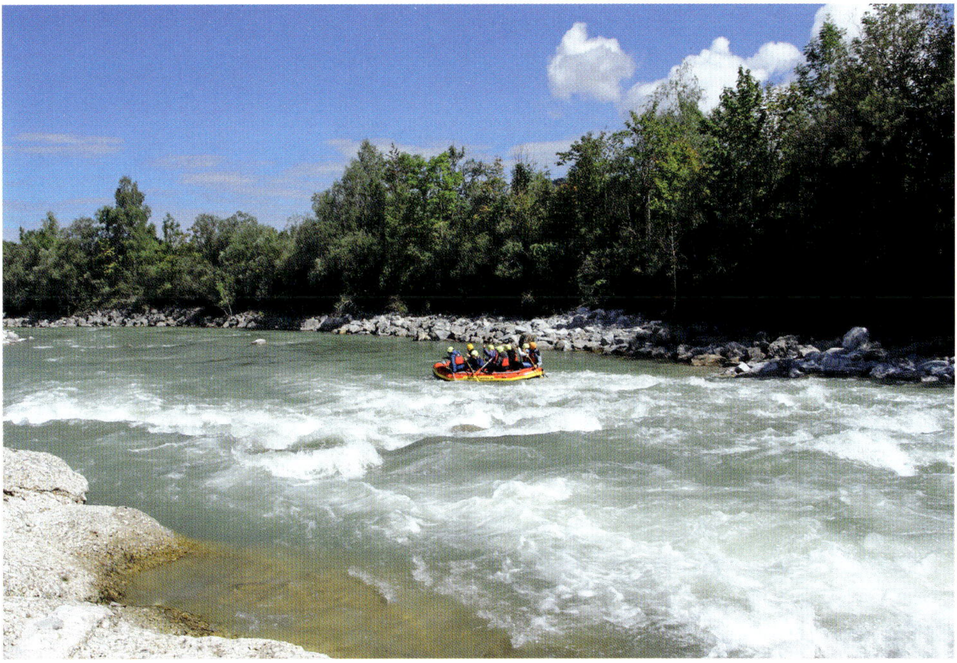

Isarkatarkakt unterhalb von Lenggries

sich der Rauchenberg, rechter Hand folgen Brandkopf und Roßkopf. In einer Linkskurve stellt sich fast unvermutet das Flecker Wehr in den Weg. Bei hohem Wasserstand sollte man sich hier links halten, um nicht in den Sog des Wehres zur geraten. Bei hochsommerlichem Niedrigwasser könnte man 200 Meter vor der Tafel „Wehr 200 Meter" rechter Hand die Fahrt beenden, da der Isar am Wehr noch einmal Wasser entzogen wird.

Für die Weiterfahrt bis Bad Tölz ist ein Pegelstand von mindestens 250 cm (Pegel Sylvenstein) erforderlich. Der gebührenfreie Parkplatz für den Ausstieg befindet sich ca. 100 Meter nördlich des Gasthauses Gösser (Biergarten) und südlich des Ortseingangs von Fleck. Das Wehr wird links umhoben. Auf der Isar geht es mit reduzierter Wassermenge auf Lenggries zu. Der Zufluss Jachen beeinflusst die Wassermenge kaum. Vor uns spitzt schon das Brauneck durch, bei guten Flugbedingungen sieht man hier zahlreiche Gleitschirme vom Himmel schweben.

Lenggries bis Bad Tölz

Lenggries ist ganzjährig ein beliebtes Touristenziel. Bedingt durch den Bahnhof, 500 Meter vom Fluss entfernt, ist der Ort ein guter Startpunkt für Paddler, die mit einem zerlegbaren Boot per Bahn anreisen. Autofahrer finden einige wenige Parkplätze nahe dem Einstieg.

Vor der Fahrt könnte man noch kurz den letzten freistehenden Kalkofen im Isarwinkel besichtigen, der wenige Meter entfernt am Kalkofenweg steht. Die grüne Isar begeistert schon auf den ersten Metern und mit guter Strömung geht es in Richtung Norden. Hinter uns sehen wir noch einmal zurück zum Brauneck. Bereits nach 1100 Metern Fahrt erreichen

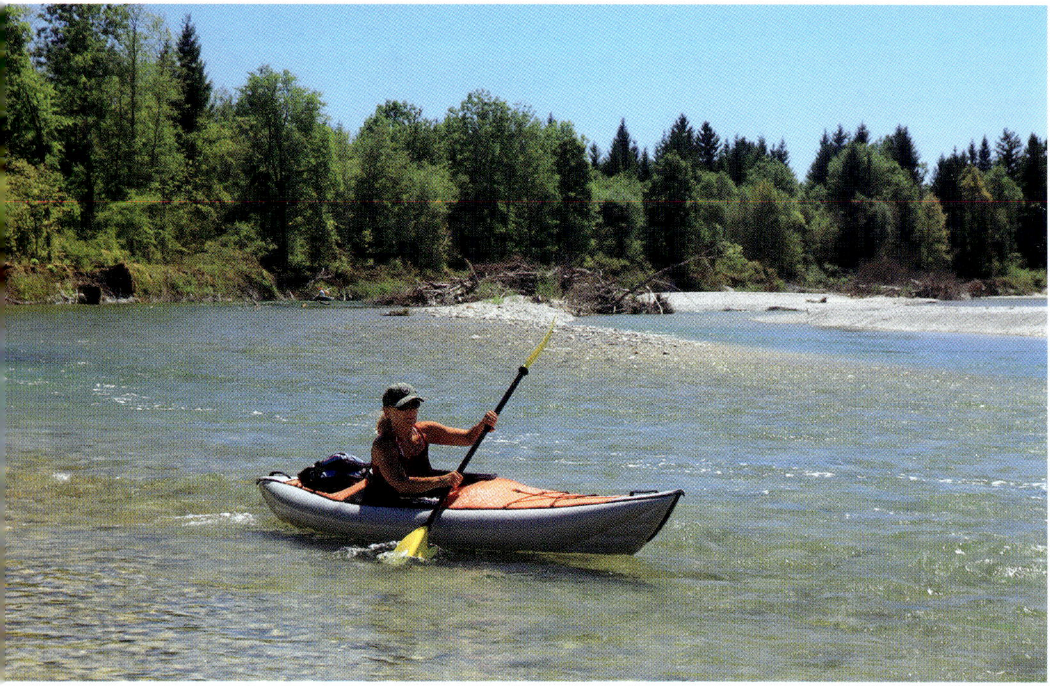

Isarfahrt unterhalb von Wolfratshausen

wir die schwierigste Stelle der ganzen Isar, die „Isarburg", einen felsigen Katarakt, der durch Sprengung entschärft wurde (WW II). Rechts fahren oder links umtragen (je nach Wasserstand). Weiter geht es an Arzbach vorbei (hier Ein-Zustieg links, etwa 1000 Meter entfernt der Campingplatz Arzbach), und nach 10 km Fahrt erreicht man die reizvolle Stadt Bad Tölz. Viele Tagesfahrer beenden hier die Fahrt. 500 m linksufrig nach der Tölzer Brücke befindet sich ein Parkplatz und ein Stellplatz für Wohnmobile. Es folgt der Stau des Tölzer Wehres. Dieses Wehr wird links umtragen.

Bad Tölz bis München

Unterhalb des Wehres gibt es Einsetzstellen für zusteigende Paddler. Es folgt eine unberührte Flusslandschaft durch die „Leitzinger Au", zahlreiche Betretungsverbote der Vogelschutzinseln und geschützten Uferzonen! Im Rücken hat man die Berge, vor sich eine Wildflussaue von Feinsten, geschaffen vom Isar-Loisach-Gletscher im Verlauf von Jahrtausenden. Unterhalb des Staubachhofs befindet sich die Prallwand „Gelber Stein" und ein Felsriegel. Rechter Hand passieren wir etwas später die Häusergruppe Einöd (Campingplatz, Landgasthof mit guter bayerischer Küche, Einstieg, Parkplatz)). Sowohl am Campingplatz Einöd als auch kurz zuvor beim Zeltplatz der Jugendbildungsstätte „Hochland" (linksufrig bei km 189,6, etwas oberhalb gelegen) befinden sich die einzigen Möglichkeiten, an der Isar zu campieren. Wenig später gibt es an der Tattenkofener Brücke einen weiteren Zustieg mit Parkplatz und Picknicktischen. Es folgen die Ascholdinger und Pupplinger Au, ein Paradies für viele Sonnenanbeter, aber vor allem ein Naturparadies (trotz der hohen Besucherfrequenz im Hochsommer). Die naturbelassene Flussaue gestaltet die Fahrt extrem kurzweilig. Knapp 10 Kilometer nach Einöd passiert man die Brücke zwischen Puppling und Wolfratshausen. Gleich rechts nach der Brücke gibt es einen weiteren Zu/Ausstieg und eine nahe Einkehrmöglichkeit im Wirtshaus Pupplinger Au. Vier Kilometer unterhalb erreichen wir das Ickinger Wehr, das links umtragen wird. Eine Befahrung der Floßgasse ist verboten!

4,6 km danach erreicht man die Straßenbrücke bei Schäftlarn. Linker Hand befindet sich ein Großparkplatz und einige hundert Meter entfernt das Kloster Schäftlarn (sehenswert die renovierte Barockkirche und der gepflegte Prälatengarten). Rechts der Straßenbrücke lockt der sehr beliebte Gasthof Bruckenfischer zur Einkehr. Viele Tagesfahrer beenden hier die Fahrt, obwohl die Folgestrecke noch sehr interessant ist: Zunächst sind es rund sieben Kilometer herrliche Flussfahrt bis zum Georgenstein, einem Nagelfluhfelsen mit St.Georgsfigur. Diese Stelle war früher ein Alptraum der Flößer bei Hochwasser. Kurz darauf muss das Baierbrunner Wehr rechts umtragen werden. Ab einem Pegel von 90 cm könnte man nun in der freien Isar weiterfahren (andernfalls im Kanal, der über die Floßlände direkt zum Campingplatz führt). 400 Meter vor der hohen Großhesseloher Brücke muß das Wehr Großhesselohe rechts umtragen werden. Anschließend folgen einige befahrbare Sohlschwellen. Drei Kilometer nach Großhesselohe befindet sich das Wehr am Marienklausensteg. Größte Vorsicht ist hier bei höherem Wasserstand geboten. In diesem Fall sollte man frühzeitig anlanden und links umtragen. Bei Niedrigwasser bietet sich die Floßgasse auf der rechten Seite zu einer spritzigen Befahrung an. Bis zur Thalkirchner Brücke warten noch weitere befahrbare Sohlrampen. An der Thalkirchner Brücke setzt man links aus und bringt sein Boot am besten per Bootswagen zu einem der Parkplätze am Tierpark oder an der Zentrallände. Wer mit öffentlichen Verkehrsmitteln unterwegs ist, erreicht nach einem kurzen Fußmarsch die U-Bahn-Station Thalkirchen oder auch den nahen Campingplatz Thalkirchen.

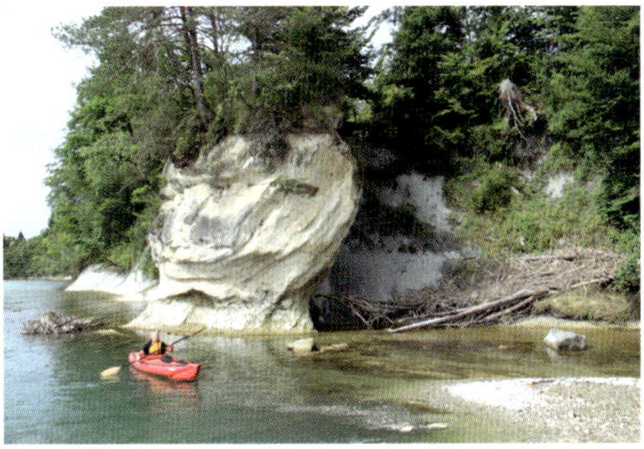

Felsen „Gelber Stein" vor Einöd

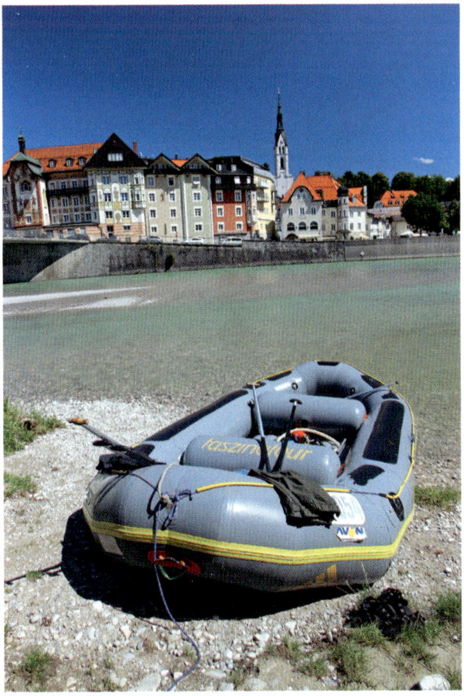

Kurze Rast bei Bad Tölz

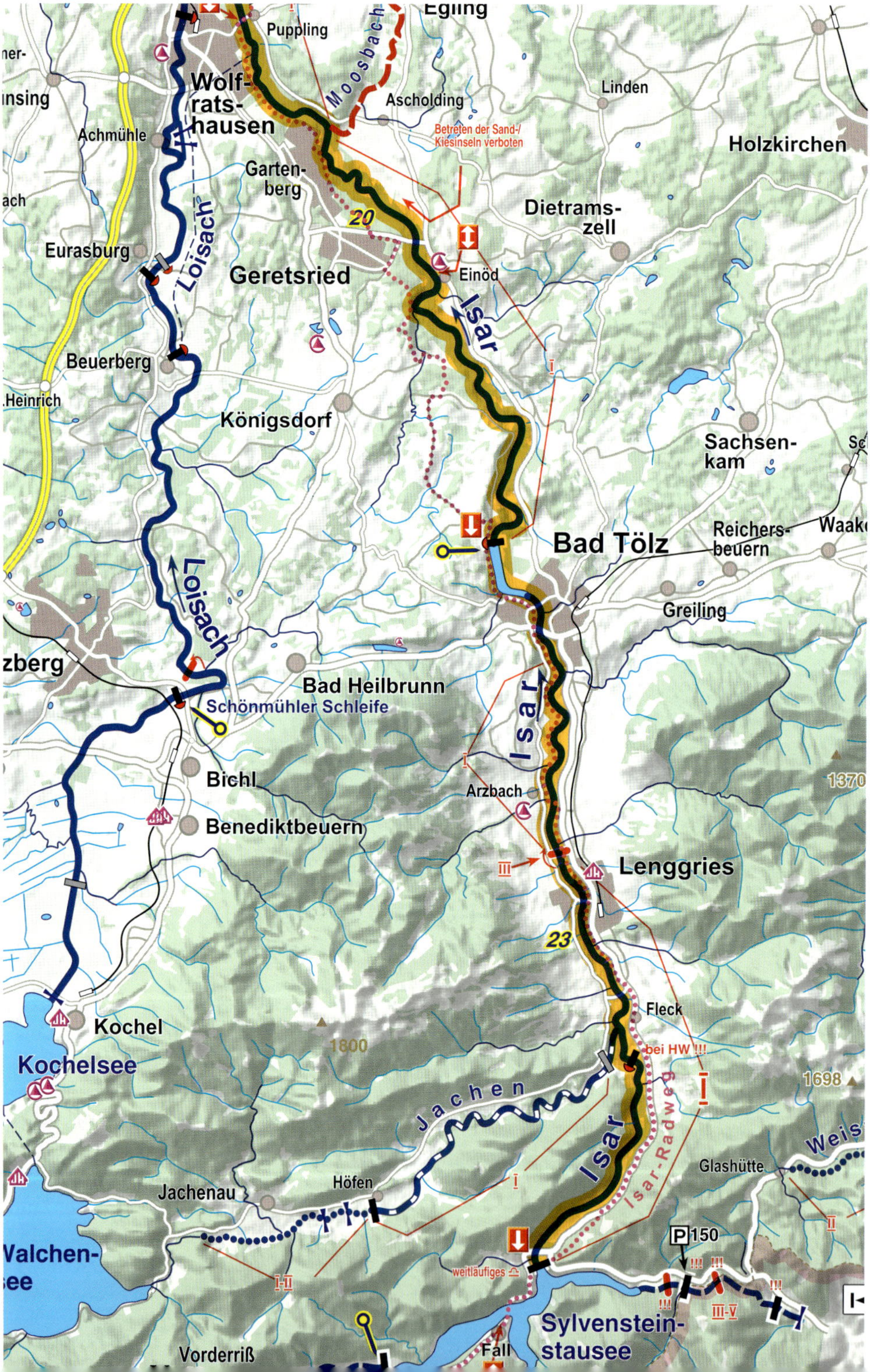
Egling
Puppling
Moosbach
Wolfratshausen
Achmühle
Ascholding
Linden
Holzkirchen
Betreten der Sand-/Kiesinseln verboten
Gartenberg
20
Dietramszell
Eurasburg
Loisach
Geretsried
Einöd
Isar
Beuerberg
Königsdorf
Sachsenkam
Bad Tölz
Reichersbeuern
Greiling
Loisach
Bad Heilbrunn
Schönmühler Schleife
Isar
Bichl
Arzbach
Benediktbeuern
1370
III
Lenggries
23
Kochel
Fleck
1800
bei HW !!!
Kochelsee
Jachen
1698
Isar
Isar-Radweg
Glashütte
Höfen
Jachenau
Walchensee
P 150
weitläufiges
III-V
Sylvenstein-stausee
Vorderriß
Fall

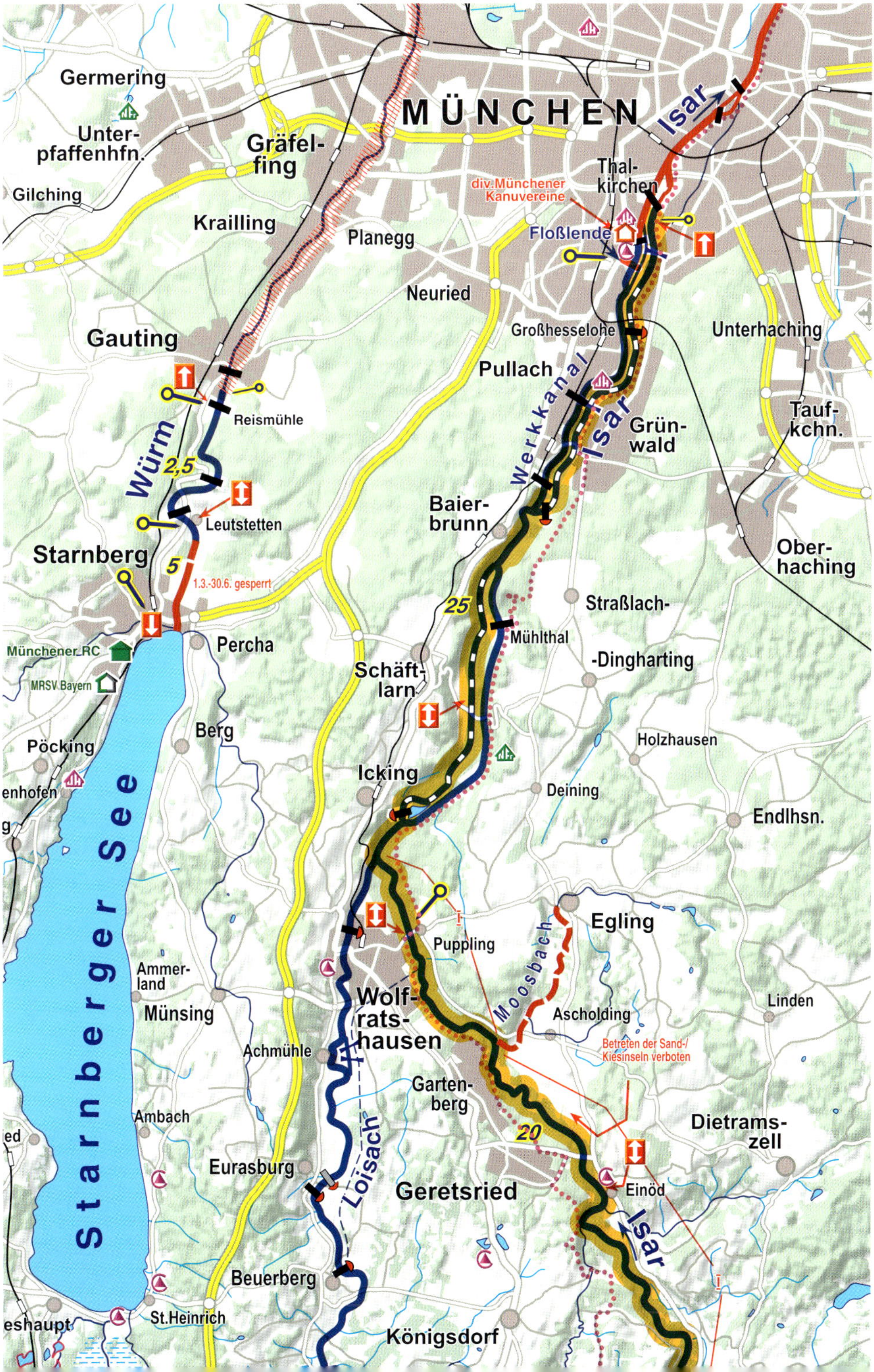
MÜNCHEN
Isar
Germering
Unter-
pfaffenhfn.
Gräfel-
fing
Gilching
Krailling
Planegg
Thal-
kirchen
div.Münchener
Kanuvereine
Floßlende
Neuried
Gauting
Großhesselohe
Unterhaching
Pullach
Reismühle
Werkkanal
Isar
Grün-
wald
Tauf-
kchn.
Würm
2,5
Baier-
brunn
Leutstetten
Starnberg
5
1.3.-30.6. gesperrt
Ober-
haching
Straßlach-
-Dingharting
25
Mühlthal
Münchener RC
Percha
MRSV Bayern
Schäft-
larn
Berg
Pöcking
Holzhausen
Icking
Deining
Endlhsn.
Starnberger See
Egling
Puppling
Moosbach
Ammer-
land
Münsing
Wolf-
rats-
hausen
Ascholding
Linden
Betreten der Sand-/
Kiesinseln verboten
Achmühle
Garten-
berg
Ambach
20
Dietrams-
zell
Eurasburg
Loisach
Geretsried
Einöd
Isar
Beuerberg
St.Heinrich
Königsdorf

➔ Charakter der Tour

Sportlicher Wanderfluss mit Schwallstrecken und Baumversperrungen (WW I).

Ausrüstung: Schlauchkanus und Kajaks mit WW-Eignung, (Isarkatarakt mit Helm, Schwimmweste generell anzuraten).

Einstieg 1: Parkplatz unterhalb der Sylvensteinmauer.

Einstieg 2: Lenggries Straßenbrücke (Bahnhof in ca. 500 Meter Entfernung). Begrenzte Parkplätze westlich der Isarbrücke. Einstieg direkt neben dem Ristorante „Luna Piena".

Ausstieg: München-Thalkirchen (Campingplatz, U-Bahn Anschluss).

Fahrstrecke: 71,6 km, ab Lenggries 58,5 km (Teilstrecken möglich, siehe Text).

Hinweis: Landschaftsschutzgebiet! Betreten der Vogelschutzinseln verboten, kein wildes Campieren!

Beste Zeit: Mitte Mai bis Mitte Oktober.

Pegel: *www.kanu-bayern.de* (unter Pegelinfo).

Gefahren: Besonders im Frühjahr und nach Hochwassern Gefahr von Baumversperrungen in den Außenkurven.

Auskunft: Tourist Information, Max-Höfler-Platz1, 83646 Bad Tölz, Tel. 08041/7867-0.

Internet: *www.toelzer-land.de*
www.bad-toelz.de

Bootsverleih: Alpina Rafting in München, 089/7259995, *www.alpina-rafting.de*
Action +Funtours in Bad Tölz,
Tel. 0041/796096, *www.action-funtours.de*
Snow and Raft in Lenggries,
Tel. 08042/9620923, *www.snowandraft.de*
Isarpiraten in München, Tel. 089/21086639, *www.isar-piraten.com*

Übernachten: Camping Einöd (Flusskilometer 188,5), Tel. 08027/386, Zeltwiese auch bei der Jugendbildungsstätte „Hochland" (etwas oberhalb von Flusskilometer 189,6), Tel. 08041/7698-0, Camping Thalkirchen in München, Tel. 089/7231707.

Gastronomie: Gasthof Zantl in Bad Tölz,
Gasthaus Behan in Einöd,
Gasthaus Pupplinger Au, Bruckenfischer in Schäftlarn, Gasthaus Mühthal,
Brückenwirt an der Grünwalder Brücke,
Gasthaus/Biergarten der Naturfreunde in Thalkirchen/Zentralländе.

Kanugewässer der näheren Umgebung: Sylvenstein-Stausee, Loisach, Starnberger See.

Sehenswertes: Lenggries (Kalkofen, Heimatmuseum), Bad Tölz (Historische Marktstraße, Heimatmuseum, Jodquellenbad, Kalvarienbergkirche), Wolfratshausen (Altstadt), Klosterkirche in Schäftlarn, zahlreiche Sehenswürdigkeiten in München.

Alternativen: Isar-Radweg, Wanderung Brauneck-Benediktenwand, Erlebnisbad Isarwelle und Hochseilgarten Isarwinkel in Lengries, Kletterhalle und Alpamare in Bad Tölz, Flossfahrt auf der Isar ab Wolfratshausen, Naturbad Maria Einsiedel in Thalkirchen.

Buchtipps/Karten:

- „Die 50 schönsten Kanutouren in Bayern (Alfons Zaunhuber) DKV-Verlag 2013
- Kanu Kompakt „Isar und Loisach" (Alfons Zaunhuber) Thomas Kettler Verlag 2016
- DKV-Gewässerführer für Bayern (Otto Schneider) DKV-Verlag 2012
- Die Isar – Wildfluss in der Kulturlandschaft (C-Magerl/D.Rabe) Kibitz Verlag 1999
- „Am grünen Fluss" (Carmen Rohrbach) Frederking & Thaler Verlag 2007
- Radwanderkarte „Isarradweg" 1:50.000 Verlag Publicpress

Tour 11: Reggaemusik und ein Märchenschloss im Bayerischen Meer

Wenn im August Grilldüfte und Reggaeklänge über das Bayerische Meer wehen, hat diese Region einen ganz speziellen Auftritt. Der See mit seiner markanten Bergkulisse sowie die malerischen Inseln, die schon den Märchenkönig Ludwig II. und zahlreiche Landschaftsmaler magisch angezogen haben, ist ein Urlaubsparadies der besonderen Art. Der See ist aus dem Chiemseegletscher entstanden, dessen abschmelzendes Wasser das tiefe Becken füllte. Auch die nahe gelegene Eggstätt-Hemhofer-Seenplatte entstand aus den Hinterlassenschaften der Eiszeit. Hatte der Chiemsee früher eine Fläche von über 200 Quadratkilometer, misst er heute nur noch knapp 80 Quadratkilometer. Paddlern bietet der See damit immer noch zahlreiche Möglichkeiten im Umfeld des Königsschlosses Herrenchiemsee.

Der Chiemsee bietet zahlreiche Möglichkeiten für Kanutouren. Mancher Seekajakpaddler belädt sein Boot mit Zelt und Schlafsack und startet zu einer Seeumrundung entlang der Ufer des Bayerischen Meeres. Andere begnügen sich mit einer Schnuppertour. Wir beginnen heute unsere Tagesfahrt am ruhig gelegenen Campingplatz Harras etwas südlich von Prien. Kaum ist die Sonne über dem See aufgegangen, paddeln wir zunächst in nördlicher Richtung vorbei am Yachtclub und passieren bald darauf den Dampfersteg von Prien. Zahlreiche Touristen kommen mit der kleinen Schmalspurbahn nach Prien-Stock, um hier mit dem Dampfer zu den Inseln überzusetzen. Vorbei am Erlebnisbad Prienavera erreichen wir nach ca. 5 km Fahrt die Engstelle zwischen Prienmündung und der Halbinsel Sassau. Die Prien

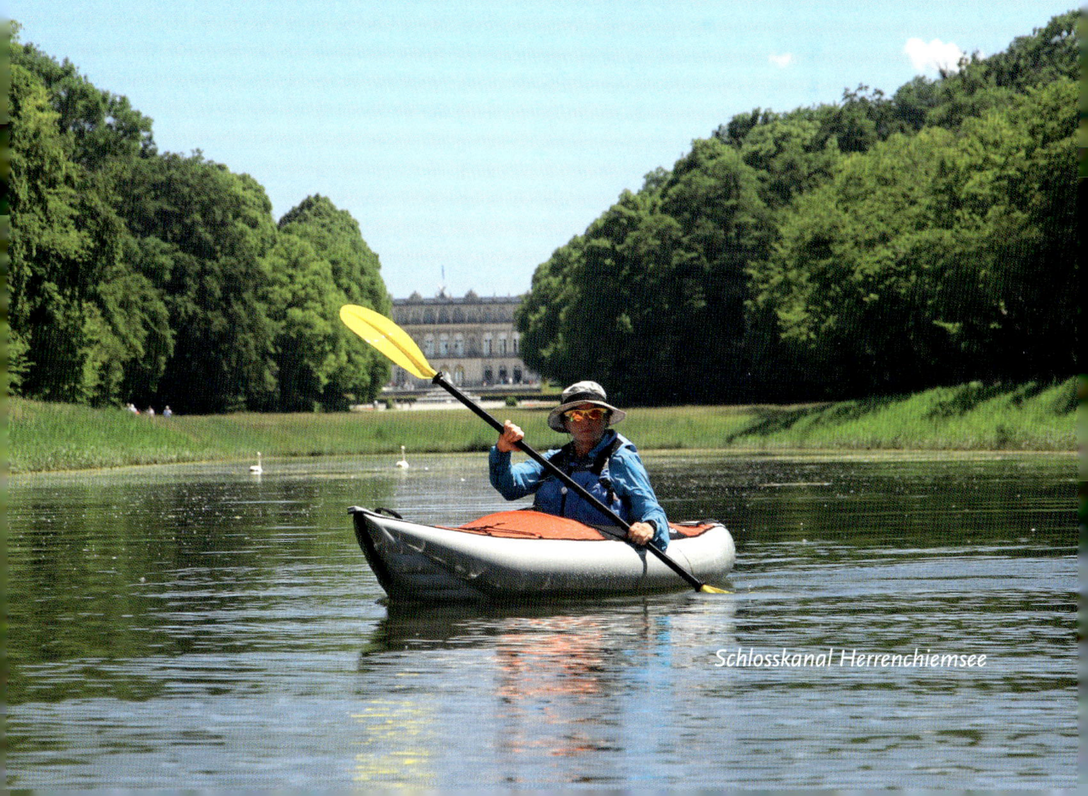

Schlosskanal Herrenchiemsee

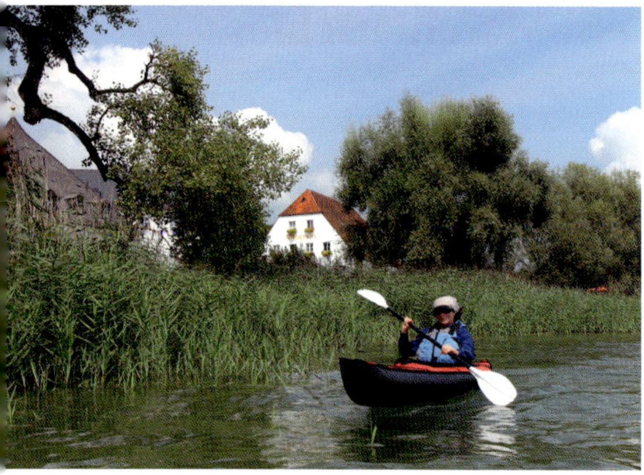

Umrundung der Fraueninsel

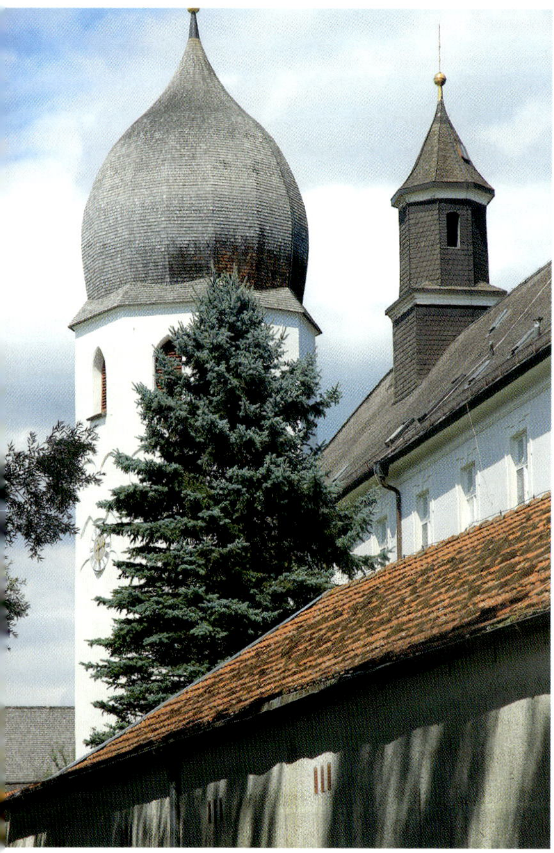

Abtei Frauenwörth, Frauenchiemsee

ist neben der Tiroler Ache der zweitstärkste Zufluss des Sees, obwohl das Flüsschen im Sommer nahezu trocken ist. Eine kurze Badepause zur Erfrischung, dann drehen wir eine Schleife in der flachen Schafwaschener Bucht. Dieser Seeteil ist von der Versandung bedroht und soll angeblich in 30-50 Jahren nicht mehr existieren. Hier friert der See im Winter am schnellsten zu und lockt zum Eislaufen.

Der Blick zurück aus der Bucht hinüber zu den Bergen der Chiemgauer Alpen ist ein erster Höhepunkt der Tour. Wir umrunden Gut Sassau und erreichen die Kailbacher Bucht mit besonders schönen Schilfzonen am Nordufer, Brutplatz zahlreicher Wasservögel. Vorbei am Strandbad von Breitbrunn peilen wir nun die Herreninsel an.

Nahe der Kreuzkapelle landen wir an und besuchen zunächst das Alte Schloss. Ein historischer Ort: Hier fand 1949 ein Verfassungskonvent statt, der das Grundgesetz der Bundesrepublik Deutschland vorbereitete. Eigentlicher Höhepunkt und Ziel zahlreicher Touristen ist jedoch Schloss Herrenchiemsee, das bayerische Versailles. Bayernkönig Ludwig II. hat für die Erbauung des Schlosses nicht mit Steuergeldern gegeizt. Im Nachhinein hat sich das Ganze jedoch als hervorragendes Investment für das Land Bayern erwiesen. Im Rahmen einer Führung kann man die prunkvollen Räumlichkeiten des Neuen Schlosses besichtigen. Sehr stimmungsvoll sind Open Air Konzerte vor dem Schloss oder auch Konzerte im Spiegelsaal.

Unsere Bootsreise geht jedoch weiter. Vorbei an der unbewohnten Krautinsel erreichen wir die Fraueninsel, ein weiteres Juwel am Chiemsee. Vor den kulturellen Höhepunkten ist erst einmal Mittagspause angesagt. Im Gasthof zur Linde sitzen wir gemütlich im Schatten der Bäume und lassen uns mit bester Regionalküche und einem Weißbier verwöhnen. Erst dann besuchen wir Torhalle und Münsterkirche und

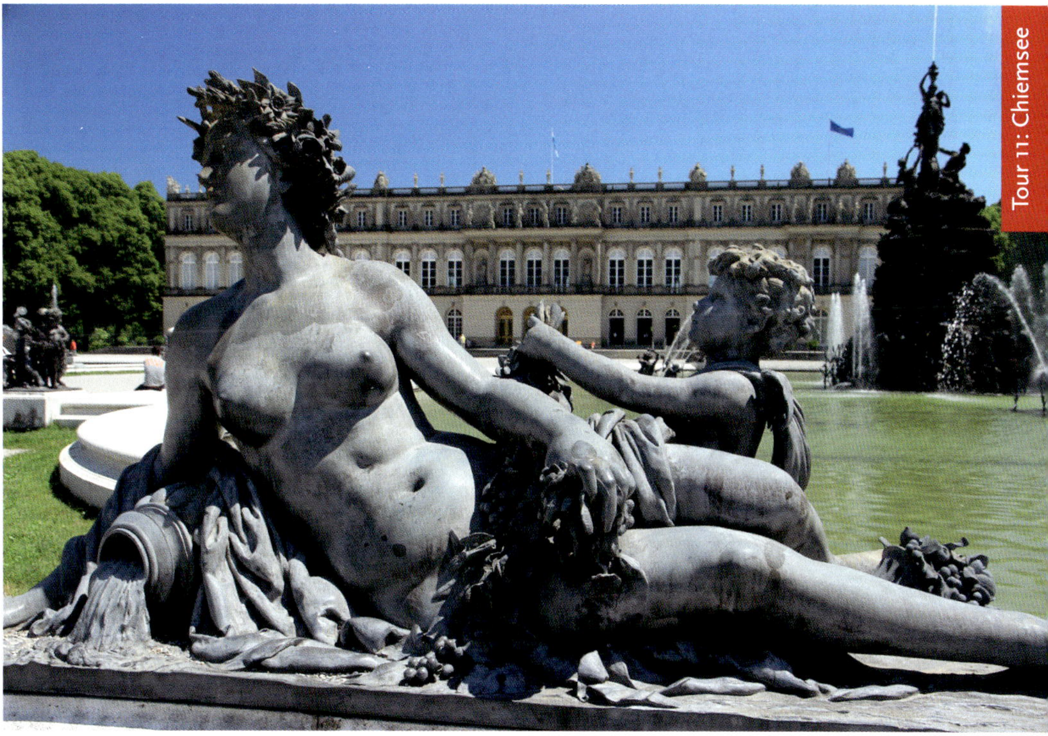

Schloss Herrenchiemsee mit Latona Brunnen im Vordergrund

schlendern durch die kleinen Gärten der romantischen Insel, auf der nur 300 Menschen leben. Bei einem der Inselfischer lassen wir uns noch eine Renke für den Abend einpacken. Bei aller Schwärmerei, Herren- und Fraueninsel werden an starken Tagen von schwallartigen Touristenschüben regelrecht überrollt.
Man sollte für seinen Besuch daher am besten einen ruhigen Wochentag einplanen. Der Rückweg zum Campingplatz führt uns in einem weiten Bogen um das Südufer der Herreninsel herum, vor uns die Felszacken der Kampenwand. Die Sonne brennt vom weißblauen Himmel und wir sind in Gesellschaft mit Segelbooten und Ruderern. Einige Möwen kreisen über uns, und das saubere Wasser lockt zu einer weiteren Badepause.

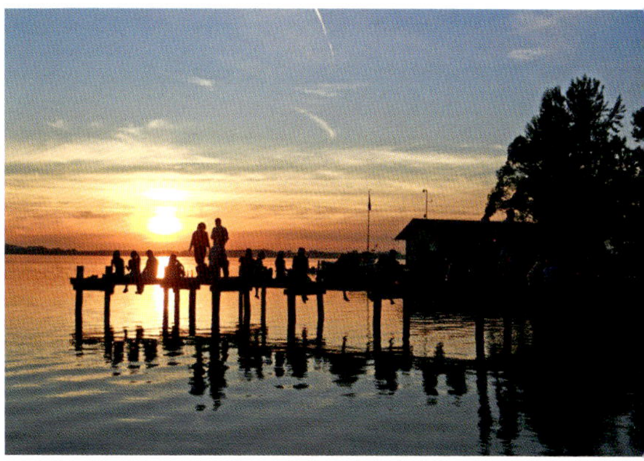

Die Sonnenuntergänge an der Chiemsee-Ostseite locken zahlreiche Einheimische und Touristen an.

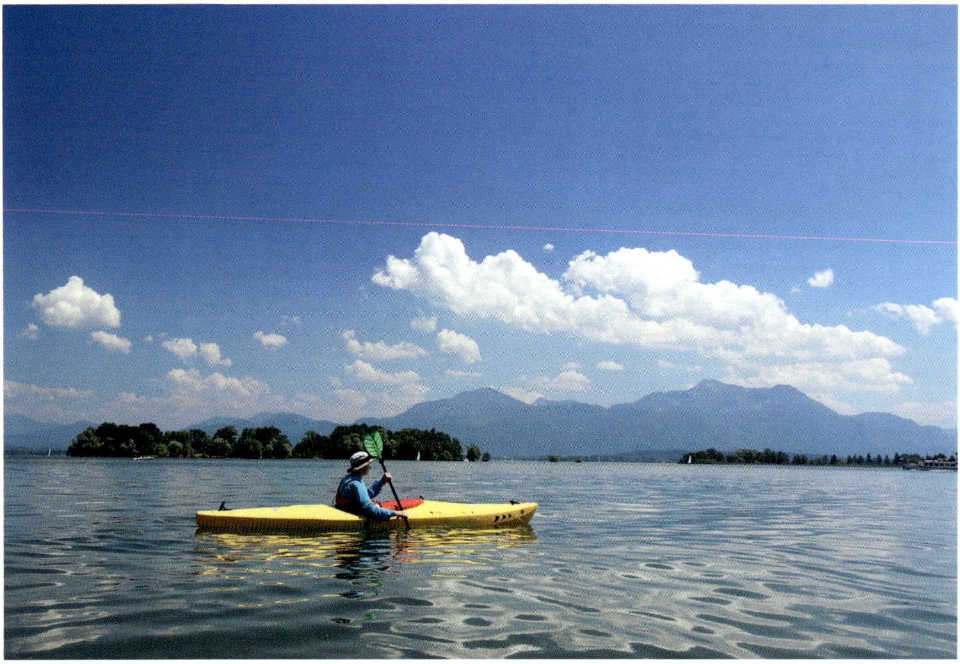

Ein perfekter Tag für eine ausgiebige Kajaktour auf dem Chiemsee, im Hintergrund die Herreninsel.

Charakter der Tour

Schnuppertouren in Ufernähe, anspruchsvollere Inseltouren oder Seeumrundung – alles ist möglich und attraktiv.

Ausrüstung: Für die Seeumrundung und Inseltouren Kajaks mit Spritzdecke und Schwimmwesten erforderlich.

Beste Zeit: Mai bis Oktober.

Einstieg/Ausstieg: je nach Basislager, z.B. an einem der genannten Campingplätze.

Fahrstrecke: Seeumrundung entlang der Uferlinie 75 km.

Naturschutz: Das Mündungsgebiet der Tiroler Ache ist ganzjährig gesperrt! Betretungsverbot gekennzeichneter Ufer, ausreichend Abstand im Bereich der Schilfzonen halten!

Gefahren: Sommergewitter, Lichtwarnanlage beachten!

Bahnverbindung: Bahnhof in Prien. Weiterfahrt zum See mit der historischen Schmalspurbahn „Chiemseebockerl".

Bootsverleih/Touren:
Surfschule Chiemsee in Bernau,
Tel. 08051/970244,
www.surfschule-chiemsee.de
Parker Outdoor in Übersee (Seekajakkurse und Verleih), Tel. 08642/5955650,
www.parkeroutdoor.com

Kanugewässer der näheren Umgebung:
Tiroler Ache, Alz, Simsee, Traun, Inn, Salzach.

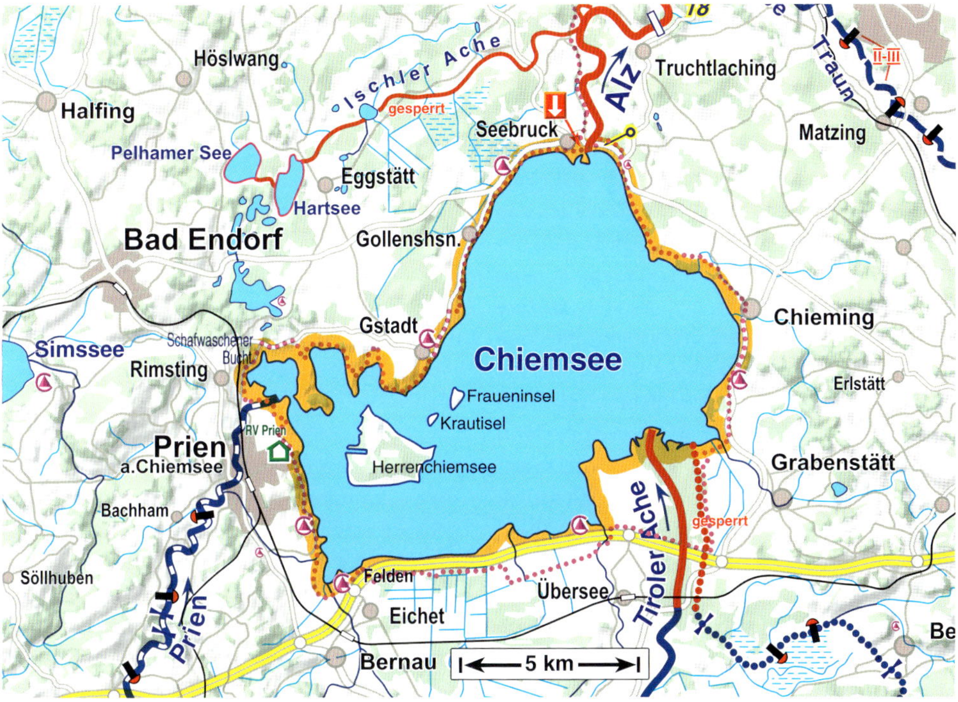

Auskunft: Tourismusbüro Prien, Alte Rathausstr. 11, 83209 Prien, Tel. 08051/69050, www.chiemgau-tourismus.de

Übernachten: Empfehlenswert der Camping Harras bei Prien, Tel. 08051/90460, zahlreiche weitere Plätze z.B. in Seebruck-Lambach oder Chieming.

Gastronomie: Wieninger und Bayerischer Hof in Prien, Gasthof zur Linde und Inselwirt auf der Fraueninsel, Mesnerstubn in Urschalling, Malerwinkel in Lambach bei Seebruck, Unterwirt in Chieming, Schlosswirtschaft Wildenwarth.

Sehenswertes: Schloss Herrenchiemsee, Torhalle und Münsterkirche auf der Fraueninsel, Historische Schmalspurbahn, Pfarrkirche Mariä Himmelfahrt und Heimatmuseum in Prien, Jakobuskirchlein in Urschalling mit schönen Fresken, Römermuseum in Seebruck.

Alternativen: Segeln, Surfen, Baden, Tanzschifffahrt, Radtour auf dem Chiemsee-Uferweg, Wanderungen (Kampenwand, Kendlmühlfilzen, Herreninsel-Rundweg), Ballonflüge.

Buchtipps/Karten:

- „Die 50 schönsten Kanutouren in Bayern" (A. Zaunhuber) DKV-Verlag 2013
- Reiseführer „Oberbayerische Seen" (Thomas Schröder) M. Müller Verlag 2013
- „Natur- und Kulturführer Chiemsee" (W. Dietzen) Chiemgauer Verlagshaus 2010
- Radkarte „Chiemgau/Berchtesgadener Land" 1:75.000 Esterbauer Verlag

Tour 12: Durch die Alzschleifen vom Chiemsee nach Altenmarkt

Nördlich des Chiemsees erstreckt sich eine sanfte Voralpenlandschaft. Die Alz als einziger Abfluss des Sees verlässt bei Seebruck das bayerische Meer und strebt nordwärts dem Inn entgegen. Aus Naturschutzgründen ist eine Befahrung erst ab dem 1.7. erlaubt. Unsere Kanustrecke ist unterteilt in zwei verschiedene Abschnitte. Bis Truchtlaching strömt die Alz sanft durch ein weites Schilfgebiet, im Frühjahr Brutplatz zahlreicher Wasservögel. Dann wird es etwas sportlicher, der Fluss schlängelt sich mit etwas flotterer Strömung durch bewaldete Hügel einer Endmoräne bis nach Altenmarkt. In Kanufahrerkreisen ist diese Strecke sehr beliebt, an schönen Sonntagen im Sommer gibt es hier Parkplatzprobleme. Dennoch ist die Fahrt sehr zu empfehlen. Wer Zeit hat, kommt wochentags oder an einem goldenen Herbsttag, wenn die Mischwälder an der Alz in den schönsten Farben zum großen Finale läuten.

Beim Parkplatz nahe dem Gasthof zur Post unterhalb der Alzbrücke in Seebruck beginnt die abwechslungsreiche Bootstour. Wer kein eigenes Boot hat, kann sich im Seehotel Wassermann ein Kanu mieten. Da sich das Wasser im See auf Badetemperatur erwärmt hat, ist es jederzeit möglich, während der Bootsfahrt ins Wasser zu springen und zu schwimmen. Manche schwimmen an heißen Sommertagen sogar die 6 km lange Strecke bis Truchtlaching auf der Luftmatratze. Ansonsten registriert man Gummireifen, PVC-Schwäne und selbst gebaute Wasserfahrzeuge aller Art. Das Wasser ist durch die Ringkanalisation des Sees so klar, dass man bis auf den Grund sehen kann. Wer nach Süden zurückblickt, sieht auf die herrliche Kette der Chiemgauer Alpen. Hinter dem Schilfufer verbergen sich glücklich zwitschernde Vogelkolonien.

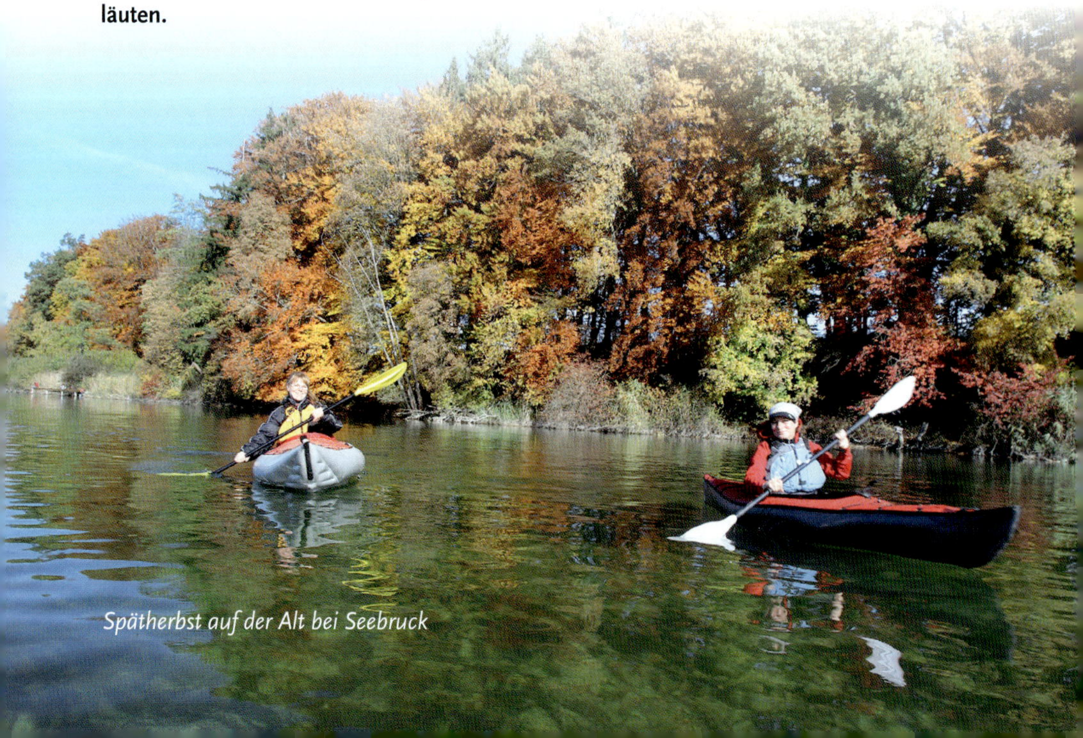

Spätherbst auf der Alt bei Seebruck

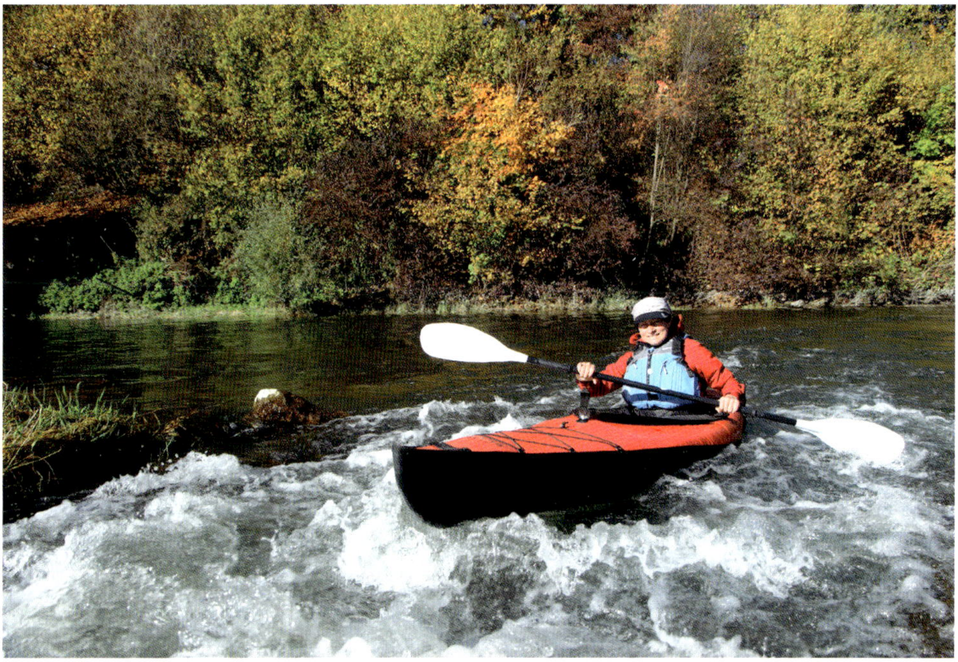

Schwall am Truchtlachinger Wehr

Silberweiden und Schwarzerlen, aber auch Streuwiesen und Rapsfelder flankieren den gewundenen Flusslauf. Die Alz räkelt sich vollkommen unökonomisch und ohne Stress durch die alte Kulturlandschaft dem Inn entgegen. Nach einer gut einstündigen Fahrt erreicht man die Brücke von Truchtlaching, eine weitere Zustiegsmöglichkeit. Linksufrig befindet sich ein idyllisches Flussbad, rechts lockt der Neuwirt mit seinem kleinen Biergarten und köstlichen Forellengerichten. An stark frequentierten Tagen ist hier kaum ein Platz zu ergattern.

Wenig später versperrt das **Truchtlachinger Wehr** den Fluss. Lange Zeit war eine Umtragung obligatorisch. Seit einiger Zeit ist das Wehr jedoch mit einer **Bootsrutsche** ausgestattet, die eine lustige und gefahrlose Abfahrt ermöglicht. Nach dem Wehr ändert sich die Landschaft, Moränenhügel flankieren den

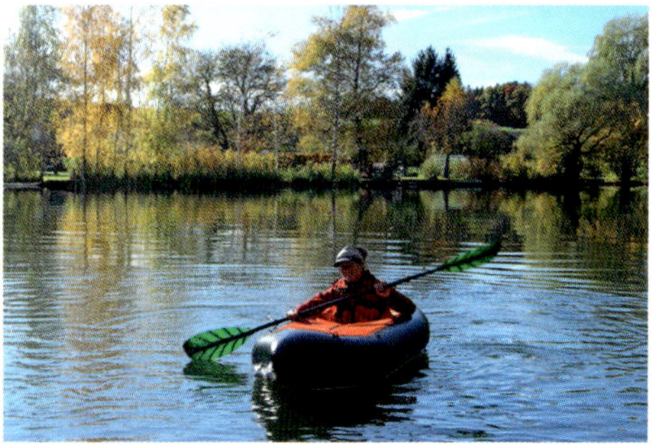

Im Trekraft auf der Alz

Fluss und Mischwälder reichen bis ans Wasser heran. Auch die Fließgeschwindigkeit nimmt zwischen den nachfolgenden Wehren zu, der Fluss wird etwas sportlicher.

Die Wehranlage im Höllthal erfordert ein kurzes Umheben am rechten Ufer. Wenig später bietet sich das Cafe Höllthal am linken Ufer zu einer Kaffeepause an. Hier gibt es selbst geba-

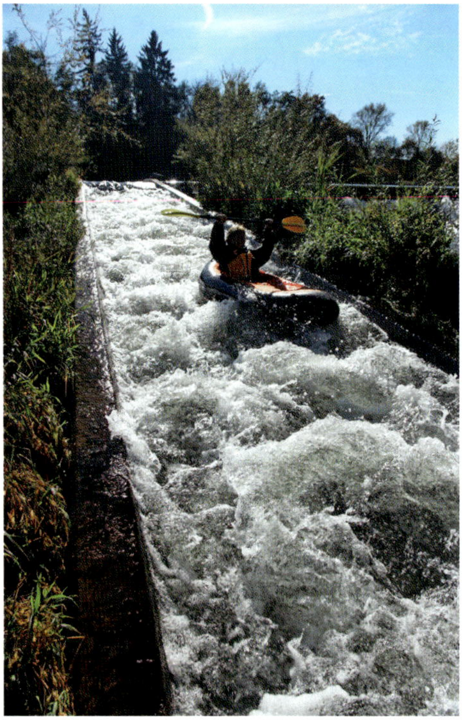

Die Bootsrutsche am Truchtlachinger Wehr

ckene Kuchen und einen idyllischen Blick von der Terrasse auf die stimmige Flusslandschaft. Auch die Folgestrecke bietet eine naturnahe Fahrt. Zwei Inseln teilen die Alz, und bei gutem Wasserstand bildet sich eine kleine Stromschnelle.

Wir passieren die Personenfähre „Mina" beim Gasthof Roiter mit Wirtsgarten (Schauplatz in Ruth Rehmanns Roman „Die Schwaigerin") und wenig später macht sich der Rückstau des Wehres in der Laufenau bemerkbar. Linksufrig landen wir an unserer Ausstiegstelle an. Bevor wir unsere Boote zu den nahen Fahrzeugen tragen, genehmigen wir uns noch einmal ein Bad in der Alz. Als finale Einkehr empfiehlt sich das Bräustüberl Baumburg direkt neben dem Kloster in Altenmarkt.

⊕ Charakter der Tour

Wandergewässer für Einsteiger mit guter Beschilderung.

Ausrüstung: Bis Truchtlaching auch Badeboote möglich, Folgestrecke nur mit hochwertigeren Kajaks oder Kanus aller Art.

Beste Zeit: Juli bis Oktober.

Einstieg: In Seebruck beim Hotel Post oder Hotel Wassermann (Parkplätze).

Ausstieg: Altenmarkt Ortsteil Laufenau links vor dem Wehr beschildert (Parkplatz).

Fahrstrecke: 16 km.

Pegel: Seebruck Mw 75 cm.

Gefahren: Hinweisschilder an den Wehren beachten!

Naturschutz: Befahrungsverbot vom 1.1. bis 30.6.). Ganzjähriges Betretungsverbot der Schilfinseln und Befahrungsverbot der Ischler Schlinge!

Bahnverbindung: keine.

Bootsverleih: Herr Stocker, Telefon 0171/8228389 im Hotel Wassermann in Seebruck, Tel. 08667/8710, direkt am Einstieg (nur Juli/August/auf Anfrage bis 15.9.).

Weitere Etappen: Trostberg bis Garching 16 km Wandergewässer bis WW I (nur bei gutem Wasserstand möglich).

Kanugewässer der näheren Umgebung: Chiemsee, Salzach, Traun, Tiroler Ache.

Auskunft: Verkehrsamt Seebruck, Am Anger 1, D-83358 Seebruck, Tel. 08667/7139, *www.btl.de/Chiemsee* *www.chiemgau.com/seeon-seebruck*

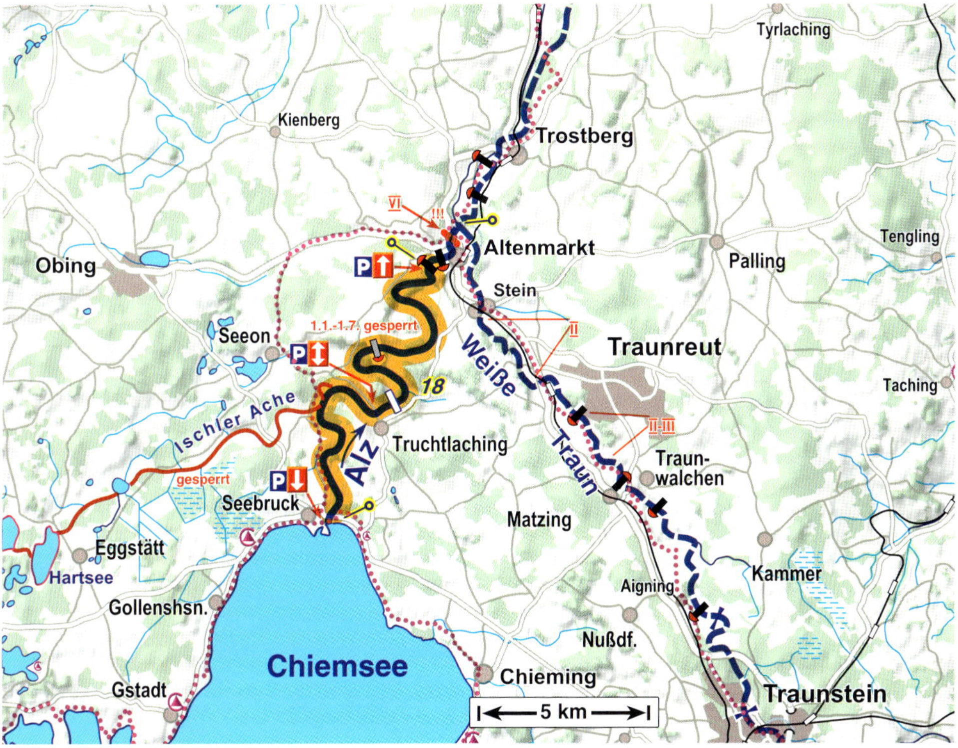

Übernachten: Campingplatz Lambach bei Seebruck, Tel. 08667/7889,
Campingplatz Kupferschmiede bei Seebruck, Tel. 08667/446,
Hotel Wassermann (siehe Bootsverleih).

Gastronomie: Hotel Wassermann und Gasthof zur Post in Seebruck,
Gasthaus Neuwirt in Truchtlaching (Fisch),
Cafe Höllthal (Kuchen),
Bräustüberl Baumburg in Altenmarkt.

Sehenswertes:
Römermuseum Bedaium in Seebruck,
Kloster Baumburg mit barocker Stiftskirche in Altenmarkt, Kloster Seeon (Kreuzgang),
St.Jakobskirche in Rabenden,
Altstadt in Trostberg, NSG Eggstätter Seenplatte.

Alternativen: Radltouren um den Chiemsee und entlang von Alz und Trau, Naturkundliche Floßfahrt auf der Alz (Voranmeldung beim Verkehrsamt), Windsurfen und Segeln am See. Wanderung um den Hartsee (Eggstätter Seenplatte).

Buchtipps/Karten:

- „Die 50 schönsten Kanutouren in Bayern" (A. Zaunhuber) DKV-Verlag 2013
- Reiseführer: „Oberbayerische Seen" (Thomas Schröder(Michael Müller Verlag 2013
- „Natur&Kulturführer Chiemsee" (Wolfgang Dietzen) Chiemgauer Verlagshaus 2010
- Radkarte „Chiemgau" 1:75.000, Verlag Esterbauer

Tour 13: Von den Grenzen des Nationalparks bis zur Domstadt Regensburg

Eine Bootswanderung auf dem Regen mit seinem braunen, moorhaltigen Wasser füllt eine ganze Ferienwoche. Vom romantischen Blaibacher See mit seinen dunklen Wäldern bis zur 2000-jährigen Stadt Regensburg präsentiert sich der Fluss mit wildromantischer Natur und zahlreichen kulturellen Höhepunkten. „Vom Waldgebirg zur Donau" ist das Motto einer Broschüre zum Thema Bootswandern auf dem Regen (erhältlich beim Verkehrsamt). Bereits zu Zeiten unserer Großväter war der Regen ein beliebtes Faltbootziel. Früher wurde der Regen auch mit Flößen und Zillen befahren. Durch den Holzreichtum des Bayerischen Waldes wurde seit dem Mittelalter bis zum Ende der 50er Jahre Holz getriftet, eine anstrengende und gefährliche Arbeit, bei der tödliche Unfälle an der Tagesordnung waren. Bootswanderer wandeln somit auch auf den Spuren der Industrialisierung einer Region, die durch die Osterweiterung große Beliebtheit erlangte.

Der Regen ist als Wasserwanderweg ausgebaut. Markierte Zustiege, Beschilderungen an Wehren sowie zahlreiche Campingplätze sorgen für eine sehr gute kanusportliche Infrastruktur. Anfänger fühlen sich nicht überfordert, und erfahrene Kanuten können hier noch vieles entdecken, vor allem reizvolle Natur und schöne Kirchen und Klöster. Vor der Fahrt empfiehlt sich ein Besuch der wunderschönen Wallfahrtskirche Weißenregen mit ihrer originellen Fischerkanzel. Direkt unterhalb der Staumauer Blaibach ist der Einstieg (Parkplatz, Informationstafel). Nach 500 m mündet rechts der Weiße Regen ein. Vor und in Urleiten sorgen einige Felsriegel und Schwallstrecken für Abwechslung. Nach 11 km erreicht man die Wehranlage Chamerau. Es folgt ein guter Rastplatz mit

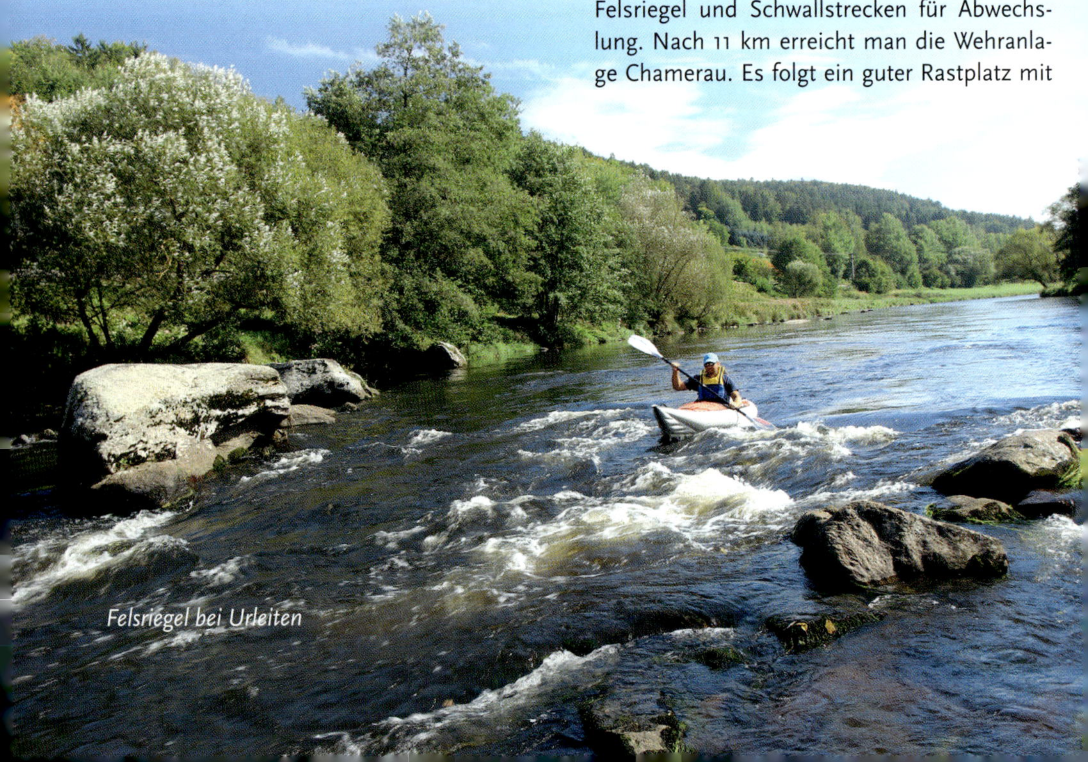

Felsriegel bei Urleiten

Grillstellen. 6 km später erreicht man einen weiteren Rastplatz in Chammünster (sehenswerte Münsterkirche und Burgruine). 3 km weiter erwartet uns an der Wehranlage Altenstadt eine neuerliche Umtragung. Bei Flusskilometer 85, also nach 22 km Fahrt, erreicht man die Kreisstadt Cham (Campingplatz am rechten Ufer, Altstadt, Marktplatz, Rotes Tor, Nepumukstatue).

Nach der Wehranlage Grabenmühle beginnt das kleine Naturschutzgebiet „Regental-Aue" mit reicher Tier- und Pflanzenwelt. Am Ende der Regentalaue befindet sich rechter Hand ein Rastplatz mit einem hölzernen Aussichtsturm. Über Untertraubenbach und Pösing erreicht man Roding, das Etappenziel des 2.Tages (Zeltplatz vor der Stadtbrücke am linken Ufer). Roding ist von seiner Vergangenheit gezeichnet, die historische Bausubstanz fiel 1755 einem Stadtbrand zum Opfer. Ein Kleinod besonderer Art ist das nahe gelegene Wallfahrtskirchlein Heilbrünnl auf einer sanften Höhe am Regen. 100 m nach dem Einstieg passiert man die Wehranlage Petersmühle und bei km 58 die Anlage Regenmühle mit einem alten Wasserrad.

Der Regen fließt nun durch ein romantisches Tal mit waldreichen Hängen. Bis Nittenau sind noch weitere vier Wehre zu umheben. Nittenau ist einer der Hauptorte des Naturparks Vorderer Bayerischer Wald. Man folgt der Beschilderung in den linken Mühlenkanal. Ausstieg beim Kraftwerk und Umtragung. Ein Campingplatz mit Schwimmbad befindet sich am Ortsende rechts, ein empfehlenswerter Übernachtungsplatz am 3.Tag.

Nun folgt die landschaftlich besonders reizvolle Strecke am **„Regenknie".** Riesige Findlinge liegen im Flussbett, zahlreiche Sagen ranken sich um diese glattgeschliffenen Relikte aus grauer Vorzeit. Rapsfelder sorgen während der Blüte für einen leuchtend gelben Hintergrund. Bei km 30 befindet sich ein beliebtes Wirtshaus

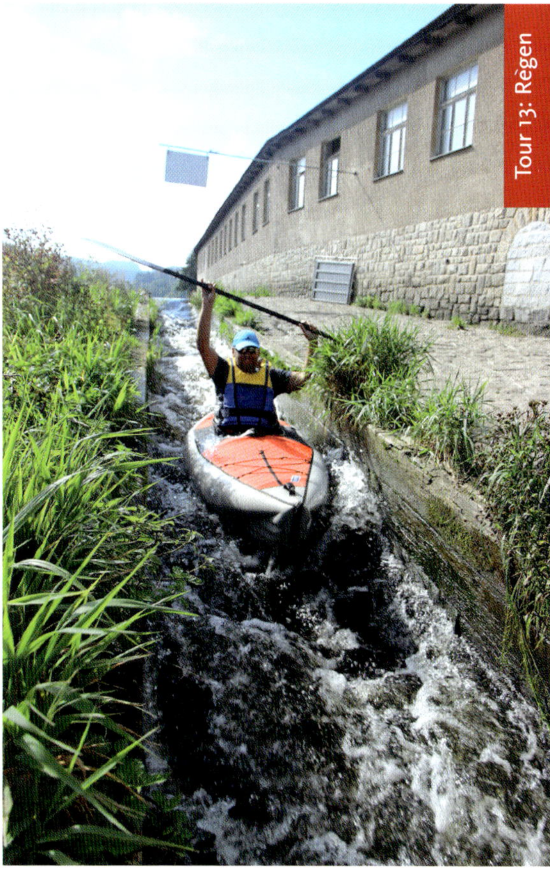

Floßgasse Chamerau

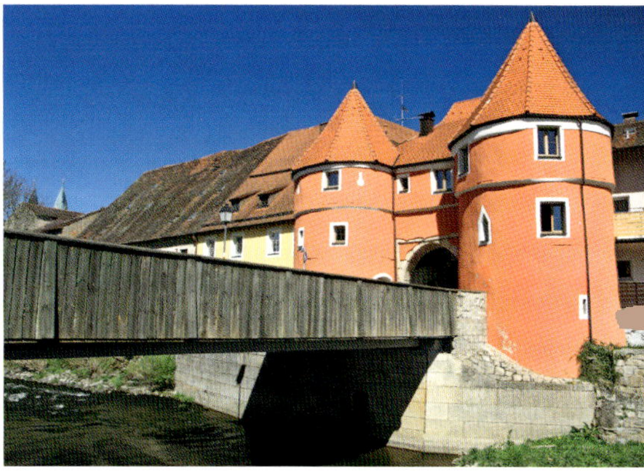

Das Biertor in Cham

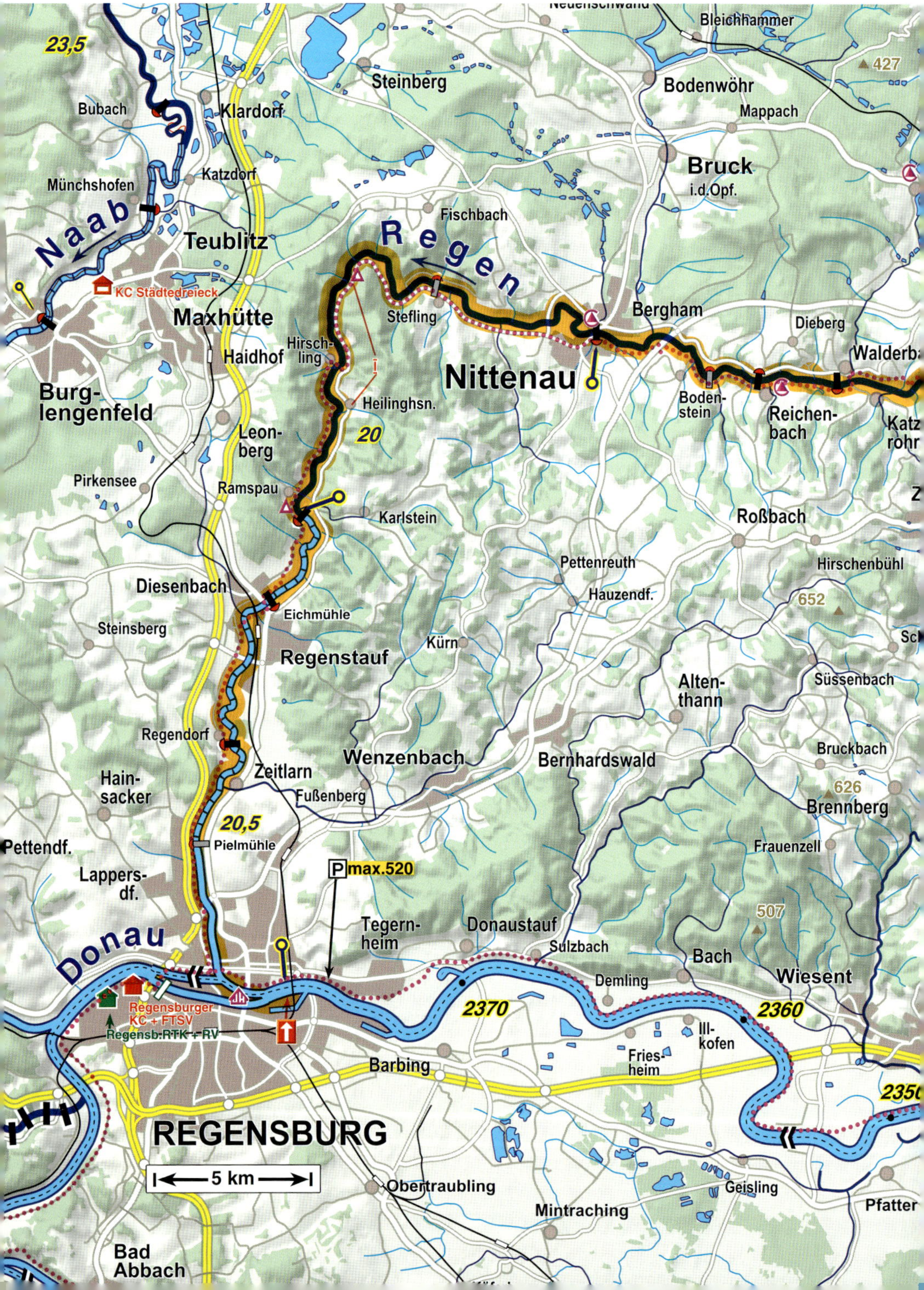
Naab
Regen
Donau
Teublitz
Maxhütte
Burglengenfeld
Nittenau
Regenstauf
Wenzenbach
Bernhardswald
Donaustauf
REGENSBURG
Bodenwöhr
Bruck i.d.Opf.
KC Städtedreieck
Regensburger KC + FTSV
Regensb.RTK + RV
max.520
5 km
20
20,5
23,5
2370
2360

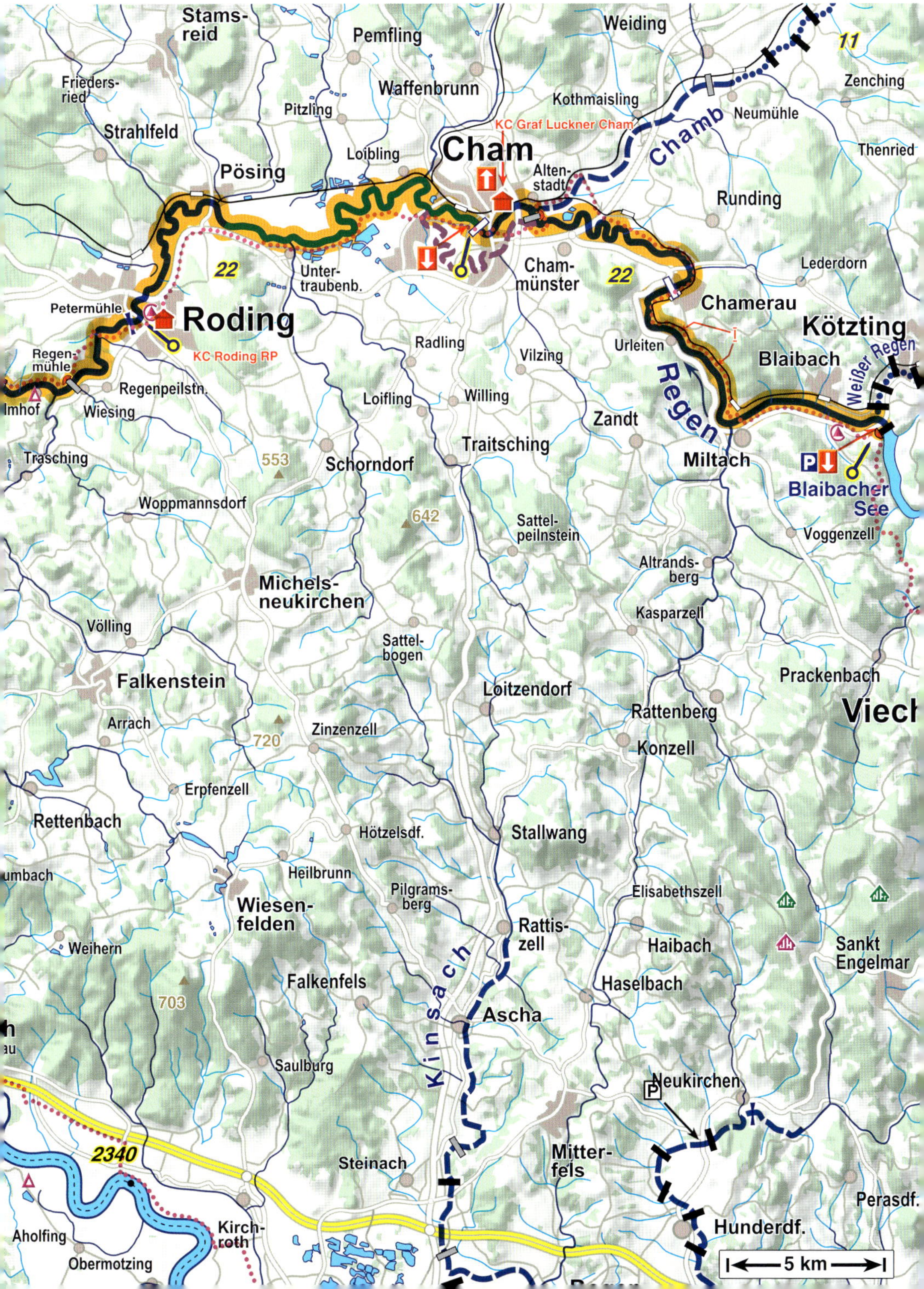

Stamsreid
Pemfling
Weiding
11
Zenching
Friedersried
Waffenbrunn
Kothmaisling
Neumühle
Pitzling
Strahlfeld
KC Graf Luckner Cham
Chamb
Thenried
Loibling
Cham
Pösing
Altenstadt
Runding
22
Unter-traubenb.
Chammünster
Lederdorf
Petermühle
Roding
Chamerau
Kötzting
KC Roding RP
Radling
Urleiten
Regenmühle
Vilzing
Blaibach
Weißer Regen
Imhof
Regenpeilstn.
Loifling
Willing
Regen
Wiesing
Zandt
Traitsching
Trasching
553
Schorndorf
Miltach
Blaibacher See
642
Woppmannsdorf
Sattelpeilnstein
Voggenzell
Altrandsberg
Michelsneukirchen
Kasparzell
Völling
Sattelbogen
Prackenbach
Falkenstein
Loitzendorf
Viech
Rattenberg
Arrach
Zinzenzell
720
Konzell
Erpfenzell
Rettenbach
Stallwang
Hötzelsdf.
Heilbrunn
Elisabethszell
Pilgramsberg
Wiesenfelden
Rattiszell
Haibach
Sankt Engelmar
Weihern
Kinsach
Falkenfels
Haselbach
703
Ascha
Saulburg
Neukirchen
P
2340
Steinach
Mitterfels
Perasdf.
Kirchroth
Hunderdf.
Aholfing
Obermotzing
5 km

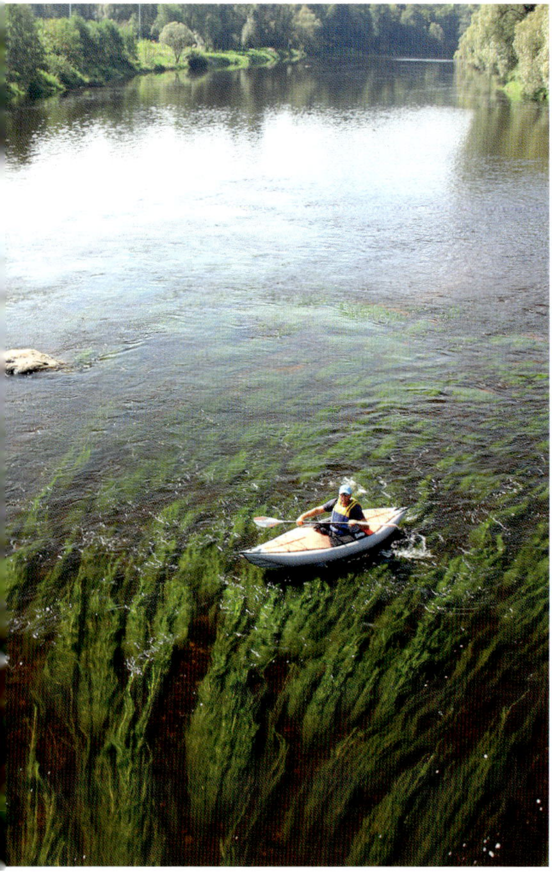

Unter der Brücke von Miltach

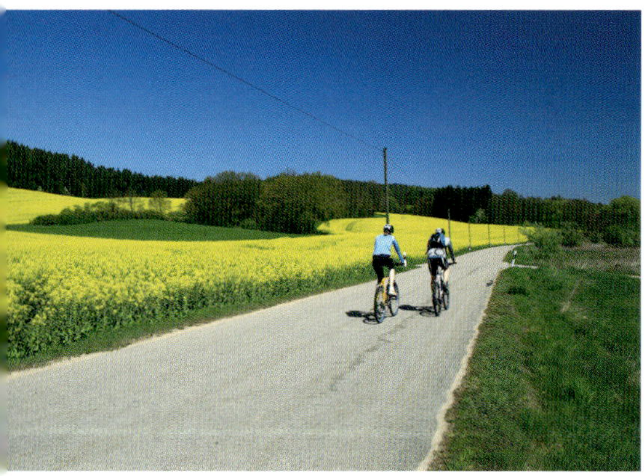

Regen-Radweg bei Ramspau

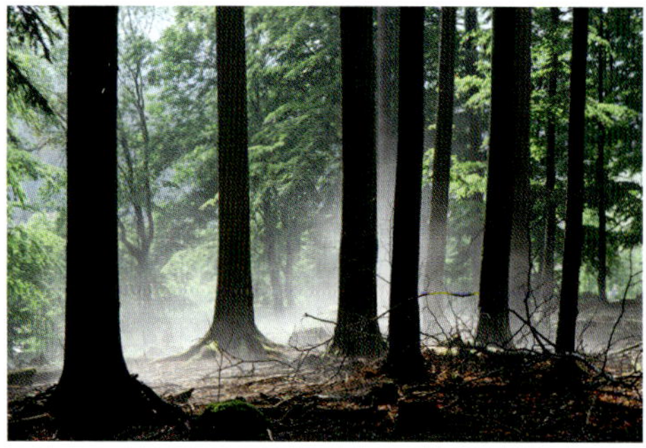

Nationalpark Bayerischer Wald

mit Biergarten und Zeltmöglichkeit und die Ruine Stockenfels, das Geisterschloss der Bierpanscher. Sehr schön ist auch der Rastplatz bei km 24, er lockt förmlich zu einer Siesta. Bei km 21 passiert man Ramspau mit seinem schön renovierten Barockschlösschen (Flussbad, WC, Zeltwiese). Viele Paddler beenden bereits hier im nächsten Ort Regenstauf die Fahrt. Der Weiterweg ist geprägt durch begradigte Ufer und dichte Besiedelung. Drei weitere Wehre bei km 16, 10 und 4,9 unterbrechen die Fahrt, wobei das Wehr in Pielmühle über eine Bootsgasse verfügt. Unsere Fahrt endet in der Universitätsstadt Regensburg am rechten Donauufer. Regensburg besitzt Sehenswürdigkeiten, für die ein Tag kaum ausreicht.

Charakter der Tour

Der Regen ist als Wasserwanderweg ausgebaut und eignet sich auch für Anfänger und ist kindgerecht. Mindestens 5 Tage erfordert diese Tour.

Ausrüstung: alle Bootstypen (Einer mit Spritzdecke), Einsteiger und Kinder mit Schwimmweste.

Beste Zeit: Mai bis September (Oktober).

Einstieg: Blaibacher Staumauer.

Ausstieg: Regensburg (DLRG-Station nahe dem Eisstadion).

Fahrstrecke: 107 km.

Pegel: Info: www.kanu-bayern.de

Gefahren: Wehre (Beschilderung an den Gefahrenstellen vorbildlich).

Naturschutz: Betretungsverbot der Ufer und Kiesbänke im NSG Regentalaue (km 84,2 – 69.7).

Bahnverbindung: Bahnhöfe u.a. in Blaibach, Cham, Roding, Regenstauf, Regensburg.

Weitere Etappen: Schwarzer Regen: Regen bis Viechtach WW-I-II, Viechtach bis Blaibach, mit Höllenstein-Stausee und Blaibacher Stausee (Zahmwasser). 3

Kanugewässer der näheren Umgebung: Naab, Champ, Ilz.

Auskunft: Tourismusverband Ostbayern e.V. Im Gewerbepark D02/D04, 93059 Regensburg, Tel. 0941/58539-0, *www.ostbayern-tourismus.de*

Bootsverleih: Aqua Hema in Kötzting, Tel. 09941/4128, *www.aquahema.de*
Mega-Sports in Regen, Tel. 09921/6313, *www.robsonpaddle.de*
Nautilus in Niedertraubling, Tel. 09401/51295, *www.kanu-outdoor.de*
Zankl in Miltach, Tel. 09944/2823, *www.kanuverleih-zankl.de*
Jutta Peschke in Nittenau, Tel. 09436/2740, *www.bootswandern.de*

Übernachten: Campingplätze in Blaibach, Chamerau, Cham, Roding, Reichenbach, Nittenau, Marienthal, Ramspau und Regenstauf (alle am Fluss). Zahlreiche Gasthäuser und Unterkünfte in Flussnähe.

Gastronomie: Gasthof Bäckerwirt in Chamerau, Gasthaus Marienthal, D'Fasslwirtschaft in Cham, Gasthof Eichmühle in Regenstauf, Historisches Eck und Wurstkuchl in Regensburg.

Sehenswertes: Wallfahrtskirche Weißenregen, Schloss Miltach, Kirche Chammünster, Cham (Altstadt, Rotes Tor), Wallfahrtskirche Heilbrünnl bei Roding, Kloster Walderbach und Reichenbach, Barockschloss Ramspau (privat), Regensburg (historische Altstadt, Dom, St.Emmeram, Schloss Thurn und Taxis, Steinerne Brücke, Schifffahrtsmuseum.

Alternativen: Radtouren entlang dem Regen, Tierbeobachtung im Naturschutzgebiet Regentalaue und im Nationalpark, Wanderungen und Bergtouren im Bayerischen Wald (Lusen, Osser, Rachel).

Buchtipps/Karten:

- „Die 50 schönsten Kanutouren in Bayern" (Alfons Zaunhuber) DKV-Verlag 2013
- „DKV-Gewässerführer für Bayern" (Otto Schneider) DKV-Verlag 2011
- Kanu Kompakt „Der Regen" (Michael Hennemann) Thomas Kettler Verlag 2014
- „Bayerischer Wald" (Johann Schrenk) Michael Müller Varlag 2013
- Wanderführer „Bayerischer Wald" (Eva Krötz) Bergverlag Rother 2014
- wasserfeste Karte „Regental-Radweg" 1:50.000 Publicpress Verlag

Tour 14: Wildflusslandschaft im Naturpark Lechtal

Um kaum ein anderes Tal haben Naturschützer in den letzten Jahrzehnten mehr mit der Wasserwirtschaft gerungen als um das Tiroler Lechtal. Das ist kein Wunder, denn das Außerfern ist eine einzigartige Wildflusslandschaft von internationaler Bedeutung. Weit und breit gibt es kein vergleichbares Tal, kaum ein zweites Gewässer vermittelt uns auf so einzigartige Weise das Gefühl für die Kräfte eines natürlichen Wildflusses. Als in Tirol die massiven Ausbaupläne der Elektrizitätswerke Reutte wie eine Bombe einschlugen, regte sich schnell der Widerstand der Talbewohner, die auch noch Schützenhilfe aus Bayern und der Schweiz bekamen. Besonders dem gut organisierten „Arbeitskreis Lebensraum Lechtal" ist es zu verdanken, dass die Natur-Verteidiger nicht wie üblich als Spinner oder Chaoten bezeichnet wurden. Heute ist das Lechtal Naturparkregion, und nachdem zwischenzeitlich immer mehr Strom aus anderen alternativen Energien gewonnen wird, haben alle von dieser Entwicklung profitiert.

Der Lech entspringt in der Nähe des berühmten Nobel-Skiortes, der dem Fluss seinen Namen verdankt, und fließt nach knapp 250 km bei Ulm in die Donau. Zwischen Lech und Ellbogen rauscht der Fluss durch wilde und tiefe Schluchten. Wildwasserspezialisten schätzen diese Strecke, die Zwangspassagen im obersten Schwierigkeitsgrad aufweisen. Unsere Einstiegsstelle befindet sich etwas oberhalb der Brücke von Steeg. Das schnell fließende Wasser des Lechs garantiert mit Kiesbänken, Schwallstrecken und einfachen Stromschnellen eine kurzweilige Fahrt. Der auf 42 Kilometer von keinem Wehr gebremste Naturfluss pendelt stets vor der imposanten Bergkulisse der Lechtaler Alpen.

Nach fünf Kilometern Fahrt erreicht man den wohlhabenden Ort Holzgau (13.Jh), die „Perle des Lechtals", mit einigen spätbarocken Fassadenmalereien und Europas spektakulärster Hängebrücke.

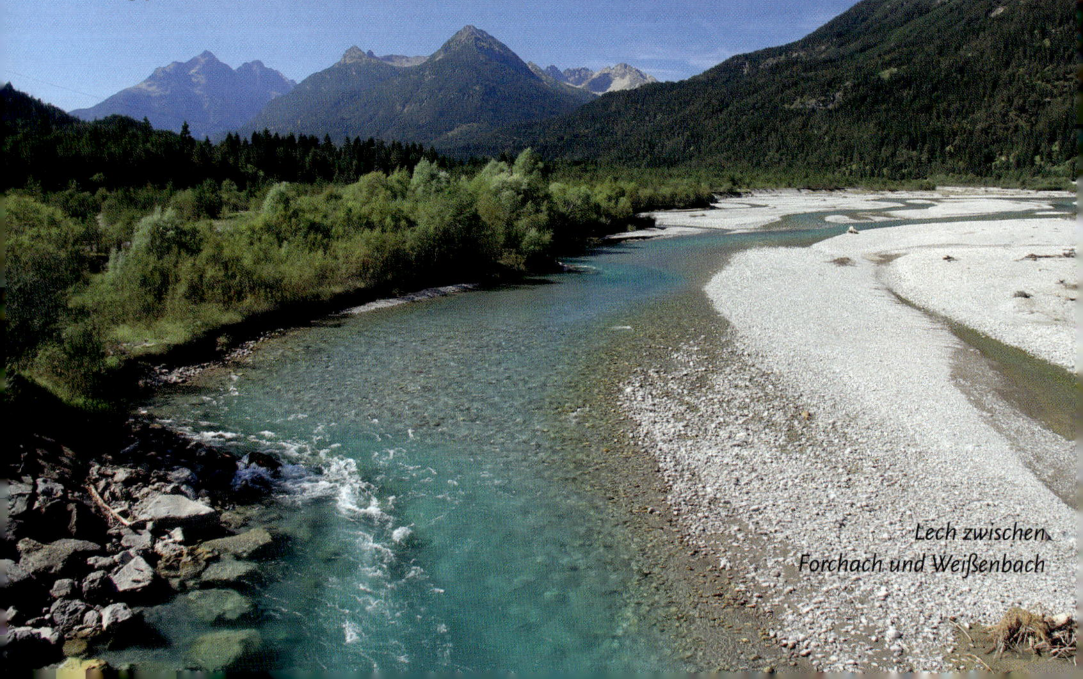

Lech zwischen Forchach und Weißenbach

Mit geringer Verblockung strömt der Fluss weiter durch ein herrliches Tal. Nur bei hohem Wasserstand wird man sich hier besonders konzentrieren müssen. Die 20 km lange Strecke bis Häselgehr ist eine überschaubare Tagesetappe.

Kurz hinter der Straßenbrücke ist Vorsicht geboten. Sicherheitshalber wirft man bereits bei der Anfahrt prüfende Blicke auf diese Passage. Je nach Wasserstand ist diese Durchfahrt bis WW III- zu bewerten. Unmittelbar nach der Brücke befindet sich linker Hand der beliebte **Campingplatz „Rudi",** Treffpunkt fast aller Paddler im gesamten Lechtal. Häselgehr besitzt auch weitere touristische Einrichtungen und liegt strategisch günstig in der Mitte unserer Kanutour. 1633 - 1635 wurde die Bevölkerung des Ortes fast von der Pest ausgerottet. Die Flussufer der Folgestrecke sind im Gegensatz zum oberen Teil fast noch im Urzustand.

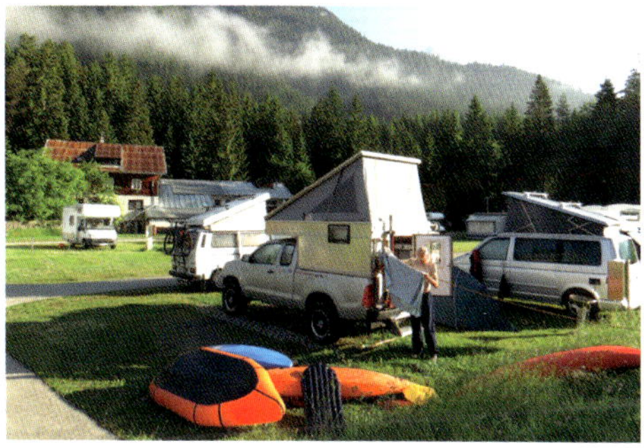

Campingplatz „Rudi" in Häselgehr

Imposante Bergsichten wie auf die 2500 m hohe Rotwand lassen den Wunsch aufkommen, die Lechtaler Alpen auch von oben sehen zu wollen. Vorsicht ist geboten 1,5 km unterhalb von Häselgehr, hier ragen Eisenträger aus dem Wasser!

Noch einmal volle Konzentration: Unterhalb der zweiten Brücke von Stanzach (je nach Was-

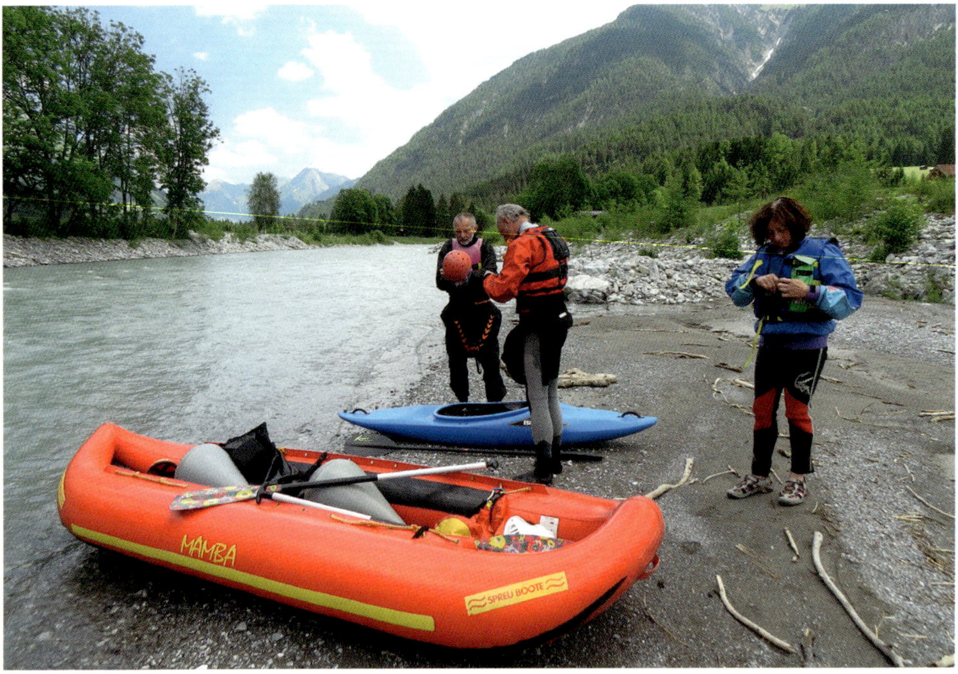

Rastplatz unterhalb der Brücke bei Bach

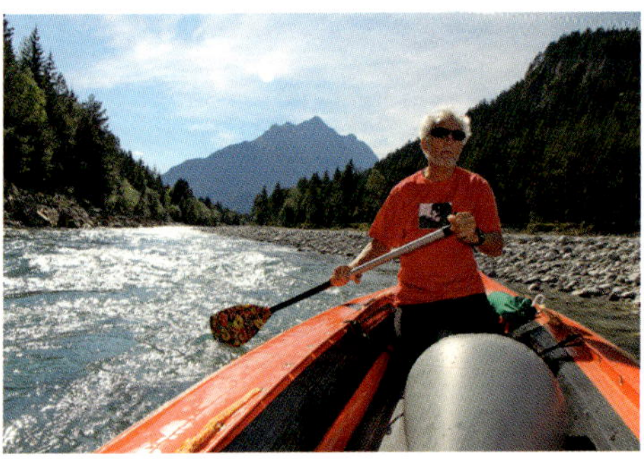

Niedrigwasserfahrt bei Stanzach

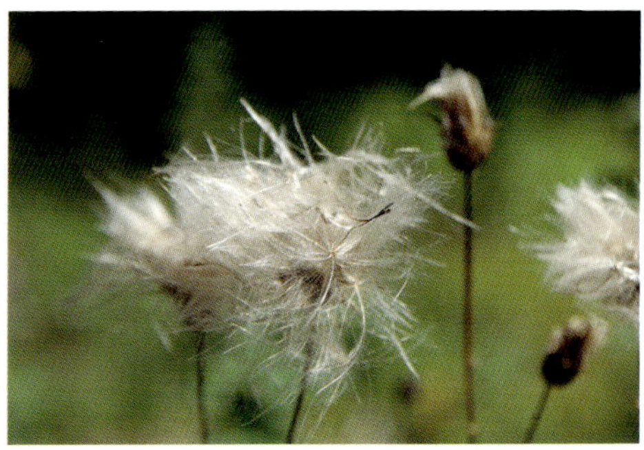

Wollgras

serstand) bilden sich hohe Wellen bis WW III-. Die Flusslandschaft wird nun richtig spektakulär. Der Lech verästelt sich zu einem Gewirr von Wasserläufen, die sich ihren Weg durch ein breites Kiesbett suchen. An den Ufern wachsen Tamarisken, Grauerlen und Wacholder. Wer sich mit der Flora auskennt, wird eine botanische Wunderwelt entdecken, z.B. Orchideen wie den seltenenen Frauenschuh. Ebenso reichhaltig ist die Tierwelt. Die Liste der hier lebenden Arten reicht von Fischottern über gefährdete Vogelarten wie Gänsesäger und Regenpfeifer bis zur einzigartigen gefleckten Schnarrschrecke (eine Heuschreckenart, die an den leuchtend roten Hinterflügeln und an dem schnarrenden Geräusch der Männchen

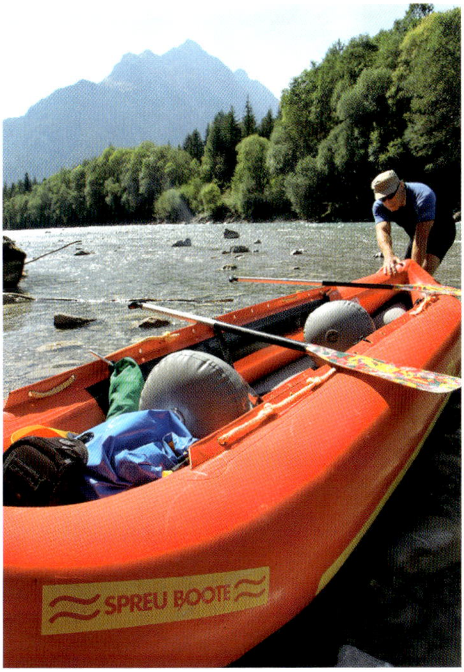

Einstieg in Stanzach

beim Flug erkennbar ist). Kanutechnisch ist die Fahrt durch Verzweigungen und viele kleine Schnellen in der Forchacher Au ein einmaliges Vergnügen. Dennoch ist Konzentration vonnöten. Rechts an der hohen Strassenbrücke südlich von Weißenbach (Johannesbrücke) oder an der Brücke auf der Höhe von Weißenbach beendet man die kurzweilige Fahrt. Wenige Kilometer später versperrt ein Wehr den Lech. Die zumeist trockene und trostlose Reststrecke gibt uns eine Vorstellung, was die Energiewirtschaft seinerzeit mit dem ganzen Fluss vorhatte.

➔ Charakter der Tour

Sportlicher Wanderfluss mit schneller Strömung und vielen Schnellen (WW I-II, einzelne Stellen bis WW III-). Kein Gewässer für Kanuanfänger!

Ausrüstung: Nur mit wildwassertauglichen Booten mit Spritzdecke oder Schlauchkanus befahrbar. Vorsicht bei höherem Wasserstand!

Beste Zeit: Mitte Mai bis Ende Oktober.

Einstieg: oberhalb von Steeg am rechten Flussufer (Parkmöglichkeiten).

Ausstieg: Brücke bei Weißenbach (Riedener Brücke).

Fahrstrecke: 42 km.

Naturschutz: Ausgewiesene Ein- und Ausstiege beachten!

Pegel: Steeg, Minimum 260 cm (Mw um 300 cm).

Bahnverbindung: Bahn bis Reutte, weiter nur per Bus!

Bootsverleih: Campingplatz Rudi (siehe Übernachten) *www.lechtal-camping-rudi.at* (auch Schlauchkanus und Bikeverleih).
Fun Rafting Friedle, Tel. +43/5634/6304 *www.fun-rafting.at*

Übernachtung: Campingplatz Rudi in Häselgehr, Tel. +43/5634/6425 beliebter Platz direkt am Lechufer (auch Holzhütten, Gästezimmer und Wohnwagen),
Camping Reutte, Tel. +43/664/1858279, *www.camping-reutte.com*

Gastronomie: Gasthof Schwarzer Adler in Steeg, Fischerstube in Elbigenalp (mit eigenem Forellenteich), Gasthof Alpenrose in Gramais in toller Lage, Berggasthof Alpenrose in Häselgehr, Hotel Goldener Hirsch in Reutte (Speisesaal im Jugendstil).

Kanugewässer der näheren Umgebung:
Inn zwischen Haiming und Zirl,

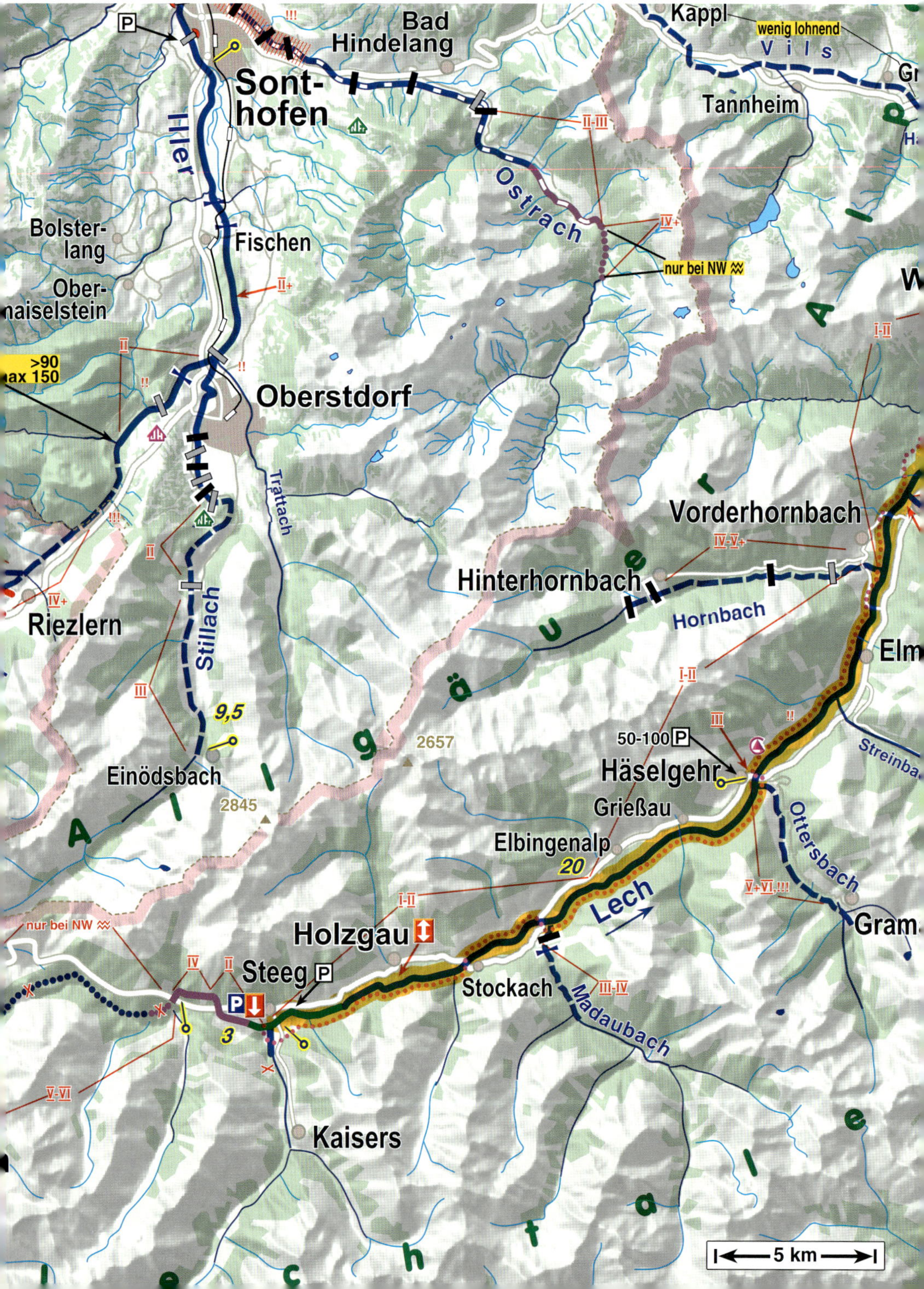

Bad Hindelang
Sont-hofen
Kappl
wenig lohnend
Vils
Tannheim
Iller
Ostrach
II-III
IV+
nur bei NW
Bolster-lang
Fischen
Ober-maiselstein
II+
>90
ax 150
Oberstdorf
Trattach
Vorderhornbach
IV-V+
Hinterhornbach
Hornbach
Riezlern
Stillach
Elm
I-II
9,5
2657
50-100
Häselgehr
Einödsbach
2845
Grießau
Elbingenalp
20
Ottersbach
Streinbach
Lech
V+VI,!!!
Gram
nur bei NW
Holzgau
Steeg
Stockach
III-IV
Madaubach
V-VI
Kaisers
Allgäuer Alpen
Lechtaler
5 km

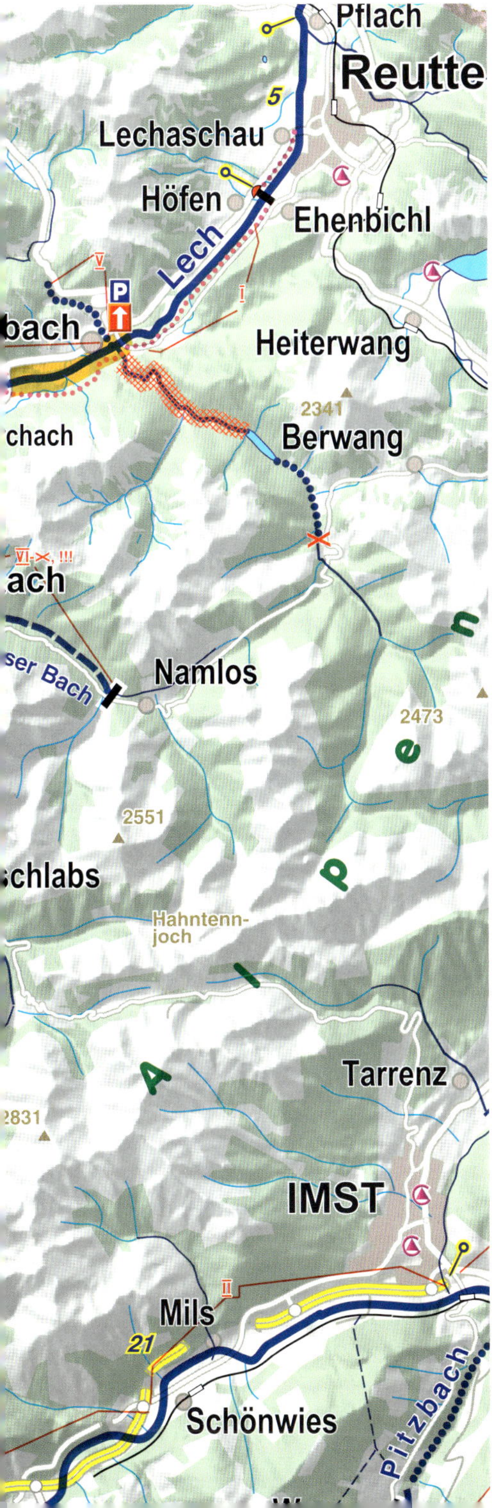

Kanugewässer der näheren Umgebung: Plansee, Forggensee.

Auskunft: Tourismusverband Häselgehr 160, 6651 Häselgehr, Tel. +43/5634/6600, *www.lechtal.at*

Sehenswürdigkeiten: Elbigenalp (barocke Pfarrkirche St.Nikolaus), Holzgau (Häuser mit spätbarocken Fassadenmalereien, Hängebrücke, Heimatmuseum), Reutte (Bürgerhäuser, Pfarrkirche und Heimatmuseum, Alpenblumengarten am Hahnenkamm).

Alternativen: Bergwanderungen (Lechtaler Höhenweg, Schnuppertour von Holzgau zum Wasserfall, bzw. vom Camping Rudi zu den Doser Wasserfällen, Radtouren und Wandern auf dem Lechtalweg, mehrere Schwimmbäder im Tal, Holzschnitzschule in Elbigenalp auch für Hobbykünstler.

Literatur/Karten:

- Die 50 schönsten Kanutouren in Österreich (Alfons Zaunhuber) Pollner Verlag 2011
- „Lechtal – Eine Landschaft erzählt ihre Geschichte" (Werner Gamerith) Tyrolia Verlag 2002
- „Tirol/Außerfern" (Brigitte Günther) Verlag Reise Idee 2012
- Kompass Wanderkarte Nr. 24 „Lechtaler Alpen" 1:50 000

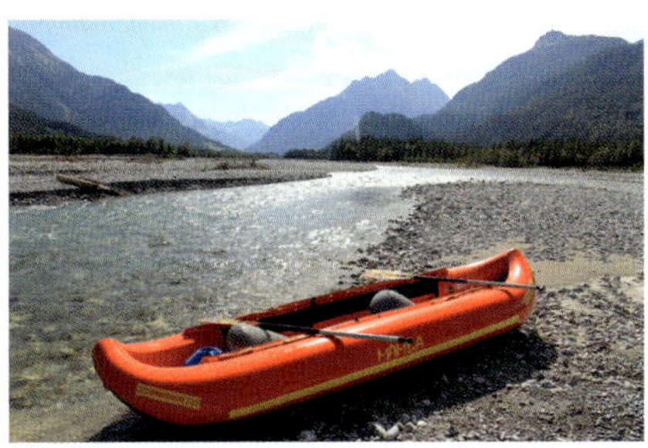

Tour 15: Schmugglerpfad durch die wilde Entenlochklamm

Die Tiroler Ache entspringt am Pass Thurn und mündet nach einem Lauf von 85 km bei Grabenstätt in den Chiemsee. Sportliche Wanderpaddler schätzen diesen Fluss wegen seiner zuverlässigen Wasserführung. Hier kann man auch noch im Hochsommer paddeln, wenn andere Gewässer schon längst nicht mehr befahrbar sind. Schmuckstück einer Achefahrt ist die berühmte Entenlochklamm. Einheimische sagen manchmal auch weniger vornehm „Entenarschklamm", da sich in dieser Engstelle das Hochwasser staute und so zu Überschwemmungen in Kössen führte. Daraufhin sprengte man die Felsen kurzerhand heraus. Die Tiroler Ache war schon zu Zeiten der Hadernkähne (so hießen früher die Faltboote) ein beliebtes Kanuziel. Das 1250 ha große Mündungsgebiet in den bayerischen Chiemsee wurde 1987 zum Naturschutzgebiet erklärt und ist seither für Paddler leider tabu.

Eine mögliche Einstiegstelle der Tiroler Ache befindet sich an der Straßenbrücke zwischen Kössen und Erpfendorf (Parkplatz). Trotz der etwas begradigten Flussufer locken je nach Wasserstand einzelne Schwallstrecken und Kiesbänke die kurze Fahrt nach Kössen auf. Linker Hand kann man oft zahlreiche Paraglider am Himmel entdecken, denn der Untersberg ist ein sehr beliebtes Flugrevier. Vor der ersten Brücke in Kössen weisen Hinweisschilder auf die aktuellen Befahrungsregeln und Zeiten hin. Grund ist die Laichzeit von Fischen, die hier eingesetzt werden. An der

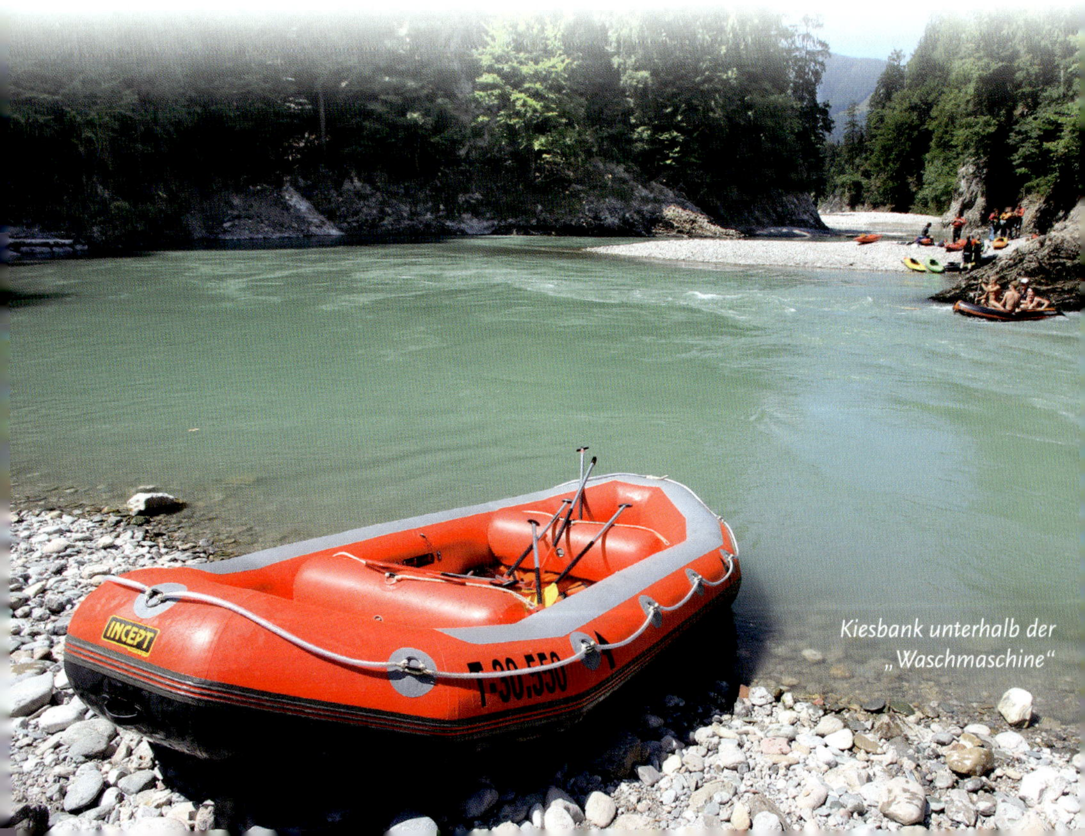

Kiesbank unterhalb der „Waschmaschine"

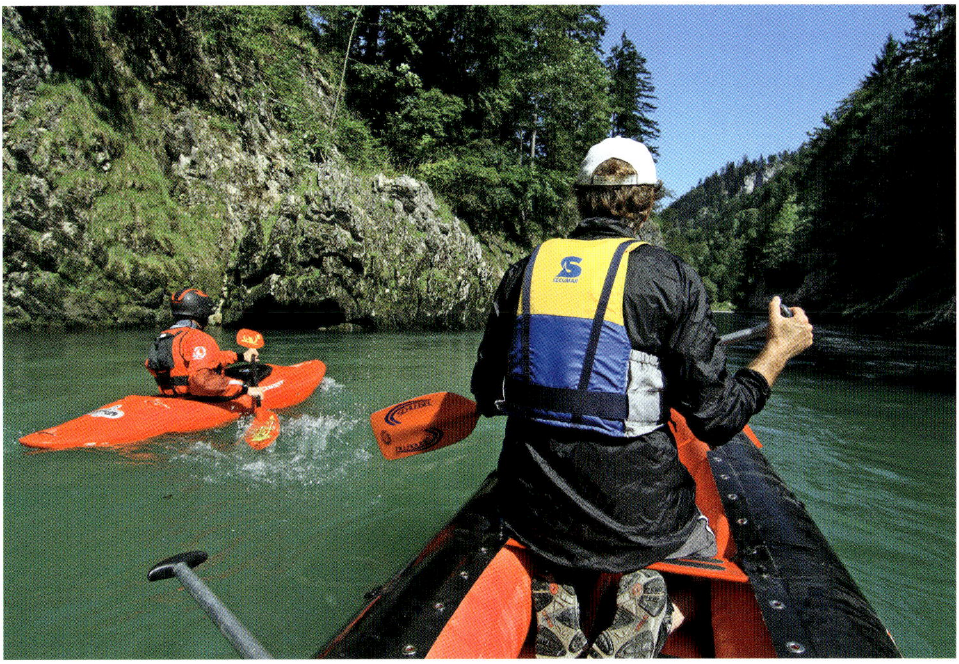

Am Eingang der Entenlochklamm

Brückendurchfahrt ist Aufmerksamkeit geboten, denn hier lauern Felsblöcke eines verfallenen Wehres. Die übliche Einsetzstelle für die Entenlochklamm befindet sich beim Bauhof am nördlichen Rand von Kössen in Richtung Schleching und ist gut beschildert. Direkt danach folgt das Klärwerk. Nur wenig später gräbt sich die Ache in die romantische Schlucht ein, Prallwände und Strudel warten auf unsichere Kanuten. Doch keine Angst, der breite Fluss bietet eine sichere Streckenführung, und nach einer möglichen Schwimmaktion ist immer genügend Platz zum Anlanden. Kiesbänke laden an Sommertagen zum längeren Verweilen ein. Die Hängebrücke des Schmugglersteiges markiert die Schluchtmitte. Beim letzten verheerenden Hochwasser im Juni 2013 wurde sie schwer beschädigt. Rechts führt ein Weg zum sehenswerten Klobenstein-Kircherl und zum exponierten Gasthof Klobenstein mit ei-

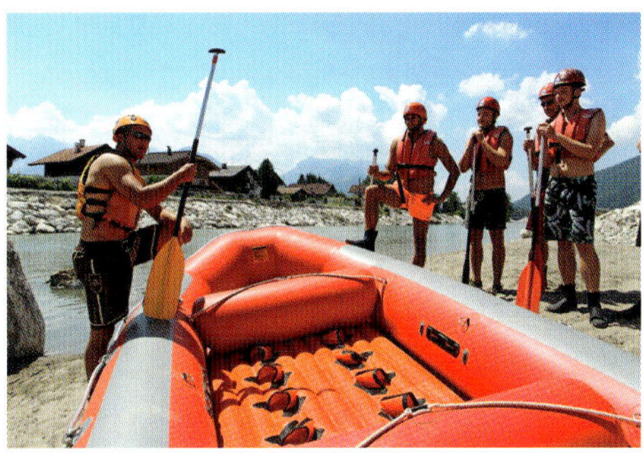

Rafteinstieg in Kössen

nem urigen Biergarten hoch. Bei der Weiterfahrt passiert man bald darauf die schwerste Stelle, die als Waschmaschine bezeichnet wird. Hier zieht die Strömung in einer Linkskurve auf einen großen Felsen, auf der Innenseite bildet sich bei hohem Wasserstand ein kreiselndes Kehrwasser. Kurz darauf passiert man eine Steilwand, über die vor einigen Jahren ein Motorradfahrer aus 30 Meter Höhe in den Fluss stürzte – und überlebte! Es folgen noch einige Prallwände und Schwallstrecken, dann wird die Schlucht niedriger. Rechts befand sich die alte Zollstation, an der man früher seine Ausweise vorzeigen musste. Doch das interessiert heute niemanden mehr, und so gleitet man entspannt auf den Ausstieg zu, der sich rechtsufrig gleich hinter der Schlechinger Straßenbrücke befindet.

Es lohnt sich aber auch, noch auf der Ache bis kurz vor Marquartstein weiterzupaddeln. Einige Kiesbänke und die schöne Aussicht auf Geigelstein und Kampenwand sind Höhepunkte dieser Strecke. Vor dem Wehr am Ortseingang von Marquartstein beendet man links vor der Brücke die Fahrt. Das bald darauf folgende Mündungsdelta in den Chiemsee ist für Kanuten gesperrt, um die Vogelwelt nicht zu stören. Es gibt aber die Möglichkeit zu einer Wanderung durch das Grabenstätter Moos und zum Vogelbeobachtungsturm. Startpunkt ist der Parkplatz an der Gaststätte Hirschauer Bucht.

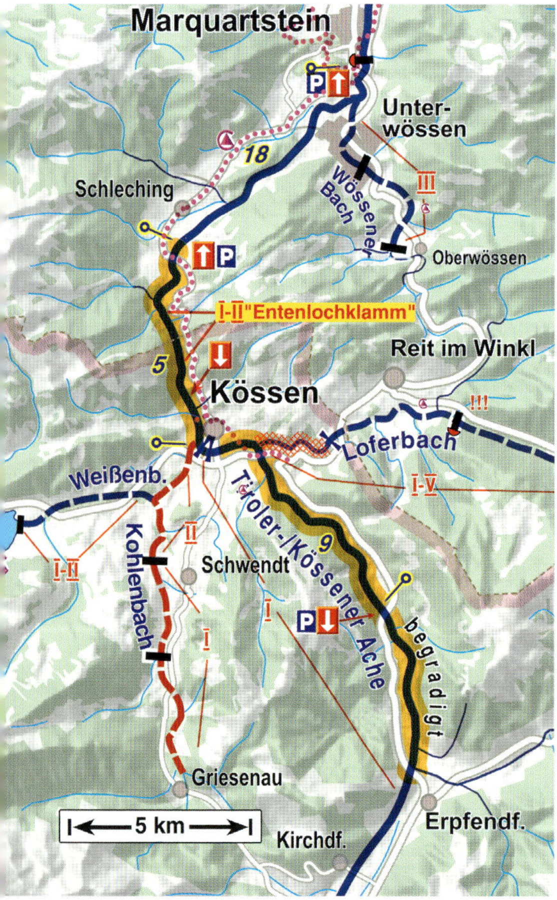

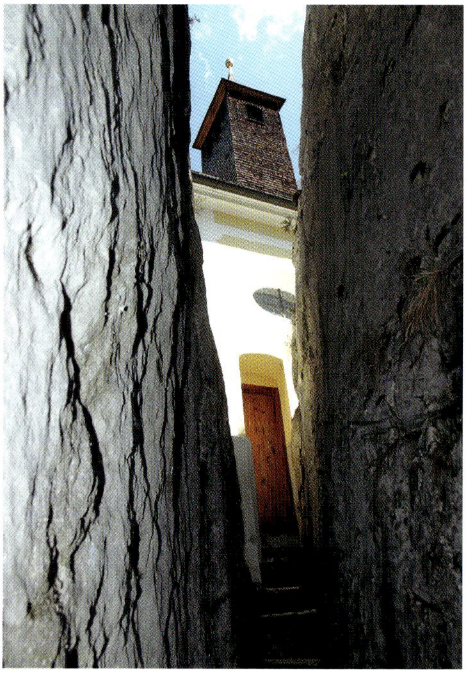

Wallfahrtskirche mit dem geklobenen Stein

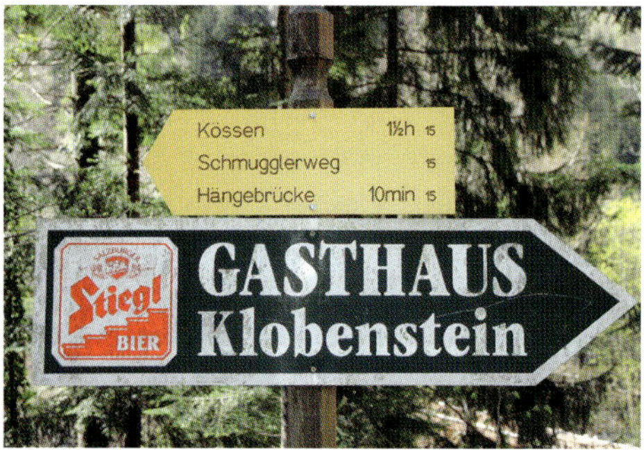

Charakter der Tour

Eine sportive Herausforderung für fortgeschrittene Wanderpaddler (bis WW II).

Ausrüstung: sportliche Wander- oder Wildwasserboote mit Spritzdecke, Schlauchkanus.

Beste Zeit: Frühsommer bis Herbst (siehe Naturschutz).

Einstieg A: Straßenbrücke zwischen Kössen und Erpfendorf (Parkplatz).

Einstieg B: Beschilderter Zustieg beim Bauhof nördlich von Kössen (Parkplatz einige Meter entfernt).

Ausstieg: gebührenfreier Parkplatz an der Straßenbrücke bei Schleching.

Fahrstrecke: 14 bzw. 5 km.

Naturschutz: Befahrbarkeit 1.6. bis 14.9. (Einstieg A), 15.5.-15.10. (Einstieg B) wegen Laichschongebiet. Uferbetretung nur an den gekennzeichneten Stellen, Camping im Klammbereich verboten).

Bahnverbindung: Bahnhöfe in Kufstein oder Bernau, weiter mit dem Bus.

Bootsverleih: Sport Lukas in Schleching, Tel. 08649/243, *www.sportlukas.de*

Weitere Etappen: Schleching bis Marquartstein 8 km.

Kanugewässer der näheren Umgebung: Chiemsee, Alz, Walchsee.

Gastronomie: Gasthaus Klobenstein, Gasthof Zellerwand in Schleching Mettenham (Biergarten und alte Wirtsstube im Originalzustand von 1853), Strandcafe in Walchsee.

Auskunft: Tourismusverband Kaiserwinkl, Dorf 15, 6345 Kössen, Tel. +43/501 100, *www.kaiserwinkl.com*
Verkehrsamt Schleching, Schulstr. 4, 83259 Schleching, Tel. 08649/220, *www.schleching.de*

Übernachten: Camping Seespitz am Walchsee, Tel. +43/5374/5359, Camping Wilder Kaiser in Kössen, Tel. +43/5375/6444, Campingplatz Zellersee in Schleching-Mettenham, Tel. 08649/217.

Sehenswertes: Wallfahrtskirche Klobenstein, Barocke Pfarrkirche Petrus und Paulus in Kössen mit Fresken von Simon Benedikt Faistenberger, Naturschutzgebiet Schwemm (Tirols höchstgelegenes Hochmoor, Altstadt Kufstein/Inn.

Alternativen: Wanderung auf dem Schmugglerpfad durch die Schlucht, Radeln auf dem Achtal-Radweg, Rafting oder Canyoning, *www.ack-koessen.at*
Drachenfliegen oder Paragliding am Untersberg, Bergtouren und Klettern im Wilden Kaiser, Klettersteig Ottenalm, Baden und Wasserski fahren am Walchsee, Hochseilgarten in Kössen.

Buchtipps/Karten:

- Die 50 schönsten Kanutouren in Bayern (Alfons Zaunhuber) DKV-Verlag 2013
- Reiseführer „Tirol" (Andreas Lexer) Marco Polo 2014
- Natur- & Kulturführer „Chiemsee" (W.Dietzen/J.Reiter) Chiemgauer Verlagshaus 2013
- Kompass Wanderkarte Nr. 10 „Chiemsee, Chiemgauer Alpen" 1:50.000

Tour 16: Paddeltour auf dem „Meer der Tiroler

Der fjordartige Achensee befindet sich in einer spektakulären Berglandschaft zwischen Rofan und Karwendel. Wegen seines Fischreichtums und den Jagdmöglichkeiten kam schon Kaiser Maximilian I. gerne hierher. Heute ist der größte Tiroler Bergsee mit seinen thermischen Winden besonders bei Seglern und Surfern beliebt. Doch auch Bergsteiger und Radler schätzen den See und die umliegenden Berge. Besonders lohnend ist die Region im Frühling, wenn die Gipfel noch schneebedeckt sind und zu Skitouren einladen, oder im „Goldenen Oktober“ wenn die Herbstfarben für satte Kontraste sorgen. Aber auch die Sommermonate bieten dem vielseitigen Outdoorsportler ein großes Paket an Möglichkeiten an. Und im August findet hier der beliebte Achensee-Kanumarathon statt, der am Badestrand in Maurach-Buchau startet.

Wir sind Anfang November noch einmal zum Achensee gekommen, um bei extrem milden, spätherbstlichen Temperaturen eine der letzten Paddeltouren des Jahres zu unternehmen. Gestern waren wir in Pertisau zu Fuß unterwegs und sind auf dem Mariensteig entlang dem Westufer zur Gaisalm gewandert. Dieser Wanderweg führt teilweise etwas luftig an den Steilflanken der Seebergspitze entlang und bietet eine fantastische Aussicht auf die gegenüber liegenden Rofanberge. Die Gaisalm ist für gepflegte Tiroler Regionalküche bekannt, man sitzt auf einer schönen Aussichtsterrasse, und ein liebevoll gestalteter Kinderspielplatz sollte auch bei den Kleinen für Abwechslung sorgen. Heute haben wir das gleiche Ziel gewählt, aber diesmal sind wir im Kajak unterwegs. In Maurach starten wir zu einer 14 km langen Halbtagestour (Parkplatz). Eine kleine Schleife Richtung Süden lässt unseren Blick auf die Eisriesen der Zillertaler Alpen fallen. Die Seeufer sind hier untypisch mit Schilf bewachsen. Um den Achensee energietechnisch zu nutzen, wurde bereits vor geraumer Zeit der Abfluss des Achensees nach Süden verlegt und nach Jenbach abgeleitet. Klarer Fall von Energie-

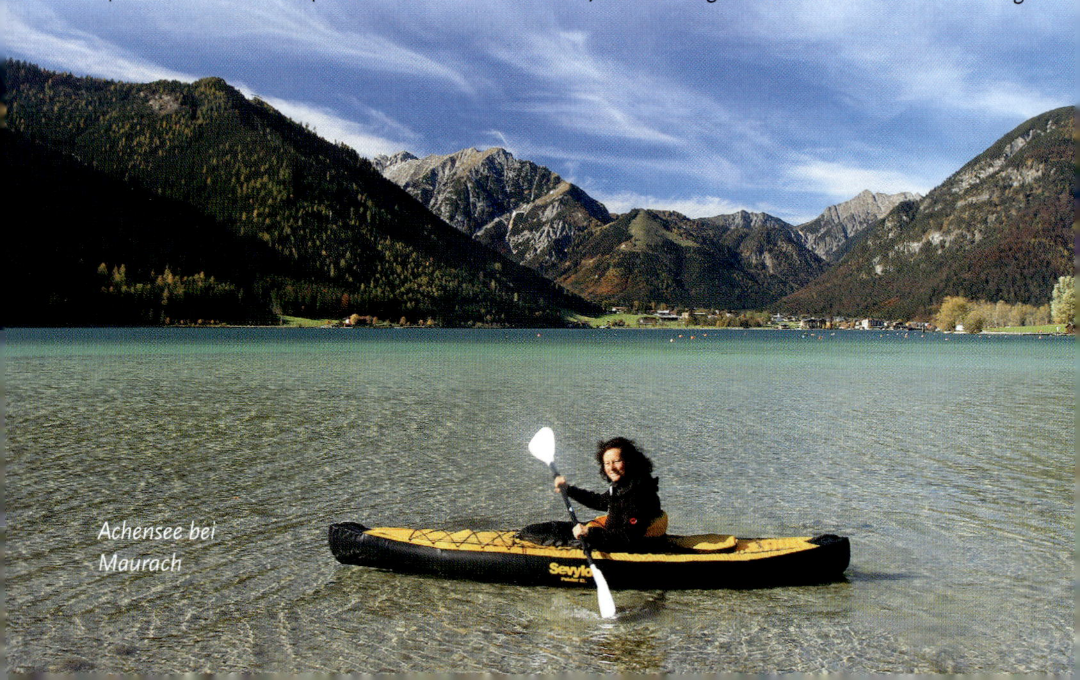

Achensee bei Maurach

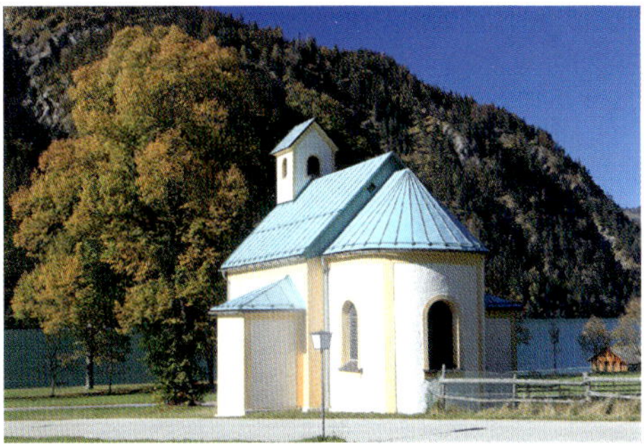

Kirchlein am Ostufer

klau! Ansonsten würde das Wasser über den Abfluss Walchen nach Bayern fließen und die Einnahmen dem Freistaat Bayern zukommen. So geht das eben! Politische Konsequenzen blieben glücklicherweise bis heute aus (das macht jeder so). Wir wenden uns nun nordwärts in Richtung Pertisau. Der markante Einschnitt westlich wird dominiert von leicht mit Schnee bezuckerten Gipfeln des Karwendels wie Sonnjoch und Lamsenspitze. Die tieferen Lagen sind mit dunklen Fichtenwäldern dicht bewachsen, zwischendurch haben sich steile Wasserläufe ihren Weg über wilde Felskare nach unten gebahnt. Unser Ziel befindet sich auf halber Wegstrecke zwischen Pertisau und Achenkirch am Westufer. Wir paddeln an einer Steilküste entlang, meist kann man den Wanderweg unserer gestrigen Tour gut erkennen. Sicherheitshalber halten wir etwas Abstand zum Ufer, aus Angst vor Steinschlag. Nach 1,5 Stunden Fahrt sind wir am Ziel und freuen uns schon auf die Einkehr in der malerisch gelegenen Gaisalm. Auf dem Rückweg beleuchtet die Spätnachmittagssonne nun die Gipfel des Rofan, uns zur Linken. Auch das smaragdgrüne Wasser und die wilde Steilküste erscheinen nun in einem ganz anderen Licht. Ich frage mich, warum zum Teufel ich bisher zwar mit Tourenski, Wander- und Klettersteigausrüstung hier unterwegs war, aber noch nie auf die Idee kam, hier zu paddeln.

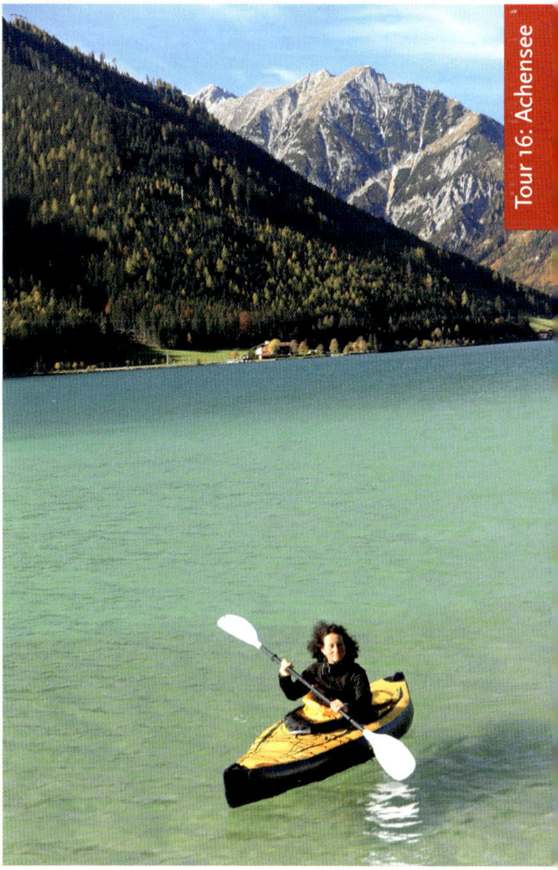

Rückkehr von einer Herbstfahrt

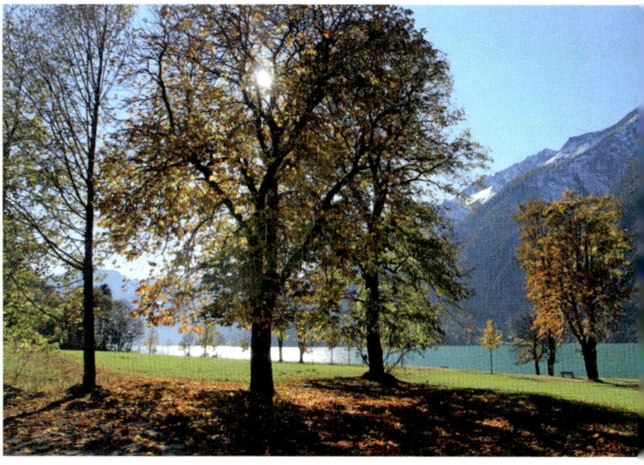

Goldener Oktober am Tiroler Meer

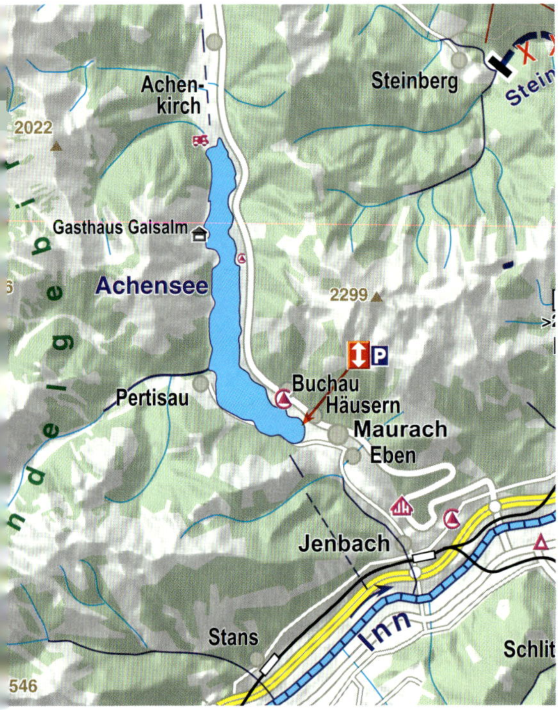

Charakter der Tour

Größter See Tirols mit zum Teil steilen Ufern.

Ausrüstung: alle Bootstypen, Spritzdecke und bei Bedarf Schwimmweste!

Beste Zeit: Ende April bis Ende Oktober.

Einstieg/Ausstieg: Maurach (gebührenpflichtiger Parkplatz).

Fahrstrecke: zur Gaisalm hin und retour 14 km, Seeumrundung 20 km.

Gefahren: böige Fallwinde, Sommergewitter, Ausflugsschiffe!

Bahnverbindungen: Maurach ist von Jenbach/Inn mit der historischen Zahnradbahn erreichbar.

Kanugewässer der näheren Umgebung: Inn, Sylvensteinsee, Isar, Walchensee.

Übernachten: Karwendel Camp in Maurach, Tel. +43/5243/6116,
Achensee Camping Schwarzenau bei Achenkirch, Tel. +43/664/4662070,
Strandhotel Entner in Pertisau,
Tel. +43/5243-5559

Gastronomie: Gaisalm, Kirchenwirt in Maurach, Hotel Post in Pertisau, Gramaialm im Falzthurntal.

Auskunft: Achensee Tourismus, Rathaus 387, 6215 Achensee, Tel. +43/5246/5300, *www.achensee.info*

Sehenswertes: Achenseebahn zwischen Jenbach und dem Seespitz, älteste mit Dampf betriebene Zahnradbahn Europas, Pfarrkirche Hl. Notburga in Maurach, Steinöl-Schaubergwerk in Pertisau, Heimatmuseum Sixenhof in Achenkirch.

Alternativen: Bergtouren (Mondsscheinspitze, Hochiss), Klettersteige im Rofan ab der Erfurter Hütte (Seilbahn), Wanderung auf dem Mariensteig von Pertisau nach Achenkirch oder auf dem Adlerweg, der durch die schönsten Regionen Tirols führt.

Buchtipps/Karten:

- „Die 50 schönsten Kanutouren in Österreich" (A. Zaunhuber) Pollner Verlag 2011
- Marco Polo Reiseführer „Tirol" (Andreas Lexer) Verlag MairDuMont 2014
- „Tirol, Jagatee for two – ein Heimatbuch" (Ludwig Wolfgang Müller) Conbook Medien 2012
- Wanderführer „Karwendel" (Robert Demmel) Bergverlag Rother 2013
- Kompass-Wanderkarte „Achensee" Nr. 027 1:35.000

Tour 17: Operettenkulisse unterm Schafberg

Wer kennt nicht das berühmte „Weiße Rössl" am Wolfgangsee? Viele haben diese beschwingte Operette mit ihren eingängigen Melodien unauslöschlich im Ohr („Was kann der Sigismund dafür, dass er so schön ist"). Abgesehen vom Operettenmythos ist der Wolfgangsee tatsächlich ein Platz für Urlaubsträume der besonderen Art. Der See ist nordseitig geprägt von bewaldeten Uferpartien mit steil abfallenden Felswänden und hat smaragdgrünes Wasser in Trinkwasserqualität. 2011 wählte man ihn zum zweitbeliebtesten Badesee in Europa (nach dem Gardasee). Besonders fällt der 1783 m hohe Schafberg ins Auge. Auf diesem spektakulären Aussichtspunkt gelangt man mit der historischen Zahnradbahn, die von Eisenbahnfreaks zu den absolut schönsten Bahnen der Welt gezählt wird. Das flachere Südufer wird überragt vom 1522 m hohen Zwölferhorn. Freundliche Orte bieten gepflegte Gastlichkeit und locken besonders in der Badesaison eine Vielzahl von Stammgästen an den bekanntesten See des Salzkammergutes, dessen Nordostufer mit St.Wolfgang bereits zu Oberösterreich gehört.

Der Name Wolfgangsee hat nichts mit Wolfgang Amadeus Mozart zu tun, dem berühmten Sohn der Stadt Salzburg, sondern mit dem Heiligen Wolfgang, Benediktinermönch und Ungarnmissionar. Im Mittelalter war St. Wolfgang der größte Wallfahrtsort Österreichs. Wir fahren Mitte April mit Kajaks im Gepäck an den Wolfgangsee und wollen die kulturellen und landschaftlichen Schönheiten erkunden. Ostern ist eigentlich eine Zeit, in der mancher Alpinist mit Tourenski zu den Firngipfeln unterwegs ist. Uns jedoch lockt bereits der Frühling. Der Wetterbericht hat für das Salzkammergut Temperaturen bis zu 27 Grad vorausgesagt.

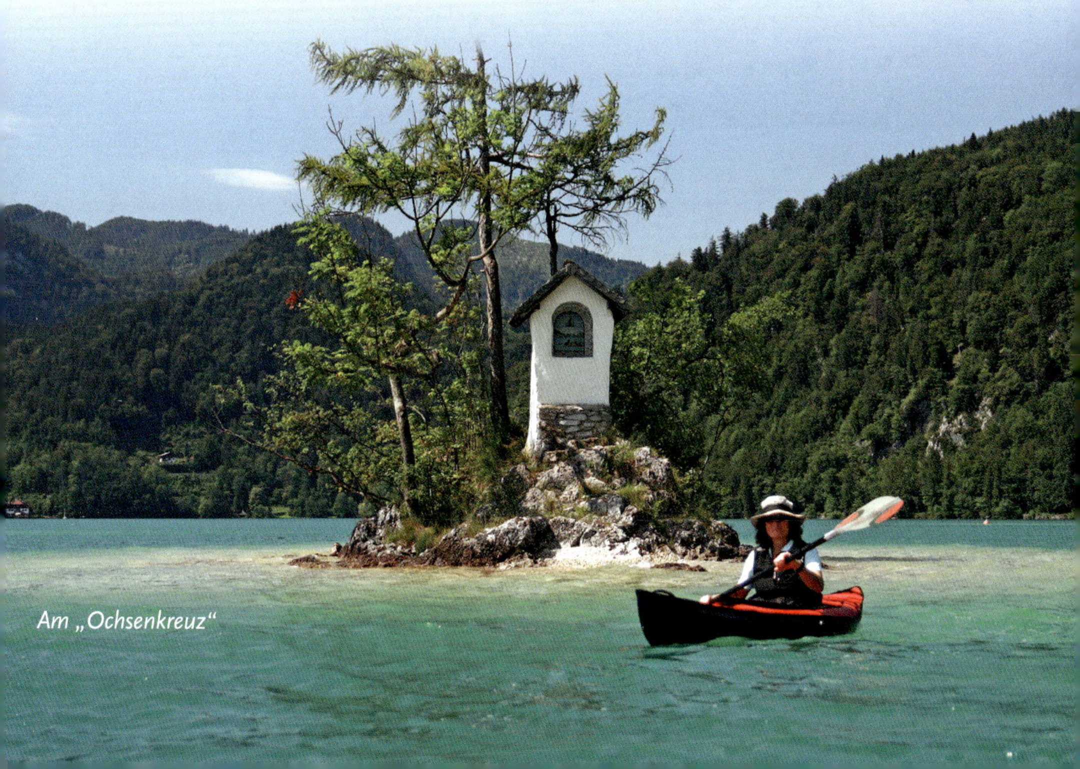

Am „Ochsenkreuz"

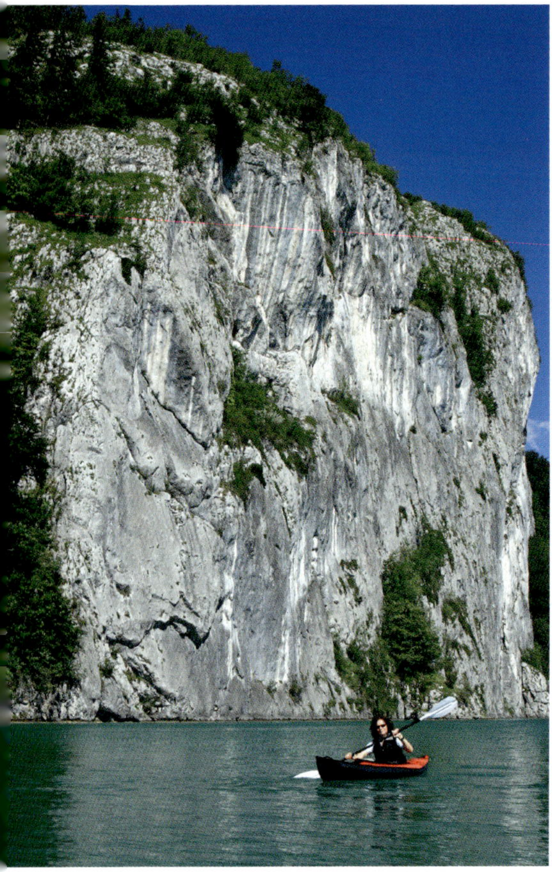

Paddlerin vor der Falkensteinwand

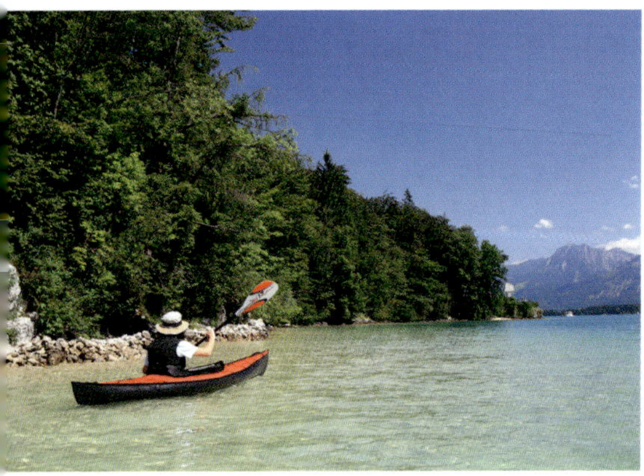

Unterwegs entlang dem Nordufer

Um diese Zeit ist der See fast eine touristenfreie Zone. Oben auf dem Zwölferhorn läuft noch der Skilift und unten am See blühen bereits sämtliche Frühlingsboten. Ein einziger Campingplatz am Südufer hat gerade zaghaft die Tore geöffnet und der Badesteg wurde eben frisch gestrichen. Vormittags liegen wir erst einmal faul in der Sonne herum, doch allmählich regt sich Lust auf sportliche Betätigung. Ich mache die Kajaks startklar und bald darauf stechen wir von unserem Campingplatz bei Gschwand in See.

Gegenüber dominiert der markante Schafberg, auf den man sich mit der alten Zahnradbahn von 1893/94 bis knapp unter den Gipfel bringen lassen kann. Wir gleiten über einen spiegelglatten See mit herrlichem Blick auf einige noch schneebedeckte Gipfel im Südosten. Rechts passieren wir die flache Uferzone des Zinkenbaches, der mit seinem Geschiebe einen Schwemmkegel geschaffen hat, der fast bis hinüber nach St. Wolfgang reicht. Der Turm der Wallfahrtskirche von St.Wolfgang ist schon zu sehen. Diese Kirche birgt eine Ansammlung von sakralen Meisterwerken. Beim Näherkommen entdecken wir auch das berühmte Hotel „Zum weißen Rössl", dem Original-Schauplatz der Operette von Ralph Benatzky. Hier also hat der Zahlkellner Leopold seine Chefin Josefa umgarnt! Wenige Meter hinter dem Hotel finden wir einen Landeplatz für unsere Boote. Gemütlich schlendern wir durch den kleinen Ort. Die wenigen Besucher genießen die Sonne in einem der Kaffeehäuser im Freien. Der Weg führt uns vorbei an Geschäften mit dem üblichen Touristenkram. St.Wolfgang verzeichnet 400 000 Übernachtungen im Jahr, dazu kommen etwa noch eine Million Tagesgäste! Wir steuern die Pfarrkirche an und erfreuen uns der Sehenswürdigkeiten wie dem spätgotischen Flügelaltar des Südtiroler Meisters Michael Pacher. Anschließend genießen wir bei „Salzburger Nockerln" auf der Seeterrasse des

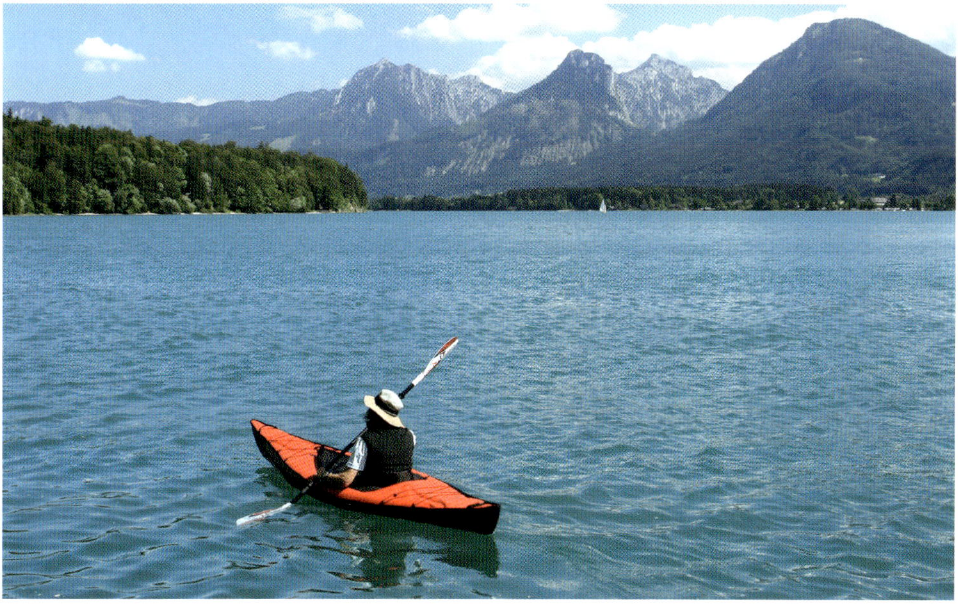

Blick auf die Berge der Postalm im Süden des Sees

„Weissen Rössl" den fantastischen Blick. Erst spät paddeln zur stimmungsvollsten Sonnenuntergangszeit zum Campingplatz zurück. Anderntags sind wir noch einmal mit den Kajaks unterwegs und fahren hinüber zum Nordufer unter die senkrechten Felswände des Falkensteins. Die mächtige Wand ist ein Kletterparadies und das schroffe Ufer lässt Vergleiche mit einem norwegischen Fjord zu. Der alte Pilgerweg verläuft hier weit oben am Berg. Die zauberhafte Fürbergbucht mit dem felsigen Inselchen Ochsenkreuz und einem alten Bildstock ist umgeben von smaragdgrünen Wasser eine weitere Filmkulisse an diesem See, und der ideal gelegene Gasthof Fürberg lockt zur Einkehr. Tagesfahrer erreichen den gebührenpflichtigen Parkplatz in der Fürbergbucht von der B 154 in Winkl über eine schmale Straße.

➔ Charakter der Tour

Bergsee in traumhafter Lage, befahrbar auch für Einsteiger.

Ausrüstung: alle Bootstypen geeignet.

Beste Zeit: April bis Oktober

Einstieg/Ausstieg: An den Campingplätzen in Abersee-Gschwand, am Camping Berau oder in der Badebucht Fürberg.

Fahrstrecke: Seeumrundung ca. 40 km.

Besonderheit: Vorsicht bei Sturmböen und aufziehendem Gewitter!

Bahnverbindung: per Bahn nach Salzburg oder Bad Ischl, weiter per Bus.

Bootsverleih/Touren:
Camping Berau in Schwarzenbach,
Tel. +43/6138/2543, *www.berau.at*
Heinrich Breidenbach in Salzburg,
Tel. +43/664/3265653,
www.genusspaddeln.at

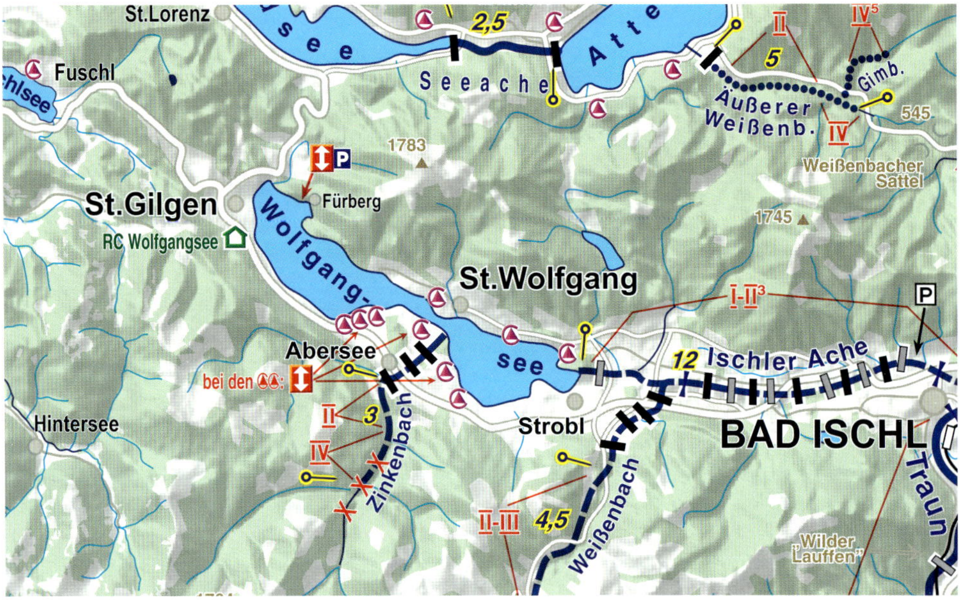

Übernachten: Camping Birkenstrand, Tel. +43/6227/3029, Camping Berau, Tel. +43/6138/2543 (auch Hotel), Hotel Gasthof Fürberg. +43/6227/23850.

Gastronomie: Romantikrestaurant Kaiserterrasse im Weißes Rössl (exklusiv) im Sommer Operettenabende, Kirchenwirt in Strobl, Wiesenhof in Abersee, Gasthof Fürberg.

Kanugewässer der näheren Umgebung: Traun von Laufen bis zum Traunsee (WW I), Traunsee, Mondsee, Attersee, Hallstätter See.

Sehenswertes: Pfarrkirche in St.Wolfgang (Pacheraltar), Historische Zahnradbahn auf den Schafberg, Heimatmuseum und Mozartbrunnen in St.Gilgen, Wolfgangkapelle auf dem Falkenstein, Naturjuwel Blinklingmoos bei Strobl (ein Hochmoor mit seltenen und geschützten Pflanzen), Wildpark Kleefeld bei Strobl.

Alternativen: Segeln, Surfen, Wasserski Wanderung auf den Spuren der Wallfahrer von St.Gilgen nach St.Wolfgang über den Falkenstein, Bergtour vom Schafberg auf dem Drei-Seen-Weg zurück nach St.Wolfgang, Gumpenrutschen in der Zinkenbachklamm, Klettersteig Postalmklamm.

Auskunft: Wolfgangsee Tourismus, Au 140, 5360 St. Wolfgang, Tel. +43/6138/8003, *www.wolfgangsee.at*

Literatur:

- Die 50 schönsten Kanutouren in Österreich (A. Zaunhuber) Pollner Verlag 2011
- „Salzkammergut" (B.Reiter/M.Wistuba) Michael Müller Verlag 2013
- „Der Wolfgangsee" (Marie Theresie Arnbom) Brandstätter Verlag 2010
- Wanderführer „Salzkammergut West" (F. Hauleitner) Bergverlag Rother 2012
- Kompass Kartenset „Salzkammergut Nr. 229, 1:50.000.

Tour 18: Sommerfrischeorte mit alpiner Felskulisse

Der Traunsee in Oberösterreich ist mit 191 m der tiefste See des Landes und ein beliebtes Badegewässer mit großartiger Bergkulisse und problemloser Erreichbarkeit nahe der Autobahn A1. Orte wie das mediterrane Gmunden mit seiner stilvollen Seepromenade und das Postkartenmotiv Traunkirchen prägen den See ebenso wie der markante Felsgipfel des weithin sichtbaren Traunsteins. Gmunden ist mit dem Salzhandel reich geworden und verfügt über die größte Keramikmanufaktur Mitteleuropas. Auch das Seeschloss Orth (bekannt aus einer TV-Serie) und der Schriftsteller Thomas Bernhard haben zum Ruf dieser Region beigetragen. Segler, Surfer und Taucher schätzen den kristallklaren See, dessen grünes Wasser zum Schwimmen einlädt und der auch Paddlern ein attraktives Ziel bietet. Herbert Rittlinger hat dem Traunsee in seinem Buch „Das baldverlorene Paradies" das Kapitel „Am glücklichen See" gewidmet. Der Ausdruck „Lacus felix" dagegen ist nicht von Rittlinger, sondern wurde bereits viel früher von den Römern verwendet.

Die 153 km lange Traun zählt zu den interessantesten und spektakulärsten Flusssystemen des Landes und entwässert fast das gesamte Salzkammergut. Der Ursprung befindet sich im Toten Gebirge im steirischen Salzkammergut nahe dem kleinen Kammersee. Über den höchst romantischen Toplitzsee fließt das Wasser als Toplitzbach in den Grundlsee. Der Abfluss dieses Sees mündet in Bad Aussee mit der Altausseer Traun zusammen, und wenig später kommt auch noch die Ödenseetraun hinzu. Gemeinsam fließen sie nun als Koppentraun durch die wilde Koppenschlucht dem Hallstätter See entgegen.

Die Region Hallstatt mit dem inneren Salzkammergut ist Natur- und Kultur-Welterbestätte der UNESCO und wichtige Fundstelle der „Hallstattkultur". Der bezaubernde Seeort

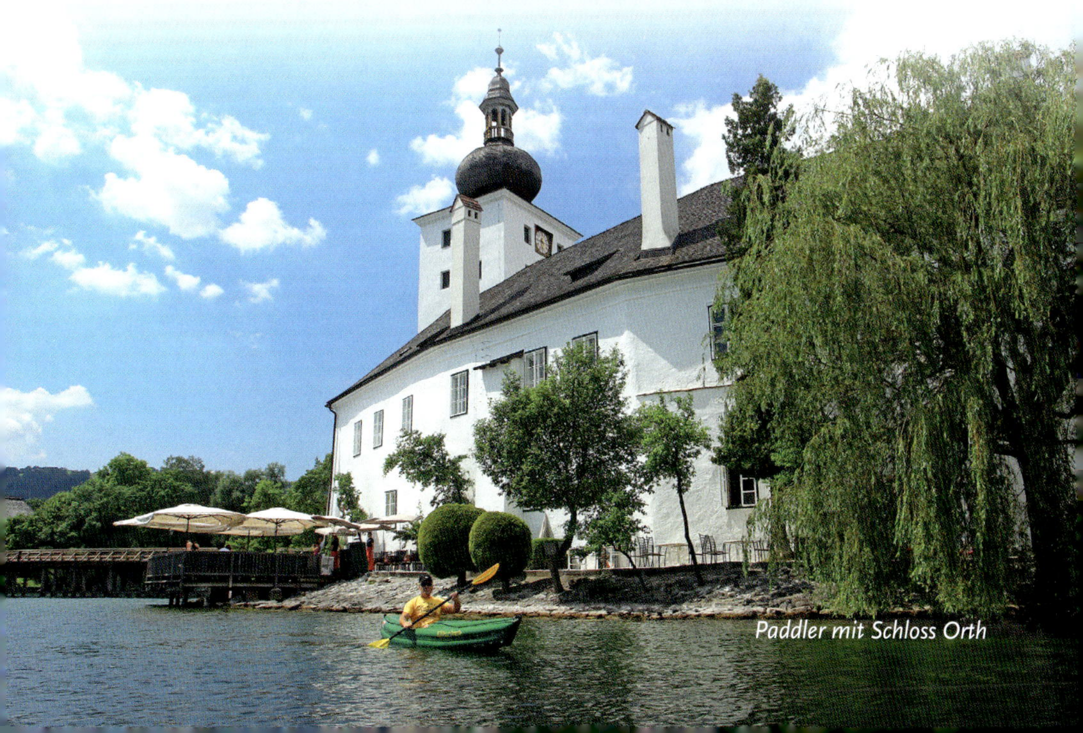

Paddler mit Schloss Orth

Hallstatt zählt zu den beliebtesten Reisezielen, und der malerische See bietet sich ebenfalls für eine Seeumrundung mit dem Boot an. Ab dem Ausfluss des Hallstätter Sees heißt unser Gewässer dann nur noch Traun und fließt vorbei an Bad Goisern und Bad Ischl dem Traunsee entgegen. Wegen zahlreicher Wehre bzw. Seeklausen mit Driftrechen ist eine hindernisfreie Kanufahrt erst unterhalb dem „Wilden Lauffen“ nahe der spätgotischen Wallfahrtskirche gegeben. Fünf Kilometer später durchquert die Traun mit Bad Ischl den berühmtesten Kurort Österreichs, in dem sogar die Habsburger Kaiser ihre Sommerfrische verbrachten. Die Folgestrecke der Traun wird von den Gipfeln des Toten Gebirges und dem Höllengebirge flankiert.

Am Trauneck bei Ebensee mündet sie in den Traunsee, der vor allem vom dominanten Traunstein beherrscht wird. Der Abfluss der Traun befindet sich im Ortsbereich von Gmunden. Vorbei am Traunfall verlässt diese nun die Alpen und durchfließt zwischen Lambach und Wels die flache Welser Heide (NSG). Diese Strecke ist noch einmal für Paddler attraktiv, und neben dem Stift Lambach ist auch noch das Schiffsleut-Museum in Stadl Paura einen Besuch wert. Nach einigen Kraftwerken mündet die Traun nahe der Stadt Linz in die Donau.

Unser Hauptaugenmerk richtet sich aber auf den Traunsee, der ein perfektes Basislager für einen abwechslungsreichen Urlaub in der Region garantiert. Die ehemalige Salzhandelsstadt Gmunden, heute Kurstadt, besitzt die attraktivste Seepromenade im gesamten Salzkammergut. Hier starten auch die Ausflugsschiffe wie der nostalgische Raddampfer Gisela, der bereits seit dem Jahre 1872 übers Wasser stampft. Paddler werden es aber wohl

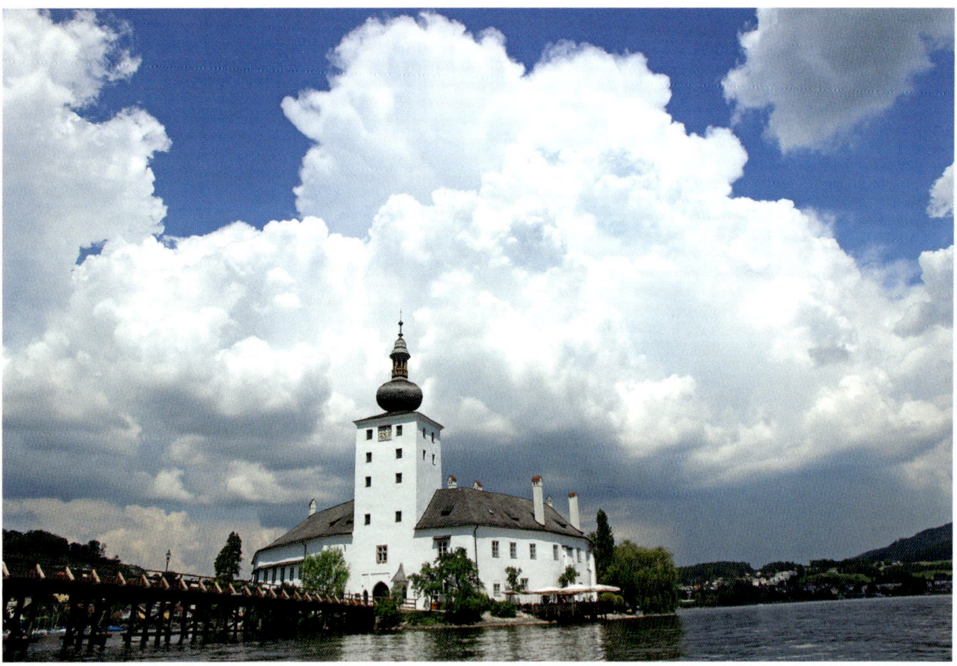

Seeschloss Orth bei Gmunden

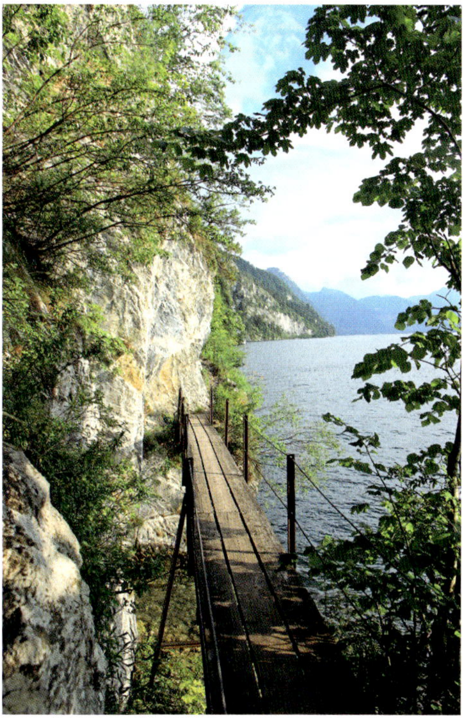

Abenteuerlicher Mieswegsteig

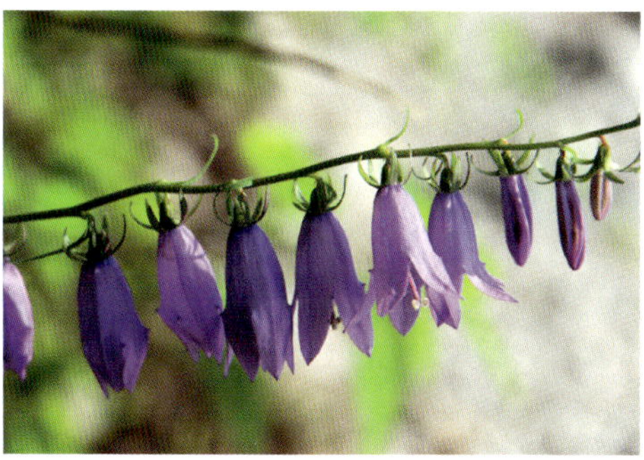

Glockenblumen am Wegesrand

attraktiver finden, den See mit dem eigenen Boot zu erkunden. Die Campingplätze in Altenkirchen oder Traunkirchen oder der Hotel/ Gasthof Hois'n sind optimale Einsetzstellen für eine Seeumrundung oder Kurztouren. Sehr attraktiv ist der gesamte Bereich des Ostufers, da hier nur Nebenstrassen entlang führen bzw. steil abfallende Ufer völlig weglos und daher fast nur per Boot erreichbar sind. Es lohnt sich, Badesachen und Brotzeit mitzunehmen und hier am Fuße des Traunsteins den Tag zu verbringen. Unbedingt lohnend ist eine Bergtour auf den Gipfel, z.B. über den beliebten Naturfreundesteig. Oben wird man mit einem überwältigenden Ausblick und einer unerwartet guten Gastronomie empfangen.

Sehr idyllisch ist auch der kleine Ort Traunkirchen. Das Kloster auf dem Felsvorsprung und der mächtige Traunstein im Hintergrund sind ein absolutes Postkartenmotiv. Hier befand sich bereits vor 3.500 Jahren eine heidnische Kultstätte. Die barocke Klosterkirche aus dem Jahre 1632 ist ein kultureller Höhepunkt am See. Vor allem die berühmte geschnitzte „Fischerkanzel", aber auch der Hochaltar mit reichem Figurenschmuck und lebensgroßen Statuen und der stimmungsvolle Friedhof mit seinen schmiedeeisernen Kreuzen sollten jeden Besucher begeistern. Im Hintergrund lockt der kleine Sonnenstein (923m) zu einer weiteren Wanderung mit tollem Seeblick.

Ein besonderer Höhepunkt ist auch das Seeschloss Orth bei Gmunden. Das auf einem Felsen gelegene Inselchen ist über eine lange Holzbrücke mit dem Land verbunden und mit dem Boot schnell umrundet. Lange Zeit war es Schauplatz der TV-Serie „Schlosshotel Orth", die von 1996 bis 2005 hier gedreht wurde. Das es hier gar kein Hotel gibt, sollte niemanden stören. Dafür kann man das Schloss besichtigen und in den „Ortherstubn" wird man mir regionalen Gerichten und Fisch verwöhnt. Kanupaare können hier auch heiraten.

Info: *www.schlossorth.com*. Bei allen Kanutouren am Traunsee sollte man immer einen Blick für das Wetter haben, denn schnell aufziehende Sommergewitter sind auch für Kanuten gefährlich.

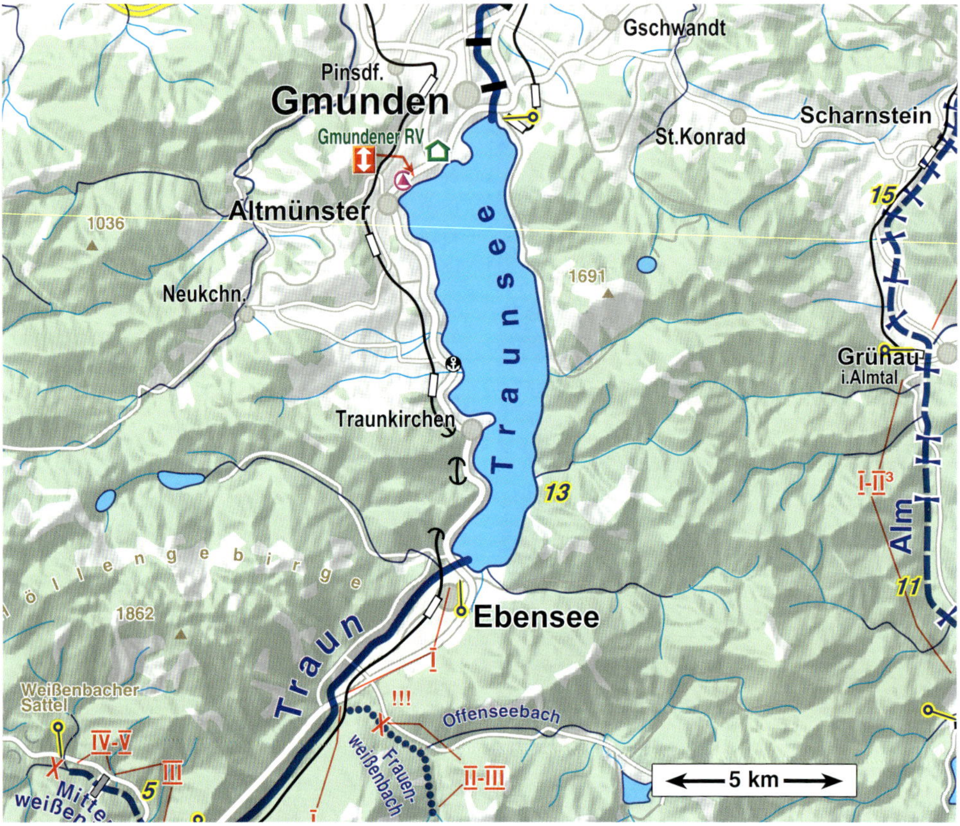

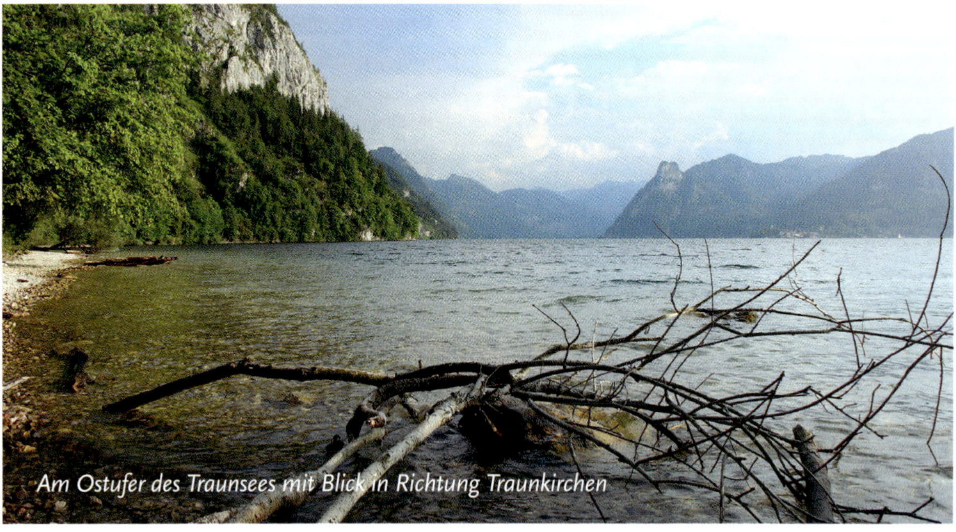
Am Ostufer des Traunsees mit Blick in Richtung Traunkirchen

Charakter der Tour

Zahmwasser.

Ausrüstung: Kanus aller Art (Schwimmweste bei Bedarf).

Beste Zeit: Mai bis Oktober.

Ein/Ausstieg: Campingplatz Altmünster (alternativ Campingplatz Traunkirchen, Gmunden, Gasthaus Hois'n am Ostufer).

Fahrstrecke: Seeumrundung maximal 33.5 km (Uferlänge).

Gefahren: Sommergewitter mit plötzlichen auftretenden böigen Winden.

Naturschutz: kein wildes Camping!

Bahnverbindung: Bahnhöfe in Gmunden (Seebahnhof), Altmünster, Traunkirchen, Ebensee-Landungsplatz.

Bootsverleih: Harald Trawöger am Campingplatz in Altmünster, Tel. +43/664/5454370, www.camping-traunsee.at
Walter Edthofer in Gmunden,
Tel. +43/7612/62496, *www.kajak-kanu.at*

Kanugewässer der näheren Umgebung:
Traun von Lauffen bis Trauneck/Ebensee 25 km WW I,
Traun-Unterlauf von Lambach bis Gunskirchen 8 km, Hallstätter See, Gosausee (Zahmwasser).

Auskunft: Ferienregion Traunsee,
Toscanapark 1, 4810 Gmunden,
Tel. +43/7612/74451, *www.traunsee.at*

Übernachten:
Campingplatz Traunsee in Altmünster,
Tel. +43(7612/89313,
Camping in Traunkirchen,
Tel. +43/7617/2281,
Wohnmobil-Stellplatz in Trauneck,
Hotel „Hois'n Wirt" am Ostufer,
Tel. +43/7612/77333.

Gastronomie: Seehotel Schwan und Ortherstub'n in Gmunden, Gasthaus Hois'n am Ostufer, Reiberstorfer in Altmünster, Hotel Post in Traunkirchen, Landhotel Post in Ebensee.

Sehenswertes: Rathausplatz (Rathaus mit Keramikglockenspiel), Seepromenade, Kammerhof mit Stadtmuseum,
Schloss Ort in Gmunden, Pfarrkirche Altmünster (steinerner Allerheiligenaltar mit spätgotischer Reliefgruppe),
Pfarrkirche Mariä Krönung mit Fischerkanzel in Traunkirchen,
Heimatmuseum (Salzgewinnung) und KZ-Gedenkstätte in Ebensee.

Alternativen: Salzkammergut-Radweg, Wanderweg durch die Kaltenbachwildnis, Mini-Steig Miesweg am Ostufer, Klettersteige am Traunstein, Wassersport, Canyoning, Keramik-Workshops.

Buchtipps/Karten:

- „Die 50 schönsten Kanutouren in Österreich" (A. Zaunhuber) Pollner Verlag 2011
- Reiseführer „Salzburg, Salzkammergut" (B.Reiter/M.Wistuba) Michael Müller Verlag 2013
- „Salzkammergut-Reise durch ein unbekanntes Land" (Alfred Komarek) Kremayr & Scherlau
- Roman „Daniel Käfer-alle Salzkammergut-Romane in einem Band" (Alfred Komarek) Haymon
- Verlag 2014
- Kompass-Kartenset Nr. 229 „Salzkammergut" 1.50.000

Tour 19: Wildflussperle im Umfeld des Nationalparks Kalkalpen

Smaragdgrün ist das Wasser der Steyr, die nach einem Lauf von 68 Kilometern in der gleichnamigen Stadt mit ihrem mittelalterlichen Flair in die Enns mündet. Die Steyr ist für viele Paddler oft nur ein Durchgangsziel auf dem Weg zur steirischen Salza nach Wildalpen. Schade eigentlich, denn Fluss und Region bieten reizvolle Tourenmöglichkeiten. Zum einen lockt der Steyr-Oberlauf zwischen dem Strombodinger Wasserfall und der Steyrbrücke der B 138 mit einer moderaten WW-Strecke bis WW III+. Aber auch die Seitenflüsse Teichl, Weißenbach und Krumme Streyrling bieten bezaubernde Felsschluchten (nur im Frühjahr befahrbar), meist um WW II-III. Und der eher selten besuchte Nationalpark Kalkalpen ist ein Naturparadies und ein Eldorado für Biker und Wanderer.

Die Steyr entspringt im Toten Gebirge und fließt an Hinterstoder entlang der Eisen- und Römerstraße vorbei in den reizvollen Klaus-Stausee. Nach dem Steyrdurchbruch beginnt unsere Fahrt direkt unterhalb des E-Werks Agonitz und endet rechts vor der Straßenbrücke Haunoldmühle. Der begleitende Radweg bietet sich für die Rückholung des Fahrzeugs an. Eine steile Straße führt hinunter zum Einstieg unterhalb des E-Werks. Die Fahrzeuge parkt man auf halber Höhe an einem dafür vorgesehenen Parkplatz, damit die Anwohner nicht behindert werden. Die Flussstrecke auf dem fast unverschämt grünen Wasser, das jedem Vergleich mit Soca & Co standhält, ist absolut sterneverdächtig. Die Steyr fließt meist etwas abseits der begleitenden Verkehrswege und wird flankiert von Felsen und Wäldern im Umfeld des wildromantischen Nationalparks Kalkalpen. Bei sommerlichem Niedrigwasser werden die Durchfahrten enger und steiler. Bei höherem Wasserstand nimmt die Verblockung

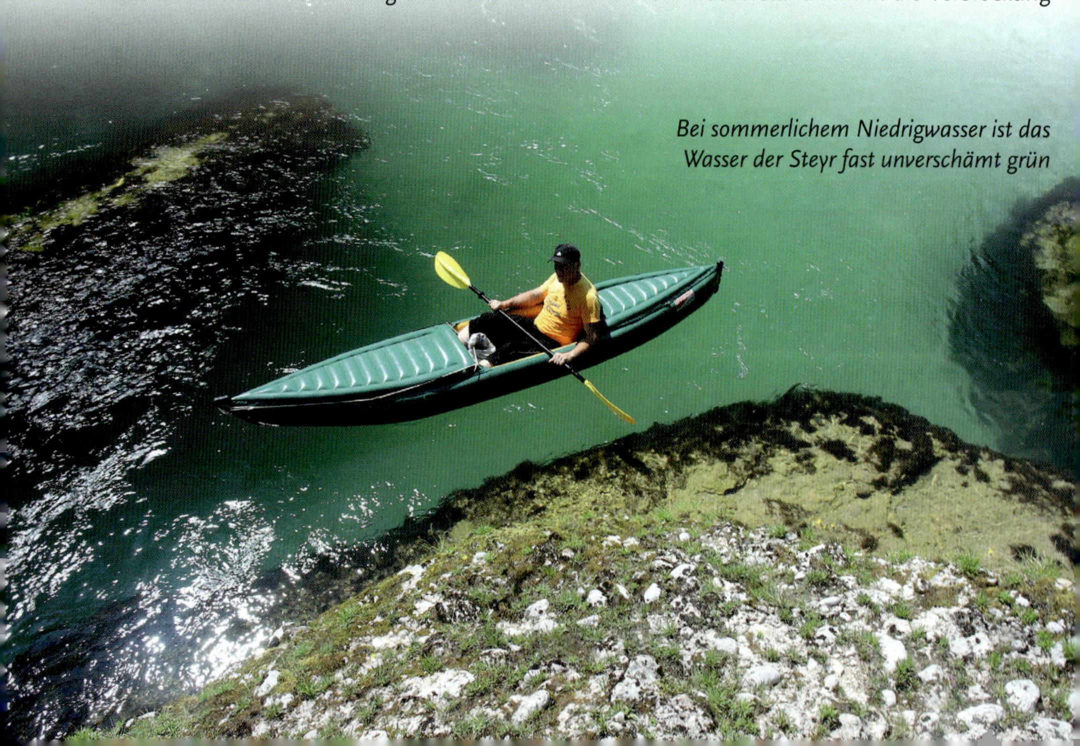

Bei sommerlichem Niedrigwasser ist das Wasser der Steyr fast unverschämt grün

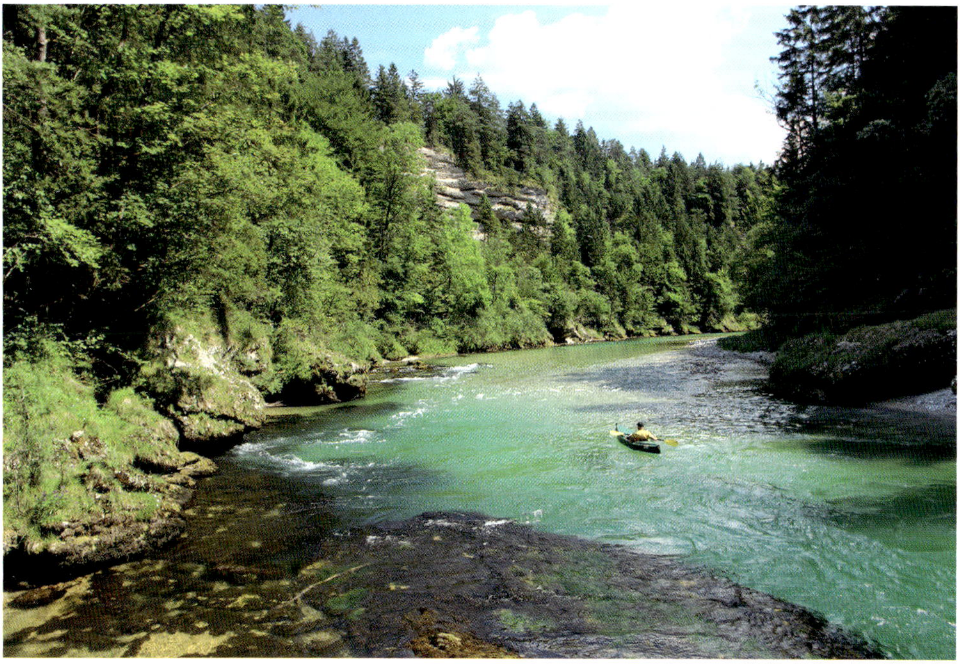

Konglomeratschlucht unterhalb von Agonitz

ab, dafür nehmen Fließgeschwindigkeit und Wasserwucht zu. Dann ist eine Wildwasserausrüstung samt Neoprenanzug, Helm und Schwimmweste zwingend erforderlich. Die Steyr ist kein typisches Tourengewässer, sondern gestaltet sich mit vielen Stellen um WW II höchst abwechslungsreich und spannend. Grün ist die dominierende Farbe, und die zeigt sich hier in allen Schattierungen.

Nach etwa drei Kilometern Fahrt mündet von rechts die Krumme Steyrling, im Frühjahr ein beliebtes Wildwasserziel mit einer bizarren Endschlucht. Eine Kiesbank im Mündungsbereich bietet sich als stimmungsvoller Pausenplatz an und lockt im Sommer zum Schwimmen im glasklaren Wasser. Bizarre Kalkformationen auf der Folgestrecke regen die Phantasie an und bieten ein Schlucht-Ambiente der Spitzenklasse. Aus einer Felswand, dem Naturdenkmal „Rinnende Mauer“, sprudelt Wasser aus einer bizarren Komglomeratwand. Beiläufig stellt man sich die Frage, wer denn verantwortlich ist für die Zerstörung einiger anderer Abschnitte dieses Flusses, ebenso wie für die völlige Verbauung der unteren Enns mit Kraftwerken (zu Rittlingers Zeiten vor dem 2.Weltkrieg einer der schönsten Fließgewässer der Alpen). Mancher Stromerzeuger würde

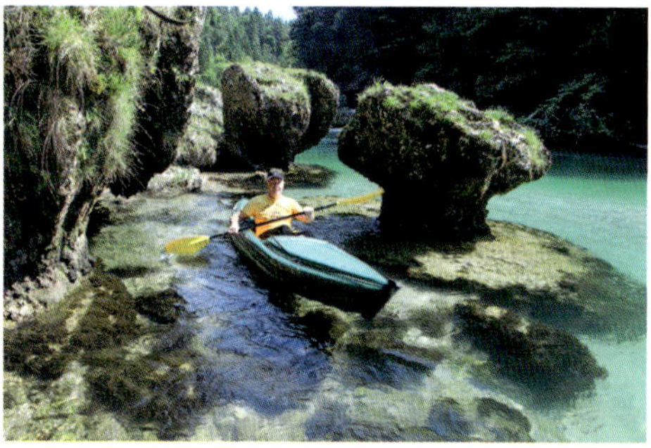

Bizarre Felsformation unterwegs

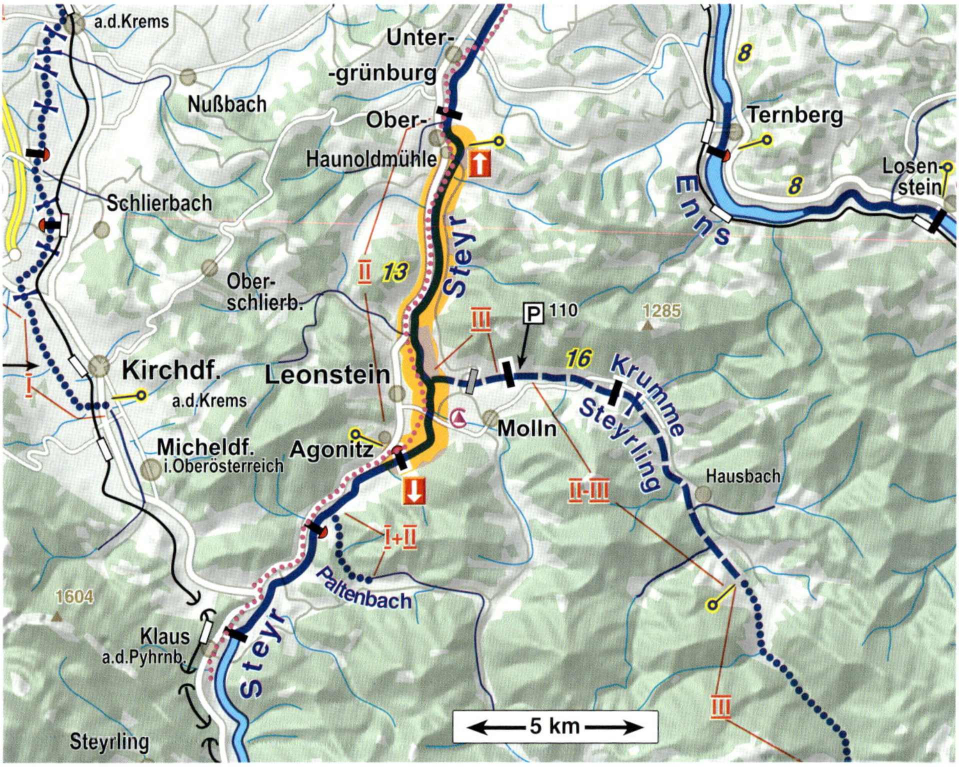

angesichts einer solchen Naturlandschaft ins Grübeln kommen. Wir genießen einfach jeden Meter dieser zauberhaften Flussfahrt. Leider signalisiert die Straßenbrücke vor der Haunoldmühle viel zu früh das Fahrtende. Rechts vor der Brücke führt ein kurzer steiler Pfad zum Parkplatz auf der gegenüberliegenden Straßenseite.

Von zwei Veranstaltern in Steyr wird ein interessanter Kurztrip angeboten: Mit der Museumsbahn fährt man von Steyr aus in Richtung Grünburg, lädt die Boote aus und paddelt auf dem Fluss zurück in die Stadt. Von den zwei Wehren im Ortsbereich ist eines mit einer Bootsgasse ausgerüstet und gut befahrbar. Ein originelles Programm. Alternativ gibt es in der Umgebung kulturelle Highlights wie das mächtige Klosterstift Kremsmünster, aber vor allem die bezaubernde Altstadt Steyr mit einem historischen Stadtkern und zahlreichen netten Kneipen rund um den Stadtplatz. Neben der Kanutour bieten sich reizvolle Wanderungen im Nationalpark Kalkalpen an. Mein persönlicher Tipp: Der Triftsteig durch die

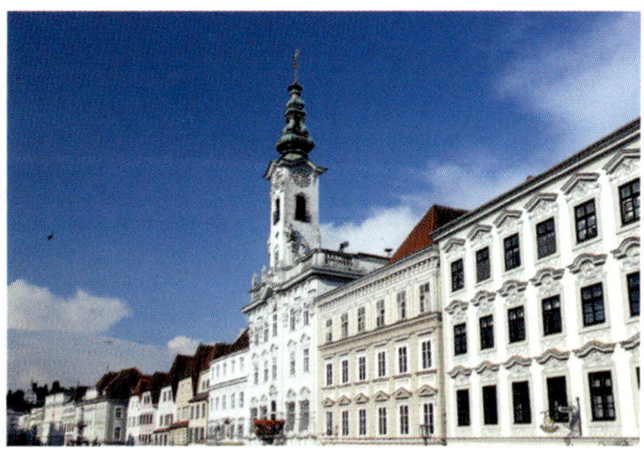

Die historische Altstadt von Steyr

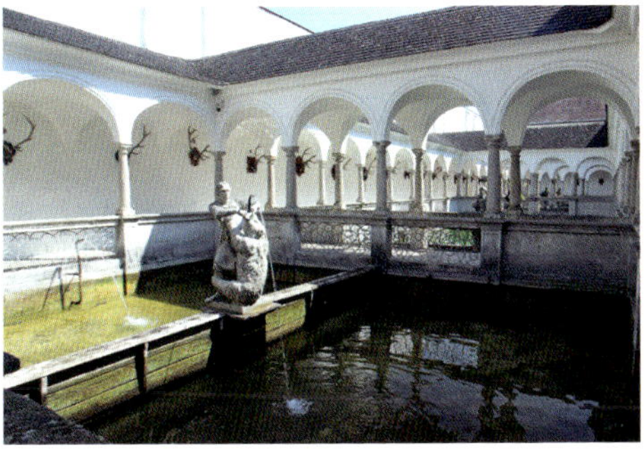

Innenhof Kloster Kremsmünster

Große Schlucht der Reichraming. Ein einfacher Canyon-Klettersteig mit smaragdgrünen Badegumpen zwischen Felswänden. Gut kombinierbar mit einer MTB-Tour ab Reichraming im Ennstal.

➔ Charakter der Tour

Landschaftlich reizvoller WW-Wanderfluss in einem schluchtartigen Tal (WW II).

Ausrüstung: Einerkajaks oder Schlauchkanus, keine Faltboote!

Beste Zeit: Mai bis Oktober.

Pegel: Mindestwasser 115 cm, Mw 175 cm, Hw 210 cm (Pegel Klaus).

Naturschutz: Kein wildes Camping, kein Lagerfeuer!

Einstieg: Agonitz (unterhalb dem E-Werk), gebührenfreier Parkplatz.

Ausstieg: In Haunoldmühle rechts vor der Straßenbrücke (gebührenfreier Parkplatz).

Fahrstrecke: 13 km.

Geführte Touren: Pro Adventures in St. Pankratz, Tel. +43/664/4412 111, *www.abenteuerprofis.at*

Kanugewässer der näheren Umgebung: Steyr Oberlauf, Teichl, Krumme Steyrling (alle um WW II, bzw bis WWW III+), Untere Enns, Stausee bei Klaus im Steyrdurchbruch (Zahmwasser).

Auskuft: Nationalpark Region Steyrtal, Pfarrhofstr. 1, 4594 Stainbach an der Steyr, Tel. +43/7257/8411-13, *www.kalkalpen.at* *www.oberoesterreich.at*

Übernachten: Campingplatz Forelle in Steyr, Tel. +43/7252/78008,
Gasthof „Baum mitten in der Welt" in Kremsmünster, Tel. +43/7583/5304, *www.baummitteninderwelt.at*

Gastronomie: Gasthof „Baum mitten in der Welt" in Kremsmünster,
Hotel Restaurant Mader in Steyr (auch Zimmer), Gasthof Steyrbrücke in St. Pankratz.

Sehenswürdigkeiten: Altstadt von Steyr mit Schloss Lemberg, Kloster Kremsmünster (Fischkalter, Tassilokelch, Sternwarte), Zisterzienserkloster Stift Schlierbach, Jugendstilkraftwerk Steyrdurchbruch (Industriedenkmal).

Alternativen: Wandern und MTB-Touren im Nationalpark Kalkalpen, info: www.kalkalpen.at Radfahren auf dem Enns-Radweg, Klettersteig durch die „Große Schlucht" der Reichraming.

Buchtipps/Karten:

- „Die 50 schönsten Kanutouren in Österreich" (A. Zaunhuber) Pollner Verlag 2011
- „DKV-Auslandsführer Band 1 Österreich/Schweiz" (H. Ramajzl) DKV-Verlag 2009
- „Oberösterreich" (Barbara Sternthal) NP-Buchverlag 2004
- „Kompass Wanderkarte Nr. 70 „Nationalpark Kalkalpen" 1:50.000

Tour 20: Sportliche Paddeltour auf Wiener Trinkwasser

Die steirische Salza ist ein Wildwasserparadies der Superlative. Hier paddelt man auf glasklarem Wiener Trinkwasser durch beeindruckende Schluchten. Rundherum bestimmen die Farben der Natur die Szenerie: das dunkle Grün der Bergwälder und das Smaragdgrün des Flusses. Dagegen kontrastieren die grellbunten Farben der Paddler in ihrem modischen Outfit. An manchem Ferienwochenende tummeln sich um Wildalpen mehr Paddler auf dem Wasser als das ganze Tal Einwohner hat. Kein Wunder – die Sportmöglichkeiten an der Salza sind überaus vielfältig. Neben dem Wassersport gibt es tolle Biketrails. Hochinteressant sind auch die Höhlen der näheren Umgebung, zum Beispiel die Arzberghöhle und das Palfauer Wasserloch. Beide sind nur von erfahrenen Spezialisten begehbar, durch die attraktive Wasserlochklamm hingegen führt ein gesicherter Steig, der auch Wanderern Einblicke gewährt.

Die Salza ist ein Mekka der Wildwasserkanuten. Moderate Schwierigkeiten und herrliche Natur locken sehr viele Paddler in diese ansonsten stille Region. Doch auch sportliche Kanuwanderer kommen hier zumindest auf Teilstrecken auf ihre Kosten. Besonders entspannt ist die Befahrung der Salza im Bereich des Klausgrabens zwischen Gußwerk und der Prescenyklause. Prinzipiell kann man bereits in Gußwerk die Fahrt beginnen. Die übliche Einsetzstelle findet man jedoch an der Wegbrücke zur Proleshütte, kurz vor dem Beginn der tief eingeschnittenen Klausschlucht. Smaragdgrünes Wasser nimmt uns auf, die sanfte Strömung trägt uns immer

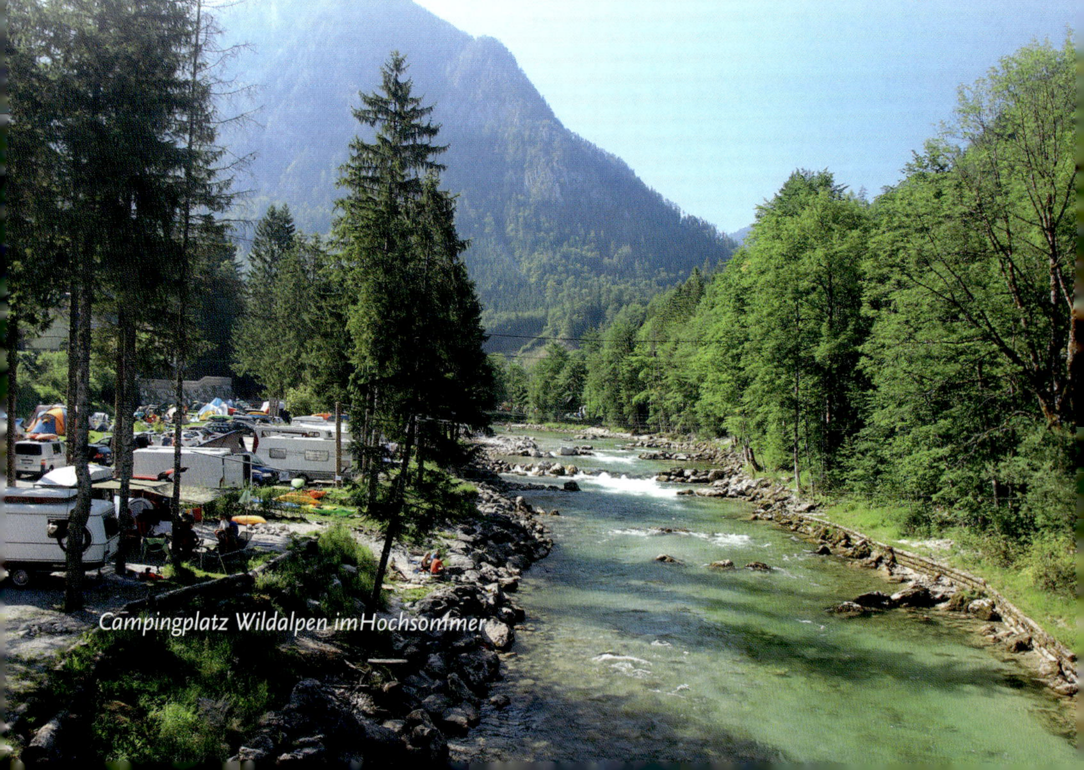

Campingplatz Wildalpen imHochsommer

tiefer in eine bewaldete Schlucht zu Füßen des Zeller Staritzen. Ein neuer Steig ermöglicht es auch Wanderern, diese Urlandschaft zu Fuß zu entdecken. Einige kleine Schwallstrecken und leichte Verblockungen um WW I-II sollten keine Probleme für fortgeschrittene Kanuten darstellen. Im glasklaren Wasser schwimmen vermutlich glückliche Forellen, die sich auch von Paddlern nicht die Laune verderben lassen. Selten bekommt man so eine dramatische Natur quasi im Vorübergleiten geboten. Jeder Meter der Fahrt in dieser tiefen und einsamen Schluchtenwildnis ist purer Genuss. Im Weiler Weichselboden, kurz vor dem Beginn des Stausees der Prescenyklause, endet die traumhaft schöne Fahrt rechter Hand an der Mündung des Rotmoosbaches (Parkplatz, WC). Blutige Kanuneulinge finden auf dem Stausee der Presceny-Klause ein Übungsfeld für die ersten Paddelschläge. Die Klause diente zu Zeiten der Floßfahrt dazu, die Baumstämme und das Wasser der Salza zu sammeln. Dann wurden die Schleusentore geöffnet und das künstliche Hochwasser spülte die Stämme bis hinunter zur Enns. Im Ennsmuseum Kastenreith-Weyer kann man historische Filme anschauen und so die harte und gefährliche Knochenarbeit der Flößer hautnah nachvollziehen.

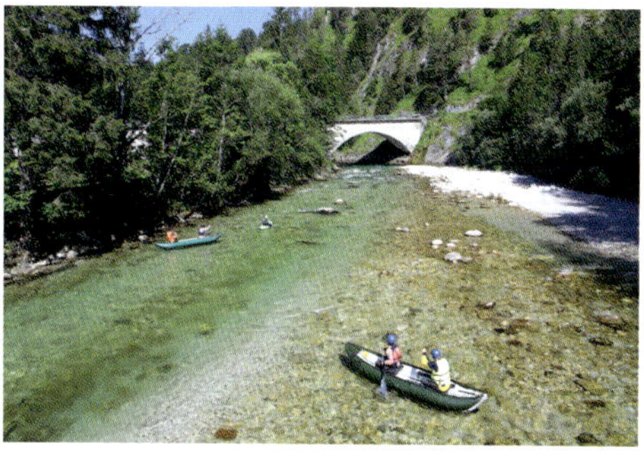

Kurz nach dem Campingplatz Wildalpen

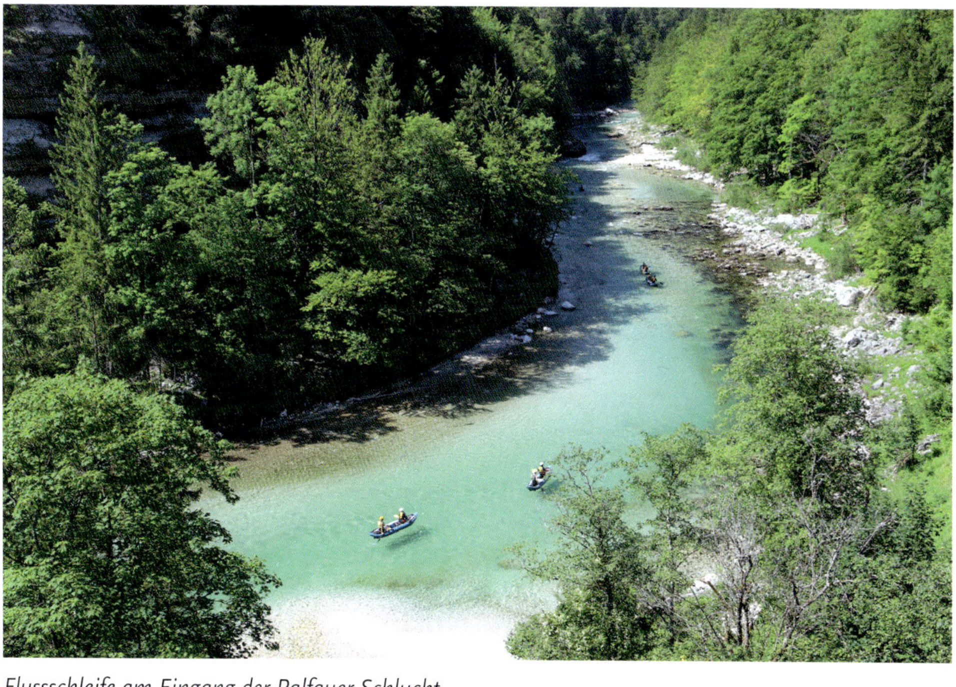

Flussschleife am Eingang der Palfauer Schlucht

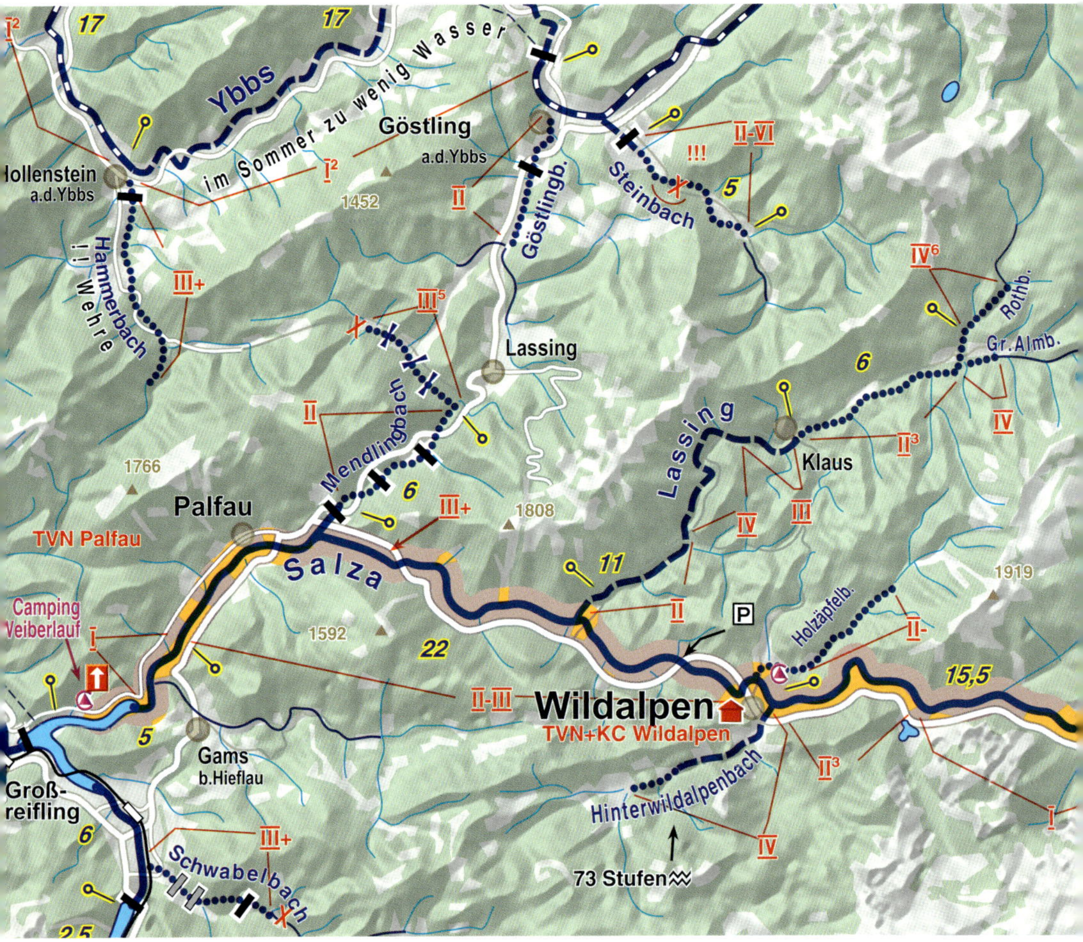

Wer mit der Klausschlucht auf den Geschmack gekommen ist, startet unterhalb der Presceny-Klause zu einer weiteren empfehlenswerten Wanderfahrt auf 10 km Länge bis Brunnthal. Nach der Aufnahme mehrerer Karstquellen von links sorgen noch einige leichte Schwallstrecken WW I für Erfrischung. Ein natürliches Flussbett und die Bergsicht gibt es als kostenlose Zugabe. Dann beruhigt sich der Fluss und bis zur Brücke von Brunnthal ist die Salza ohne jede Schwierigkeit befahrbar. Von Brunnthal sollte man noch vier Kilometer bis zum Naturfreunde-Campingplatz weiter paddeln, leichte Zunahme der Schwierigkeiten bis WW II. Bei den Naturfreunden kann man günstig campieren und auch Boote ausleihen bzw. Kurse buchen. In Wildalpen gibt es noch mehrere Anbieter mit unterschiedlichen Schwerpunkten. Am Campingplatz Wildalpen (wenige Meter nach den Naturfreunden) befindet sich die „Zeltplatzwalze“ WW III. Von Wildalpen bis nach Erzhalden führt eine Wildwasserstrecke der Extraklasse. Bis zur Mündung der Lassing bei Fachwerk geht es noch moderat zu (WW II).

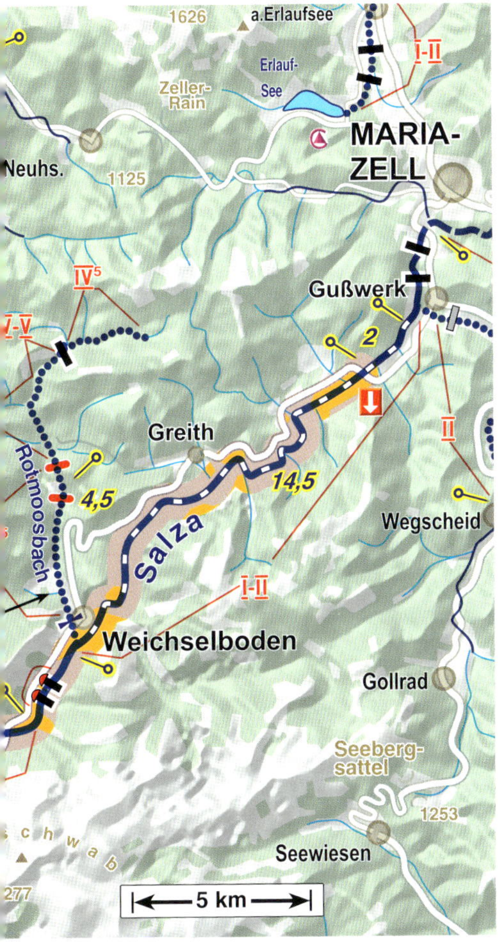

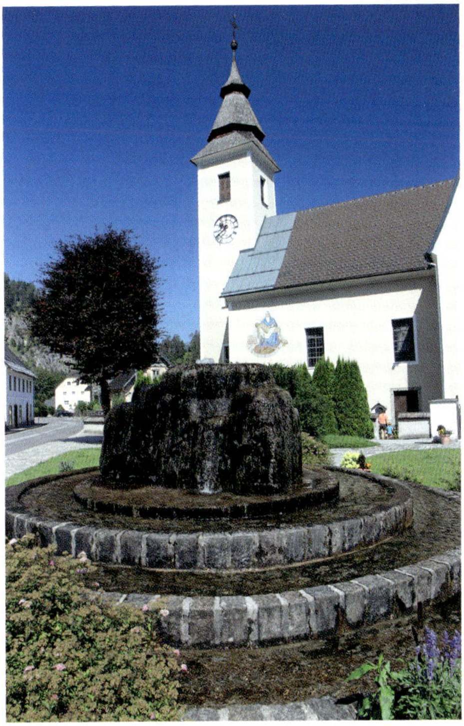
Kirche in Wildalpen

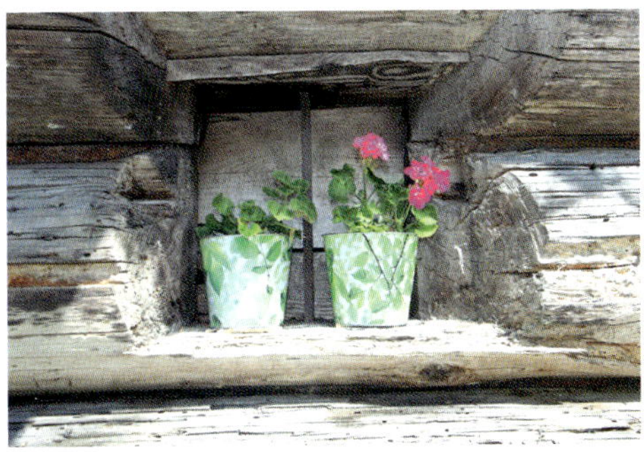
Hüttenfenster

Zwei Kilometer weiter steigern sich die Schwierigkeiten bis WW III. „Lawinenschwall“ und „Lange Gasse“ sind die Kernstellen dieser Strecke. Kurz nach der Langen Gasse, an der Mündung des Mendlingbach, kann man diese Etappe rechtsufrig beenden oder noch weiter durch die malerische Palfauer Schlucht paddeln. Die 9 km lange Strecke bis zum Campingplatz Weiberlauf mit besonders schönen Konglomeratfelsen ist das Sahnehäubchen der Salza und nur bei hohem Wasserstand wirklich kritisch. Wer diese Strecken erleben möchte und kein Wildwasserpaddler ist, dem sei eine Raftingtour empfohlen. Bemooste Konglomeratfelsen, sprühende Wasserschleier und die intensive Farbe des Wassers werden jedem Befahrer lange in Erinnerung bleiben.

Charakter der Tour

Leichtes Wildwasser-Wandergewässer (bis WW II).

Ausrüstung: Für Wildwasser geeignete Kajaks mit Spritzdecke oder Schlauchkanus. Auch das Tragen einer Schwimmweste und ein Kajakhelm ist hier zu empfehlen.

Beste Zeit: Mai bis August (September). Pegel: Wildalpen (Holzbrücke), mindestens 180 cm.

Einstieg: Wegbrücke zur Proleshütte bei Greith (Parkplatz).

Ausstieg: Rechtsufrig in Weichselboden (Parkplatz).

Fahrstrecke: 11 km.

Naturschutz: kein wildes Camping!

Weitere Etappen: Presceniklause bis Brunnthal 10 km um WW I,
Brunnthal Ortsanfang Wildalpen 4 km WW II, Zeltplatzwalze WW III, Wildalpen bis Fachwerk 7 km bis WW II/III,
Fachwerk bis Erzhalden 10 km WW II-III durch das Paradies, Erzhalden bis Camping Weiberlauf 8 km WW III (Palfauer Schlucht).

Bootsverleih/Shop/Touren:
Sportcamp Ehgartner in Wildalpen,
Tel. +43/3636/342, *www.sportcamp.net*
Naturfreunde WW-Zentrum.
Tel. +43/3636/466, *www.naturfreunde.at*
Freelife in Palfau, Tel. 07230/7916,
www.freelife.at

Übernachten:
Campingplatz Wildalpen, Tel. +43/3636/342,
Naturfreunde Wildalpen, Tel. +43/33636-466,
Gasthof u. Camping Eschau, Tel. 03638/274,
Camping Saggraben, Tel. +43/3638-271,
(alle in Palfau),
Paddel- und Freizeitcamp Weiberlauf bei Großreifling, Tel. +43/3633/2451,
Hotel Bergkristall in Wildalpen,
Tel. +43/3636/444.

Gastronomie: Wasserlochschenke am Eingang der Wasserlochklamm, Gasthof Stiegenwirt in Palfau, Paddlerstüberl und Hotel Bergkristall in Wildalpen.

Kanugewässer der näheren Umgebung: Enns: Gesäuse, Kummerbrückenstrecke und Gstatter bis WW VI, Hirschsprungschlucht von Großreifling bis Krippau 6 km, Untere Enns (Wanderstrecke, viele Wehre), Lassing 11 km WW II-IV, Erzbach 10 km WW II-III+.

Sehenswertes: Wallfahrtskirche Mariazell, Wasserleitungsmuseum in Wildalpen, Forstmuseum in Großreifling, Ennsmuseum in Kastenreith-Weyer.

Alternativen: Floßbauworkshop (Hotel Bergkristall), Wanderung durch die Palfauer Wasserlochklamm auf gut gesicherten Steig, Steiganlage durch die Klausschlucht, Mountainbiken (zahlreiche Touren), Bergtouren zum Hochschwab oder Zeller Staritzen, Salza-oder Kaisergams-Klettersteig.

Infos: Tourismusverband 8924 Wildalpen 91, Tel. +43/3636/341, *www.wildalpen.at*

Literatur:

- „Die 50 schönsten Kanutouren in Österreich“ (Alfons Zaunhuber) Pollner Verlag 2011
- „DKV-Auslandsführer Band 1 Österreich/ Schweiz“ (Hans Ramajzl) DKV-Verlag 2011
- Reiseführer “Steiermark“ (Andreas Haller) Michael Müller Verlag 2014
- Kompass Wanderkarte Nr. 212 „Hochschwab-Mariazell-Eisenwurzen“ 1:50.000.

Tour 21: Rittlingers Traum

Seit einigen Jahren wird auf der Drau das umfangreichste Fluss-Renaturierungsprogramm in der Geschichte Österreichs durchgeführt. Auf der 43 Kilometer langen Strecke zwischen Oberdrauburg und Spittal sollen die Voraussetzungen geschaffen werden, um vielfältigen Arten neuen Lebensraum zu bieten. Finanziert wird das ganze Objekt vom WWF, dem Land Kärnten und mit Mitteln der Europäischen Gemeinschaft. Damit wird die Drau auch für Kanusportler wieder höchst attraktiv. 86 Kilometer fließt sie ohne ein einziges Hindernis zwischen Lienzer Dolomiten, Gailtaler Alpen und der Kreuzberggruppe durch ein bereits in frühchristlicher Zeit besiedeltes Gebiet. Archäologische Fundstellen aus dieser Zeit kann man im Gelände Aguntum bei Lienz oder im Museum Teurnia besichtigen. Am Ende einer entspannten Kanufahrt auf der Drau sollte man unbedingt noch durch das historische Städtchen Spittal schlendern und den wohl schönsten Renaissance-Arkaden-Innenhof Österreichs im Schloss Porcia besichtigen.

Die Stadt Lienz liegt zwar etwas abseits der gängigen Reiserouten, doch im Rahmen einer Paddeltour auf der Drau sollte man der Bezirkshauptstadt einen Besuch abstatten. Lienz ist das pulsierende Zentrum von Osttirol zu Füßen des mittelalterlichen Schlosses Bruck. Hier siedelten schon die Römer. Diese Stadt im Herzen der Lienzer Dolomiten blickt auf eine zweitausendjährige Geschichte zurück und kann mit zahlreichen Sehenswürdigkeiten aufwarten. Im Vorort Tristach setzen wir unser Boot ins eiskalte Gletscherwasser der Drau, die sich in Lienz mit der wilden Isel vereint. Auf flotter Strömung flitzen wir durch ein breites Talbecken, das vor allem durch die hohen flankierenden Berge besondere Reize hat. Die Ufer sind begradigt und so geht es etwas gleichförmig, aber durchaus reizvoll durch das Oberdrautal. Am tiefblauen Himmel schweben bunte Gleitschirme und im klaren Wasser der Drau fühlen sich Äschen und Forellen wohl. Einzelne Schwallstrecken und jede Menge Kehrwasser sorgen für eine sportive Note. Linksufrig begleiten Eisenbahn und Bundesstraße den Fluss.

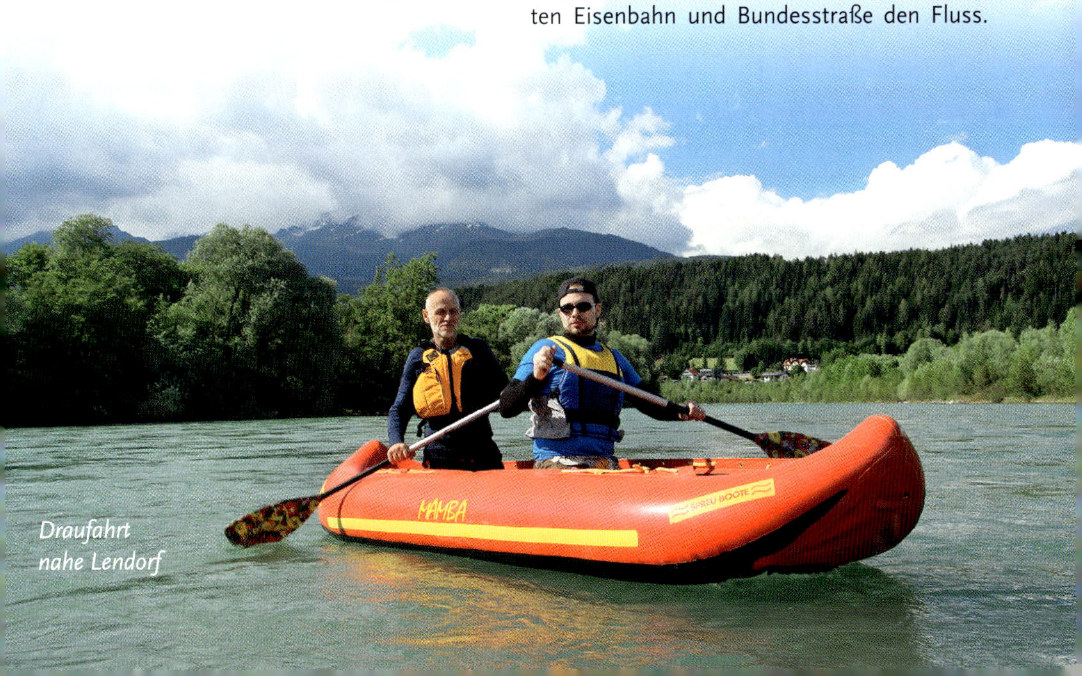

Draufahrt nahe Lendorf

Das 24 Kilometer entfernte Oberdrauburg erreicht man je nach Wasserstand locker in drei Stunden Fahrzeit. Dieser Ort befindet sich in einer Talenge, war früher Zollstation zwischen Tirol und Kärnten und besaß reiche Gold-, Silber- und Kupfervorkommen. Linker Hand sieht man die Ruine Hohenburg aus dem zwölften Jahrhundert. Der Campingplatz Dolomitenbad befindet sich rechter Hand, etwas abseits in Richtung Gailbergsattel. Ab Oberdrauburg beginnt die Flussrenaturierung, eine kleine Entschädigung für den völlig von der Energiewirtschaft verbauten Unterlauf der Drau, der früher einmal zu den attraktivsten Gewässerabschnitten zählte. Tagesfahrer steigen links unterhalb der Straßenbrücke zu. Dellach, Berg und Greifenburg liegen auf dem Weiterweg.

Nach sechzig Flusskilometern fließt nahe dem Ort Möllbrücke linker Hand die Möll zu, wie die Isel ein Gletscherfluss mit starker Wasserführung. Der Übernachtungsplatz Möllcamping befindet sich nicht an der Drau, sondern etwas nördlich am Ufer der Möll. Hier trifft man viele Kanuten, die auf der Möll Wildwasserfahren. Zwischen Möllbrücke und Spittal fließt die Drau durch das Lurnfeld. Dieser sehr schöne Abschnitt weist einige leichte Schwallstrecken auf. Die Hintergrundkulisse der Mölltaler Gletscherberge sorgt für zusätzliche Reize. Dramatische Gewitterwolken hängen am Himmel, glücklicherweise entladen sie sich nicht über unseren Köpfen. Die Lendorfer Au zwischen Rosenheim und Unterhaus ist außerdem die größte inneralpine Grauerlenau Österreichs. Außer Fischottern und Huchen lebt hier ein spezieller Kleinspecht, der sich durch den hiesigen hohen Totholz-Anteil besonders wohl fühlt. Sein Erkennungsmerkmal, dreißig Schläge pro Sekunde, kann vom menschlichen Ohr nicht wahrgenommen werden.

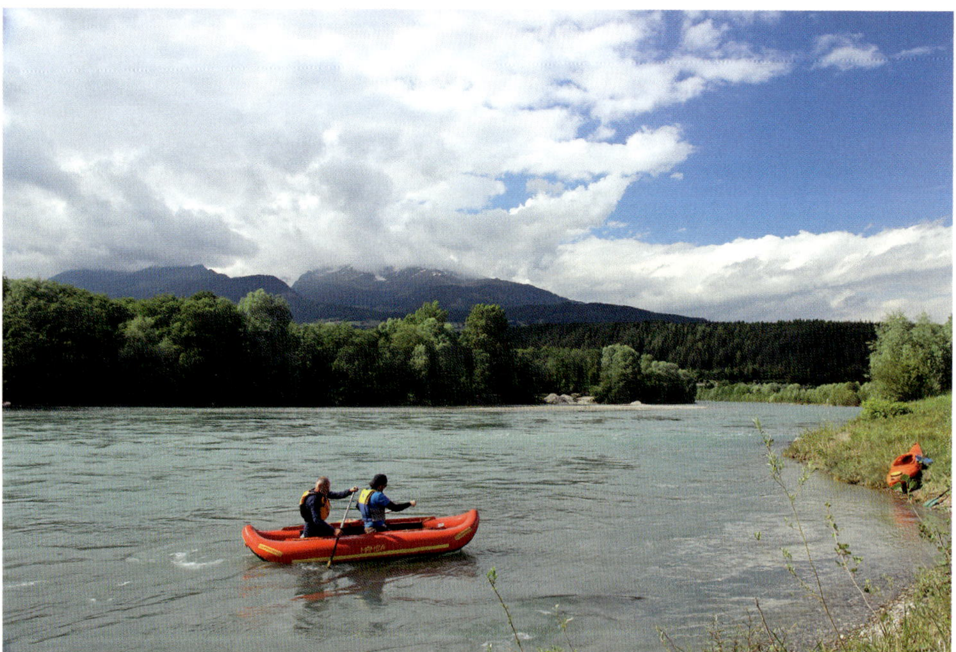

Draufluss im Bereich der Lendorfer Au

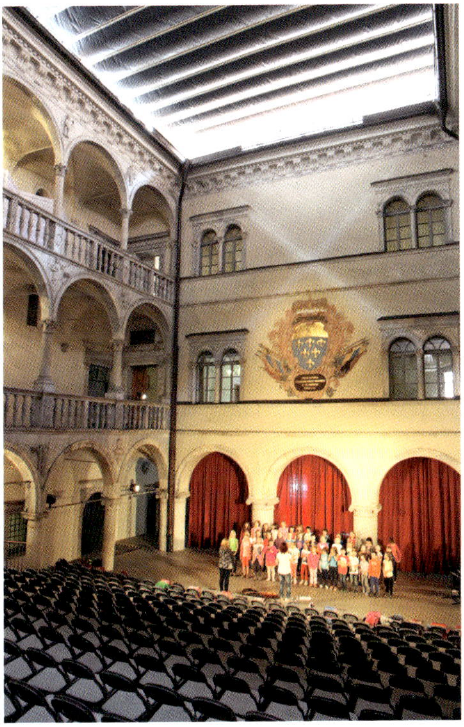

Arkadeninnenhof Schloß Porcia

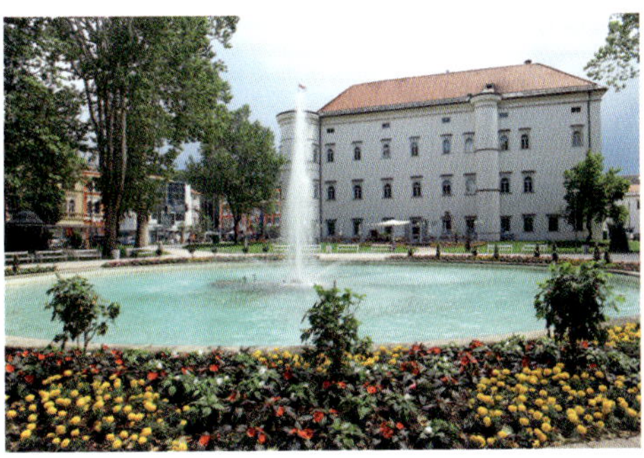

Schloß Porcia

Die Fahrt endet schließlich am Campingplatz südlich von Spittal (rechts, wenige Meter nach der Straßenbrücke). Zum Ausklang unserer Kanufahrt besuchen wir am Abend einen Chorwettbewerb im Innenhof des Schloss Porcia, ein wirklich würdiges Finale. Wer Herbert Rittlingers Buch „Das baldverlorene Paradies" über eine Paddeltour kurz vor dem Ausbruch des 2.Weltkriegs auf der damals noch unverbauten Drau gelesen hat ahnt, welch großartige Flusslandschaft in den Staustrecken der Unteren Drau unwiederbringlich verloren ging. Ein Zitat aus diesem Buch ist besonders poetisch: „Wir waren dem Atem des Flusses verfallen, der die wohlige Kühle der Schneeberge ausströmte".

Der „Dichter im Paddelboot" (1909 bis 1978) hat mit seinem Buch der Drau ein ganz besonderes Denkmal gesetzt. Der neue Dokumentarfilm „Rittlingers Traum" (siehe Info) ist eine philosophische und wissenschaftliche Reflexion über die Renaturierung der Oberen Drau.

⊕ Charakter der Tour

Schnell fließender Gletscherfluss mit sicherer Wasserführung und kurzen renaturierten Abschnitten. Kein einziges Wehr behindert die Fahrt.

Ausrüstung: Schlauchkanus, Einer mit Spritzdecke, Schwimmweste ratsam!

Beste Zeit: Ende Mai bis Ende Oktober.

Einstieg 1: Lienz, Ortsteil Tristach), Fußgängerbrücke(Parkplatz).

Einstieg 2: Oberdrauburg, Straßenbrücke (Parkplatz).

Ausstieg: Campingplatz Draufluss am südlichen Ortsrand von Spittal.

Fahrstrecke: 81 km (ab Oberdrauburg 53 km).

Bahnverbindung: Bahnhöfe u.a. in Lienz, Oberdrauburg, Dellach, Greifenburg, Sachsenburg und Spittal.

Bootsverleih/Touren/Shop: Outdoorpark Oberdrauburg in Berg, Tel. +43/4712/53218, *www.oberdrauburg.info*
La Ola in Ainet a. d. Isel, Tel. +43664/4297498, *www.laolakanuschule.at*
(auch WW-Kurse auf der Isel).

Kanugewässer der näheren Umgebung: Obere Drau bis WW IV, Isel WW II-V, Möll WW II-IV, Weissensee, Millstätter See (Zahmwasser), Gail ab St. Daniel (WW II-I).

Übernachten: Campingplatz Seewiese in Tristach, Tel. +43/4852/69767, Camping Oberdrauburg, Tel. +43/4710/2249-22, Camping am Waldbad in Dellach, Tel. +43/4714/288, Camping Berggruss in Berg, +43/4712/615, Fliegercamp in Greifenburg, Tel. +43/4712/8666, Camping Draufluss in Spittal, Tel. +43/4762/2466.

Gastronomie: Gasthof zur Schmiede in Berg, Gasthof Leitner in Greifenburg, Restaurant Mettnitzer in Spittal, Schlosscafe im Schloss Porcia.

Sehenswürdigkeiten: Hauptplatz in Lienz, Marktplatz in Oberdrauburg, Georgskirche in Gerlamoos (Fresken), Altstadt Spittal (Schloss Porcia).

Alternativen: Drau-Radweg, Rafting und Wildwasserfahrten auf Isel und Möll, Berg-

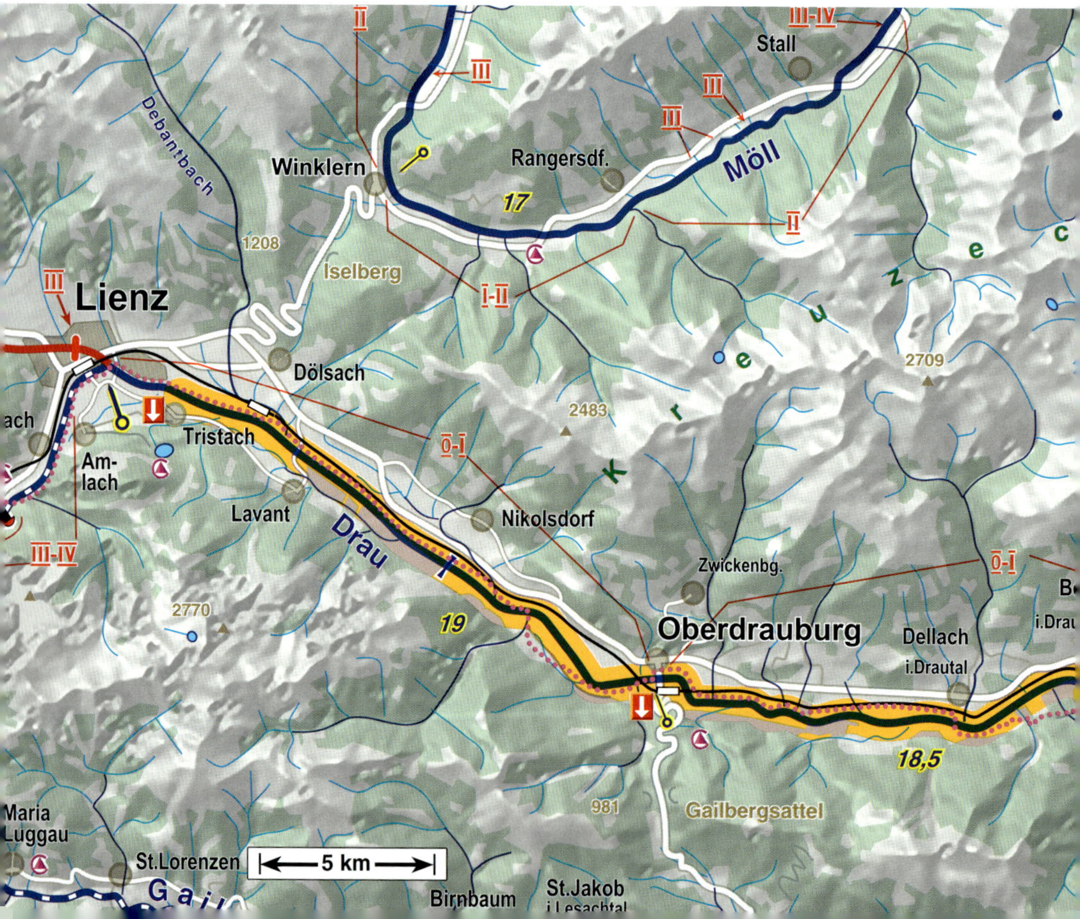

touren im Nationalpark Hohe Tauern, *www.hohetauern.at*
Klettersteig Pirkner Klamm, Paragliden im Fluggebiet der Emberger Alm.

Auskunft: Osttirol Info, Albim-Esser-Str. 17, 9900 Lienz/Osttirol, Tel. +43/50212212, *www.osttirol.com*
Outdoorpark Oberdrautal, 9771 Berg im Drautal 121, Tel. +43/4712/532-18, *www.oberdrautal.info*

Buchtipps/Karten:

- „Die 50 schönsten Kanutouren in Österreich" (Alfons Zaunhuber) Pollner Verlag 2011
- „DKV-Auslandsführer Band 1 Österreich/Schweiz" (Hans Ramajzl) DKV-Verlag 2009
- Reiseführer "Kärnten" (Sabine Becht/Sven Talaron) Michael Müller Verlag 2013
- "Das baldverlorene Paradies" (Herbert Rittlinger) Pollner Verlag 1993 (antiquarisch)
- Bikeline Radtourenbuch „Drau-Radweg", Verlag Esterbauer
- Kompass Wanderkarte Nr. 60 „Weissensee" 1:50.000
- DVD „Rittlinges Traum" ist bestellbar unter *post.abt18sp@ktn.gv.at*

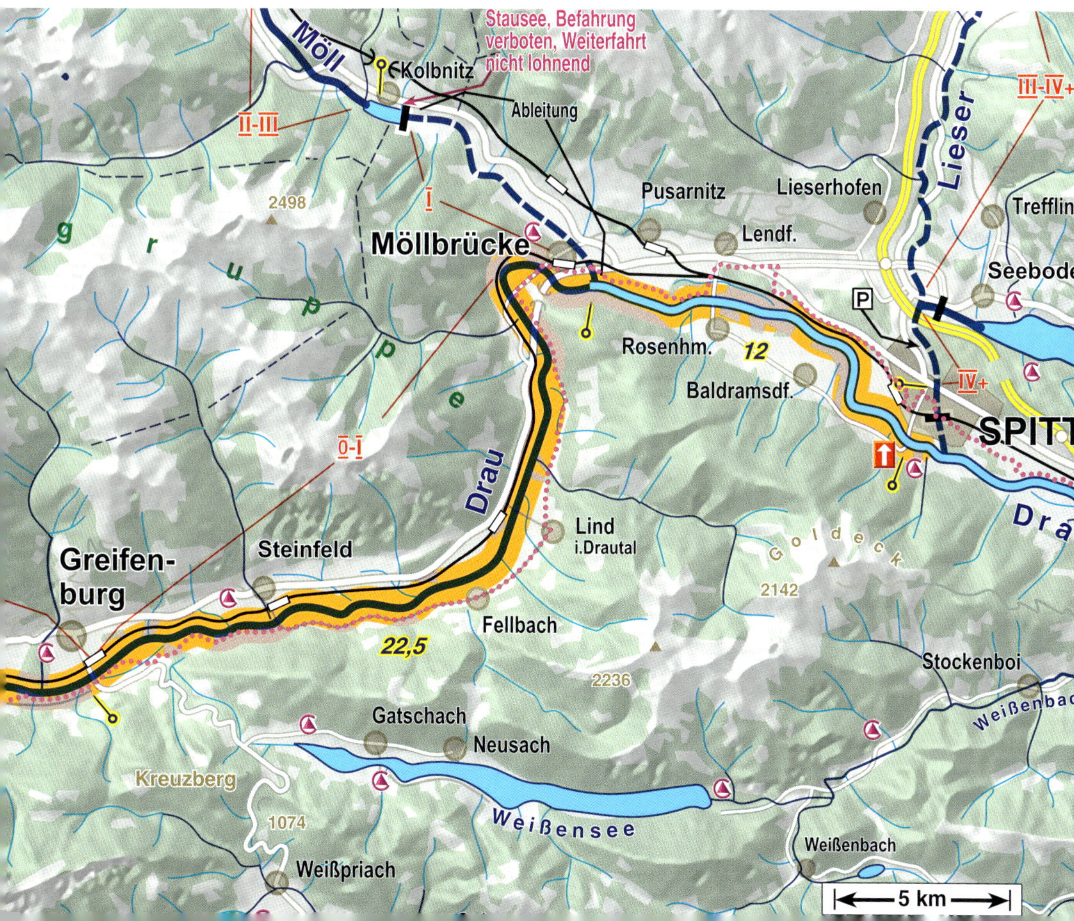

Tour 22: Wildwanderfluss im Schatten der Karnischen Alpen

Kärnten zählt mit seinen zahlreichen Badeseen und einem mit Oberitalien vergleichbaren Klima zu den attraktivsten Bundesländern der Alpenrepublik Österreich. Und hier gibt es mit der Gail ein höchst lohnendes Kanugewässer für Wanderpaddler und moderate Wildwasserkanuten. Sie entspringt auf 2000 Metern Höhe und mündet nach 122 Kilometern in die Drau. Die meisten Paddler steuern im Frühjahr den Oberlauf im wildromantischen Lesachtal an. Auf rund dreißig Kilometern Länge paddelt man hier bei gemäßigten Schwierigkeiten um Wildwasser II-III durch eine tief eingeschnittene Schlucht. Doch auch der Unterlauf der Gail bietet eine Flusslandschaft, die in Mitteleuropa seinesgleichen sucht. Durch geschickte Renaturierungsmaßnahmen wurde aus dem nahezu kanalisierten Gewässer ein Wildwasser-Wanderfluss, dessen Befahrung heute wieder richtig Spaß macht und der zwischen St. Daniel und Gschütt von keinem Wehr behindert wird.

In Kötschach-Mauthen verlässt die Gail das tief eingeschnittene Lesachtal und fließt durch ein hügeliges Talbecken zwischen hohen Bergen. Links säumen die Gailtaler Alpen das Tal, rechts die Karnischen Alpen, das Grenzgebirge zu Italien. An der Fußgängerbrücke bei St. Daniel beginnt die sportliche Kanutour, auf der sich aber auch jeder Wildwasseranfänger wohl fühlen dürfte. Seit einigen Jahren hat man durch geschickten Einbau von Felsblöcken die früher begradigten Ufer aufgelockert. Inseln, Altarme und Kiesbänke sorgen für eine naturnahe Flussökologie. Diese Maßnahmen dienen dem Hochwasserschutz und begeistern jeden Paddler. Wir nutzen die vielen kleinen Kehrwasser und Schwallstrecken zum Einschwen-

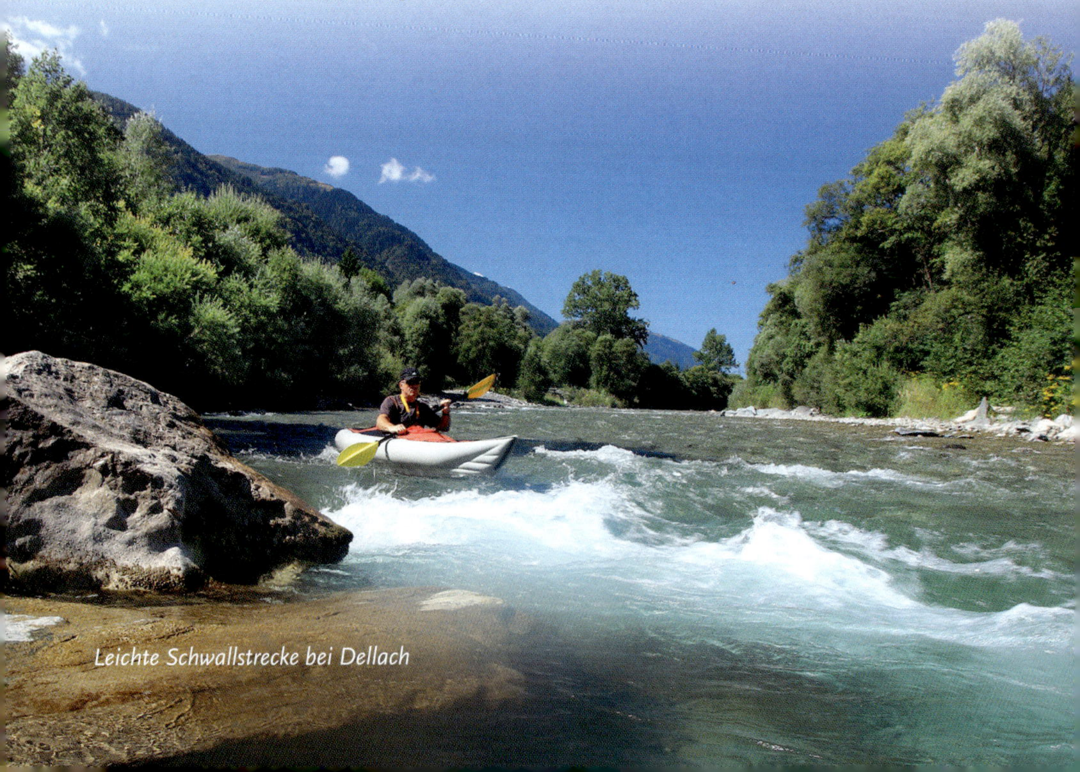

Leichte Schwallstrecke bei Dellach

ken und surfen zahlreiche interessante Wellen voller Lust. Kleine Blockstrecken sorgen für Kurzweil, und die alpine Bergkulisse der weit über 2000 Meter hohen Gipfel tut ihr Übriges, um uns die Fahrt zu versüßen. Bis Kirchbach haben wir auf dem Fluss viel Zeit verbracht und müssen nun etwas Gas geben, um unser Ziel vor einem drohenden Sommergewitter zu erreichen. Wir nutzen eine kleine Kiesbank zu einer schnellen Brotzeit. Bei der Weiterfahrt rückt das Skigebiet Sonnenalpe Nassfeld auf der rechten Talseite in den Blickpunkt. Ein Radweg begleitet die gesamte Gail und bietet sich für die Rückholung des Fahrzeugs an. Alternativ bietet sich auch die Bahn an, obwohl nicht alle Bahnstationen nah am Wasser sind. Nach 23 Kilometern Fahrt erreichen wir an der Brücke zwischen Hermagor und Möderndorf unsere Ausstiegsstelle. Ein Gasthaus mit Biergarten linker Hand der Brücke lockt zur Einkehr.

Im nahen Schloss Möderndorf (17.Jh) befindet sich das Gailtaler Heimatmuseum mit zahlreichen Exponaten zu den Themen Alltagsleben und historische Landwirtschaft. Eine lohnende Tageswanderung führt von hier hinauf zur wildromantischen Garnitzenklamm. Noch attraktiver, aber auch anspruchvoller ist eine Durchquerung der Mauthener Klamm bei Kötschach-Mauthen. Diese Touren eignen sich, die Eindrücke der Kanufahrt an einem der Folgetage perfekt abzurunden.

Wer aber der Gail noch ein bis zwei Tage länger treu bleiben will, sollte die abwechslungsreichen Folgeabschnitte über Vorderberg nach Nötsch und weiter bis zur Wehranlage Schütt paddeln. Diese Strecke im zunächst weiten Tal wird vom Blick auf den immer näher rückenden Dobratsch geprägt. Der beschauliche Ort Nötsch ist berühmt durch die Künstlergruppe Nötscher Kreis. In Nötsch gibt es auch einen Kanuverleih. Kulturelle Höhepunkte in der Region sind die Wallfahrtskirche Maria Gail kurz vor der Mündung in die Drau, zwischen Villach und Faaker See. Diese Kirche birgt ein kulturelles Highlight ersten Ranges mit ihren

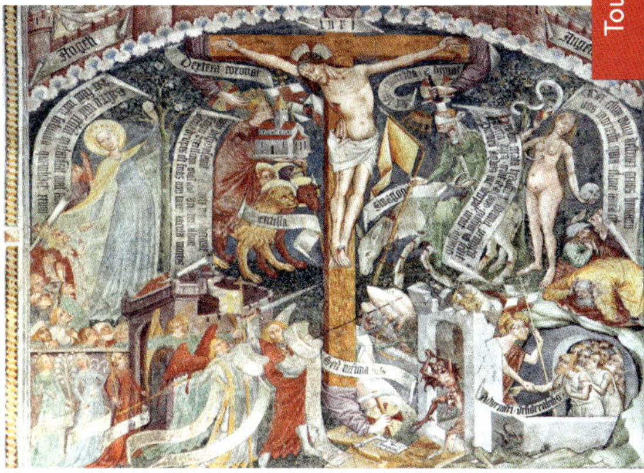

Fresken in der Wallfahrtskirche Maria Gail

Gail bei Dellach

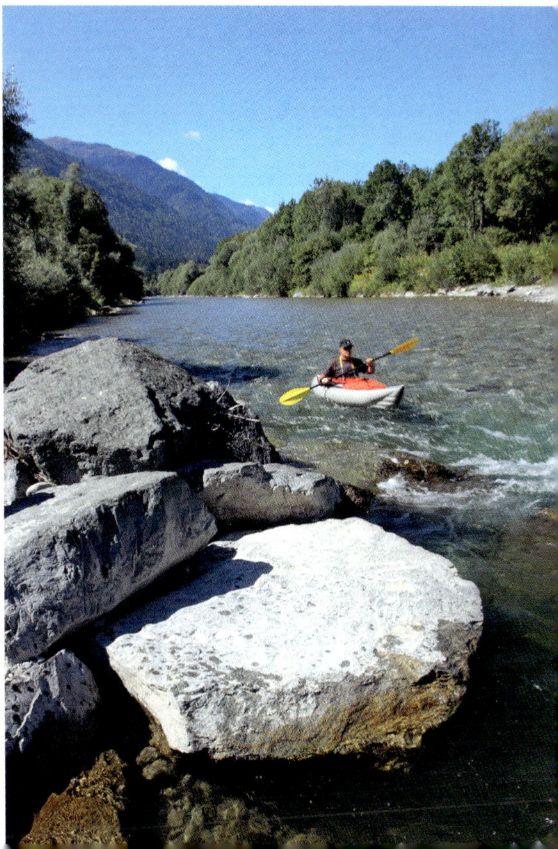

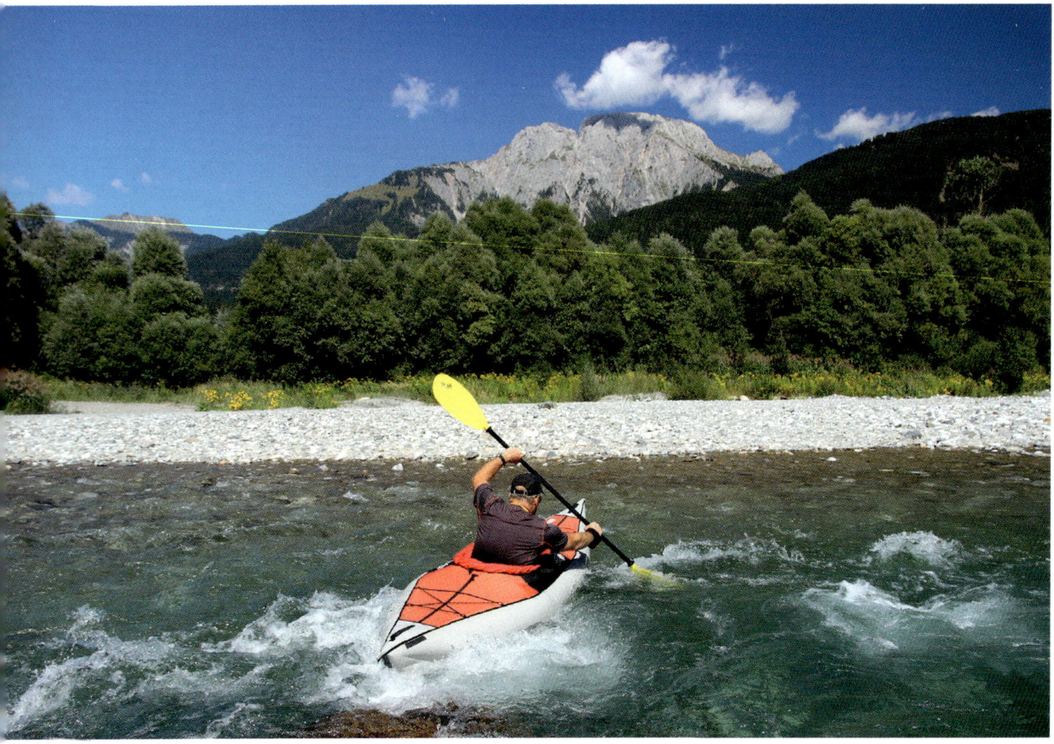

Kehrwasserfahren vor der Kulisse des Reißkofel

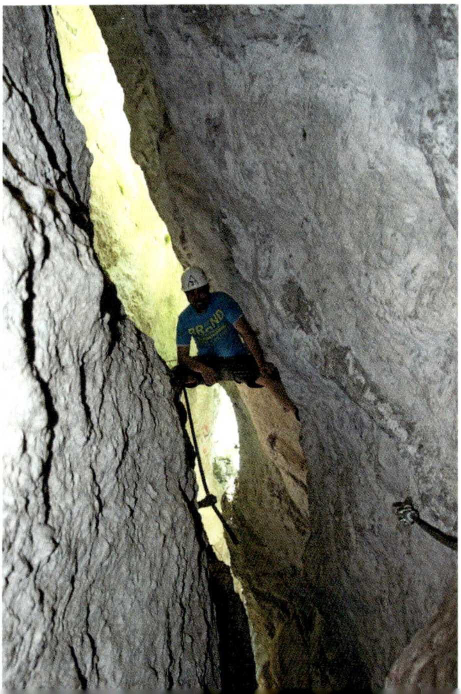

Klettersteig am Kanzianiberg

alten Fresken, einen üppigen Hochaltar und als Glanzstück einen spätgotischen Flügelaltar mit filigraner Schnitzkunst. Ein weiteres Meisterwerk der Sakralbaukunst ist die Kirche St. Andreas in Thörl-Maglern, die mit extrem bildgewaltigen Fresken des Meisters Thomas von Villach begeistert.

Charakter der Tour

Sportlicher Wanderbach WW I-II+, ab Kirchbach max WW I (kein Wehr).

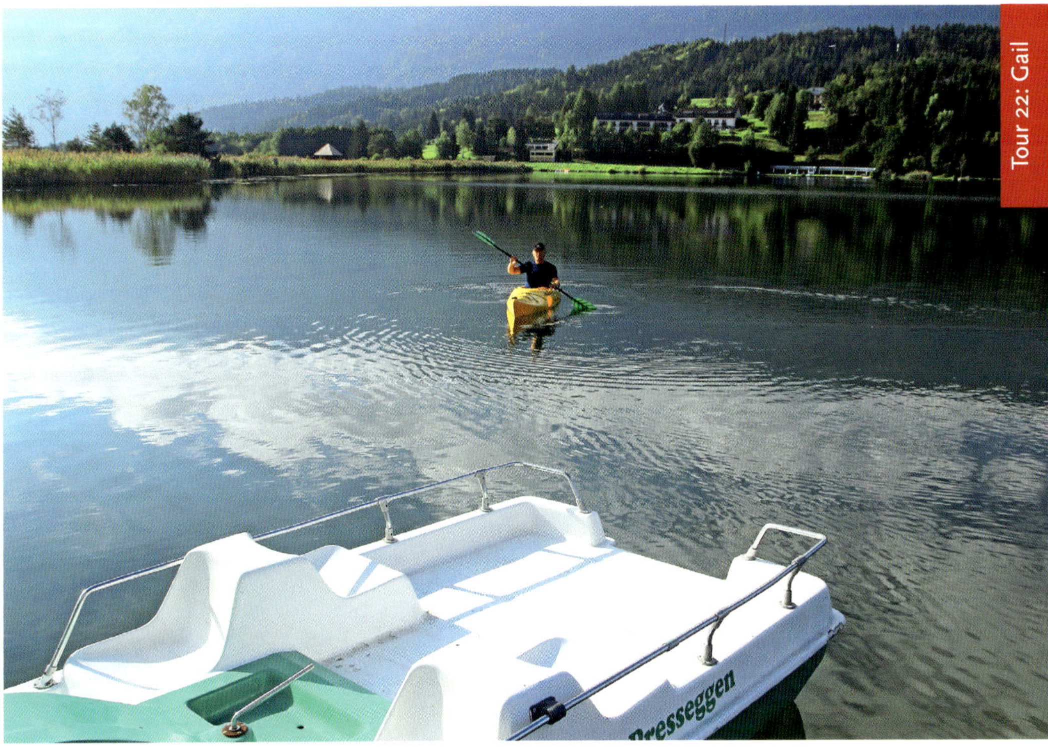

Morgentour am Basislager Presegger See

Ausrüstung: Wildwasser-Wanderboote mit Spritzdecke oder Schlauchkanus.

Beste Zeit: Mai bis Juli (außer in sehr trockenen Sommern auch bis in den Herbst befahrbar).

Pegel: Untertilliach 240 cm =Mw.

Einstieg: Fußgängerbrücke bei St.Daniel.

Ausstieg: Parkplatz vor der Straßenbrücke bei Nötsch.

Fahrstrecke: 50 km

Bahnverbindung: Bahnhöfe und Haltestellen u.a. in St. Daniel, Kirchbach, Hermagor, Presegger See, Vorderberg und Nötsch.

Bootsverleih/Touren/Shop:
Kanupanzi in Nötsch, Tel. +43/4256/29196, *www.kanupanzi.com*
Kajak Center Faak, Tel. +43/650/4102271, *www.kajak-faak.com*

Weitere Etappen:
Oberlauf: St.Lorenzen bis Kötschach Mauthen 25 km WW II-III,
Unterlauf: Nötsch bis Wehranlage Schütt 12 km, Oberschütt bis Maria Gail 14 km.

Kanugewässer der näheren Umgebung:
Drau, Presegger See, Weißensee, Faaker See.

Übernachten:
Campingplatz Max am Presegger See bei Hermagor, Tel. +43/4282/2039, *www.camping-max.com*
Camping am Bauernhof in Nötsch, Tel. +43/4256/3734.

Gastronomie:
Kellerwand in Kötschach-Mauthen, Gasthof Grünwald in St. Daniel, Bärenwirt in Hermagor, Gartencafé Wiegele in Nötsch, Wallnerwirt in Arnoldstein.

Auskunft: Karnische Tourismus GmbH, Hauptstr. 14, 9620 Hermagor, Tel. +43/4282/3131, www.naturarena.com

Sehenswertes:
Gailtaler Heimatmuseum in Möderndorf, Burgruine Finkenstein (traumhafte Arena für Konzerte im Sommer), Wallfahrtskirche Maria Gail und St. Andreas in Thörl-Maglern (Fresken), Museum des Nötscher Künstlerkreis (Nötsch), Altstadt Villach.

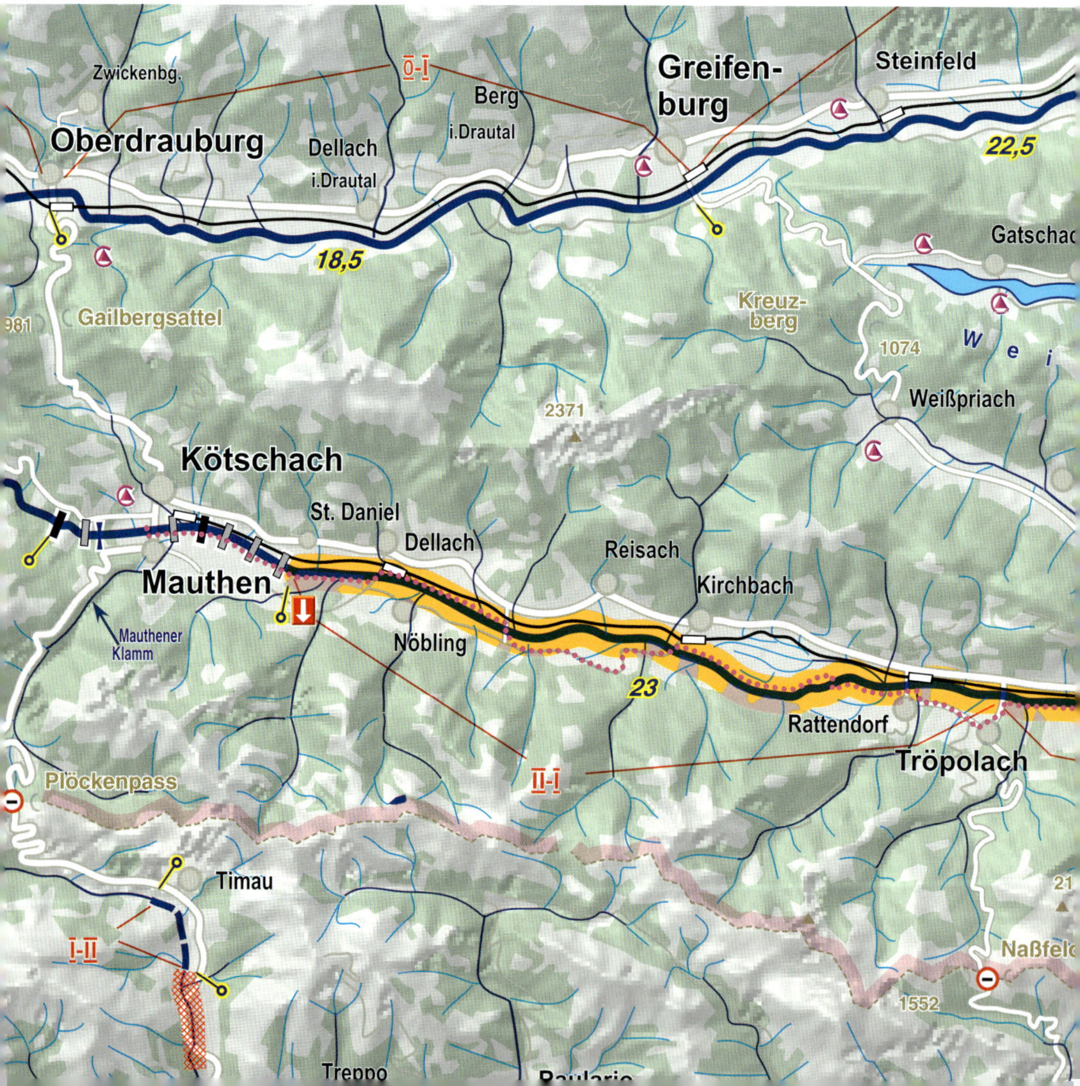

Alternativen:
Wanderungen durch die Garnitzenklamm,
Gailtal-Radwanderweg,
Bergtouren in den Karnischen Alpen,
Canyoning-Klettersteig Mauthener Klamm,
Naturbad in Vorderberg,
Warmbad in Villach.

Literatur

- „Die 50 schönsten Kanutouren in Österreich" (Alfons Zaunhuber) Pollner Verlag 2011
- Reiseführer "Kärnten" (Sabine Becht/ Sven Talaron) Michael Müller Verlag 2013
- „Kärnten – Berge, Seen und Genuss" ADAC-Reisemagazin 115
- Kompass Wanderkarten Nr. 60 „Gailtaler Alpen" und Nr. 64 „Villacher Alpe" 1:50.000

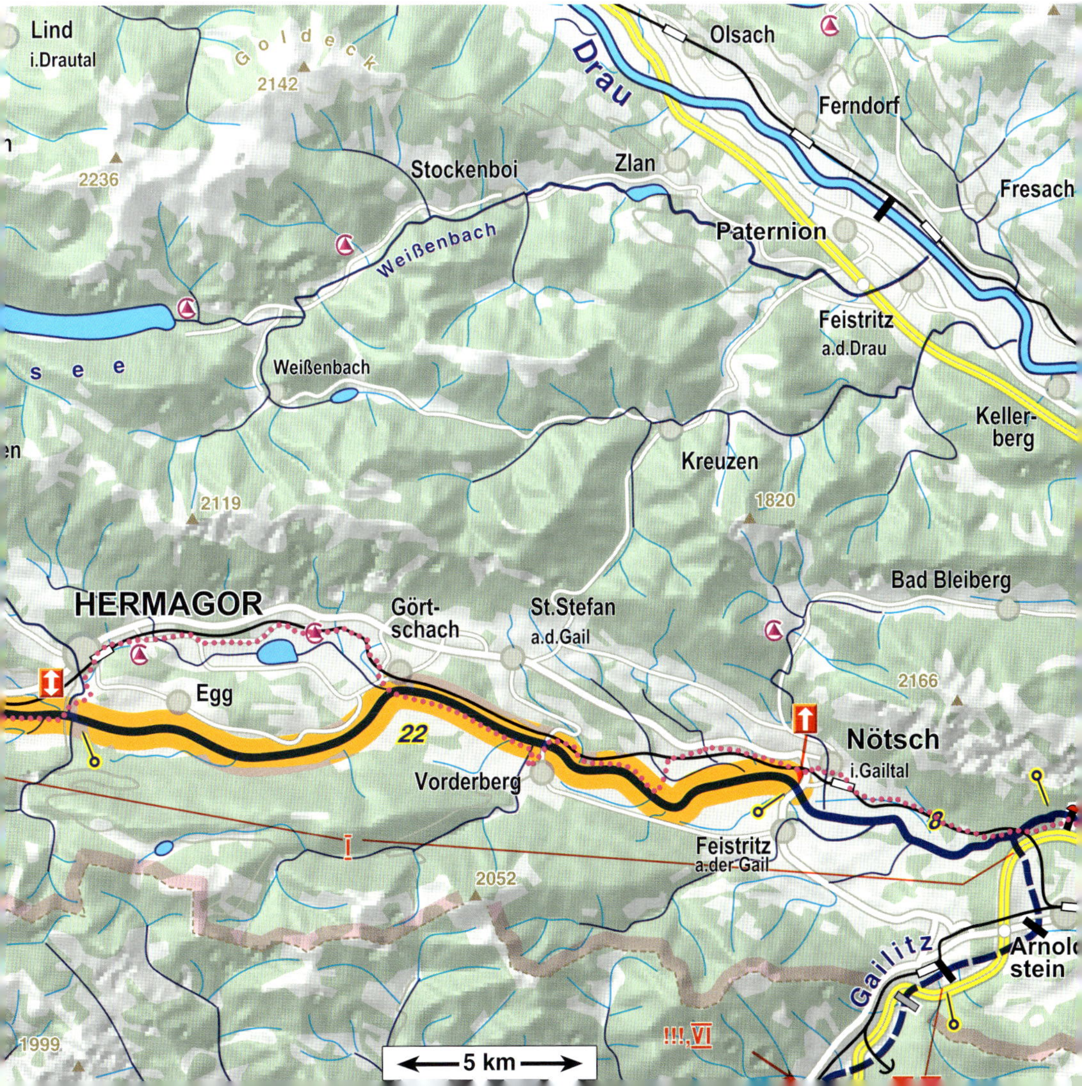

Tour 23: Im Reich des Eisvogels

Das Thayatal gehört zu den zauberhaftesten Naturlandschaften in Österreich. Könnte man es aus der Vogelperspektive betrachten, würde man sich über die vielen Schlingen und Schleifen wundern. Nur wenige Besucher finden den Weg in diesen ruhigen Teil des Waldviertels nahe der heute offenen Grenze zur Tschechischen Republik. Gerne wird das Thayatal von Radfahrern besucht, die nicht selten eine große Niederösterreich-Runde drehen, entlang der Flüsse Donau, Thaya, Kamp und March. Seit dem 1.1.2000 gibt es hier auch einen grenzüberschreitenden Nationalpark, ein Paradies für Tier-Beobachtungen und Freunde einsamer Flusslandschaften. Innerhalb der Parkgrenzen ist Paddeln verboten, aber eine leichte Wanderung führt zum Umlaufberg mit tollem Blick auf die schönste Flussschleife weit und breit. Außerhalb des Parks, zwischen den Orten Raabs und Eibenstein, lockt eine 13,4 km lange Paddeltour durch eine einsame Waldschlucht.

Die Thaya entspringt in der Nähe von Zwettl und vereinigt sich in Raabs mit der Mährischen Thaya. Ab hier beginnt die Kanutour. Hinter Drosendorf überquert sie die Grenze nach Tschechien und wird dort aufgestaut. Bei Hardegg befindet sich der Nationalpark Thayatal mit besonders sehenswerten Flussschleifen. Im Anschluss durchquert die Thaya eine attraktive Landschaft in Mähren und wird erneut gestaut. Nach einem Lauf von 336 km mündet der abwechslungsreiche Fluss (inzwischen wieder in Österreich zurück) in die March.
Eine Befahrung der Thaya ist aufgrund des Wasserstandes, aber auch wegen des Umbaus einiger Wehranlagen und verschiedener Naturschutzauflagen meist nur noch ab Raabs mög-

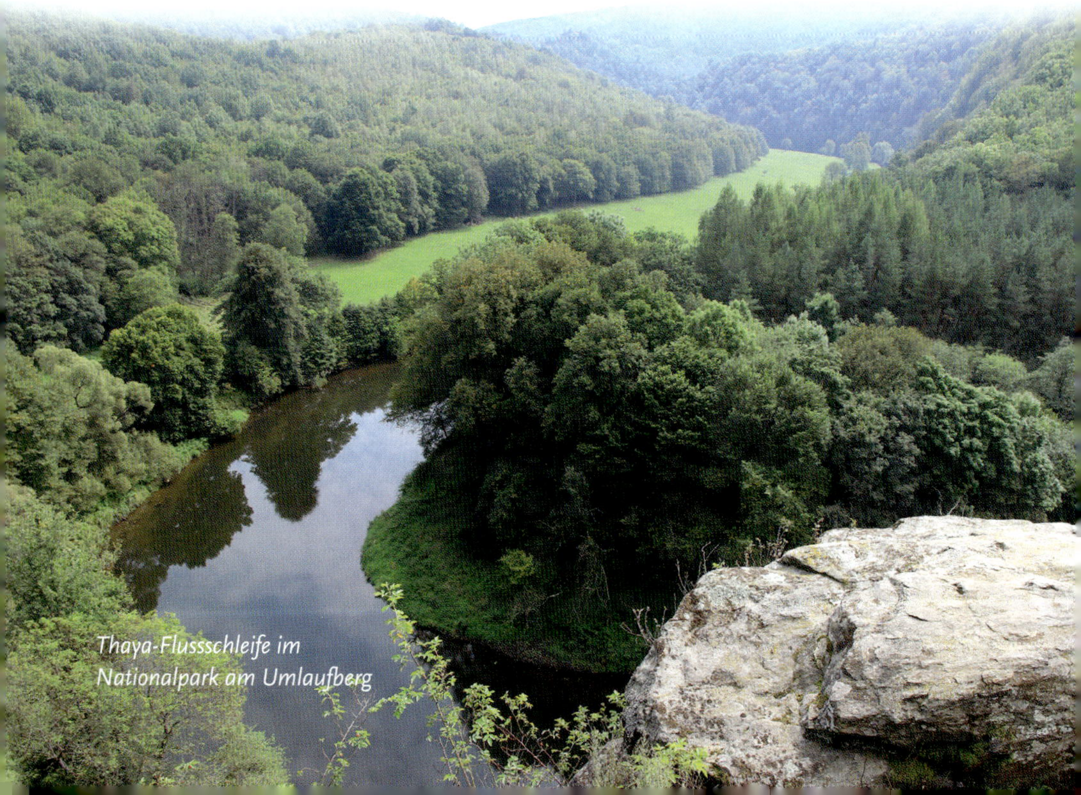

Thaya-Flussschleife im Nationalpark am Umlaufberg

lich. Dafür bietet der 13 Kilometer lange Flussabschnitt bis zur Zettlitzbrücke bei Eibenstein ein unvergessliches Naturerlebnis. Die Fahrt beginnt unterhalb des Wehrs am östlichen Ortsausgang von Raabs. Hier, am Ende der Hamerlingstraße, befindet sich ein kleiner gebührenfreier Parkplatz neben dem Jugendgästehaus JUFA. Vorab sollte man sich über den Pegelstand informieren: Zwischen 120 und 180 cm ist die Strecke befahrbar. Bei Hochwasser ist die Fahrt verboten und auch gefährlich. Die Thaya fließt hier in einem weiten Bogen abseits von Straßen. Berghänge mit Mischwäldern und einige Felswände flankieren den Fluss. Im ersten Teil der Strecke weist die Thaya eine merkliche Strömung auf, einzelne Schwallstrecken sorgen für Kurzweil. Die Ufer sind von der Natur geformt, und wer sich still dahintreiben lässt, kann zahlreiche Vögel und Libellen beobachten. Erst nach gut sechs Kilometern Fahrt tauchen einige Häuser auf. Der Rückstau des Wehres in Kollmitz macht sich bemerkbar. Linker Hand ist der Ausstieg beschildert.

Für die 400 Meter lange Umtragung empfiehlt sich ein Bootswagen. Ein beschilderter Weg führt links hinauf zur Burgruine. Hier lockt auch eine Jausenstation zur Einkehr. Einfache Gerichte, aber auch Kaffee und Kuchen oder Eis werden angeboten. Kollmitz auf einem Felssporn über der Thaya ist eine der größten Burgruinen Österreichs. Sie war Teil einer ganzen Reihe von Grenzbefestigungen gegen Böhmen. Nach Einführung einer „Dachsteuer“ wurden die Dächer der Burg abgetragen, die Burg verfiel. Es lohnt sich aber, von den alten Mauern und dem Batterieturm aufs Tal hinunter zu schauen. Burgbesichtigung und Jause sind eine empfehlenswerte Abwechslung zur Kanufahrt. Auf der anderen Seite der Brücke gibt es noch ein altes Schulgebäuder und einen freistehenden Glockenturm. Nach dem Wiedereinstieg strömt die Thaya nur noch kurz, da einige weitere Wehre folgen. Außer den Paddelschlägen sind fast keine weiteren Umweltgeräusche zu hören.

Die Stille ist wirklich beeindruckend. Bei meiner letzten Paddeltour flogen mir unterhalb der Ruine Kollmitz die Eisvögel fast um die Ohren. Einer der blauen Winzlinge ließ mich fast auf 10 Meter an sich herankommen. Das ist der Vorteil, wenn man ganz allein unterwegs ist. Bis zum Ausstieg folgen noch einige Wehre in kürzeren Abständen. Das Wehr an der Haidlmühle wird links auf ca. 200 Metern Länge umtragen. Das Wehr der oberen Pfinnigsteigmühle kann halblinks auf ca. 20 Metern über

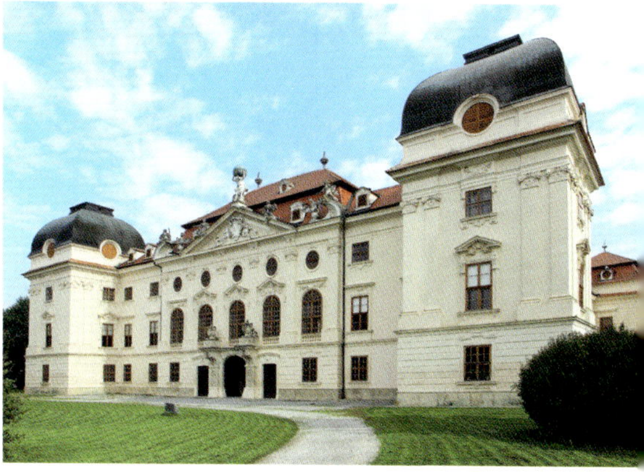

Schloß Riegersburg

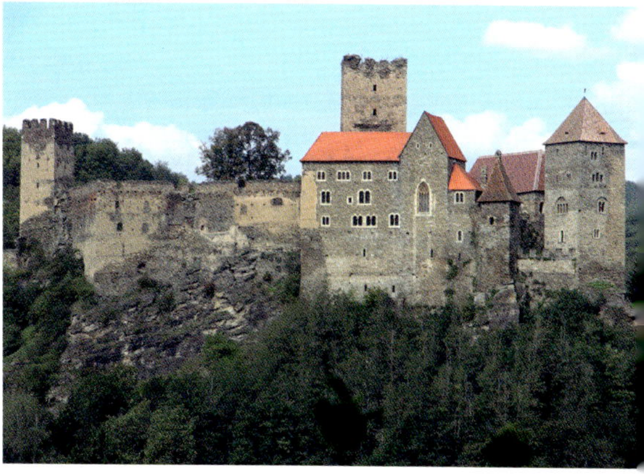

Burg Hardegg

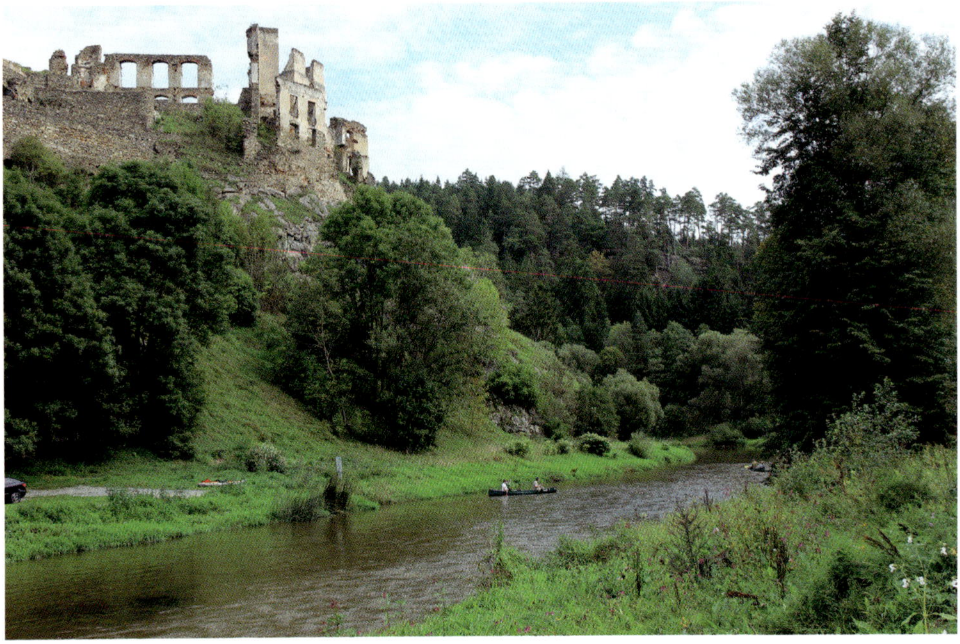

Ruine Kolmitz

das Wehr umtragen werden. Bei höherem Wasserstand muss man allerdings links umtragen. Eventuell kann man auch im Umleitungskanal frühzeitig wiedereinsetzten und hier die Fahrt fortsetzten (Besichtigung erforderlich). Wenig später umhebt man das Wehr an der unteren Pfinningsteigmühle über die Wehrkrone. Schließlich stellt sich noch das Wehr an der Listmühle in den Weg. Es sieht zwar wie ein befahrbares Schrägwehr aus, Steine im Unterwasser verhindern jedoch eine Befahrung. Also noch einmal links ganz kurz umtragen. Schon bald darauf erreicht man die Zettlitzbrücke außerhalb des kleinen Weilers Eibenstein. Hier steigt man direkt nach der Brücke aus und trägt das Boot zum kleinen gebührenfreien Parkplatz hoch, an dem auch die örtlichen Bootsverleiher ihre Gäste wieder abholen. Alternativ kann man auf der Straße ins nur 7 Kilometer entfernte Städtchen Raabs auch mit dem Rad zurückfahren. Die Weiterfahrt auf der Thaya bis ins malerische Städtchen Drosendorf ist verboten. Wenig später fließt die Thaya nach Tschechien und wird später bei Znaim aufgestaut. Bei Hardegg kommt die Thaya kurzfristig nach Österreich zurück. Der große Umlauf im Bereich des Nationalparks Thaya mit seiner großartigen Flusslandschaft ist leider für den Kanusport aus Gründen des Naturschutzes gesperrt. Eine Wanderung zum Umlaufberg ist aber sehr zu empfehlen. Vom Parkplatz nahe dem Ort Merkersdorf unterhalb der Ruine Kaja wandert man über den idyllischen Kajabach hinunter zum Fluss. Hier ein Stück links entlang und auf beschildertem Weg zum Überstieg. Am höchsten Punkt bietet sich ein toller Blick auf den Fluss und hinüber nach Tschechien. Weiter über den Einsiedlerfels nach Hardegg mit seiner imposant gelegenen Burg (Besichtigung). Nun geht es wieder bergauf zum Nationalparkhaus und weiter zurück zum Parkplatz. Lohnend für eine Anschluss-Kanutour ist auch

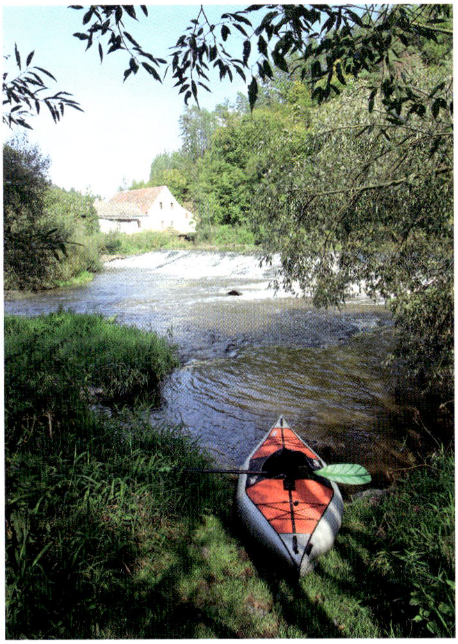

Wiedereinstieg am Wehr

der Thaya-Unterlauf ab Bernhardstal in Verbindung mit einer Weiterfahrt auf der March. Hier durchströmen diese beiden Flüsse einen besonders idyllischen Auwald in einem ehemals sehr beliebten Jagdrevier der Habsburger.

⊖ Charakter der Tour

Einsamer Naturfluss ohne größere Schwierigkeiten. Insgesamt fünf Wehre müssen umtragen werden.

Ausrüstung: Kajaks aller Art (Bootswagen).

Beste Zeit: Ganzjährig (außer in extrem trockenen Sommern).

Pegel/Befahrungsregeln: Schwarzenau (Internet) auf der Deutschen Thaya sind 40 cm der Mindestpegel, ab Raabs ist ein Pegel von 140 cm erforderlich. Pegel im Internet: *www.gars.at/freiz/kaj.htm.*

Naturschutz: Weder während der Laichzeit vom 1.3-15.6 und auch sonst keine Fahrten bei Niedrigwasser unter dem Mindestpegel (ansonsten Schädigung der seltenen Flussmuscheln).
Paddeln ist nur in der Zeit von 10-17 Uhr, bzw. bei Sommerzeit 18 Uhr erlaubt (Selbstbeschränkung). Kein Freilaufen lassen von Hunden, keine Lagerfeuer!

Einstieg: Gebührenfreier Parkplatz am Ortsende von Raabs am Ende der Hamerlingstraße unterhalb dem JUFA-Gästehaus).

Ausstieg: Zettlitzbrücke wenige Meter westlich von Eibenstein (Parkplatz).

Fahrstrecke: 13,4 km

Bootsverleih: Hotel Thaya in Raabs,
Tel. 0043(0)2846/202, *www.hotelthaya.at*
Hotel Liebnitzmühle, Tel. 0043(0)2846/7501
www.liebnitzmuehle.at

Kanugewässer der näheren Umgebung:
Ottensteiner Stausee, Kamp, Donau (Wachau), March, Mährische Taya (nicht in der Zeit vom 1.3.-31.Mai), später nur nach Regenfällen.

Übernachten: Hotel Raabs und Hotel Liebnitzmühle (siehe auch Bootsverleih), JUFA (Jugend- und Familiengästehaus) in Raabs, Tel. 0043/057083/720 *www.jufa.at*
Gasthof-Pension „Zur Hammerschmiede" in Drosendorf, Tel. 0043(0)2915/2334
www.hotel-hammerschmiede.at
Camping Geras „Edlersee",
Tel. 0043(0)2912/7050 *www.geras.at*

Gastronomie:
Hotel Thaya in Raabs,
Zum goldenen Lamm in Drosendorf (Terrasse mit Blick auf den Sonnenuntergang),
Hotel Liebnitzmühle,
Landgasthaus Pohnitzer in Karlstein.

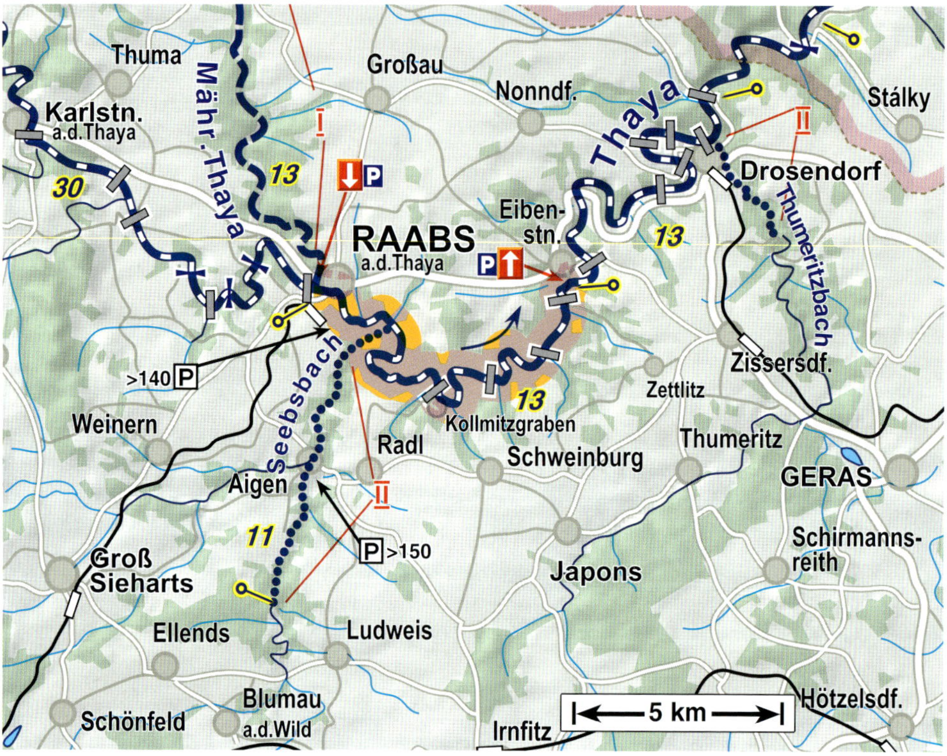

Sehenswürdigkeiten: Karlstein (Mittelalterliche Burg), Raabs (Grenzlandmuseum, Burg Raabs, Ausstellungen und Konzerte, Drosendorf (historischer Stadtkern und Stadtmauer, Schloss, Rathaus, Kießlingmuseum mit Archäologie-Schauraum), Barockschloss Riegersburg, Schloss Hardegg, Nationalparkhaus mit Ausstellung und kindgerechter Natur-Erlebniswelt, Stift Geras.

Alternativen: Thaya-Radweg, Klettergarten bei Raabs, Lamatrekking oder Reiten in der Liebnitzmühle, nostalgisches Kneippbad in Drosendorf, Drosendorfer Circusluft bietet im Juli/August 5-tägige Workshops für Kinder, Thayatalbad in Raabs, MTB-Touren um Drosendorf-Zissersdorf, naturkundliche Führungen im Nationalpark Thayatal.

Infos: Tourismusverband Thayatal, 3820 Raabs/Thaya, Hauptstr. 25, Tel. +43/2846/365 *www.raabs-thaya.at*
Nationalpark Thayatal, Hauptstr. 55, 2082 Hardegg, Tel. +43/22949-7005, *www.np-thayatal.at*

Literatur:

- Die 50 schönsten Kanutouren in Östereich (A. Zaunhuber) Pollner Verlag 2011
- Wachau, Wald- und Weinviertel, (B.Reiter, M.Wistuba) Michael Müller Verlag 2012
- „Kamp-Thaya-March Radweg" mit Karten 1:125.000 Esterbauer Verlag 2009
- „Himmel, Polt und Hölle" (Alfred Komarek) Haymon Verlag 2013 (Krimi)
- Wanderkarte 073 „Nationalpark Thayatal" Freytag&Berndt 1:50.000

Tour 24: Durch den Grand Canyon der Schweiz

Im Herzen Graubündens, zwischen Ilanz und Reichenau, befindet sich Europas größte Bergsturzschlucht, die Ruinaulta (hoher Abbruch). 12 Milliarden Kubikmeter Fels stürzten in der Späteiszeit von der Alp Cassons in den Vorderrhein. Doch das Wasser hat sich beständig seinen Weg durch den nahezu weißen Kalkstein gegraben. Die Bahnstrecke der Rhätischen Bahn begleitet den Vorderhein auf einer spektakulären Trasse und ein empfehlenswerter Wanderweg lockt auch Nichtpaddler an. Fremdenverkehrswerber benutzen den „Swiss Grand Canyon" als Aushängeschild für die Sportarena Laax/Flims. Diese großartige Naturarena ist eine der meist befahrenen Raftingstrecken in der Schweiz.

Der Vorderrhein entspringt im Bereich des Oberalppasses auf 3000 Metern Höhe. 51 km später durchbricht der Quellfluss des Rheins die Flimser Schlucht und wird nach Aufnahme des Hinterrheins bei Reichenau zum Rhein. Auf dem Weg nach Norden durchfließt er noch den Bodensee, zeigt am Rheinfall bei Schaffhausen ein letztes Mal sein wildes Gesicht, um dann der Nordsee entgegen zu strömen.

Unsere Flussstrecke beginnt in Ilanz, nahe dem Bahnhof. Da der Vorderrhein kraftwerksreguliert ist, empfiehlt sich ein Fahrtbeginn erst um ca. 10-11 Uhr. Bereits kurz nach dem Einstieg zeigt der Vorderrhein mit einigen wuchtigen Schwallstrecken und kleinen Walzen seinen Charakter. Nach 400 Metern Fahrt mündet der Glenner von rechts, der bei Schneeschmelze sehr viel Wasser von den umliegenden Bergen

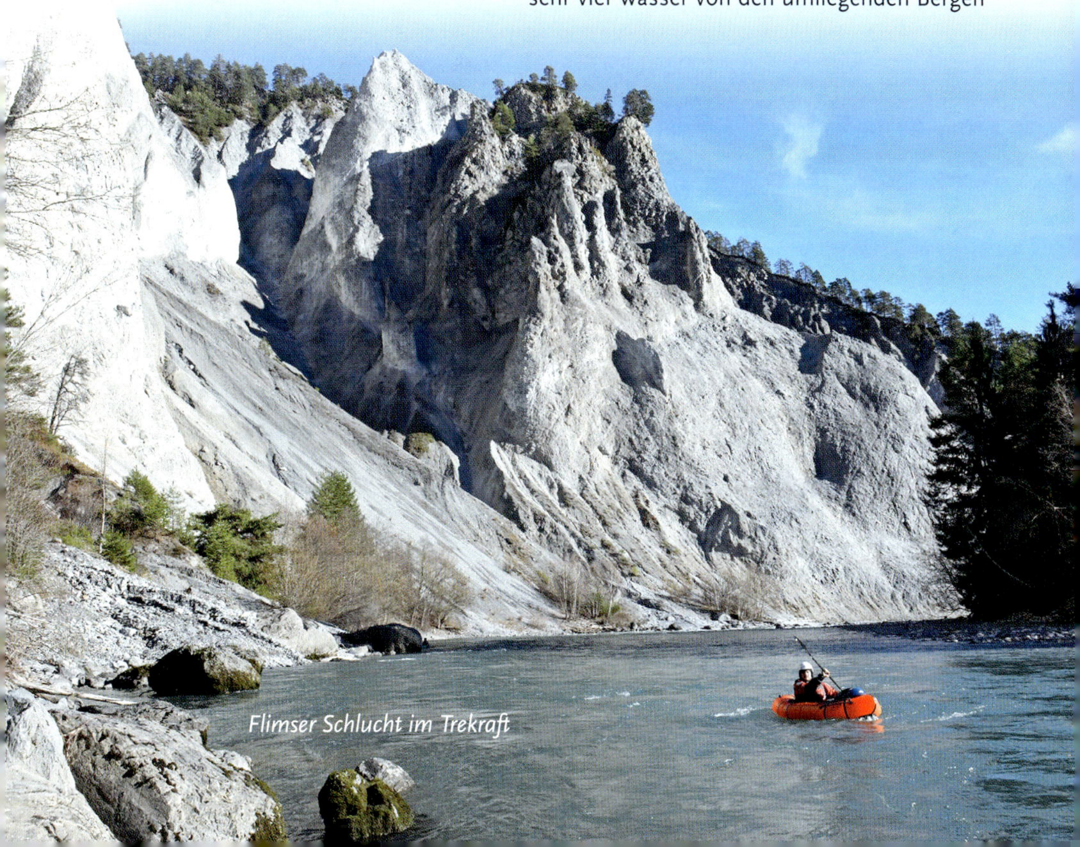

Flimser Schlucht im Trekraft

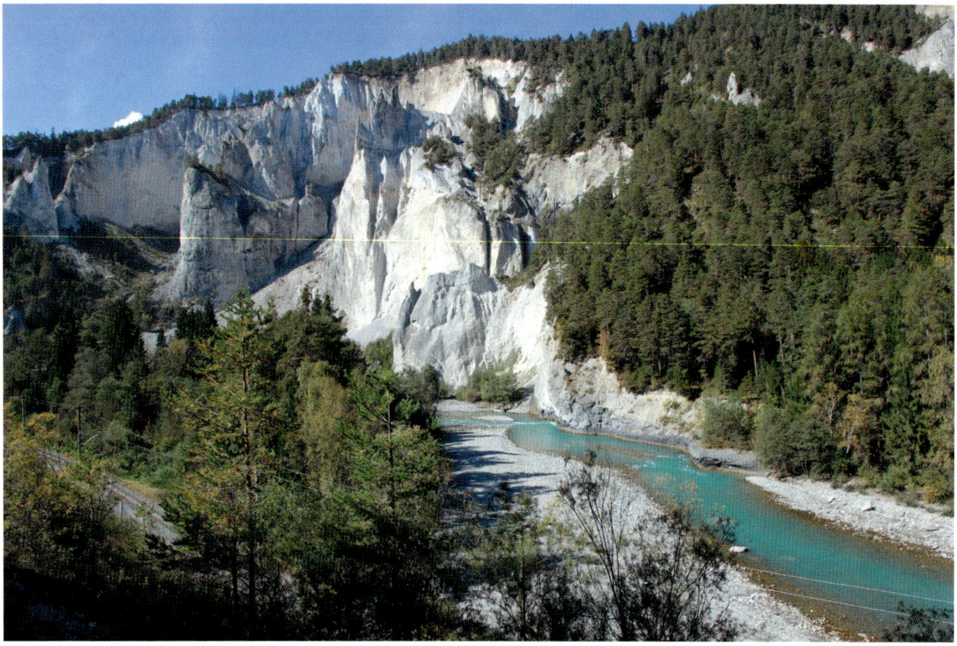

Tolle Ausblicke bieten sich vom begleitenden Wanderweg

mit Höhen von über 3000 Metern beisteuert. In Höhe einer Fußgängerbrücke befinden sich weitere wuchtige WW III-Passagen, die bei jedem Befahrer Eindruck hinterlassen. Nach 4,2 km geht es in eine unübersichtliche S-Kurve mit Verblockung und Walzen. Bei km 5,8 passiert man eine schmale Strassenbrücke die rechts zum Bahnhof Valendas führt. Gut einen Kilometer später erreicht man mit dem „Schwarzen Loch" die berühmteste Passage der gesamten Schluchtstrecke. Unmittelbar vorher kann man in einem Kehrwasser anlanden und die akuelle Durchfahrt vom Ufer aus erkunden. Die verblockte Passage verändert sich durch einen mündenden Wildbach ständig, eine Vorbesichtigung ist deshalb unbedingt erforderlich. Auch auf den folgenden Metern geht es noch sportlich zur Sache. Dann beruhigt sich der Fluss und kurz vor Erreichen des Bahnhofs Versam, der etwas versteckt abseits liegt, weist eine Warntafel auf Steinschlag am linken Flussabschnitt hin. Um die Fahrt zu beenden, landet man an einer Kiesbank an und trägt sein Boot einige Meter über das Bahngleis zurück zum Bahnhof Versam (Kanuschule, Beizli).

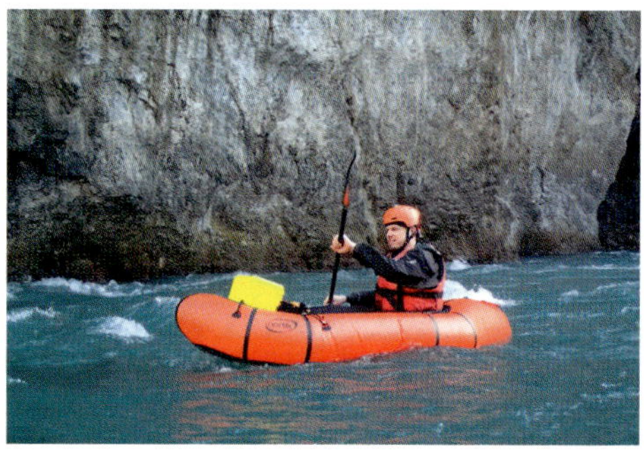

Fahrt im Trekraft

Es lohnt sich jedoch auch die 7,5 km lange Folgestrecke bis nach Reichenau zu befahren. Landschaftlich bleibt die Schlucht reizvoll, die Schwierigkeiten sind nun etwas moderater

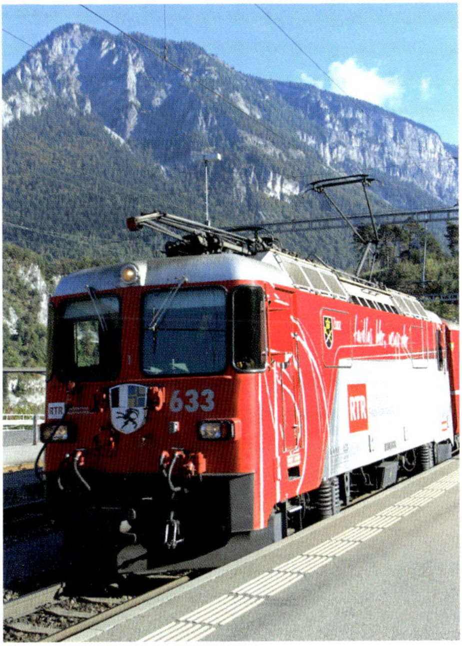

„Bähnli" am Bahnhof Reichenau

(WW II, maximal WW II-III). Es gibt nur noch wenige verblockte Passagen, aber Schwallstrecken und Prallwände. Für weniger geübte Wildwasserfahrer empfiehlt sich diese kurze Strecke als eigenständige Tour. Vorbei an der Mündung der Rabiusa von rechts, die das kaum vom Tourismus geprägte Safiental entwässert, erreicht man nach 5.5 Kilometer Fahrt eine moderne Fußgängerbrücke und linker Hand den nah am Fluss gelegenen Bahnhof Trin. Anschließend verengt sich der Vorderrhein noch einmal und nach einer Eisenbahnbrücke erreicht man den Ausstieg, der nach wenigen Metern zu einem kleinen Parkplatz führt, an dem auch die Raftanbieter ihre Gäste einsammeln. Wenige Meter nach dem Ausstieg mündet der Hinterrhein von rechts ein. Ab hier ist eine Befahrung des Vorderrheins wegen eines nachfolgenden Kraftwerks verboten. Zum gebührenpflichtigen Parkplatz am Bahnhof Reichenau sind es ca. 600 Meter Fußweg.

⊙ Charakter der Tour

Bei Mw mäßig wuchtiges Wildwasser, im ersten Abschnitt II-IV, ab Versam meist II (II-III), kein Gewässer für Kanuanfänger!

Ausrüstung: Schlauchkanadier, Rafts, WW-Boote mit Spritzdecke, Schwimmweste, Helm und Neoprenanzug.

Einstieg: Ilanz (Bagnhof, Parkplatz).

Ausstieg 1: Versam (Bahnhof, Parkplatz).

Ausstieg 2: Reichenau (Parkplatz, Bahnhof in 700 m Entfernung).

Fahrstrecke: Ilanz-Versam 10,4 km, Versam-Reichenau 8 km.

Bahnverbindung: Bahnhöfe in Ilanz, Valendas, Versam, Trin und Reichenau.
Fahrstrecke: 7,5 km

Wasserdurchlauf: Mw = 50 cbm,
Hw ab 80 cbm. Pegel SMS 2033.

Bootsverleih/Kanuschule:
Kanuschule Versam (auch Shop, Verleih, Unterkunft, Rafting, Canyoning,
Tel. +41(0) 81645/1324, *www.kanuschule.ch*
Kanuschule Mitlinxlernen
Tel. +41(0) 81630/5325 *www.mitlinxlernen.ch*

Übernachten: Camping Flims,
Tel. +41(0) 81911/1575, *www.camping-flims.ch*
Übernachtungsmöglichkeiten auch in der Basis der Kanuschulen in Versam (s. oben).

Gastronomie: „Beizli" beim Bahnhof Versam, Gasthaus Rössli in Versam.

Kanugewässer der näheren Umgebung:
Hinterrhein (Thusis bis Reichenau, WW II-III), Alpenrhein (Chur bis Bad Ragaz, WW II).

Sehenswertes: Museum Regiunal in Ilanz,

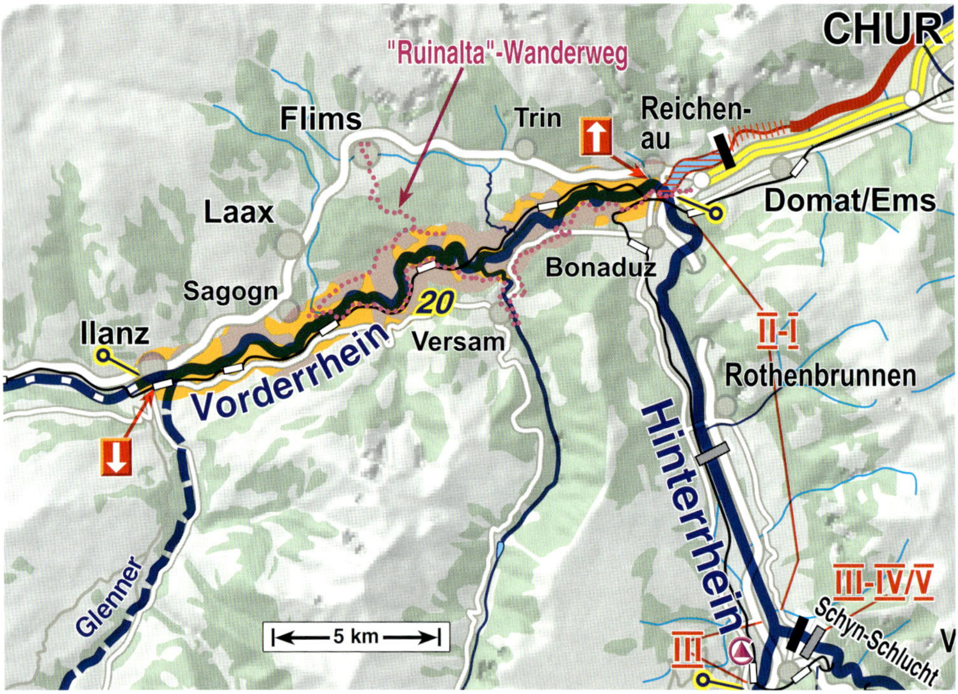

UNESCO-Welterbe Sardona, Kirche St. Remigius in Falera, Kirche von Waltensburg (Fresken), Kirchenjuwel Sogn Gieri in Rhäzüns.

Alternativen: Baden im Cresta/Selvasee (bei schlechtem Wetter auch in der Therme Vals), Bergwanderung „Königstour" vom Cassongrat zu den Tschingelhörnern und zurück zur Station Alp Naraus, Wanderung durch die Flimser Schlucht von Ilanz bis Versam, Gleitschirm-Tandemflug vom Cassongrat, Canyoning, Historischer Klettersteig Pinut und Hochseilpark in Flims.

Auskunft: Gästeinfo Flims, Via Nova 62, CH-7017 Flims Dorf, Tel. +41/81920/9200, *www.flims.com*

Buchtipps/Karten:

- „Paddelland Schweiz" (Beat Opplinger/ Patrik Frehner) Th. Kettler Verlag 2014
- Reiseführer „Graubünden" (Marcus X.Schmid) Michael Müller Verlag 2012
- Kompass Wanderkarte Nr. 123 „Flims, Surselva, Valser Tal" 1:50.000

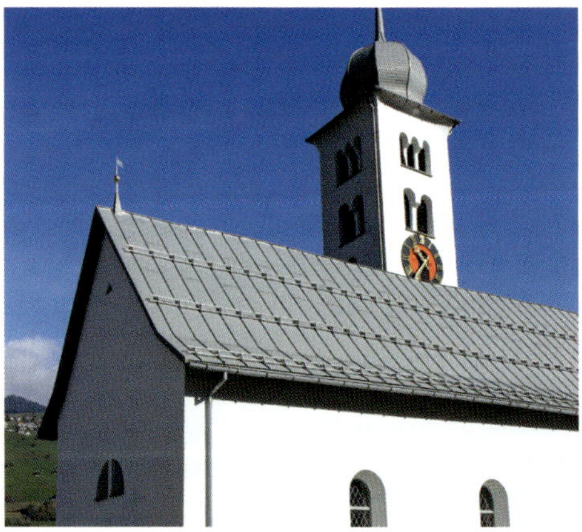

Tour 25: Unterwegs auf dem „König der Alpenflüsse“

Kaum ein Wildfluss der Alpen besitzt ein so einzigartiges Ökosystem wie der 170 km lange Tagliamento in Friaul. Er entspringt am Mauriapass auf 1195 m Höhe in der Provinz Belluno und mündet bei Lignano Riviera in die Adria. Weite Umlagerungsstrecken kennzeichnen den Fluss, der wegen seiner Verzweigungen viele Überraschungen bietet. Wer nicht aufpasst, verliert leicht die Orientierung in dem Gewirr von Wasserarmen. Dafür bieten die kilometerbreiten Schotterauen problemlose Übernachtungsmöglichkeiten am wilden Fluss wie kaum irgendwo sonst. Da es sich um Überschwemmungsgebiete handelt, ist hier gegen das freie Camping kaum etwas einzuwenden. Auch das Umland ist als Reiseregion sehr spannend. Das „Colli Orientali del Friuli“ ist ein uraltes Weingebiet mit sehr interessanten Rebsorten. Aus San Daniele kommt der berühmte Schinken und ganz in der Nähe dieser Stadt lockt die Kirche Sant'Antonio Abate mit einem einzigartigen Freskenzyklus in die „Sixtinische Kapelle“ des Friaul.

Am 6.Mai 1976 um 20.59 Uhr bebte in der Region nördlich von Friaul für 56 Sekunden die Erde. Auch ein weiteres Nachbeben am 15.9.1976 richtete großen Schaden an. Vor allem der kleine Ort Venzone wurde fast völlig zerstört, hier starben 47 Menschen unter den Trümmern. Insgesamt waren 80.000 Menschen von den Folgen der Naturkatastrophe geschädigt. Später wurden die meisten Häuser Stein für Stein wieder aufgebaut.

Wenige Meter westlich des sympathischen Ortes, dem man unbedingt einen Besuch abstatten sollte, befindet sich der übliche Einstieg zu einer Kanufahrt auf dem Tagliamento. Die Parkplätze sind in Sichtweite des Ortes und eine Treppe führt direkt vor der Brücke hinunter zum Fluss. Schon der erste Blick verheisst eine Flusslandschaft der Extraklasse. Smaragdgrünes Wasser leuchtet im weiten Kiesbett. Der Blick auf die dahinter aufragenden Berge ist fast majestätisch zu nennen. Man kann sich kaum satt sehen. Kein anderer Alpenfluss bekommt so eine weite Flussaue zugestanden.

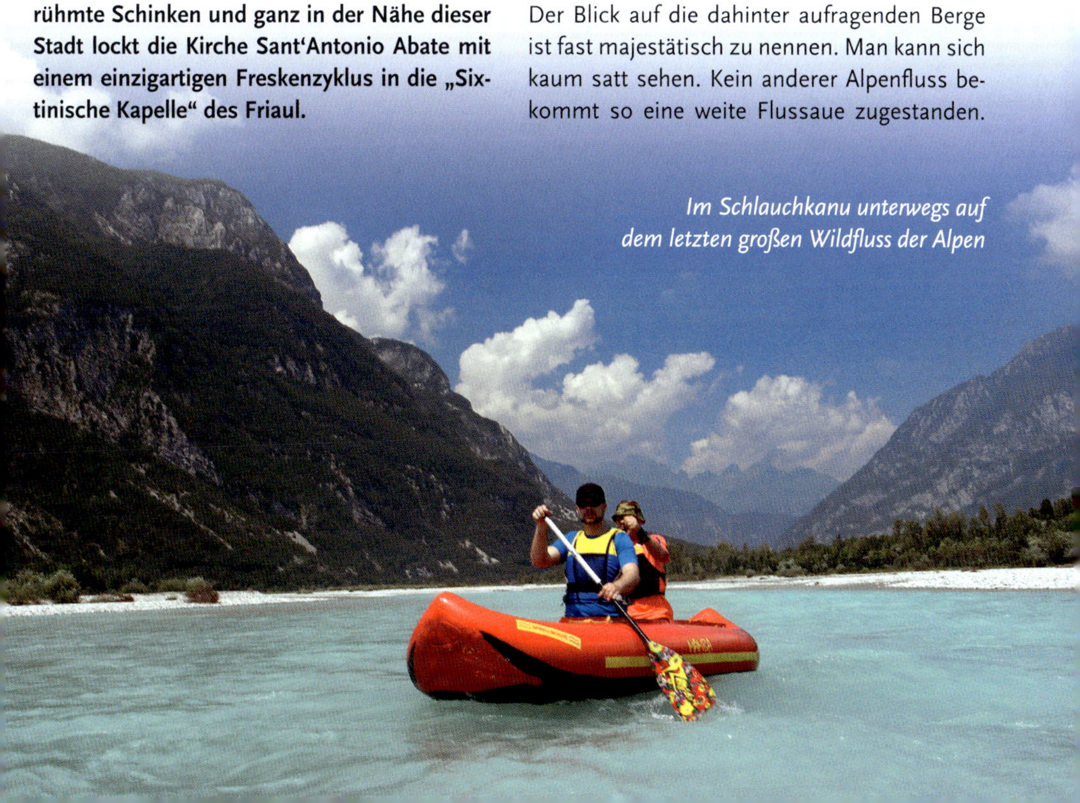

Im Schlauchkanu unterwegs auf dem letzten großen Wildfluss der Alpen

Dabei hat die Energiewirtschaft schon lange einen Blick auf den Tagliamento geworfen. Aber der finanzielle Aufwand und harter Widerstand von Naturschützern werden so ein Projekt hoffentlich für immer verhindern. Der „König der Flüsse“ soll auch weiterhin ungestört fließen können. Nach knapp fünf Kilometern Fahrt erreichen wir den Ortsteil von Ospedaletto mit einem der ganz wenigen Wehre am Tagliamento. Hier wird Wasser für den Canal Celotti abgeleitet. Wir haben Niedrigwasser und umtragen das Wehr linksufrig weitläufig auf etwa 250 Metern Länge (Bootswagen empfehlenswert). Bei Mittelwasser soll eine Umfahrung des Halbwehres auch rechts möglich sein. Bald kommt die Brücke zwischen Pineta und Braulins in Sicht. Hier befindet sich ein Steinblockwehr. Dies sollte man auf jeden Fall vorbesichtigen. In unserem Fall ist das Wehr über eine verblockte Durchfahrt befahrbar. Der kleine Weiler Braulins liegt unter einer dicht bewachsenen Felswand mit einer Einsiedelei. Von oben hat man einen tollen Blick auf den Fluss. Auf der Weiterfahrt wird bald die mächti-

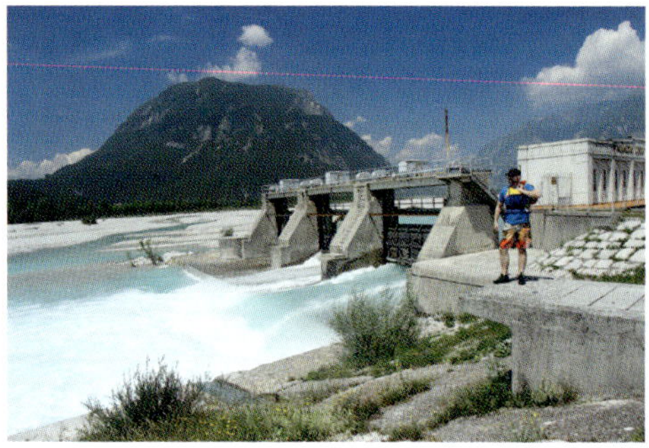

Wehr Ospedaletto

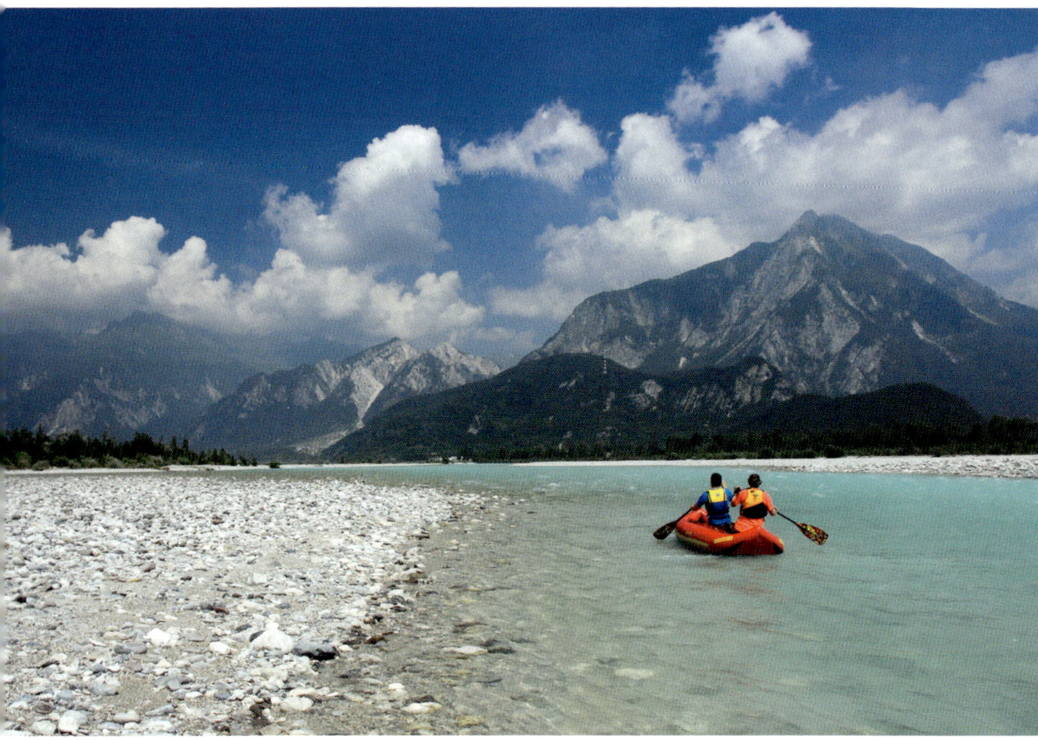

In Höhe Gemona wird der Tagliamento von hohen Bergen flankiert

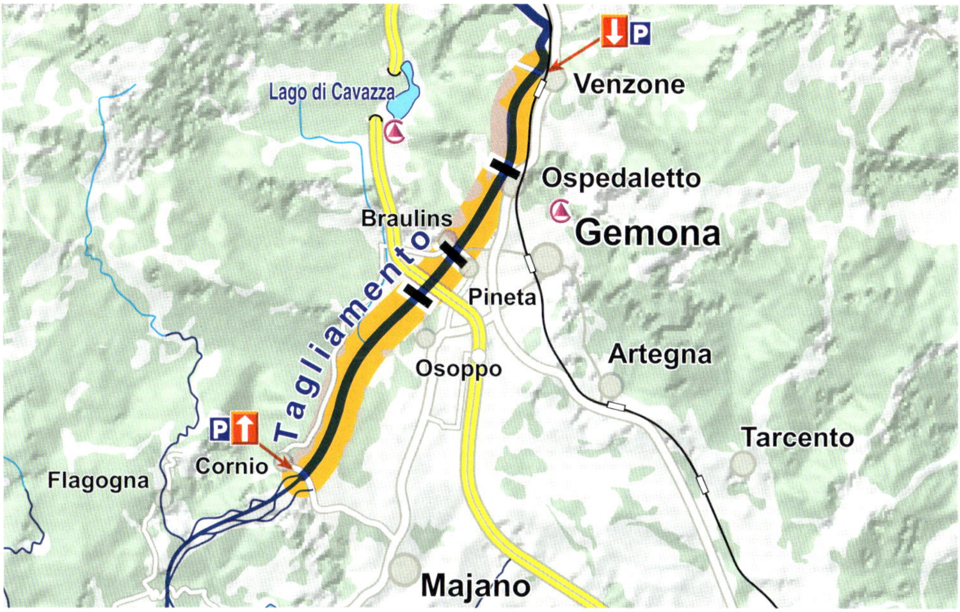

ge Autobahnbrücke der A 23 bei Osoppo sichtbar. Hier befindet sich eine 1,5 Meter hohe Stufe, gefolgt von zwei weiteren Stufen, jeweils 40 cm hoch. Bei unserem niedrigen Wasserstand fahren wir ganz nah an die erste Stufe heran und umheben direkt über die Wehrkrone. Bei höherem Wasserstand wird eine lange Umtragung auf der linken Seite empfohlen. Nun haben wir bis zu unserem Ausstieg bei Cornino knapp 10 Kilometer freie Fahrt und Paddelgenuss pur. Nicht immer ist es ganz einfach festzustellen, wo das meiste Wasser fließt. Auf der linken Seite treten die Berge etwas zurück. Rechter Hand bemerken wir einige Paraglider, die von einem der ca. 1500 Meter hohen Berge herunter in die Flussaue schweben. Sicher ein ebenso erhabenes Gefühl, wie mit den Kanus auf dem smaragdgrünen Fluss zu paddeln. Der Plan, beim nächsten Mal den Tagliamento bis hinunter zur Mündung in die Adria zu paddeln, ist schon gefasst.

Obwohl die Strecke von Venzone bis Cornino vermutlich die schönste Tagesetappe ist, weil man hier den Bergen noch recht nah ist, lohnt es sich, den Fluss auf einer längeren Strecke zu befahren. Wir erreichen unseren geplanten Ausstieg bei Cornino und haben jeden Meter der Flussfahrt in vollen Zügen genossen. Empfehlenswert ist es auch noch, den nahe gelegenen Naturpark des Lago die Cornino zu besuchen und den glasklaren Karstsee zu umrunden. In den Felswänden am See nisten einige Gänsegeierpaare, die sich hier im Umfeld des Tagliamento heimisch fühlen.

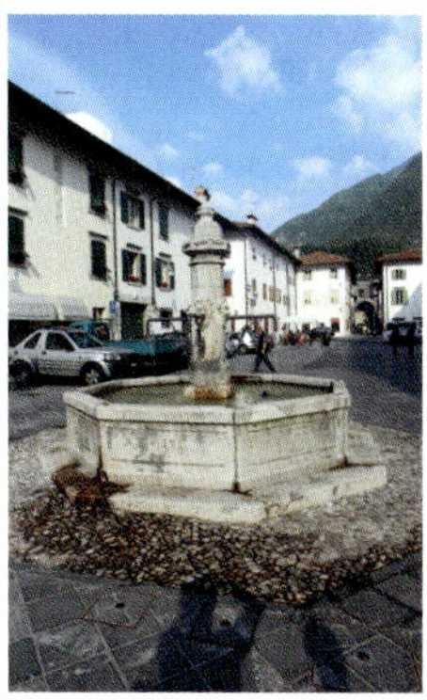

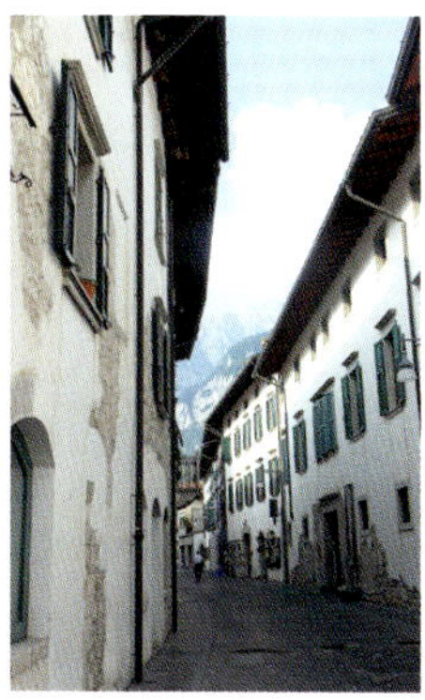

Charakter der Tour

Verzweigter Wildfluss, der sich fast im Kiesbett verliert.

Ausrüstung: Kanus aller Art, Bootswagen für die Wehrumtragung in Gemona.

Beste Zeit: Mitte April bis spätestens Anfang Juni (je nach Schneeschmelze).

Einstieg: gebührenfreier Parkplatz 200 Meter westlich von Venzone, Treppe zum Fluss.

Ausstieg: doppelte Brücke bei Cornino (gute Parkmöglichkeiten und Ausstieg rechtsufrig).

Fahrstrecke: ca 19 km.

Gefahren: Wehr in Gemona, Stufe unter der Autobahnbrücke (jeweils umtragen).

Bahnverbindung: Bahnhöfe in Venzone, Gemona, Cornino, Spilimbergo und Latisana, nicht immer sehr flussnah! Auskunft: *www.trenitalia.it* und *www.saf.ud.it*

Weitere Etappen: Ciusaforte an der Fella bis Venzone 23 km (alternativ auch ab ab der Mündung des Degano), WW I (I-II, Wehre auf der Fella), Cornino bis Mündung in die Adria bei Lignano Riviera 81 km (Zahmwasser und WW I je nach Wasserstand und Fahrtroute).

Kanugewässer der näheren Umgebung: Lago di Cavazzo (Camping).

Auskunft: Tourismusinfo Gemona, Piazza del Municipio 5, Tel. +39(0)432/981/441, *www.gemonaweb.it* oder *www.fvg.info*

Übernachten: Campingplatz Lago Tre Comuni, Tel. +39(0)432/979464, *www.lago-3comuni.com* und Camping Val del Lago, Tel. +39(0)348/2431337, *www.valdellago.it* beide am grünen Lago di Cavazzo, Hotel Willy in Gemona, Tel. +39(0)432/981733, *www.hotelwilly.com*, sehr gute freie Zeltmöglichkeiten am Fluss.

Gastronomie: Locanda al Municipio (auch Zimmer), Caffè Veccio in Venzone, Ristorante Al Fungo in Gemona, Trattoria alla Trota am Lago die Cavazzo.

Sehenswertes: *Venzone:* Vom Erdbeben zerstörter Ort mit aus Originalsteinen wiederaufgebautem Dom St.Andrea Apostolo (Fresken aus dem 14.Jh) und einem heute wieder homogenen Ortsbild mit sympathischer Gastronomie und einem Erdbebenmuseum.
Gemona del Friuli: Dom Santa Maria Assunta, Palazzo Elti und Palazzo Comunale (Renaissance).
Bardona: Casa delle Farfalle (Schmetterlinge), Naturpark „Riserva Naturale del Lago di Cornini“ (Gänsegeier Uhus am glasklaren Karstsee), www.lagodicornino.it

Alternativen: Wanderung von Gemona zum Monte Cuarnan (1372m), Wanderung von Venzone zur Forca di Ledis und weiter zum Monte Chiampòn (1709m), Rundweg um den Lago di Cornino.

Buchtipps/Karten:

- Reiseführer „Friaul-Julisch Venetien“ (Eberhard Fohrer) M. Müller Verlag 2013
- Die 50 schönsten Kanutouren in Italien (A. Zaunhuber) Pollner Verlag 2011
- DKV-Auslandsführer „Südwesteuropa-Italien,Spanien,Portugal“ (Jan Ramajzl) DKV-Verlag 2007
- Wanderführer „Quer durch die Julischen Alpen und in den Voralpen des Friaul“ B.Herold/D.Kopse) Rotpunkt Verlag 2014
- Freytag Berndt „Autokarte Friaul-Julisch Venetien“ 1:150.000

Tour 26: Sportarena unter Palmen

Kaum irgendwo sind sich Belle Epoque und die moderne Aktivgeneration näher als in der Gardasee-Region. Hier fühlen sich Wellnessleute, Surfprofis und Kulturreisende gleichermaßen gut aufgehoben. Weinkenner zieht es nach Bardolino, Kletterer nach Arco, Opernfans nach Verona und Segler und Surfer nach Torbole. Bergradler kommen geradezu ins Schwärmen, nirgendwo bietet sich eine solch unerschöpfliche Vielfalt an attraktiven MTB-Touren. Sicher hat auch die leichte Erreichbarkeit und das milde Klima zur Beliebtheit des Sees beigetragen. In kaum drei Stunden ist man von München aus in der südlichen Sonne. Die hervorragende Infrastruktur bietet von Frühjahr bis Spätherbst eine problemlose Quartiersuche. Kajakfahrer können den ganzen See umrunden oder attraktive Tagestouren unternehmen. Nur in der Hochsaison platzen die Ortschaften am Gardasee aus allen Nähten. In dieser Zeit sollte man sich besser anderweitig orientieren.

Der größte See Italiens ist auch eines der Lieblings-Reiseziele der Deutschen. Kein Wunder! Das mediterrane Klima und die pittoresken Seeorte umgeben von über zweitausend Meter hohen Bergen, die Nähe zu Süddeutschland und die hervorragende Infrastruktur sind die wichtigsten Gründe. In dieser Region soll das „Dolce Vita" beginnen. Gleichzeitig ist vor allem der nördliche Gardasee eine Sportarena ersten Ranges. Wanderer und Kletterer, Biker und Canyonisten, Paraglider, Surfer und Segler – alle kommen hier auf ihre Kosten. Zunehmend erkennen auch Paddler die Vorzüge dieses Sees, der vor allem Seekajakspezialisten tolle Möglichkeiten bietet. Der 370 qkm große See ist 51,6 km lang, im Norden etwa 4 km,

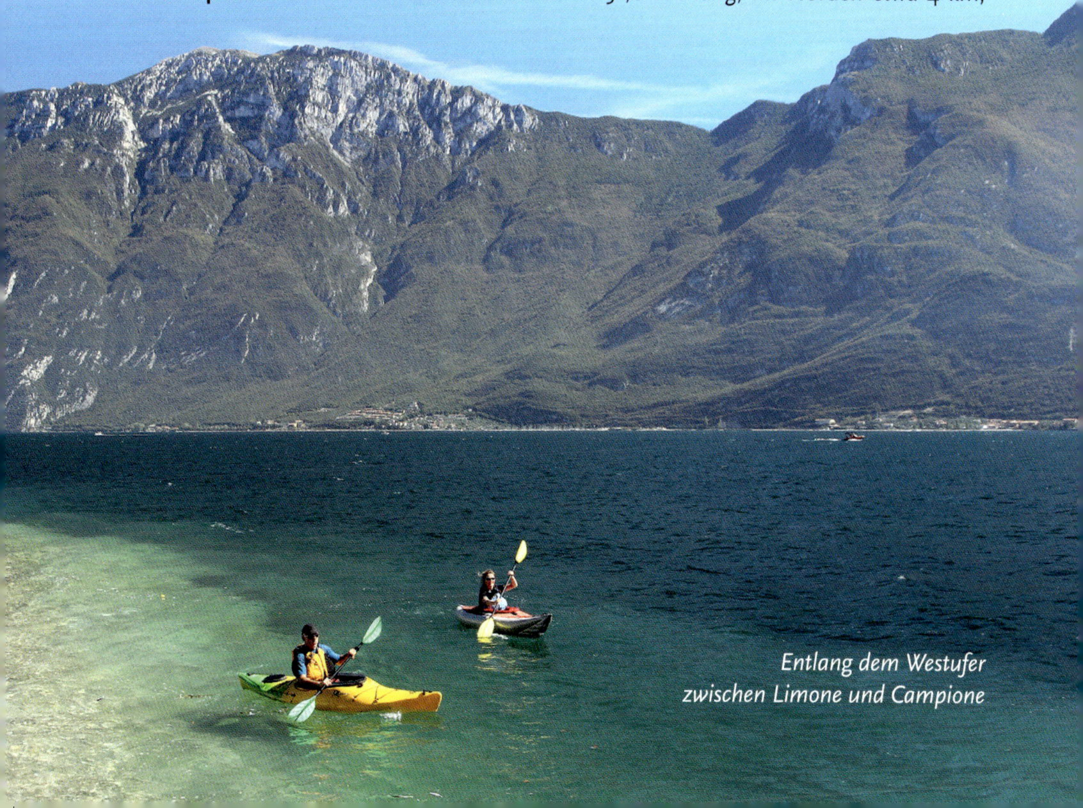

Entlang dem Westufer zwischen Limone und Campione

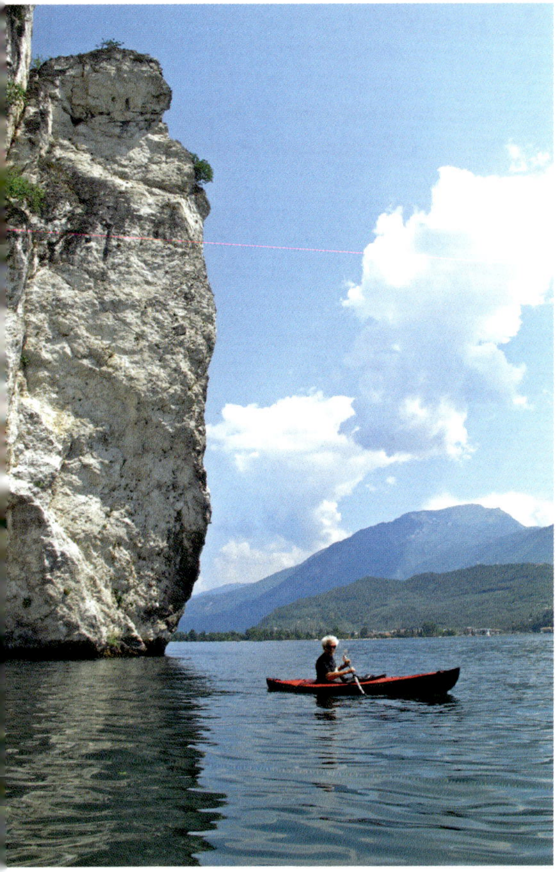

Bei Cascata Ponale

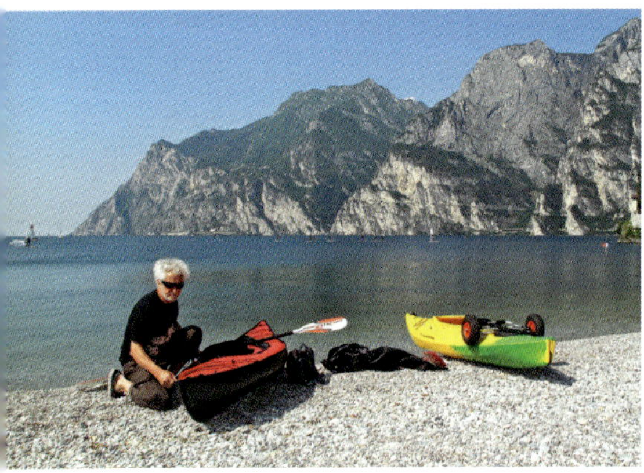

Felsufer südlich von Riva

im Süden bis 17,2 km breit. Sowohl von seiner Lage als auch bedingt durch die geringe Meereshöhe von 65 Metern bietet der See ein äußerst mildes Klima. Nicht umsonst wurde der Gardasee schon mehrfach zum beliebtesten Badesee Europas gewählt. Kanufahrer können hier abwechslungsreiche Tagestouren unternehmen oder gleich den ganzen See umrunden. Sollten sich die Wetterbedingungen zwischendurch verändern, kann man jederzeit die Fahrt unterwegs beenden und per Fähre zum Ausgangspunkt zurückkehren. Unterwegs bieten sich zahlreiche Campingplätze oder wassernahe Unterkünfte an.

Wenn man die Fahrt an der Sarcamündung beginnt, paddelt man zunächst an Riva vorbei und entlang der felsigen Küste erreicht man bald den markanten Einschnitt an der Mündung des Ponalebachs. Hier in einer Felsgrotte befindet sich der Wasserfall des Torrente Ponale. Ein zauberhafter Platz auch für eine kurze Halbtagsfahrt, ausgehend von Torbole oder Riva. Weiter die Steilküste der Gardasena Occidentale entlang erreicht man nach ca. 10 km Fahrt den zauberhaften Ferienort Limone, der an den Felswänden zu kleben scheint. Die ehemaligen Zitronenhaine sind schon von weitem erkennbar. Am Südrand von Limone empfiehlt sich der beliebte Campingplatz Nanzel. Weiter geht es entlang einer felsigen Steilküste, die begleitende Straße verläuft teilweise in Galerien oder Tunnel.

Es gibt wenig Schutz und Anlegemöglichkeiten bei plötzlich aufziehenden Unwettern und Sturm. Man sollte daher schon vor Fahrtanbruch die Wetterlage checken. Am besten paddelt man diese Strecke am späten Vormittag. Oberhalb der Steilküste befindet sich die Tremosine-Hochebene mit dem angrenzenden Parco Regionale dell'Alto Garda Bresciano. Campione ist die nächste markante Anlegestation. Der kleine Ort liegt auf dem Schwemmkegel eines Wildbachs und ist Ausgangspunkt schöner Bergwanderungen. Vorbei am Gipfel des markanten Monte Castello geht es südwärts über Porto di Tignale und weiter nach Gargnano, einem prächtigem Ort mit hübschem Hafen.

Die Steilküste hat man nun hinter sich, die Landschaft wird lieblicher. Die starken Winde auf dem ersten Teilstück (vor allem am Morgen und Nachmittag) spielen ab hier eine geringere Rolle. Auf dem Weiterweg passiert man den weitläufigen Ort Toscolano-Maderno. Dann kann man die Bucht von Salo auslassend direkt die Halbinsel mit dem Capo San Fermo und der vorgelagerten Isola del Garda ansteuern. Auf der Insel mit dem prächtigen neugotisch-venezianischen Schloss darf man allerdings nicht anlanden. Kurz hinter dem Capo bieten sich zwei Campingplätze zum Aufenthalt an. Der Weiterweg führt nun im weiten Bogen um die Halbinsel von Manerba mit dem Felsen Rocca di Manerba, dann ist es bei sicheren Verhältnissen kein Problem, die nördliche Spitze von Sirmione direkt anzusteuern. Die Altstadt von Sirmione mit einer mächtigen Wasserburg und den Grotten des Catull ist ein absoluter Höhepunkt. Der Campingplatz liegt im südlichen Teil der Halbinsel am Ostufer. Entlang des Südufers geht es ohne große Hö-

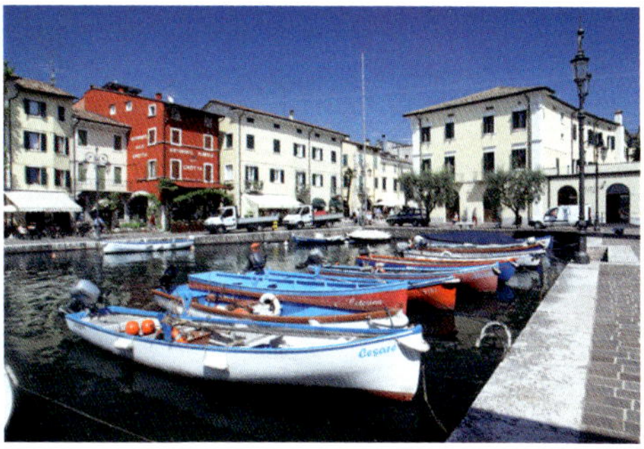

Hafen Lazise

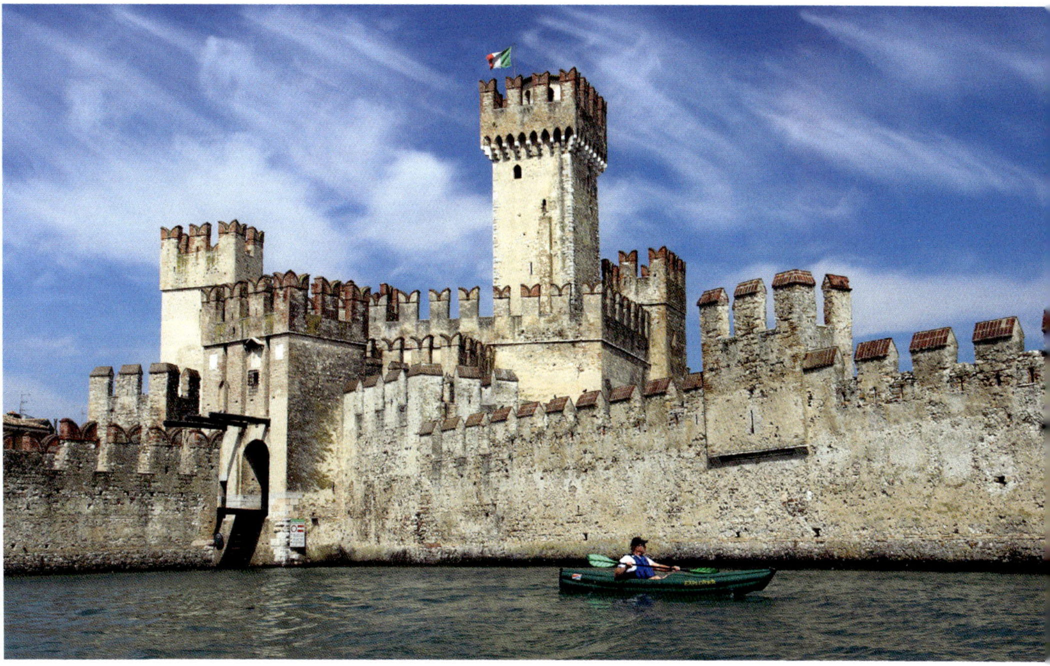

Wasserburg am Eingang zur Altstadt von Sirmione

hepunkte nach Peschiera am Ablauf des Sees, dem Mincio. Peschiera besitzt eine imposante Befestigungsanlage, Campingplätze befinden sich außerhalb des Ortes. Nun geht es wieder nordwärts entlang an flachen Ufern und zahlreichen Campingplätzen. Erst Lazise mit seinem malerischen Hafen lohnt einen ausgiebigen Besuch, und die Gastronomie des Ortes ist auf hohem Niveau (Campingplätze am Ortsrand). Cisano und der Weinort Bardolino sind die weiteren Stationen entlang schöner Badestrände. Auch Garda zu Füßen der Rocca Veccia besitzt einen schönen Hafen, und hier treten wieder felsige Hügel an den See heran. Bald erreicht man die Punta San Vigilio, einen Bilderbuchplatz, und gleich dahinter lockt die beliebte Badebucht Baia delle Sirene. Ab hier

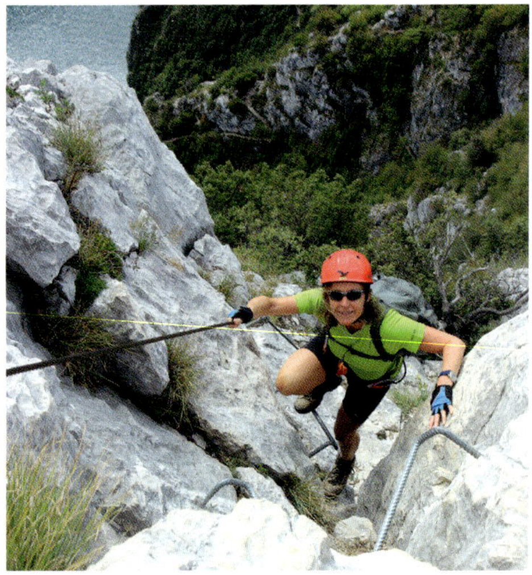

Klettersteig Susatti

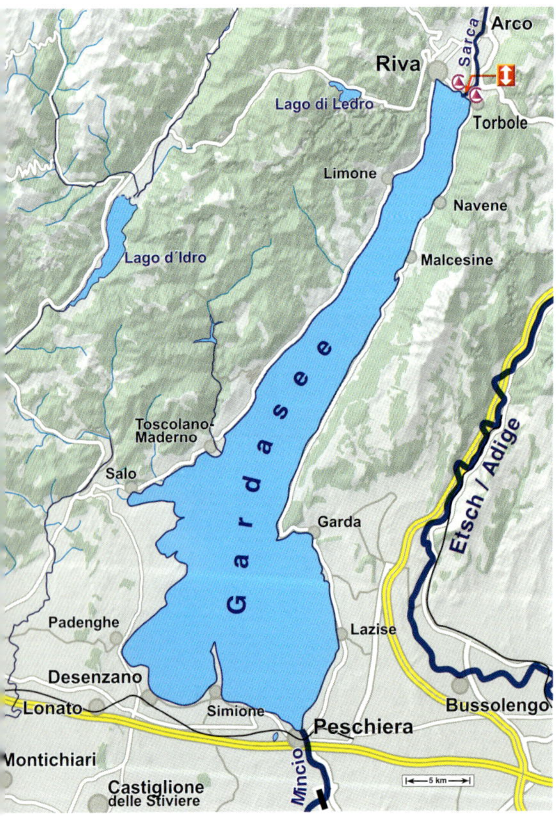

hat man einen betörenden Blick auf die hohen Berge im nördlichen Teil des Sees. Torri del Benaco ist der nächste Ort auf dem Weiterweg, eine ehemals langobardische Festungsstadt. Rechter Hand liefert der Höhenzug des Monte Baldo-Hauptkamms Bergsichten, eine stark befahrene Straße begleitet das Ufer auf dem Weg nach Malcésine. Auch dieser Ort ist durch seine tolle Lage sehr vom Tourismus geprägt. Eine Fahrt mit der Seilbahn auf den Monte Bald bietet sich als Abwechslung zur Paddeltour an. Vorbei an einigen Campingplätzen geht es nun auf eine sehr windreiche Schlussetappe. In der Regel ist der Wind am Morgen und ab dem Nachmittag besonders stark. Dies sollte man auch im Bereich der Steiluferstrecke zwischen Navene und Torbole berücksichtigen. Es gibt nur wenige Anlegemöglichkeiten, z. B. in der kleinen Badebucht unter den Kletterfelsen Punta Corna di Bo. In Torbole dreht sich alles um den Surfsport und es ist beeindruckend, mit welcher Geschwindigkeit viele Surfer hier über die Wellen fliegen. Entlang einem breiten Strand erreicht man den Ausgangspunkt der Tour an der Sarcamündung.

⊕ Charakter der Tour

Abgesehen von den Winden eine problemlose Zahmwassertour.

Ausrüstung: schnelle Wanderkajaks aller Art mit Spritzdecke, das Tragen einer Schwimmweste ist neuerdings Pflicht (ansonsten drohen hohe Geldbußen).

Beste Zeit: Mitte April bis Mitte Oktober (Juli und August aber sehr voll).

Ein/Ausstieg: Sarcamündung zwischen Torbole und Riva.

Fahrstrecke: 137 km.

Bahnverbindung: Zug bis Rovereto, dann weiter per Bus nach Torbole oder Riva.

Gefahren: Im nördlichen Teil des Sees thermische Winde und Steilufer!

Bootsverleih: Canoa Club Canottieri Riva, Tel. +39/339/3456058, *www.canoaclubriva.it*
Surfsegna in Torbole, Tel. +39/0464/505963, *www.surfsegna.it*
Camping La Rocca in Bardolino, Tel. +39/0457/211111, *www.laroccacamp.de*

Kanugewässer der näheren Umgebung: Etsch, Mincio, Lago di Ledro, Lago di Cavedine, Lago di Molveno, Slalom-Übungsparcours an der Sarcamündung.

Auskunft: Ingarda Trentino, Largo Medaglie d'Oro al Valor Militare 5, 38066 Riva del Garda (TN), Tel. +39 0464/550728, *www.gardatrentino.it*

Fährverbindungen: *www.navigazionelaghi.it*

Übernachten: Camping Maroadi, Tel. +39(0)464/505175,
Hotel Villa Franca, Tel. +39/0464 505162, *www.hotelvillafranca.net*
Auf der Seeumrundung zahlreiche Plätze, z. B. in Limone, Gargnano, San Felice, Sirmione, Peschiera, Lazise, Bardolino, Garda, Torri de Benaco, Brenzone und Malcesine.

Gastronomie: Hotel Centrale und Al Pescatore in Torbole.

Sehenswertes: Wasserburg Rocca und Altstadt in Riva, Limoneia del Castèl und Museo di Pescatore in Limone, Giardano Botanico Hruska in Gardone, Isola del Garda, Altstadt Sirmione mit Grotte di Catullo, Altstadt und Hafen Lazise mit Kirchlein St.Nicolò, Bardolino mit Kirche San Severo, Hafen San Vigilio und Felszeichnungen am Mt. Luppia, Malcesine mit Mt.Baldo und Skaligerkastell, Hafen und Parco degli Olivi in Torbole.

Alternativen: Biketouren auf dem Sarca-Radweg, MTB-Touren auf der Ponalestraße nach Pregasina oder Passo Tremalzo, nach S.Giovanni und zum Mt. Baldo (Bike-Shuttle), Klettersteige Fausto Susatti, Drena und Colodri, Wanderweg nach Nago (Gletschermühlen Marmitte dei Gigante), Windsurfen (zahlreiche Surfschulen), Klettern in Arco, an den Steilwänden der „Gletschertöpfe" oder an der Corno di Bó.

Reiseführer/Karten:

- Outdoor Kompass „Gardasee" (Alfons Zaunhuber) Thomas Kettler Verlag 2014
- „Die 50 schönsten Kanutouren in Italien" (A. Zaunhuber) Pollner Verlag 2013
- Reiseführer „Gardasee" (Eberhard Fohrer), Michael Müller Verlag 2013
- ADAC Reisemagazin Gardasee, Heft 133
- Roman „Katastrophen mit Seeblick" (Bodo Kirchhoff), Suhrkamp Verlag
- Kompass Kartenset Nr. 697 „Gardasee und Umgebung" 1:35.000.

Tour 27: Flusspark zwischen dem Gardasee und Mantua

Der Mincio ist der Abfluss des Gardasees und mündet nach einem Lauf von 75 Kilometern in den Po. Bei italienischen Kanuten ist der Mincio recht beliebt, in Deutschland hingegen wenig bekannt. Zwischen dem Gardasee und Mantua strömt der Fluss durch eine liebliche Parklandschaft von sanfter Schönheit. Sie entstand aus Ablagerungen des Gardasee-Gletschers. Ihr friedlicher Charakter täuscht darüber hinweg, dass hier einst verlustreiche Befreiungskriege zwischen Italien und Österreich stattfanden. Die Idee des Roten Kreuzes entstand nach einem brutalen Gemetzel im Ort Solferino, einige Kilometer abseits des Mincio. Malerisch präsentiert sich auch Borghetto, ein Ortsteil von Valeggio, mit der sechshundert Jahre alten Ponte Visconti. Diese monumentale Brücke über den Mincio war einmal ein gewaltiger Staudamm, mit denen die Visconti-Herrscher planten, die vom Wasser umgebene Stadt Mantua trocken zu legen. Dieser Plan wurde allerdings nie realisiert.

Vom Gardasee kommend hatten wir das Minciotal zwischen den Fischerstädtchen Peschiera und Valeggio bereits auf einem Radweg erkundet. Der Mincio ist in diesem Bereich ein aufgestauter Fluss mit sauberem und smaragdgrünem Wasser. Im Bereich der berühmten Ponte Visconti bei Valeggio parken wir unser Auto und gönnen uns in einem Terrassenlokal direkt unter der sechshundert Meter langen Brücke ein zweites Frühstück. An diesem malerischen Platz mit seinen Mühlrädern, umgeben vom Wasser des Mincio, liegen weitere empfehlenswerte Restaurants. Sie sind berühmt für frischen Fisch und „tortellini di zucca", mit Kürbismus gefüllte Pasta. Das saubere Wasser des Flusses stimmt uns auf die geplante Kanufahrt ein. Wir starten im Städtchen Goito und parken unser Fahrzeug nahe eines Sportzentrums am südlichen Ortsausgang der Straße Richtung Mantua Der Einstieg befindet sich unterhalb einer Gefällestufe in einem kleinen Park. Früher war hier ein Wehr.

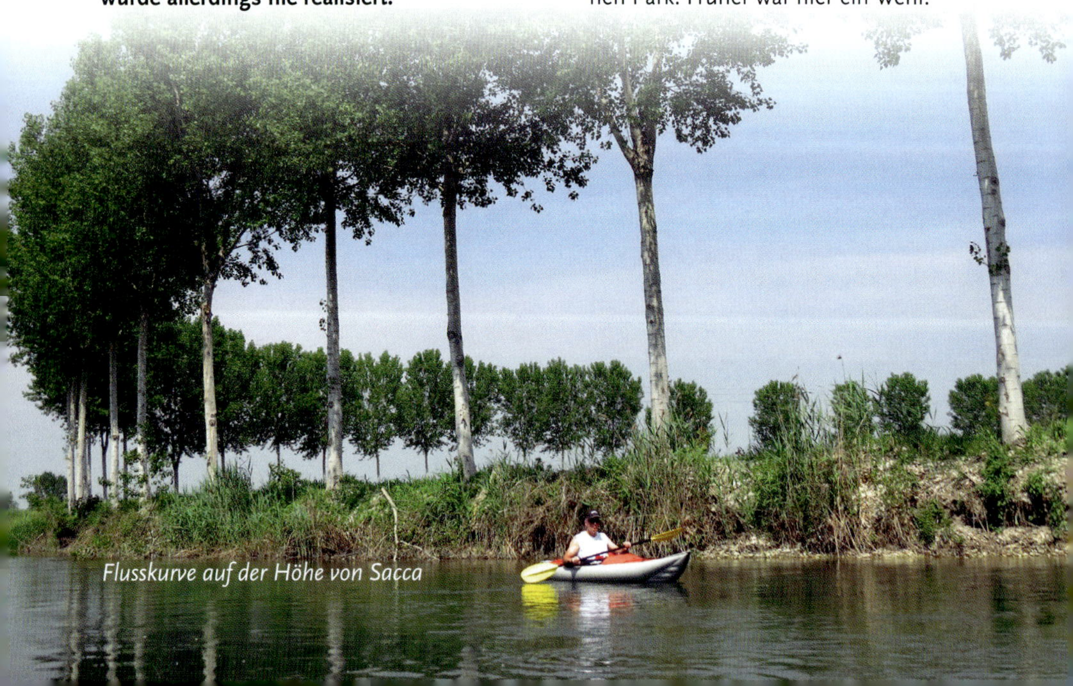

Flusskurve auf der Höhe von Sacca

Um die Stufe zu befahren, trägt man sein Boot wenige Meter auf der linken Seite nach oben. Nach der spritzigen Durchfahrt nimmt uns eine sanfte Strömung mit in eine zauberhafte Parklandschaft, die bereits den Charme der Po-Ebene vorwegnimmt. Die westlich gelegene Straße mit ihrem dichten Verkehrsaufkommen ist nicht zu vernehmen (dazwischen verläuft auch noch der stille Radweg, der sich zur Rückholung des Fahrzeugs anbietet.

So können wir uns von der idyllischen Flusslandschaft in ihren Bann ziehen lassen. Entlang der naturbelassenen Ufer blühen Tausende von gelben Iris. Auch Enten, Schwäne und Silberreiher fühlen sich hier wohl, und aus den Bäumen und Wiesen ertönt ein vielstimmiger Vogelgesang. Erstaunlicherweise reagieren die Schwäne absolut friedlich auf unsere Anwesenheit. Vier Kilometer nach dem Einstieg kündet die nachlassende Strömung ein Wehr an. Ein Teil des Wassers fließt danach in einem betonierten Kanal weiter, der östlich von Mantua zum Po führt. Bereits 80 Meter vor dem Wehr setzten wir rechts aus, überqueren einen Schotterweg und setzen in einen breiten Bach ein, der nach 100 Metern unterhalb des Wehres in den Mincio mündet. Auf der Folgestrecke windet sich der Mincio mit sanfter Strö-

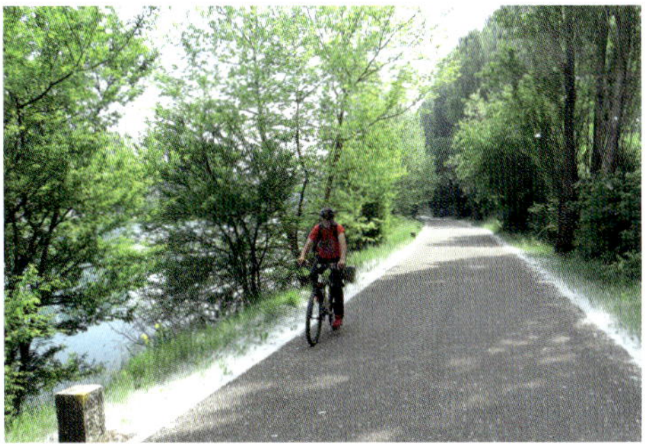

Radweg bei Valeggio

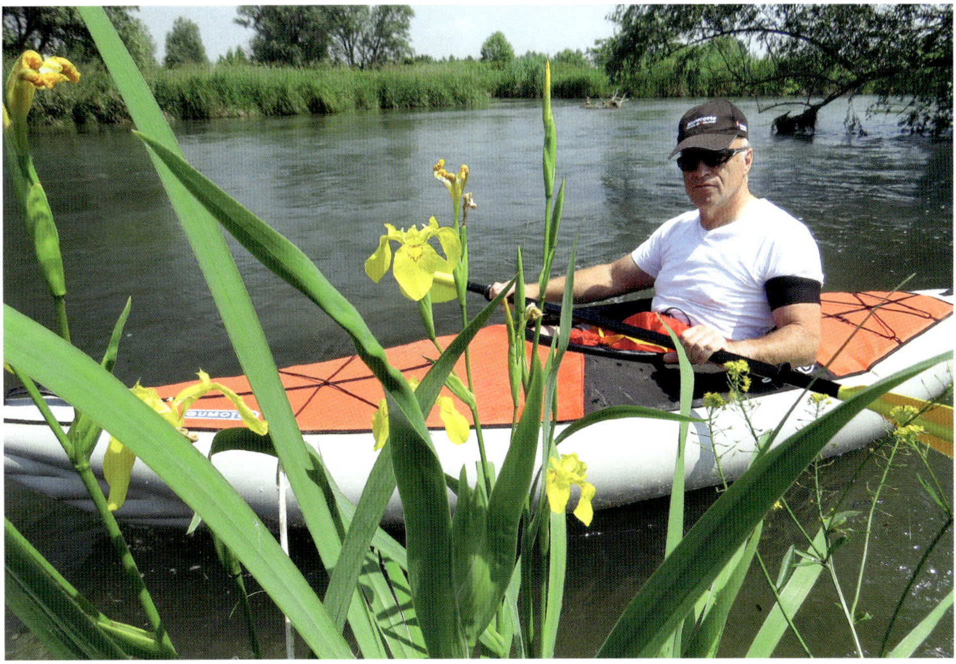

Der Flusspark bietet eine blühende Natur mit Iris und Seerosen

mung weiter durch eine flache Parklandschaft. Vorbei an einem Gehöft passieren wir eine zauberhafte Baumallee. Zwölf Kilometer führt uns das windungsreiche Gewässer nun mit geringer Strömung durch von Schilf gesäumte Ufer. So erreicht man nach 11 Kilometern Fahrt den kleinen Ort Rivalta sul Mincio. Hier befindet sich das Parkzentrum mit einem sehenswerten kleinen Museum mit Exponaten zur Natur im Flusspark (Eintritt frei). Im Ostello del Mincio gibt es auch Zimmer zu mieten, ein Fahrrad- und Bootsverleih ist geplant. Direkt daneben lockt eine Bar zur Einkehr. Im Frühjahr und Frühsommer sollte man unbedingt noch drei Kilometer bis zum nächsten Ort Grazie weiterpaddeln. Denn zu dieser Zeit blühen hier Seerosen und Lotusblumen in schönster Pracht. In Grazie blitzen die Kirchtürme der Wallfahrtskirche zwischen den Baumwipfeln hindurch, so kann man den Ausstieg auf der rechten Seite im Labyrinth der Seerosenfelder nicht verpassen. Direkt am Ausstieg gibt es einen Kiosk, und ab hier fahren auch die Ausflugsboote durch den Flusspark. Ein Weg führt hinauf zur Wallfahrtskirche Madonna delle Grazie (Parkplatz). Auf dem riesigen Platz findet jedes Jahr Mitte August die „Fiera di Grazie“ statt, bei der Straßenkünstler ihre Werke auf den Asphalt vor der Kirche malen. Am Ende das Platzes lockt die Trattoria Cacciatore zur Einkehr ein. Die nahe gelegene Provinzhauptstadt Mantua bietet mit ihrer sehenswerten Altstadt kulturell interessierten Besuchern ein reiches Besichtigungsprogramm.

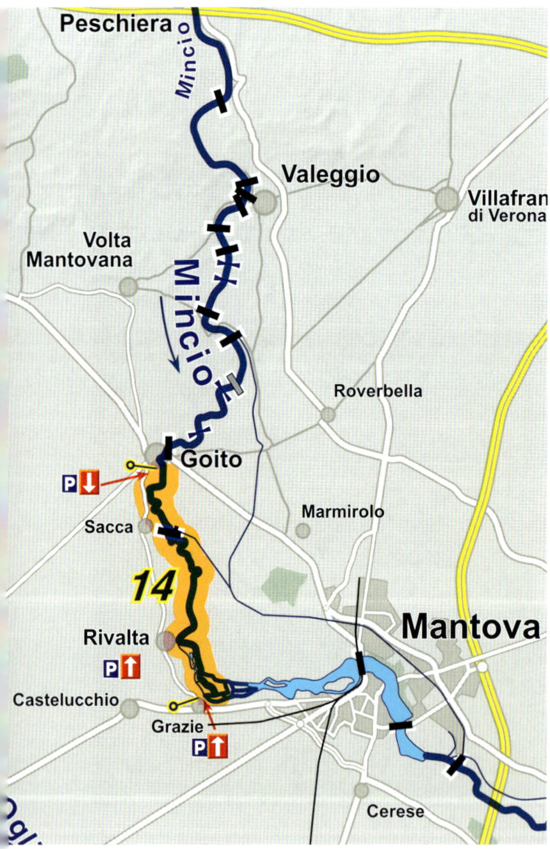

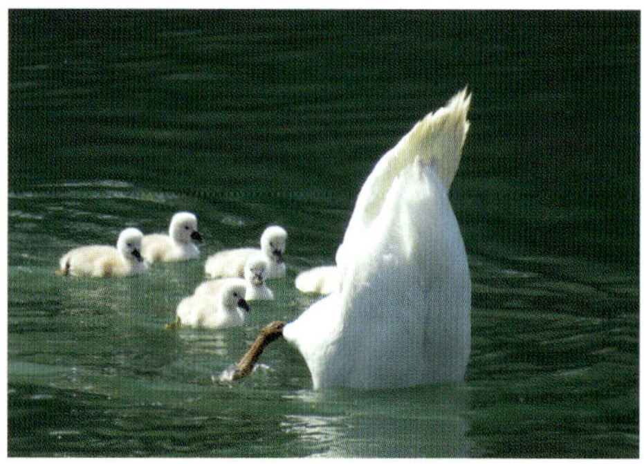

Familie Schwan

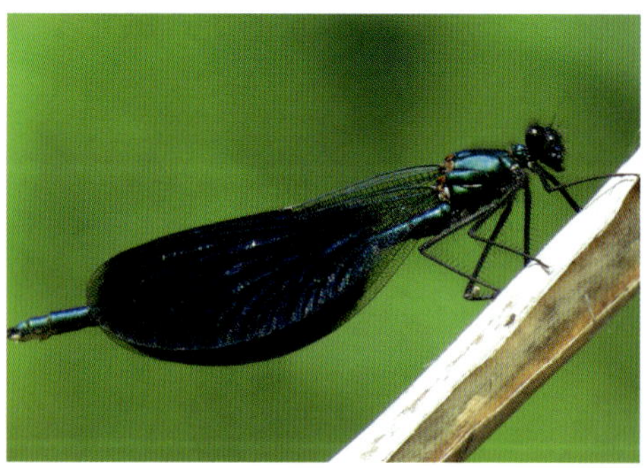

Libelle

Charakter der Tour

Leichtes Kanugewässer für Einsteiger und Genießer (eine Wehrumtragung).

Ausrüstung: Kajaks, Kanus aller Art.

Beste Zeit: März bis Anfang November.

Einstieg: Goito (Sportplatz am Ortsausgang, Via San Giovanni Bosco, Parkplatz).

Ausstieg: Grazie (Parkplatz vor der Kirche Madonna delle Grazie).

Fahrstrecke: 14 km.

Bootsverleih/Fahrradverleih/Zimmer: Ostello del Mincio: Tel. +39/0376/653924, *www.ostellodelmincio.it*

Naturschutz: Nicht durch die Seerosenfelder paddeln, vorhandene Ein- und Ausstiege nutzen.

Kanugewässer der näheren Umgebung: Gardasee, Po, Etsch.

Übernachten: Campingplätze am Gardasee, z.B. Camping Bella Italia, Tel. 0039(0)45/6400698, Camping Capuccini, Tel. 0039(0)457/551592 (beide in Peschiera).

Gastronomie: Antica Locanda del Mincio und San Marco nahe der Ponte Visconti in Valeggio/Borghetto, Bar in Rivalta, Trattoria Cacciatore in Grazie.

Auskunft: IAT Valeggio sul Mincio, Piazza Carlo Alberta 32, Valeggio, Tel. +39/045/6370560, *www.tourism.verona.it* *www.parcodelmincio.it*

Sehenswertes: Valeggio (Skaligerfestung, Parco Giardino Sigurtà), Borghetto (Ponte Visconti und Mühlenviertel), Rivalta (Museum im Centro Parco Rivalta), Mantua (Altstadt, Palazzo Ducale, Palazzo Te, Teatro Accademico), Peschiera (Altstadt, Santurio Madonna del Frassino, südlich der Stadt).

Alternativen: Radwege zwischen Peschiera nach Valeggio und zwischen Goito und Mantua.

Buchtipps/Karten:

- Outdoor Kompass „Gardasee“ (Alfons Zaunhuber) Thomas Kettler Verlag 2014
- „Die 50 schönsten Kanutouren in Italien (A. Zaunhuber) Pollner Verlag 2011
- Reiseführer „Gardasee“ (Eberhard Fohrer), Michael Müller Verlag 2013
- Mappa Turistica „Il Parco del Mincio“ 1:75.000, Istituto Geografico De Agostini, kostenlos in den Verkehrsbüros oder im Parco del Mincio.

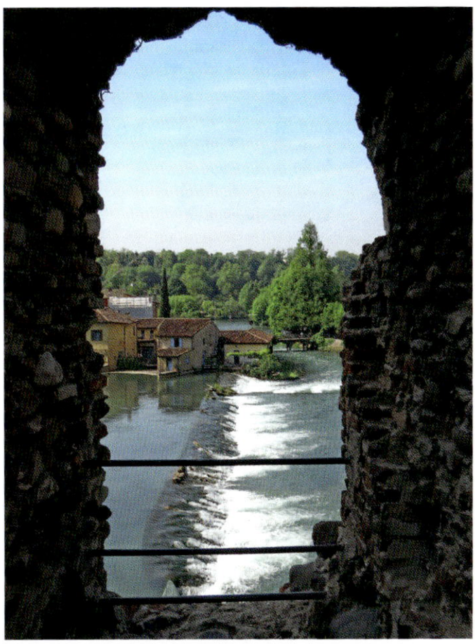

Borghetto

Tour 28: Grüne Perle im Umfeld des Triglav-Nationalparks

Der Bleder See zählt zusammen mit dem benachbarten Wocheiner See (Bohinjsko Jezero) zu den beliebtesten Urlaubs-Destinationen im Bereich der Julischen Alpen. Bled besitzt eine hervorragende Verkehrsanbindung und ist ein traditioneller Kur- und Ferienort mit einer 2000-jährigen Geschichte. Der wunderschön gelegene Badesee vor der Kulisse der Karawanken besitzt ein malerisches Inselchen mit einer barocken Wallfahrtskirche und einer historischen Burg auf steilem Fels, umgeben von smaragdgrünem Wasser. Ein absolutes Postkartenmotiv. Bled hat als Thermalort eine lange Geschichte. Neben dem jugoslawischen Staatschef Tito kamen Könige und Kaiser hierher, meist ins Grand Hotel Toplice, später besuchten auch Prominente wie Arthur Miller, Ignazio Silone oder Pablo Neruda die gastfreundliche Stadt am Schnittpunkt zahlreicher Kulturen.

Bled ist auch einer der attraktivsten Urlaubsorte des jungen Staates. Nachdem Slowenien seit 1992 Mitglied der Europäischen Gemeinschaft und der Vereinten Nationen ist, hat sich viel getan. Die sozialistische Vergangenheit ist Geschichte, das Land hat aber wie einige südliche EU-Länder noch mit wirtschaftlichen Problemen zu kämpfen. Der Tourismus ist fast die wichtigste Einnahmequelle. Die an Bled angrenzende Nationalparkregion rund um den 2864 m hohen Triglav, den höchsten Berg Sloweiniens, bietet wahrlich Natur pur. Im oberen Ortsteil befindet sich das interessante Parkzentrum des seit 1981 bestehenden Nationalparks, in dem Braunbären und Steinadler leben und zahlreiche endemische Pflanzen vorkommen. Die interessante Dauerausstellung lohnt einen Besuch. Für Paddler, die nach Bled kommen, ist der Campingplatz Bled oder eines der Seehotels ein empfehlenswertes Basislager. Nur

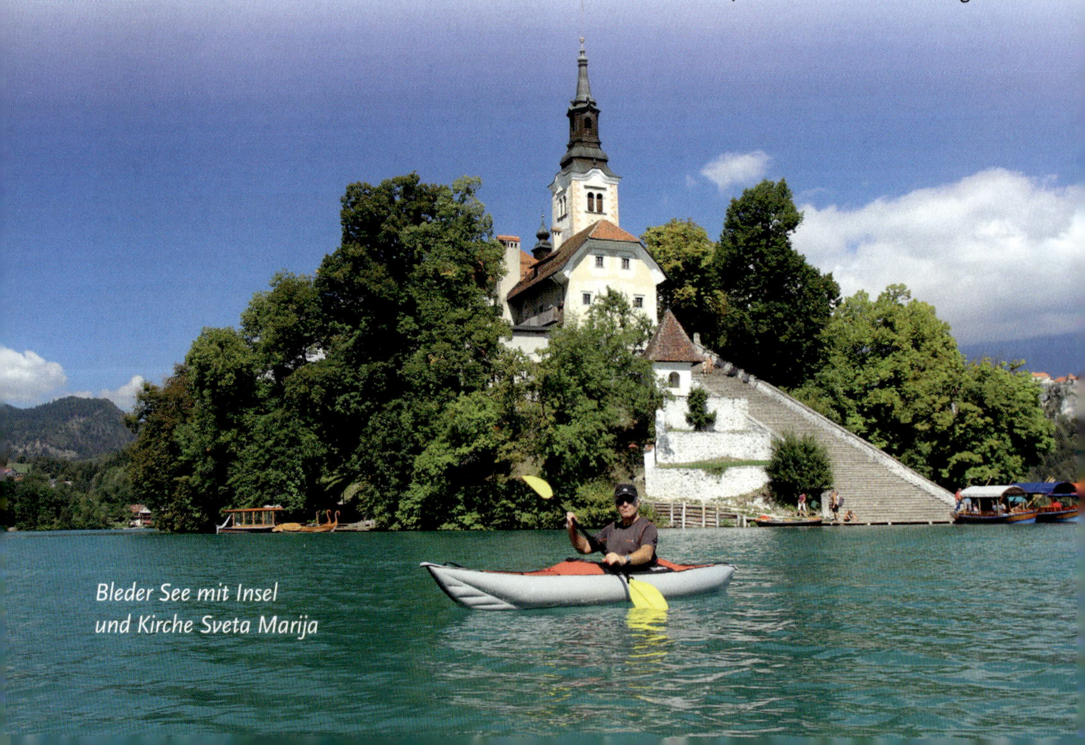

Bleder See mit Insel und Kirche Sveta Marija

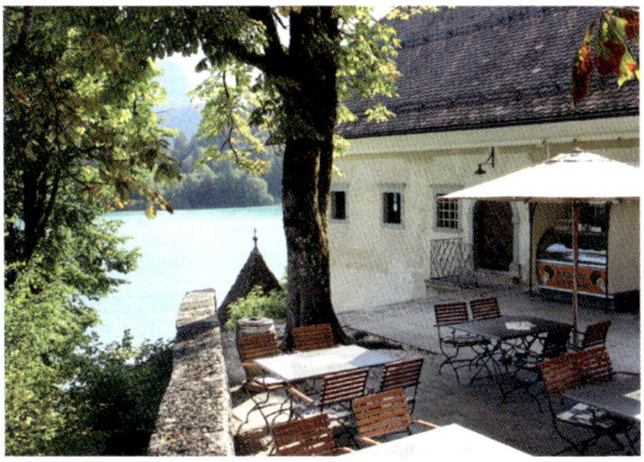

Gastgarten auf der Insel

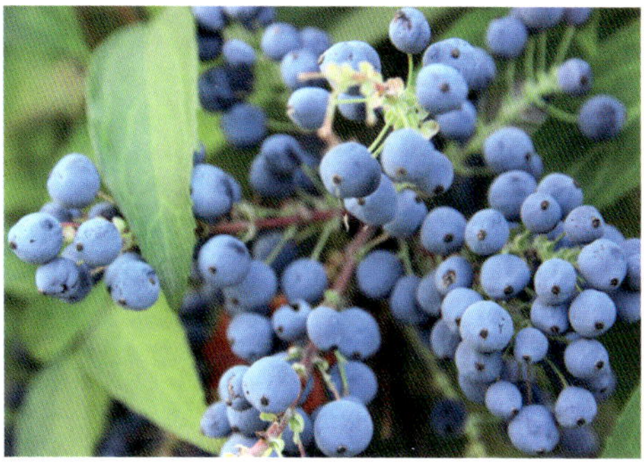

Auch Slowenien ist ein Weinland

in den slowenischen Sommerferien ist es hier (wie auch andernorts) sehr voll. Der schattig gelegene Campingplatz am Westufer etwas außerhalb des Zentrums besitzt ein gut geführtes Restaurant mit Terrasse, einen schönen Badestrand und bietet alle Voraussetzungen für abwechslungsreiche Urlaubstage. Am Badeplatz setzt man sein Schiffchen ein, um den malerischen See mit dem Kajak zu umrunden. Alternativ gibt es hier auch einen Ruderboot-Verleih. Links herum führt der Weg an bewaldeten Uferhängen entlang, bis man sich direkt unter dem 139 Meter hohen Felsen der Burg befindet. Der größte Teil der Anlage stammt aus dem 16./17. Jahrhundert. In der Burg gibt es ein Restaurant mit schönem Ausblick und einen Weinkeller. Sehenswert sind vor allem die gotische Kapelle und das Museum zur Geschichte von Bled.

Am Ostufer des Sees berührt man den Kern des Ortes mit Architektur aus allen Zeiten der wechselvollen Geschichte. Am bekanntesten ist das Hotel Toplice, ein riesiger alter Kasten. Später passieren wir noch das Hotel Vila Bled, ebenfalls in perfekter Seelage und lange Zeit das Domizil des ehemaligen Staatspräsidenten von Gesamt-Jugoslawien, Josip Broz Tito. Bei aller Hotelromantik, die Sehenswürdigkeit Nr. 1 am Bleder See ist das kleine Inselchen in der Seemitte, Ziel zahlreicher schmucker Ausflugskähne, die aussehen wie Gondeln und auf slowenisch „Pletna“ heissen. Der Turm der Marienkirche ist weithin sichtbar. Mit wenigen Paddelschlägen erreicht man die ganz besonders bei slowenischen Hochzeitspaaren sehr

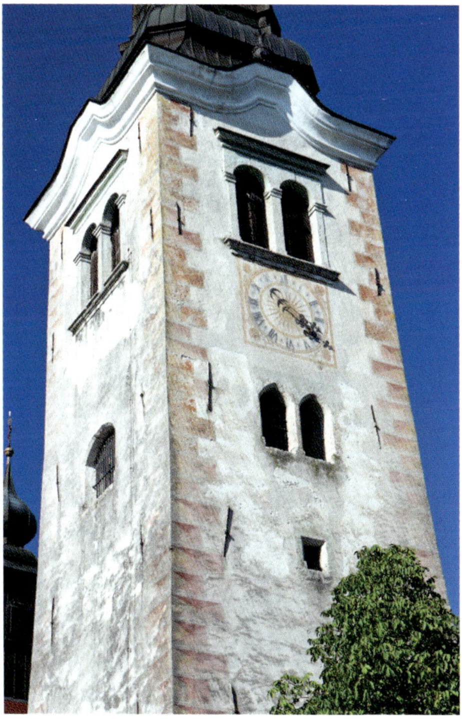

Barockkirche Sveta Marija

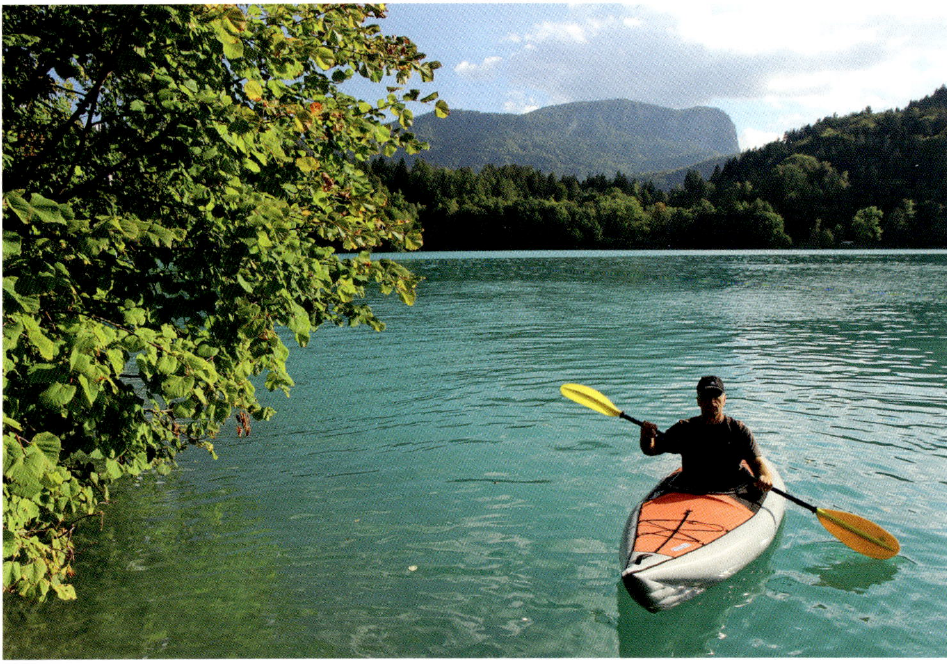

Auf der Insel sind Landeplätze rar

beliebte Insel. Erst nach kurzer Wartezeit können wir anlanden und finden auf der beengten Fläche Platz, um unsere Kajaks abzulegen.
99 Stufen führen nun hinauf zur Kirche. Bestimmt gibt es keinen Slowenen, der hier noch nicht war. In der Marienkirche gibt es eine „Wunschglocke". Wenn man einmal zieht und es läutet dreimal (so die Sage), dann hat man einen Wunsch frei. Na denn! Aber auch ohne die Wunschglocke ist der Besuch des Inselchens ein besonderer Höhepunkt in diesem reizvollen Land. Und wer schon einmal hier ist, sollte unbedingt den nahe gelegenen Wocheiner See (Bohinj jezero) besuchen, der völlig von Bergen umgeben ist. Dieser besitzt zwar keine Insel, ist aber mit vier Kilometer Länge doppelt so groß wie der Bleder See und bietet ein nahezu unverbautes Ufer in einer tollen Berglandschaft. Der Startpunkt zu einer Bootstour befindet sich direkt an der malerischen Steinbrücke in Ribcev Laz. Hier gibt es auch einen Kanuverleih. Besonders sehenswert ist das hübsche Kirchlein Janez Krsnik (Johannes der Täufer), 14.Jh, wenige Meter neben der Brücke, mit schönen alten Fresken aus verschiedenen Jahrhunderten.

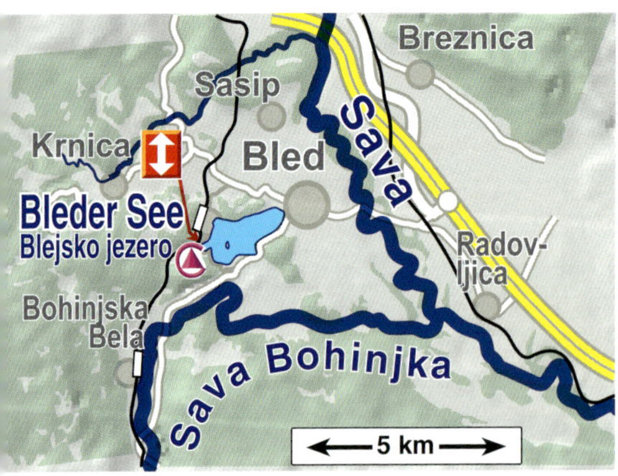

Vom westlichen Seeende gelangt man zum 60 Meter hohen Savica-Wasserfall. Hier führen Wege hinauf zu den Triglav-Seen und zum Gipfel des höchsten Berges in Slowenien. An der Steinbrücke beginnt eine Kanufahrt auf der smaragdgrünen Sava Bohinjka, in die schon kurz darauf die Mostnica mündet, die aus einem der bizarrsten Canyons kommt, in den ich je gestiegen bin. Diese Region ist ein wahrer Fundus für Naturfreunde.

Charakter der Tour: Zahmwasser

Ausrüstung: Eignung für Boote aller Art.

Beste Zeit: Mai bis Mitte Oktober.

Ein-Ausstieg: Am Campingplatz Bled oder am Badeplatz vor dem Campingplatz. (gebührenpflichtiger Parkplatz).

Fahrstrecke: Seeumrundung ca 5 km.

Bahnverbindung: Bahnhöfe in Bled-jezerzo und Lesce-Bled, Busverbindung nach Ribzev Laz am Bohinjsko jezero (Wocheiner See).

Bootsverleih/Veranstalter: Life Adventures in Bled, Tel. +386(0)4201/4875 (Rafting etc), *www.lifeadventures.si*
Pac Sport in Ribcev Laz (Wocheiner See), Tel. +386(0)41698/523, *www.pac-sports.com*
Sport4fun in Ribcev Laz, Tel. +386(0)41975878 *www.sport4fun.si*

Kanugewässer der näheren Umgebung: Vrata Bistrica, 5 km WW III, Radovna, 10 km WWI-V (VI), Sava Bohinjika, 16 km WW I-II, dann 12.5 km bis WW IV (alle nur im Frühjahr), Bohinjsko jezero, (Zahmwasser) und Save, 22 km WW I-II (III), ganzjährig befahrbar.

Auskunft: Tourismusbüro Bled, Cesta Svobode 10, 4260 Bled, Tel. +386(0)4574/1122, *www.bled.si*
Besucherzentrum Nationalpark Triglav in Bled mit sehenswerten Ausstellungen), Tel. +386(0)4578/0200, *www.tnp.si*

Übernachten:
Camping Bled, +386(0)4575/2000,
Jugendherberge Bledec,
Tel. +386(0)4574/5250,
Vila Preseren, Tel. +386(0)4575/2510 (direkt am See).

Gastronomie: Gostilna Union, Restaurant Mlino, Pizzeria Gallus und Hotel Triglav.

Sehenswertes: Kirche Sv.Martin, Insel mit Kirche Sv. Maria, Burg, Alpenmuseum in Mojstrana, Dorfkirche Sv. Janez und eine malerische Steinbrücke in Ribcev Laz (Wocheiner See).

Alternativen: Klammsteige durch die Vintgarklamm und Pokljukaklamm, Radfahren auf dem Radovna-Radweg (einziger Radweg im Park), Hochseilgarten auf dem Berg Straza, Wanderungen und Bergtouren im Nationalpark, Wanderung vom Wocheiner See zum Savica-Wasserfall und zu den Triglav-Seen, geführte Canyoningtouren (Mostnica etc.).

Buchtipps/Karten:

- Reiseführer „Slowenien“ (Lore-Marr-Bieger) Michael Müller Verlag 2014
- Kanuführer DKV-Auslandsführer „Südosteuropa“ Band 5, DKV-Verlag 2012
- Wanderführer „Quer durch die Julischen Alpen“ (B.Herold/D.Kopse) Rotpunkt Verlag 2014
- Merian Heft „Slowenien“ Travel House Media 2005
- Freytag und Berndt Wanderkarte 141 „Julische Alpen“ 1:50.000.

Tour 29: Smaragdfluss im Herzen der Julischen Alpen

Die Soca, der smaragdene Fluss, gehört zu den besten Kanuflüssen Europas. Glasklares Wasser entspringt den Quellen im Nationalpark Triglav, und zahlreiche Felsenklammen von unglaublich wilder Schönheit finden sich hier im Südosten der Alpen. In den waldreichen Bergen rund um den Triglav leben noch Braunbären, Steinböcke, Luchse und Wölfe und in den Oberläufen der Soca tummelt sich mit der Marmorata-Forelle eine endemische Art, die bis zu 120 cm lang werden kann, die größte und wohlschmeckendste Forellenart Europas. Der Ort Bovec ist ein Zentrum des Wildwassersports, aber auch Angler, Canyonisten und Bergsteiger finden hier ein reiches Betätigungsfeld. Etwas weniger vom Tourismus geprägt ist der Ort Kobarid am Schnittpunkt zweier Täler. Das weithin bekannte Ortsmuseum hält die Erinnerung an die schrecklichen Geschehnisse des 1.Weltkriegs in dieser Region wach. Hier, wo das Socatal etwas breiter wird, gibt es noch spektakuläre Seitenklammen und direkt unterhalb der Napoleonbrücke beginnt der leichteste Flussabschnitt, der sich bestens als Einstieg empfiehlt.

Kobarid ist die westlichste Gemeinde Sloweniens und ein sympathischer Ort am Schnittpunkt mehrerer Verkehrswege. Hier mündet die von Cividale di Friuli kommende Straße ins Socatal. Dem alpinen Ort mit seinem südländischen Flair sieht man die Folgen des Erdbebens von 1976 nicht mehr an. Kobarid war zwischen 1918 und dem Ende des 2.Weltkriegs italienisch. Es lohnt sich, durch den Ort zu bummeln und das hochinteressante Museum zu besuchen, das an die Schrecken des 1.Weltkriegs erinnert. Von besonderer Qualität ist die Gastronomie des Ortes. An der nahe gelegenen Napoleonbrücke enden die sportlicheren Wildwasserstrecken der Soca. Wenige Meter flussaufwärts gibt es einen beliebten Campingplatz und über einen Fahrweg gelangt man hinauf zum geheimnisvollen Wasserfall Kozjak. 500 Meter unterhalb der Brücke, auf der linken Flussseite, befindet sich

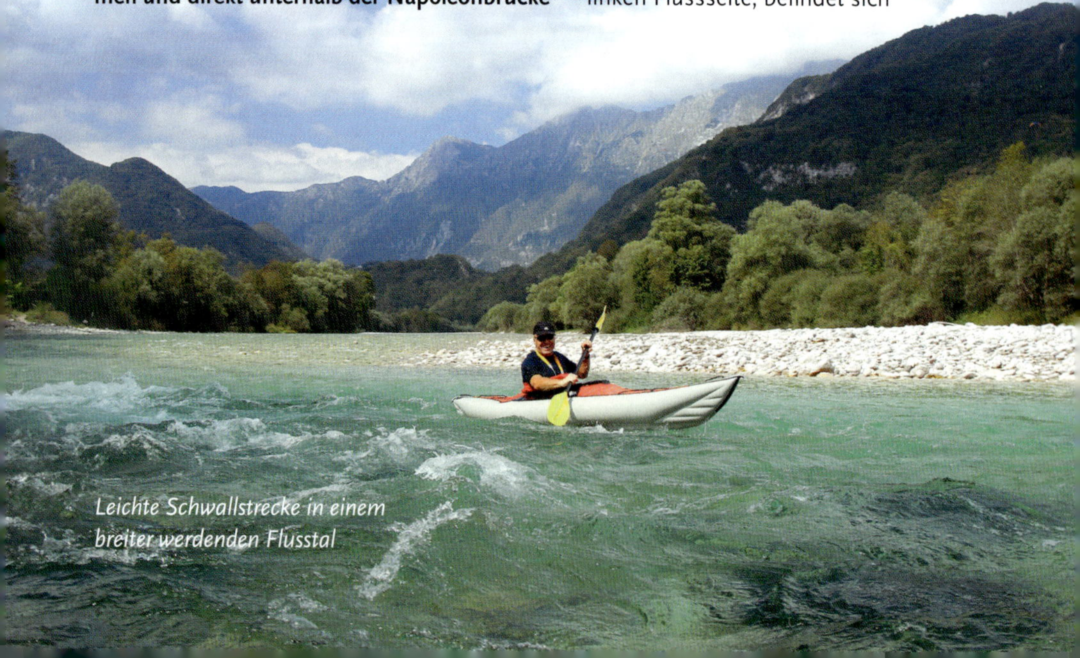

Leichte Schwallstrecke in einem breiter werdenden Flusstal

ein Parkplatz, an dem wir die Boote für die leichte Wanderstrecke der Soca in den grünen Fluss einsetzten. Für die Wildwasserfahrer ist hier der Ausstieg der so genannten „Abseilstrecke“. Schon nach wenigen Metern kommt die schwerste Stelle der gesamten Strecke in einer Linkskurve.

Bei hohem Wasserstand poltert der Fluss mit starker Strömung und großen Wellen um die Kurve, an deren Ende sich eine Prallwand bildet. Bei niedrigem Wasserstand wird es sehr steinig und mancher tut gut daran, diese Passage mit Rücksicht auf sein Bootsmaterial zu umtragen. In der Folge ist der Fluss recht überschaubar, obwohl weitere Schwallstrecken und einige enge Kurven oder Felsblöcke Aktionen erfordern. Vereinzelt droht auch Gefahr durch einige Holzpfähle, die sich direkt im Stromzug befinden. Das ist aber alles kein großes Problem, und die grüne Flusslandschaft begeistert jeden Befahrer. Der Blick zurück fällt auf die Berggipfel der Julischen Alpen, während einem vom Süden schon die warme Luft des Mittelmeers um die Nase weht. Kiesbänke locken zu einem Picknick, und hinter den Bäumen spitzen vereinzelte Hausdächer oder ein Kirchturm hervor. Kaum zu glauben, dass sich hier noch vor knapp 100 Jahren Italiener und Österreicher blutig abgeschlachtet haben. Nach 9 Kilometern Fahrt erreicht man die Brücke von Kamno. Der etwas oberhalb der Brücke gelegene Weiler auf der linken Seite bietet eine erste Möglichkeit, die Fahrt zu beenden, eine weitere befindet sich nach 13 km an der nächsten Brücke bei Volarje. Den endgültigen Ausstieg vor dem Stausee des Wasserkraftwerks Doblar erreicht man an der Brücke zwischen Tolmin und Volce. Da die meisten Paddler an der Soca Wildwasserfahrer sind, wird dieser wunderschöne Flussabschnitt nur wenig befahren. Wer sich nun steigern möchte, dem sei als nächstes die sogenannte „Hausfrauenstrecke“ zwischen Cezsoca (bei Bovec) und Log Cesoca (bei Zaga) empfohlen (5 km WW I-II), ggf auch noch die Verlängerung bis zum Ausstieg Kieswerk bei Srepenica II, 5 km I-III. Sehr empfehlenswert sind geführte Canyonigtouren auf einem der spektakulären Seitenbäche (wie z.B. Globoski potok oder Susec). Dabei wird einem die Natur der mystischen Felsklammen und Wasserfälle auf besondere Weise vermittelt.

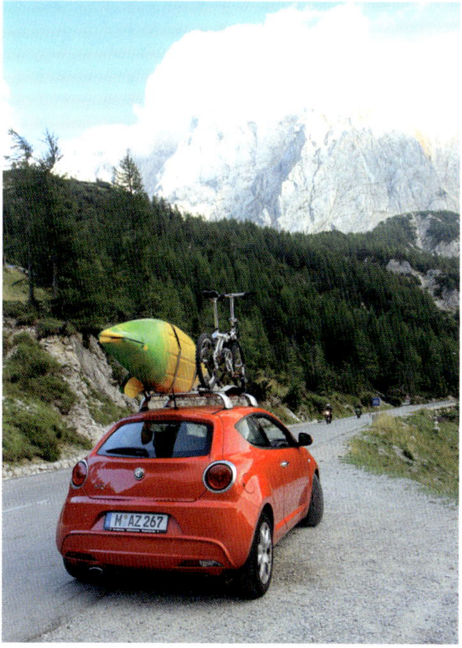

Anfahrt über den Mangartsattel

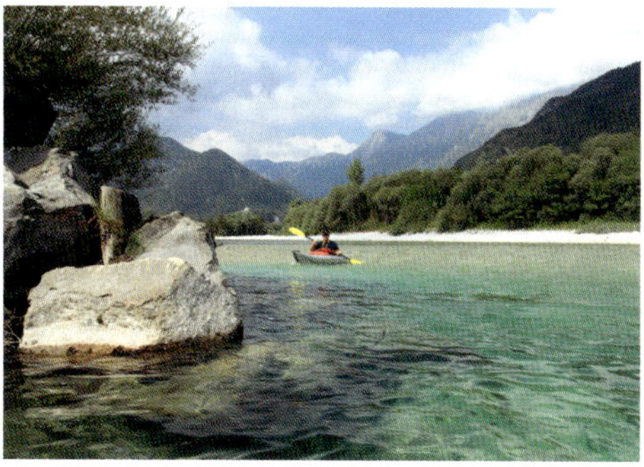

Zwischen Kobarid und Tolmin

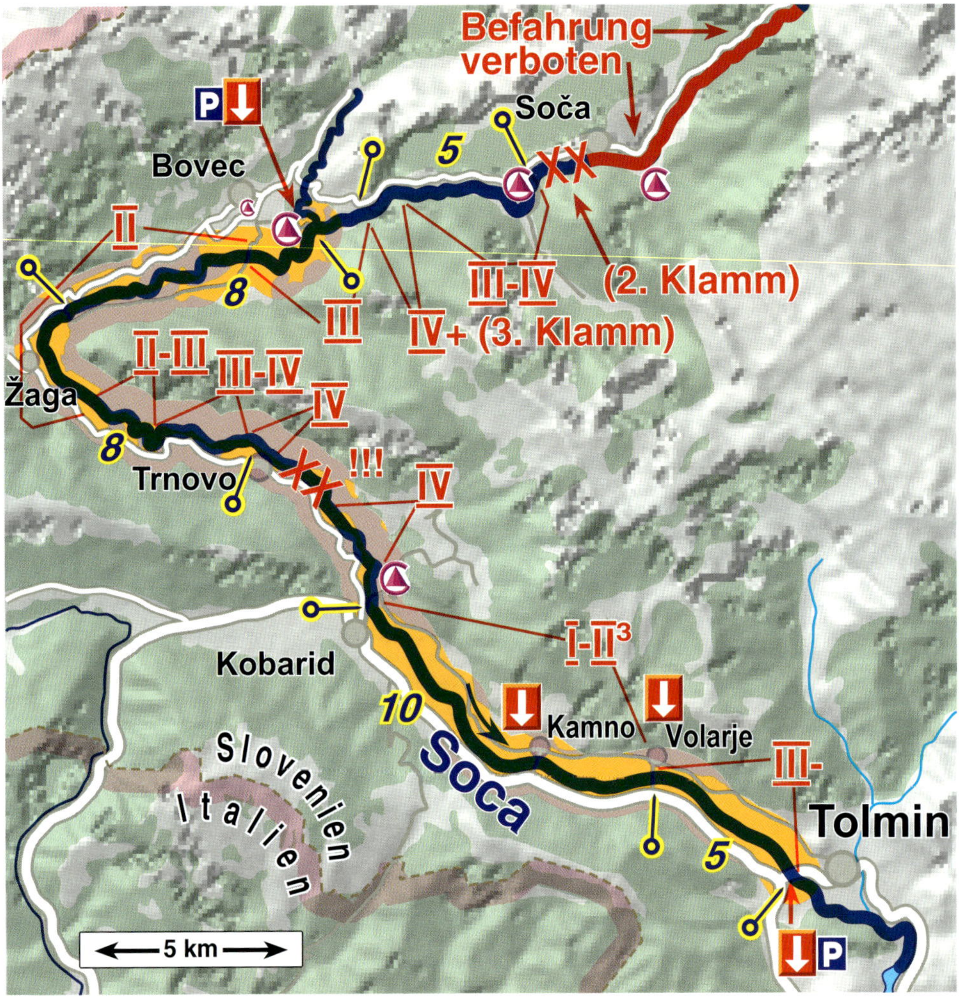

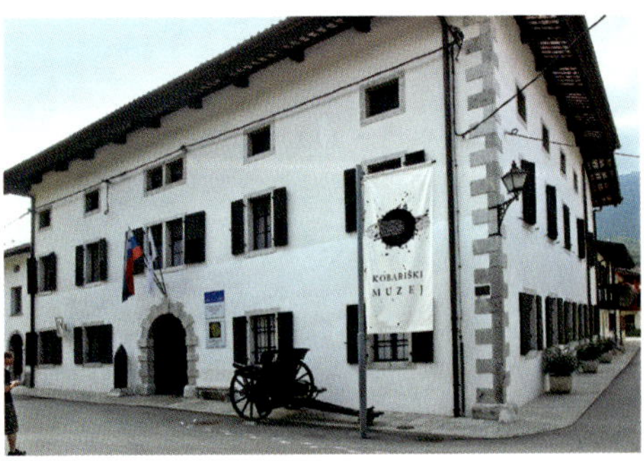
Kriegsmuseum in Kobarid

Charakter der Tour

Leichter Wildfluss WW I (eine Stelle je nach Wasserstand II-III).

Ausrüstung: WW-Boote mit Spritzdecke und Schlauchkanus.

Beste Zeit: Mai bis Ende September.

Einstieg: Kobarid (Paddler-Parkplatz 400 m

unterhalb der Brücke linksufrig).

Ausstieg: Brücke westlich von Tolmin.

Fahrstrecke: 20 km.

Bahnverbindung: Bahn bis Most na Soci, Busse im Socatal zwischen Most na Soci, Tolmin, Volarje, Kamno, Kobarid und weiter nach Bovec.

Bootsverleih/Veranstalter:
Prijon Kajakcenter in Cezsoca,
Tel. +386(0)5388/6720 (auch Shop/Zeltwiese/Apartements),
Positive Sport Kobarid, Tel. +386(0)4065/4475, *www.positive-sport.com*
Zahlreiche weitere Anbieter siehe Auskunft Bovec.

Weitere Etappen: Hausstrecke Ende 3.Klamm bis Koritnicamündung, 1,8 km WW II+, Koritnicamündung bis Cezsoca 3km WW II (III-), Cezsoca bis Zaga, 5 km WW I-II, Zaga bis Kieswerk Srepenica 5 km WW I-III, Srpenica bis zum Campingplatz Trnovo, 2,5 km WW III, WM-Strecke bis Hängebrücke 700 m WW IV, Abseilstrecke 4 km bis Kobarid WW III/III+.

Kanugewässer der näheren Umgebung:
Koritnica, 4 km WW III, Idrica, 28 km WW I-III.

Naturschutz: Die Fahrten auf der Soca sind zeitlich limitiert, 15.3.-31.10. jeweils von 9-18 Uhr. Für die Befahrung ist ein Permit erforderlich (Verkauf vor Ort). Zustiege nur an den gekennzeichneten Stellen. Camping außerhalb der Campingplätze ist verboten.

Pegel: Zaga, erforderlich 100-120cm.

Auskunft: Tourist Center, Trg golobarskih zrtev 8, 5230 Bovec, Tel. +386(0)5384/1919, *www.bovec.si*
ITO Sotocje, Petra Skalarja 4, 5220 Tolmin, Tel. +386(0)5380/0480, *www.lto-sotocje.si*

Übernachten:
Camp Koren in Kobarid,
Tel. +386(0)5389/1311 (auch Holzhäuser und Sauna), Campingplatz Polovnik in Bovec, Tel. +386(0)5389/6007,
Kamp Liza an der Koritnica-Mündung bei Bovec, Tel. +386(0)5389/6370,
Hotel Kanin / Bovev, Tel. +386(0)5389/6880,
Hotel Hvala / Kobarid, Tel. +386(0)5389/9300,
Jugendherberge / Tolmin,
Tel. +386(0)40300518.

Gastronomie: Gasthof Martinov Hram in Bovec, Restaurant Topli Val in Kobarid.

Sehenswertes: Kriegsmuseum in Kobarid, (1.Weltkrieg), Stadtmuseum in Tolmin.

Alternativen: Rafting auf den sportlichen Abschnitten der Soca, geführte Canyoning-Touren, Radtouren entlang der Soca, MTB-Tour zum Mangartsattel, Wanderung von der Napoleon-Brücke zum Kozjack-Wasserfall.

Buchtipps/Karten:

- Reiseführer „Slowenien" (Lore-Marr-Bieger) Michael Müller Verlag 2014
- Kanuführer DKV-Auslandsführer „Südosteuropa" Band 5, DKV-Verlag 2012
- Wanderführer „Quer durch die Julischen Alpen" (B.Herold/D.Kopse) Rotpunkt Verlag 2014
- Merian Heft „Slowenien" Travel House Media 2005
- Freytag und Berndt Wanderkarte 141 „Julische Alpen" 1:50.000.

Tour 30: Europas beste Schlucht für Tourenpaddler

Das französische Departement Ardèche mit seinen Gewässern lockt Kanufahrer aus allen Teilen Europas an. Kein Wunder, die Schluchten von Beaume, Chassezac und Ardèche sind ein absolutes Naturparadies. Allerdings wird die Kapazität der Ardècheschlucht zwischen Vallon und Sauze besonders in den französichen Sommerferien oft überschritten. Am sinnvollsten kommt man zwischen Ostern- und Pfingsten hierher (oder im Spätsommer), dann wird man hier unvergessliche Tage erleben. Da die Ardèche Zuschusswasser von der Loire erhält, ist die Wasserversorgung ganzjährig garantiert. Das weiche Kalkgestein der Region und die Kräfte des Wassers sorgen für eine besonders spektakuläre Kulisse. 1994 wurde wenige Meter oberhalb des Pont d'Arc mit der Grotte Chauvet eine Höhle mit 36.000 Jahre alte Felsmalereien entdeckt, in die nur Wissenschaftler Zugang haben. Diese wurde 2014 zum UNESCO-Weltkulturerbe erklärt. Besucher können die „Caverne du Pont'd Arc" besuchen, eine neu geschaffene 1:1 Nachbildung der Höhle. Sie ist mit über 3000 qm die größte Kopie einer Höhle überhaupt und wurde im Frühjahr 2015 vom französischen Staatspräsidenten eröffnet.

Die Ardèche im französischen Zentralmassiv ist der bekannteste Wildfluss und die Gorges de l'Ardèche die meistgepaddelte Schlucht in Europa. Mit ihren moderaten WW-Schwierigkeiten können hier auch weniger profilierte Kanusportler Stromschnellenabenteuer in einer monumentalen Schluchtenlandschaft erleben. Zusammen mit ihren Nebenflüssen Beaume, Chassezac und den attraktiven Etappen im Oberlauf ist hier großes Kanukino geboten. Neben dem Kanusport ist die Region auch ein Wanderparadies, Biker finden zahlreiche verkehrsarme Nebenstraßen und Canyonisten können sich in den spektakulären Felsschluch-

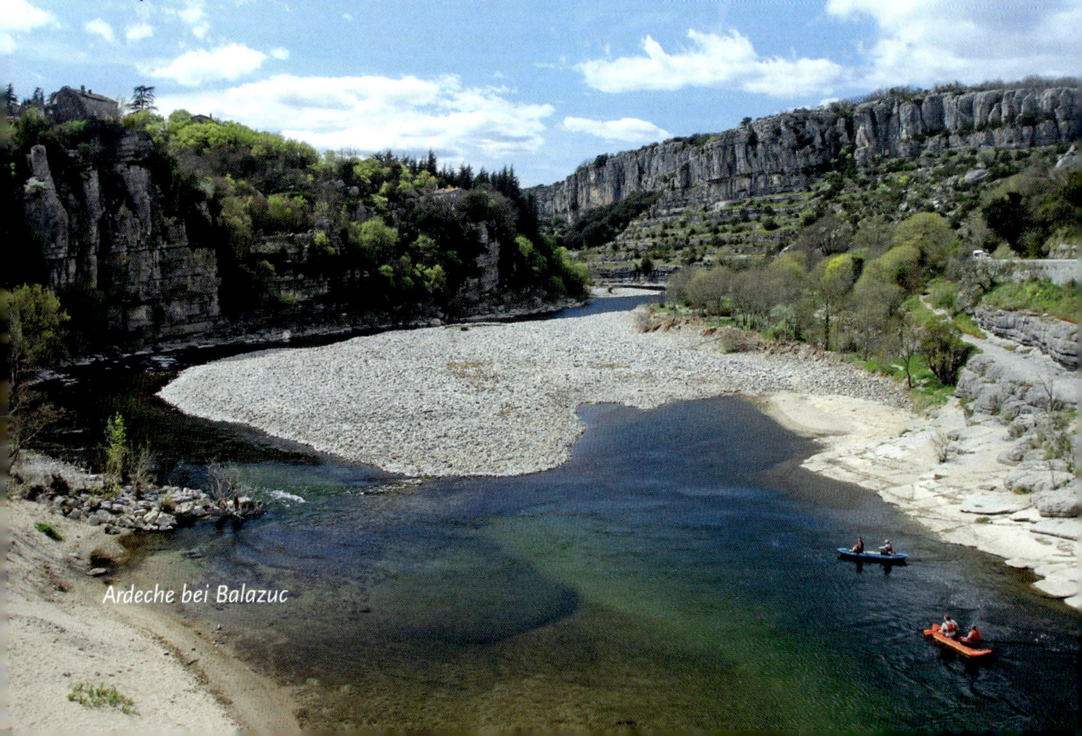

Ardeche bei Balazuc

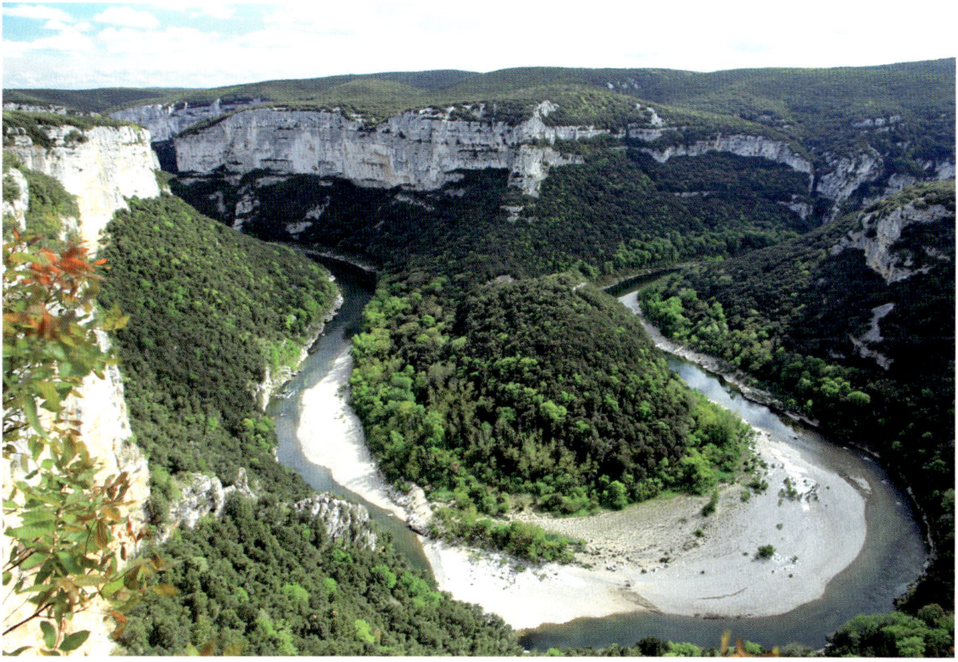

Flussschleife „Cirque de la Madeleine"

ten austoben. Aber auch die französische Küche und Lebensart locken in diese herbe Ecke Südfrankreichs, deren Zauber sich oft erst bei mehrmaligen Besuchen offenbart.

Vallon ist ein Zentrum des Kanusports. Das ist an den voll beladenen Bootsanhängern der Verleiher gut zu erkennen. Wer mit dem eigenen Boot anreist, kann trotzdem einen Shuttleservice für die Rückfahrt von St.Martin nach Vallon vorab buchen. Der Einstieg zum „Grand Canyon de l'Ardèche" befindet sich direkt bei den Bootsverleihern nahe der N 579 Brücke zwischen Vallon und Salavas. Ein früher Start empfiehlt sich, um den Tag voll auskosten zu können. Die ersten Kilometer führen an einigen Campingplätzen und dem selten Wasser führenden Seitenbach Ibie vorbei. Nach knapp vier Kilometern Fahrt wartet mit dem „Charlemagne" eine verblockte Durchfahrt, die manchem Kanuanfänger bereits zum Verhängnis

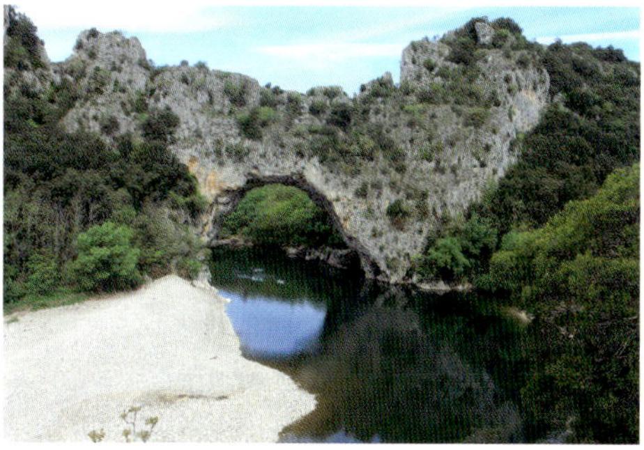

Felsbogen „Pont'd Arc"

wird. Schaulustige werden hier immer gut unterhalten! Gleich darauf passiert man den berühmten Felsbogen „Pont d'Arc" mit fast 60 Meter Höhe, der vor Millionen von Jahren durch Auswaschung des weichen Kalksteins entstanden ist. Unmittelbar davor gibt es noch einen weiteren Zustieg samt Parkplatz. Vorbei an weiteren Campingplätzen in einer Linkskur-

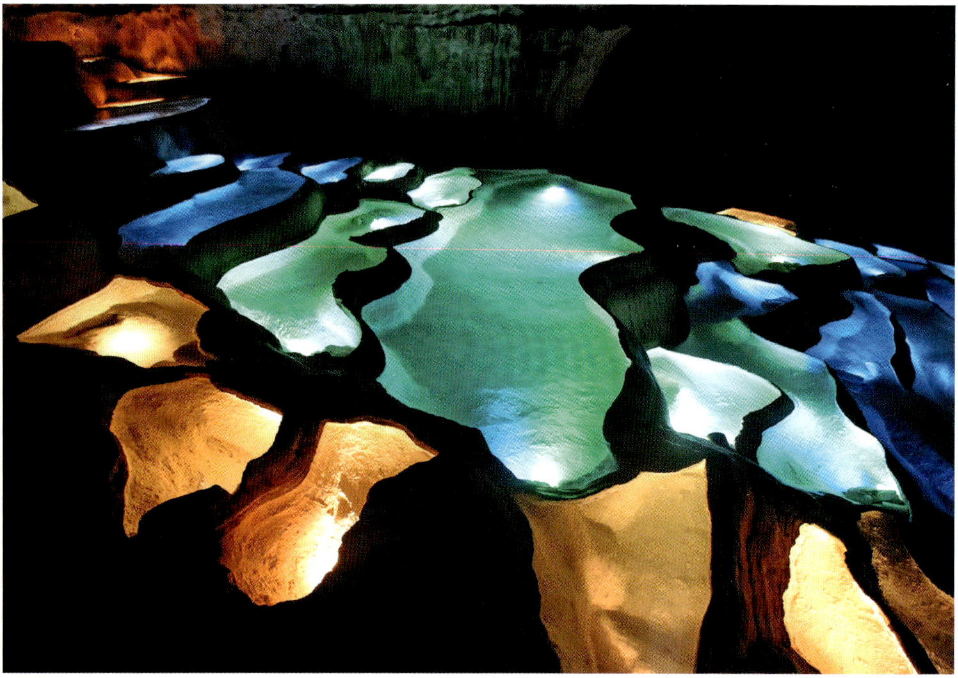

Sinterterrassen in der Grotte de St. Marcel

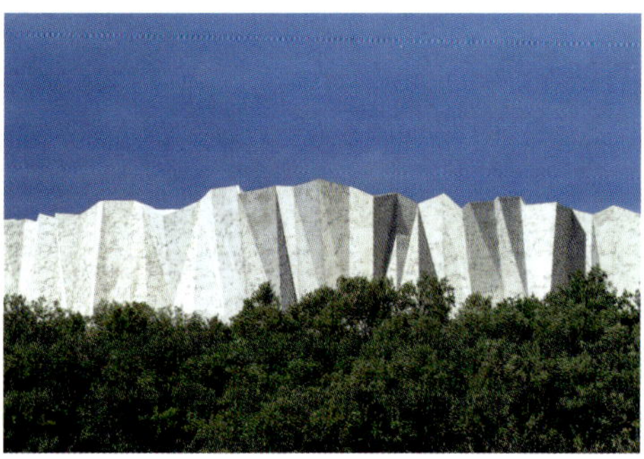

Caverne du Pont d'Arc

ve bei Chames berührt man noch einmal fast die Straße, dann geht es rechts herum endgültig in die Schlucht. Kleine Schnellen wie **„Le Trois Eaux"** sorgen für weitere Aufreger. Unterwegs passiert man den ersten Biwakplatz am Beginn des **„Cirque de Gaud"** nach 12 km Fahrt ab Vallon auf der linken Seite (Buchung vorab erforderlich). Nur so ist es heute noch möglich in der Schlucht zu nächtigen. Wenig später wartet die Passage **„Les Figueras"** auf unsichere Fahrer.

Die Ardèche windet sich in weiteren Kehren durch eine bis zu 300 Meter tiefe Schlucht, die auch auf abenteuerlichen Wanderwegen zu Fuß durchquert werden kann. Nach 16,5 km erreicht man den 2. Biwakplatz **„Gournier"**, ebenfalls links mit Hinweisschildern versehen. Im **„Hackmesser"** kurz darauf zieht die Strömung nicht ganz ungefährlich an die linke Felswand!

Nach knapp 18 km Fahrt passiert man den markanten Felsen **„la Cathèdrale"** und bald darauf einen mitten in der Strömung liegenden **„Magnetfelsen"**, dem man besser nach links ausweicht. Dann folgt eine spektakuläre Flussschleife, der berühmte **„Cirque de la Madeleine"**, den man von der Aussichtsstraße

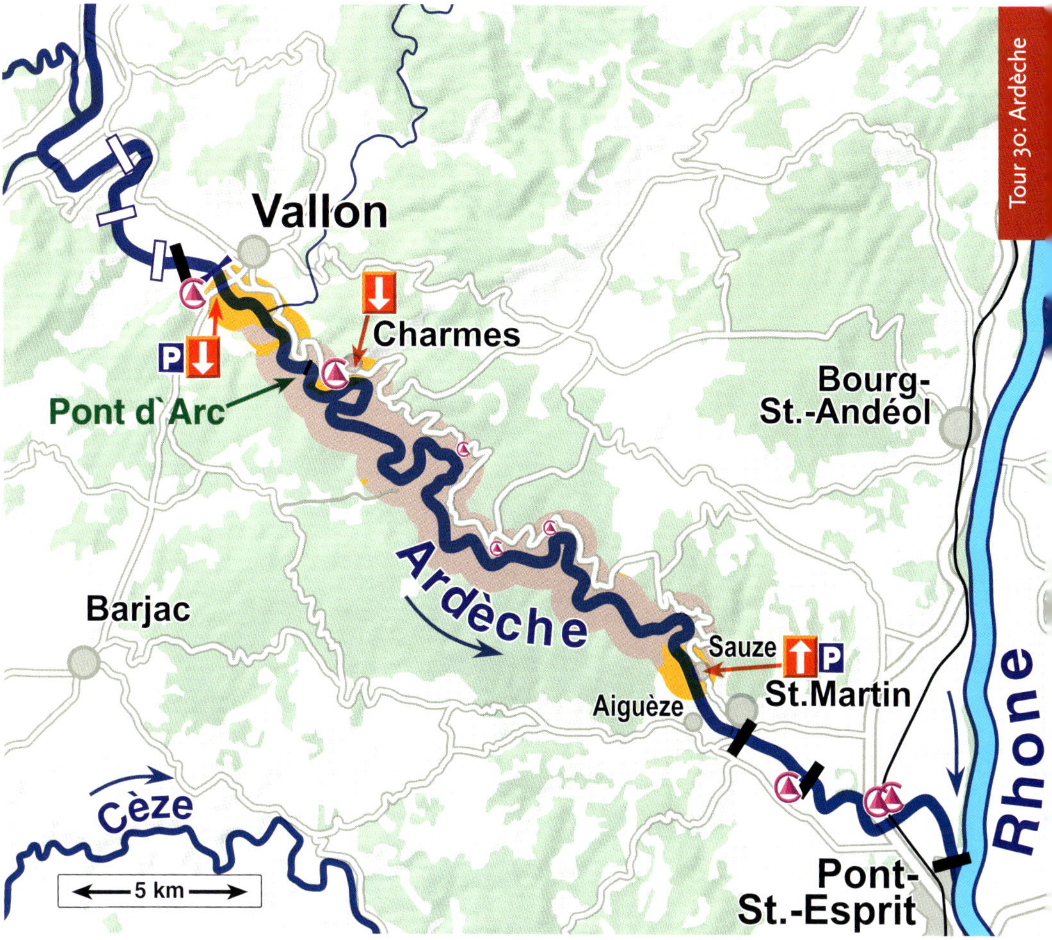

aus vom **„Balcon des Templiers“** ganz besonders schön einsieht. Nach dem überhängenden Felsen **„Castel Viele“** folgt noch einmal eine große Schlinge mit mehreren Halbhöhlen wie die Grotte **„Saint Marcel“** und **„Grotte du Mammut“.**

Dann, nach dem Öffnen der Schlucht, folgt die Zielgerade, hier hat man oft noch etwas unangenehmen Gegenwind aus dem Rhonetal. Auf der linken Flusseite befinden sich die großen Parkplätze und mehrere Lokale laden zur Einkehr an.

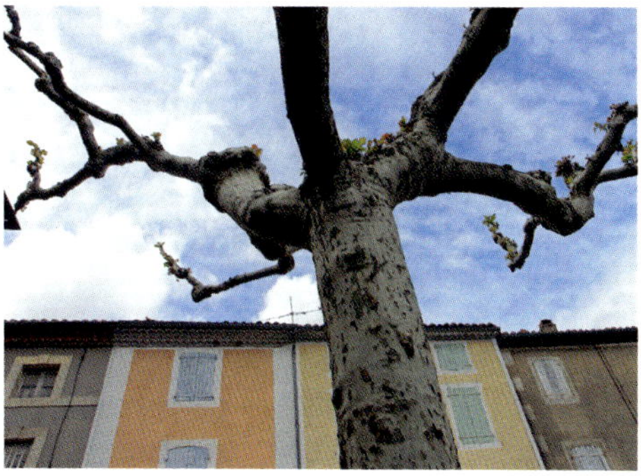

Hauptplatz in Vallon

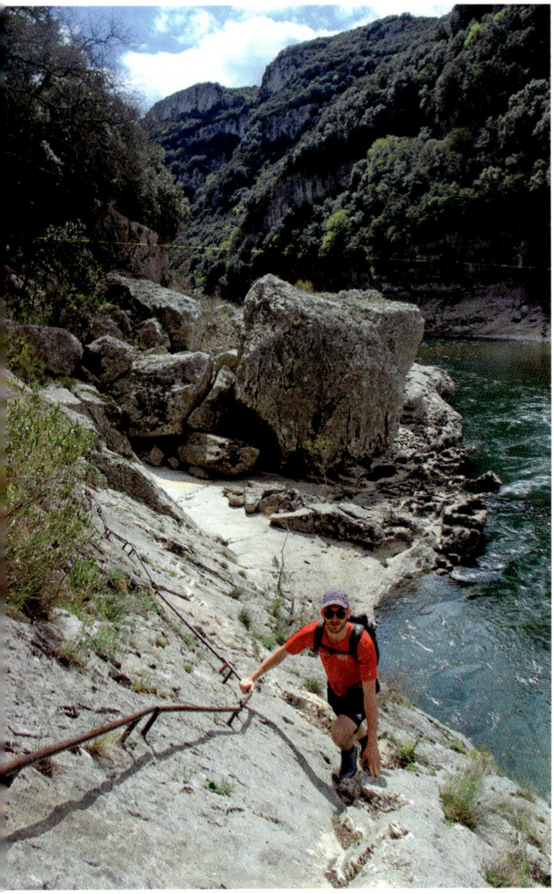

Wanderweg durch die Schlucht

⊙ Charakter der Tour

WW-Wanderfluss bis WW II.

Ausrüstung: Paddelboote aller Art (Kajaks mit Spritzdecke), Schwimmweste, Proviant, ausreichend Trinkwasser, Kleidung zum Umziehen, Badesachen, Kamera – alles wasserdicht verpackt.

Einstieg: Vallon-Pont-d'Arc an der N 579 Brücke zwischen Vallon und Salavas (Parkplatz).

Ausstieg: Sauze (Parkplatz, Restaurants, Rückholdienst).

Fahrstrecke: 27.5 km.

Beste Zeit: generell ganzjährig befahrbar, beste Zeit Ende März bis Juni (oder im Herbst).

Befahrungsregeln: Ab 18 Uhr ist der Zugang verboten! Das Tragen einer Schwimmweste ist Pflicht! Rafts nur bis 3 Personen. Bei Hochwasser ab 400 cm ist die Schlucht gesperrt!

Pegel: *www.rdbrmc.com/hydroreel2/station.php?codestation=511*

Kanugewässer der näheren Umgebung:
Ardèche-Oberlauf von Voguè bis Roums, 20 km, WW II (Wehre mit Bootsgasse), Roums-Vallon 15 km WW bis II (alle Wehre mit Bootsgasse).
Unterlauf von Sauze bis Pont-Saint-Esprit, 14 km WW I (Wehre z.T. mit Bootsgasse), Chassezac-Schlucht Brücke D104a bei Vompdes bis Marzet Plage, 5 km WW II, Beaume, von den Campingplätzen bei Rosiers bis D 208, 10 km WW II, (Nebenflüsse meist nur im Frühjahr oder nach ergiebigen Niederschlägen möglich).

Bootsverleih: mehr als 20 Verleiher vor Ort (meist mit Rückholdienst).

Auskunft: Office de Tourisme, 1, Place de l'Ancienne Gare, 07150 Vallon-Pont-d'Arc, Tel. 0475880401, Internet: www.vallon-pont-darc.com und www.ardeche.com/de

Übernachten: Camping La Bastide bei Roums, Tel. +33/475/396472,
Camping International in Pradons, Tel. +33/475396607,
Camping du Pont d'Arc, +33/475/880064,
Campingplatz in der Schlucht „La Plage des

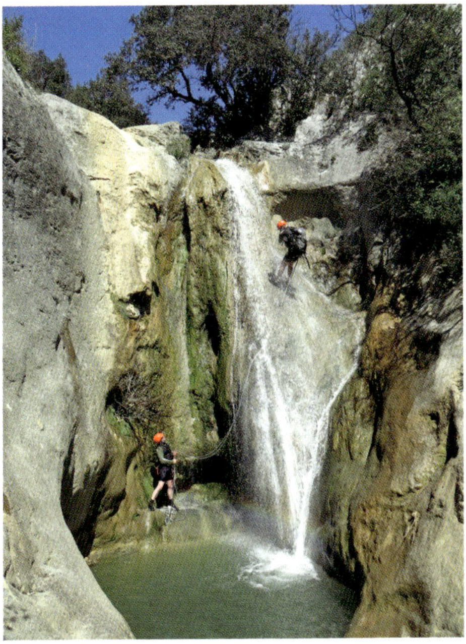

Canyoning am Ellieux

Templiers", Tel. +33/475/042858,
Camping les Grottes, Tel. +33/475/041465.
Voranmeldung erforderlich, da begrenzte Plätze, maximal 2 Übernachtungen.
www.gorgesdelardeche.fr
Wildes Camping in der Schlucht ist verboten!

Gastronomie: „La Chelsea" und „La Rocaille" (beide in Vallon), „de Chames" (am Pont d'Arc), „La Feuille de Chou" in Les Vans.

Sehenswertes: Caverne du Pont d'Arc bei Vallon, Grotte Marcel (Sinterterrassen), Wochenmärkte, Edelkastanienmuseum „Musèe de la Chataigneraie" in Joyeuse, Weinerlebnsiwelt „Neovinum" in Roums. „Villages de Caractere" (Balazuc, Saint Montan, Naves, Labeaume, Alba la Romaine).

Alternativen: Schluchtwanderung zwischen Pont d'Arc und St. Martin (tolle Zweitagestour mit Furten und einfachen Klettersteigpassagen),
Canyoningtouren (Haut-Chassezac, Ellieux, Haute-Borne, Rochecolombe), Klettern, Radtouren auf verkehrsarmen Nebenstrecken.

Buchtipps/Karten:

- Auslandsführer Band 3 „Südfrankreich/ Korsika" (Jan Ramajzl) DKV-Verlag 2006
- Reiseführer „Ardèche und Cevennen" (Maria Weinhold/Thomas Schmitt) Verlag Hans Schiler 2009
- Wander- und Reiseführer „Ardèche – Frankreichs wilder Süden" (Uli Frings) Ardèchereisen 2013
- „Descentes de Canyons en Ardèche" (F.Jourdan/J.F. Fiorina) ISBN 2-9523920-0-5
- DVD „Die Höhle der vergessenen Träume", Dokufilm von Werner Herzog
- Wanderkarte Top 25 2939OT „Gorges de l'L Ardèche 1:25.000.

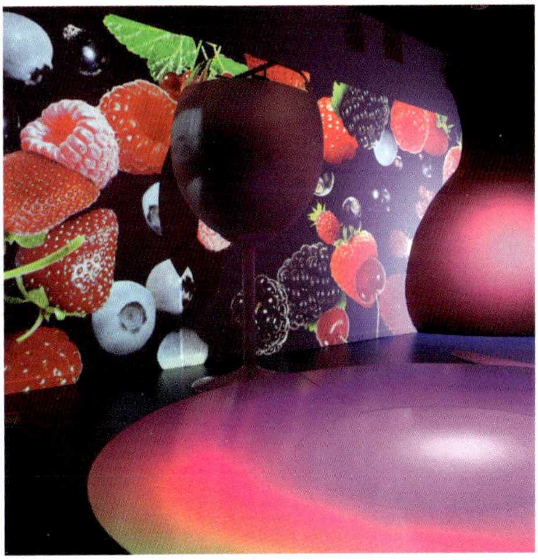

Weinerlebniswelt in Roums

Kanusport mit Kindern

Wenn man nicht alles falsch gemacht hat: Kinder lieben Wasser! Aber sie hassen langweiliges Stillsitzen und eintöniges Streckenpaddeln. Abwechslung ist gefragt!

Unlängst berichtete mir eine Frau, ihr Kind würde in den Ferien eine Paddeltour machen, 28 km stehendes Gewässer am Tag! Das geht gründlich daneben!

Also: Badepausen einlegen, Zeit für Naturerkundungen, Flusspicknick mit Sandburg Bauen! Kanugewässer sind definitiv ein beliebter Abenteuerspielplatz. Je nach Alter der Kinder verschieben sich die Prioritäten, und Jungs lieben es halt meist etwas wilder als die jungen Damen. Dabei steht der Sicherheitsaspekt natürlich immer ganz vorne. Hochwasserfahrten und Touren bei Regen oder Kälte gehen gar nicht. Das Tragen einer passenden Schwimmweste ist Pflicht (Kleinkinder tragen eine ohnmachtsichere Weste mit Kragen), und wenn die Kleinen selber mitpaddeln sollen, dann bitte auch mit einem Kinderpaddel und ab einem gewissen Alter auch mit einem kindgerechten Kajak. Sonst hört sich der Spaß schnell auf.

Ein kleines Erwachsenenboot oder ein kurzes schweres Erwachsenenpaddel sind keine Lösung! Kleinere Kinder wird man meist in einem offenen Kanadier, einem 2/3 Personen-Kajak oder Schlauchkanu mitnehmen, größerer Kinder (ab spätestens 10 Jahren) wollen lieber selber paddeln. Viele Kanuschulen bieten (zumindest in den Ferien) Kinderkurse an. Da besonders die Kleinen leicht frieren, sollte man auf entsprechende Bekleidung achten. Paddelkinder sollten außerdem bereits schwimmen können, und wer ihnen vorher schon erzählt, was sie auf der Tour so alles erleben werden, schürt die Vorfreude. Lange Autofahrten sollten möglichst vermieden werden (ist eben auch langweilig). Wenn sich auf dem Fluss

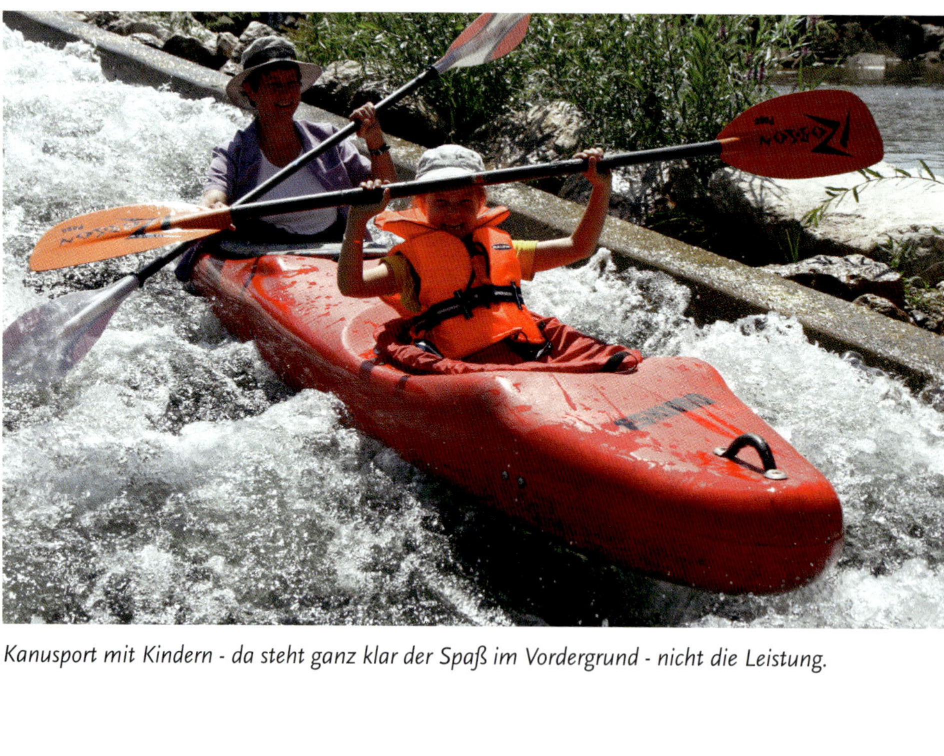

Kanusport mit Kindern - da steht ganz klar der Spaß im Vordergrund - nicht die Leistung.

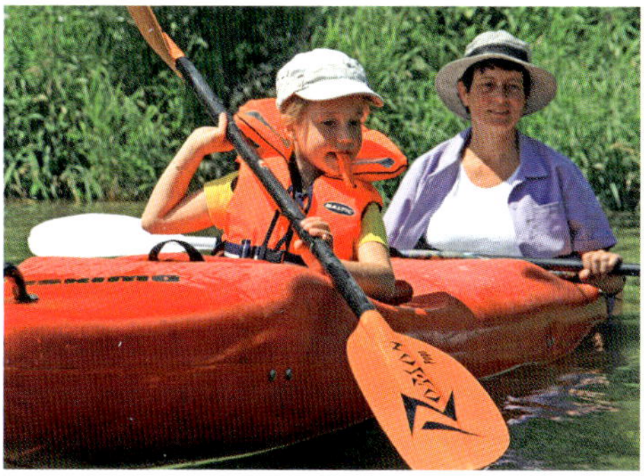

Im Topoduo unterwegs

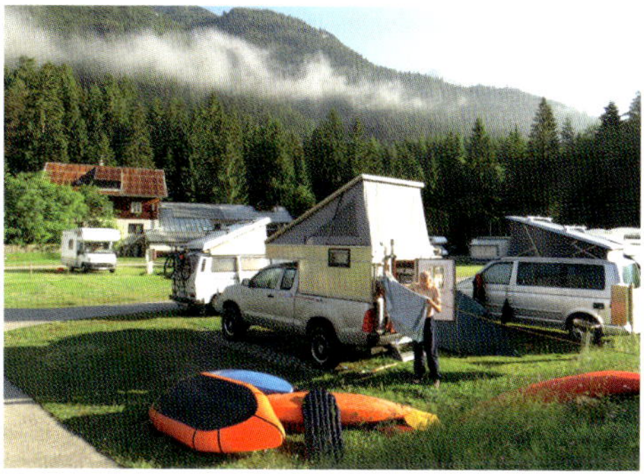

Camping Rudi in Häselgehr (Lech)

eine befahrbare Rutsche, wie z.B. auf der Alz bei Truchtlaching oder auf der Altmühl an der Hammermühle, befindet, wird das viel Begeisterung erzeugen. Und eine Zeltübernachtung unterm Sternenhimmel mit Lagerfeuer ist natürlich ganz großes Kino. Damit es keine bösen Überraschungen gibt, sollte man sicherheitshalber vorab den Wetterbericht checken. Schlechtwetter ist einfach uncool! Selbstverständlich ist es aber auch wichtig, seinem Nachwuchs ein naturschonendes Verhalten zu näher zu bringen. Kinder verstehen es durchaus, warum wir eine Entenfamilie nicht auseinander jagen oder erschrecken wollen und sie daher auch mal „gaaaanz leise" sein sollten. Am Ende der Tour gibt es zur Belohnung einen Eisdielenbesuch, oder man guckt gemeinsam die Fotos oder Filme des Tages an. Das schürt die Vorfreude auf die nächste Familytour und so ganz nebenbei erfährt man, welche Eindrücke den Paddel-Bambinos nachhaltig in Erinnerung blieben.

Übernachten am Fluss

Neben Campingplätzen und Zeltwiesen für Bootfahrer gibt es flussnahe Übernachtungmöglichkeiten, von denen einige in den Tourenempfehlungen dieses Buches aufgelistet sind. Außerdem bietet der Deutsche Kanu-Verband

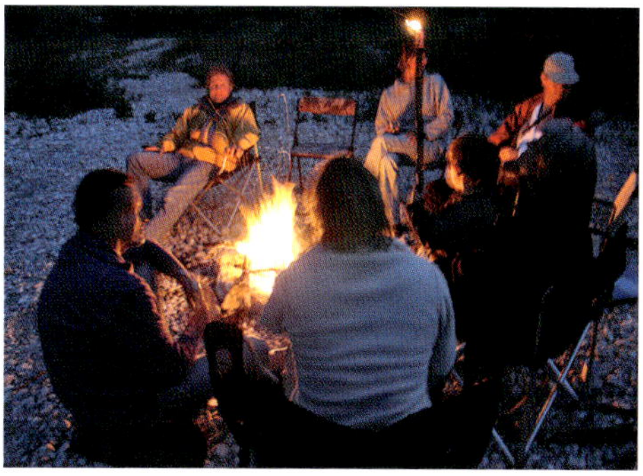

Lagerfeuerabend am Fluss

für seine Vereine und Mitglieder Bootshäuser und DKV-Kanustationen. Diese Übernachtungsmöglichkeiten entsprechen einer alten Tradition. Eine Liste dieser Kanustationen finden Sie in allen Kanuführern des DKV und im Internet unter www.kanu.de

Kennzeichnungspflicht von Kanus

Für Kleinfahrzeuge aller Art (auch Kanus) gilt auf den Binnenschifffahrtsstraßen wie Rhein, Donau oder Mosel eine Kennzeichnungspflicht. Dazu müssen Bootsname (oder Devise) deutlich lesbar sein (ca. 10 cm große Buchstaben), zusätzlich sind Name und Anschrift des Eigentümers an einer erkennbaren Stelle außen oder im Bootsinneren anzubringen.

Wildwasser Schwierigkeitstabelle

	I unschwierig	II mäßig schwierig	III schwierig	IV sehr schwierig	V äußerst schwierig	VI Grenze der Befahrbarkeit
Sicht		freie Durchfahrten	übersichtliche Durchfahrten	Durchfahrten nicht ohne weiteres erkennbar, Erkundung meist nötig	Erkundung unerläßlich	
Wasser	regelmäßiger Stromzug, regelmäßige Wellen, kleine Schwälle	unregelmäßiger Stromzug, unregelmäßige Wellen, mittlere Schwälle, schwache Walzen, Wirbel und Presswasser	hohe, unregelmäßige Wellen, größere Schwälle, Walzen, Wirbel und Presswasser	hohe andauernde Schwälle, kräftige Walzen, Wirbel und Presswasser	extreme Schwälle extreme Walzen, Wirbel und Presswasser	im Allgemeinen unmöglich, bei bestimmten Wasserabständen eventuell befahrbar, hohes Risiko!
Flussbett	einfache Hindernisse	einfache Hindernisse im Stromzug kleinere Stufen	einzelne Blöcke, Stufen andere Hindernisse im Stromzug	Blöcke versetzt im Stromzug, höhere Stufen mit Rücksog	enge Verblockungen hohe Gefällstufen mit schwierigen Ein- oder Ausfahrten	
Beispiele	Ammer (Rottenbuch - Peißenberg bei Pegel 90 in Weilheim) Isar (Bad Tölz-Wolfratshausen bei Pegel 65 in Bad Tölz)	Ammer (ab Naturwehr - Rottenbuch bei Pegel 90 in Weilheim) Obere Isar (Hinterauthal bei Pegel 180 in Scharnitz)	Ammer (Scheibum und Naturwehr bei Pegel 120 in Weilheim) Inn (Imster-Schlucht bei Pegel 200 in Haiming)	Loisach Dom und Treppenhaus bei Pegel 120 Gschwandsteg) Ötztaler Ache (Waldschlucht bei Pegel 120 in Tumpen)	Inn (Brail-Schlucht bei Pegel 110 in Tarasp)	Enns (Gesäuseeingang, NW) Ruetzbachkatarakt (Pegel Medraz 120) Ötz (Langenfeld - Umhausen, Pegel Tumpen 120)

Warnung

Einflüsse der Natur wie Hochwasser durch Schneeschmelze oder heftige Niederschläge sorgen für ständige Veränderungen besonders auf Flüssen. Hinzu kommen bauliche Maßnahmen der Wasserwirtschaftsämter und Veränderungen an Brücken, Uferbefestigungen und Wehren. Misstrauen Sie allen flusstechnischen Daten, da hier kaum tagesaktuelle Angaben gemacht werden können. Für sämtliche kanusportlichen Angaben kann keine Haftung übernommen werden. Rechtsansprüche sind ausgeschlossen. Der Autor ist dankbar für Hinweise über gravierende Veränderungen. Diese werden in der Folgeauflage berücksichtigt. Grundsätzlich ist größte Vorsicht geboten, wenn ein Fluss Hochwasser führt, stärkere Niederschläge einsetzen oder Flutwellen von Kraftwerken drohen. Kennzeichen für einen hohen Wasserstand sind unnatürlich schlammiges Wasser, überschwemmte Ufer oder im Wasser schwimmende Äste. In diesem Fall sollten vor allem weniger erfahrene Kanuten prinzipiell auf eine Befahrung verzichten. Jedes Jahr sterben einige Paddler wegen leichtsinnigen Verhaltens. Vertrauen Sie sich erfahrenen Mitpaddlern an, kontaktieren Sie eine qualifizierte Kanuschule, einen Kanuclub oder einen ortsansässigen Bootsverleiher. Angaben über die Befahrbarkeit eines Wehres oder einer anderen Gefahrenstelle sind stets unverbindlich. Die Befahrbarkeit ist vom Können, von der Ausrüstung und vom Wasserstand abhängig. Die Befahrung erfolgt immer auf eigene Gefahr. Wer 100% Sicherheit haben will, muss jedes Wehr und jede andere Gefahrenstelle umtragen.

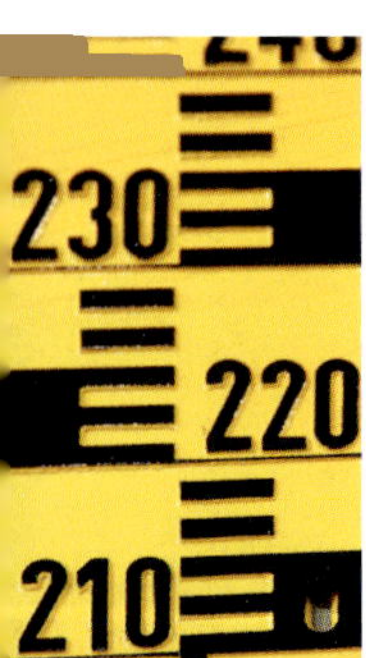

Der Autor

Alfons Zaunhuber ist gelernter Sportartikelkaufmann. Einige Jahre als Kajaklehrer und im schweren Wildwasser unterwegs, sieht er sich heute als Genusssportler.

Der Canyoningpionier gründete den Deutschen Canyoningverein e.V. und war vier Jahre Vorstand. Mehrere Filme, z.B. im Bayerischen- und Griechischen Fernsehen, zahlreiche Bücher und Artikel in Kanu- und Bergsportzeitschriften dokumentieren sein Schaffen.

Als Allroundsportler liebt er die Abwechslung am Berg und im Wasser und ist auch gerne mit dem Bike unterwegs.

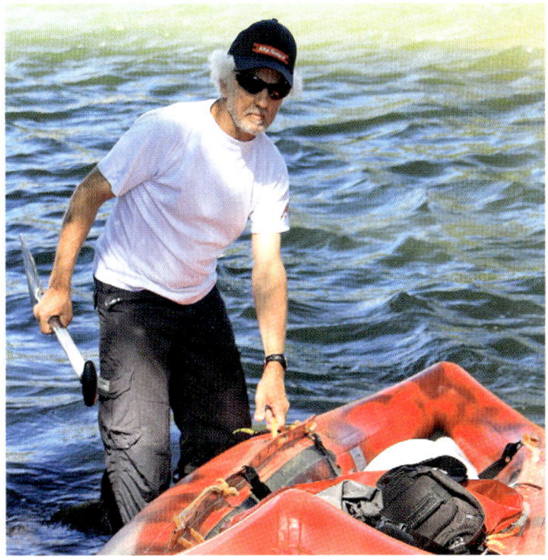

Adressen

Deutscher Kanu Verband .V.
Bertaallee 8
47055 Duisburg
Tel. 0203/99759-0, Fax -60
www.kanu.de
E-Mail: service@kanu.de
www.kanu.de/Freizeitsport>Gewässer>Pegelliste
für den Pegeldienst

Bundesverband Kanu e.V.
Software Center 3
35037 Marburg
Tel. 06421/168916-0
www.kanutouristik.de

Kanu-Fachpresse

KANU-SPORT

Der KANU-SPORT bietet jeden Monat das ganze Spektrum des Kanusports: Kanuwandern, Küstenpaddeln, Wildwasser und Wettkampfsport. Außerdem informiert er in seinem Service-Teil über Termine und Nachrichten aus der Welt des Kanusports und gibt als offizielles Magazin des Deutschen Kanu-Verbandes Einblick in die Aktivitäten des DKV, seiner Landesverbände und Vereine. Das farbige Magazin erscheint 12 x im Jahr und kostet im Jahresabo 30,– Euro im Inland. Kostenloses Probeheft auf Anfrage. Auf der Webseite finden sich aktuelle Termine für Freizeit- und Rennsport, Vereine, Buchshop, Pegeldienst und vielfältige Infos zum Kanusport.
Kontakt: DKV-Wirtschafts- und Verlags GmbH, Postfach 100315, 47003 Duisburg, Tel. 0203/99759-53, Fax -61, *www.kanu-verlag.de*

KANU MAGAZIN

Dieses professionelle Magazin für Wildwasser- und Tourenpaddler im XXL-Format gibt es bereits seit mehr als 20 Jahren getreu dem Motto „So schön kann Paddeln sein".
Alle Berichte glänzen durch hochwertige Bilder und bestens recherchierte Infos, und die attraktive graphische Gestaltung schürt die Lust auf sofortige Umsetzung. Besonders erwähnenswert sind auch die sorgfältigen Testberichte und aktuelle Produktinfos. Das KANU MAGAZIN ist im Zeitschriftenhandel erhältlich. 8 Hefte im Jahr, im Abo kostet es 46,50 Euro im Inland, ein einzelnes Heft 6.- Euro. Die Homepage ist sehr aktuell und informativ und beinhaltet neben vielen anderen aktuellen Themen auch eine Kanuvermieter-Datenbank.
Kontakt: Atlas Verlag, Flößergasse 4, 81369 München, Tel. 089/55241-0, *www.kanumagazin.de*

KAJAK MAGAZIN – Kajaks, Canadier & Outdoor. Das bunte Magazin mit zahlreichen Kanusport- und Outdoor-Themen, Kaufberatung, Technik, Ratgeber & Service gibt es seit 2009. Ziel ist es, die ganze Vielfalt des Kanusports zu präsentieren. Auch das Thema Stand Up Paddling wird hier regelmäßig mit Infos und Berichten bedient. Die Hefte sind im Zeitschriftenhandel erhältlich. 6 Hefte im Jahr kosten im Abo 30,– im Inland, Einzelpreis 5,– Euro. Auf der Homepage des KAJAK MAGAZINS findet sich ein breites Infopaket mit Tests, Terminen und Kanushop. Ein kostenloses Probeexemplar wird angeboten, ebenso ein Bestellservice für Kanubücher und verpasste Hefte. Die Schwesterzeitschrift TREKKING MAGAZIN berichtet im gleichen Stil über die Themen Outdoor/Wandern und Camping. Und 2014 kam mit dem BIKE & TRAVEL ein brandneues Radmagazin hinzu.

Kontakt: Modellsport Verlag GmbH, Postfach 2109, 76491 Baden-Baden, Tel. 07221/9521-0,
www.kajak-magazin.com
www.modellsport.de

Kanu Kurier

Mitgliedszeitschrift des Bayerischen Kanu-Verbandes, auch im Abo beziehbar, 6 Ausgaben im Jahr kosten 21,– Euro, das aktuelle Heft gibt es auch im Internet: *www.kanu-bayern.de* Auf der sehr informativen Webseite findet man unter anderem einen Pegeldienst mit Hinweisen über Befahrungsregeln, aktuelle Gewässerinfos, Veranstaltungstermine, eine Liste der Vereine und DKV-Kanustationen oder DKV/BKV-Campingplätze. Hier kann man sich auch anmelden oder den DKV-Vereinsnewsletter bestellen.

Pegeldienst

Neben den o.g. Pegeldiensten (siehe DKV und BKV) gibt es auch Pegeldienste für Smartphones wie riverapp und Paddlers App.

Weiterführende Literatur

Lehrbücher

- **Wildwasserfahren – Vom Einsteiger zum Profi** (Dieter Singer) Thomas Kettler Verlag 2013
- **Stechpaddel Fahrschule** (Franz Riegel/ Dieter Raffler) Thomas Kettler Verlag 2015
- **Der Kajak – das Lehrbuch für den Kanusport** (Jürgen Gerlach) Delius Klasing Verlag, 1. Auflage 2015

Luftbootbuch

- **Boots Abenteuer-Das neue Grabner Buch** (Wolfgang Grabner&Freunde), Eigenverlag 2009

Kanuführer

- **DKV-Gewässerführer für Bayern** (Otto Schneider), DKV-Verlag, 11. Auflage 2012
- **Deutsches Flusswanderbuch** (Günter Eck) DKV-Verlag, 26. Auflage 2009
- **DKV-Auslandsführer Österreich/Schweiz** (Hans Ramajzl) DKV-Verlag, 6. Auflage 2009
- **DKV-Auslandsführer Südfrankreich/Korsika** (Hans Ramajzl) DKV-Verlag, 8. Auflage 2006
- **DKV-Auslandsführer Südosteuropa** (Otto Kaufhold) DKV-Verlag, 4. Auflage 2012
- **Die 50 schönsten Kanutouren in Österreich** (Alfons Zaunhuber) Pollner Verlag, 2. Auflage 2011
- **Die 50 schönsten Kanutouren in Italien** (Alfons Zaunhuber) Pollner Verlag, 1. Auflage 2011
- **Outddoor Kompass Gardasee** (Alfons Zaunhuber) Thomas Kettler Verlag, 1. Auflage 2014
- **Paddelland Schweiz** (Beat Opplinger/Patrik Frehner) Thomas Kettler Verlag, 1. Auflage 2014

Rafting

- **Rafting** (Christoph Erber) Conrad Stein Verlag, 1. Auflage 2008

Kanukarten

- **Wassersport-Wanderkarte Nr. 4 Deutschland-Südost,** 1:450.000, Regen, Naab und Altmühl 1:100.000, Jübermann Verlag, 5. Auflage 2008
- **Wassersport-Wanderkarte Nr. 3 Österreich mit Donau,** 1: 450.000, Jübermann Verlag 2006